废旧电器电子产品闭环供应链的
政府奖惩机制研究

王文宾 著

科学出版社

北　京

内 容 简 介

废旧电器电子产品回收再利用具有社会公益属性，因此，研究政府采取何种激励机制进行引导，以期实现政府、企业和消费者多方共赢，具有较大的理论价值和现实意义。本书在供应链协调与激励机制设计等理论的基础上，创新性地提出了政府奖惩机制，并设计了一种较易操作的奖惩机制。从市场结构、决策结构和信息结构多个视角分别探讨了奖惩机制的适用条件和管理启示。2016 年，诺贝尔经济学奖授予了研究契约理论的学者奥利弗·哈特和本特·霍尔姆斯特伦，奖惩机制属于契约理论，本书提供了政府引导闭环供应链回收再利用废旧产品激励契约的理论工具。

本书适合致力于生产运作、供应链管理及资源环境管理研究的学者，且对从事生产制造、资源再生的企业及政府部门具有指导意义。

图书在版编目（CIP）数据

废旧电器电子产品闭环供应链的政府奖惩机制研究 / 王文宾著. —北京：科学出版社，2018.3

ISBN 978-7-03-056981-3

Ⅰ. ①废⋯ Ⅱ. ①王⋯ Ⅲ. ①日用电气器具–废弃物–供应链管理–补偿性财政政策–研究–中国 ②电子产品–废弃物–供应链管理–补偿性财政政策–研究–中国 Ⅳ. ①F426.6 ②F812.457

中国版本图书馆 CIP 数据核字（2018）第 051681 号

责任编辑：李涪汁　沈　旭　邢　华 / 责任校对：王　瑞
责任印制：张　伟 / 封面设计：许　瑞

科 学 出 版 社 出版

北京东黄城根北街 16 号
邮政编码：100717
http://www.sciencep.com

北京建宏印刷有限公司印刷

科学出版社发行　各地新华书店经销

*

2018 年 3 月第 一 版　开本：720 × 1000　1/16
2018 年 3 月第一次印刷　印张：16 1/2
字数：333 000

定价：99.00 元
（如有印装质量问题，我社负责调换）

个 人 简 历

王文宾，男，博士、副教授、硕士生导师，美国匹兹堡大学（2013 年 9 月～2014 年 9 月）、清华大学（2015 年 9 月～2016 年 9 月）访问学者。主要从事物流与供应链管理等领域的研究工作。已主持完成国家自然科学基金项目 1 项。主持教育部人文社会科学基金项目 1 项，中国博士后科学基金项目 1 项，四川省循环经济研究中心重点项目 1 项，江苏省博士后科学基金项目 1 项，中央高校基本科研业务费专项资金 2 项（已结题 1 项）。除此之外，作为主要成员参与国家自然科学基金项目 5 项（已结题 3 项），参与院士科技咨询课题 1 项。

已在 *International Journal of Production Economics*、*Journal of Cleaner Production*、《中国管理科学》、《系统工程理论与实践》、《运筹与管理》、《管理工程学报》（排名以期刊笔画为序）等期刊发表论文 40 余篇，出版专著 1 部（该专著获华东地区、江苏省和徐州市的多项奖励）。兼任权威期刊《中国管理科学》、《管理科学学报》、《管理工程学报》和《系统工程学报》的审稿专家、国家自然科学基金委员会管理科学部通信评审专家。获华东地区大学出版社第九届优秀学术专著二等奖 1 项、江苏省哲学社会科学三等奖 1 项、《中国管理科学》最具影响力论文奖 1 项、中国管理科学学术年会优秀论文奖 2 项。

前　言

　　资源和环境是当前理论和实业界关注的重点问题。以废旧产品回收再利用为特征的逆向物流引起了学术界、企业界及政府部门的重视。逆向物流推动了供应链管理理论的发展，对应逆向物流的供应链称为逆向供应链。在此基础上，闭环供应链是 2003 年提出的物流供应链概念。它是指包括产品回收再利用的逆向物流的完整供应链循环，目的是对物料的流动进行封闭处理，减少污染排放和剩余废物，同时以较低的成本为顾客提供服务。闭环供应链不仅包括传统供应链，而且对可持续发展具有重要意义，所以传统的供应链不再完全适用于闭环供应链，闭环供应链成为物流与供应链管理的一个新的发展趋势。

　　调查显示，我国每年家电的理论报废量约为 5000 万台，报废量年均增长 20%。废弃电器电子产品回收再利用可以实现经济、环境、社会的多赢。再制造作为再利用的一种高级形式，通过一系列技术处理使得废旧产品再利用后达到甚至超过新产品的质量，是符合可持续发展要求的先进制造模式，可以有效实现资源优化、环境保护和经济发展的综合目标。与新产品制造相比，再制造能够节约能源 60%，节约成本 50%，污染气体排放降低 80% 以上。在废旧产品回收再利用方面，废旧电器电子产品具有一定代表性。我国早在 2005 年就实施了《电子信息产品污染防治管理办法》。2011 年《废弃电器电子产品回收处理管理条例》施行，指出政府设置基金用于废弃电器电子产品回收处理费用补贴。2015 年环境保护部、工业和信息化部联合印发了《废弃电器电子产品规范拆解处理作业及生产管理指南》。实施可持续发展战略，有利于促进经济效益、环境效益和社会效益的统一。政府环境规制对供应链的可持续性具有较大影响，因此，废旧电器电子产品闭环供应链的政府引导机制问题值得深入研究。一般情况下，出于经济利益考虑，制造商和回收商缺少回收再制造的积极性，政府有必要对他们进行引导。近年来，申请者和研究者对再制造闭环供应链的政府奖惩机制展开研究，验证了奖惩机制作为政府环境规制机制的有效性。

　　本书主要包括四部分。依据从定性到定量，从简单到复杂的原则，层层深入地研究闭环供应链的政府奖惩机制问题。第一部分是定性研究，第二部分是不考虑竞争因素下再制造闭环供应链的政府奖惩机制的定量研究。在第二部分的基础上，第三部分进一步探讨竞争环境下闭环供应链的奖惩机制问题。在前面三部分的基础上，考虑信息的影响，第四部分讨论信息不对称环境下闭环供应链的奖惩机制策略与方法。最后，根据这四部分的研究结论，第 19 章总结多种情形下废旧电器电子产品闭环供应链的政府奖惩机制设计方法、策略和一般规律，从而提出促进废旧电器电子产品回收再利用的对策建议、全书总结和研究展望。

第一部分是定性研究，包括第 1 章、第 2 章。第 1 章是概述，主要介绍问题的背景、意义及本书的研究思路和国内外研究现状的综述，通过对文献的梳理，进一步提出研究思路和方案；第 2 章定性地研究闭环供应链视角下废旧电器电子产品回收再利用的激励机制与对策，为接下来几部分的定量模型研究打下基础。

第二部分是不考虑竞争因素下再制造闭环供应链的政府奖惩机制的定量研究。包括第 3~9 章。第 3~6 章探讨回收责任分担下闭环供应链的政府奖惩机制模型，分别对回收责任分担视角以及不同渠道权力结构下的闭环供应链奖惩机制进行研究。在此基础上，第 7 章对拓展到逆向供应链的政府奖惩机制与税收-补贴机制进行比较，证明奖惩机制对引导逆向供应链成员积极回收再制造废旧产品比税收-补贴机制更有效。第 8 章为考虑政府决策目标的闭环供应链奖惩机制与补贴机制研究，第 9 章为不同政府决策目标下逆向供应链的奖惩机制研究。

第三部分探讨竞争环境下闭环供应链的奖惩机制问题。又可细分为两部分，①第 10~13 章，属于考虑制造商竞争的情况；②第 14 章，介绍考虑回收商竞争的情况。①又分别从只有制造商竞争的生产运作角度（第 10 章），拓展到制造商竞争的逆向供应链环境（第 11 章），进一步讨论碳排放约束下制造商竞争的逆向供应链奖惩机制（第 12 章），接下来拓展到闭环供应链环境进行研究（第 13 章）。②中考虑回收商的竞争考虑信息对称和信息不对称两种情形，并对两者的异同进行比较（第 14 章）。

第四部分讨论信息不对称环境下闭环供应链的奖惩机制策略与方法。第 15 章研究再制造商处理回收商回收能力隐匿的逆向选择问题和努力水平隐匿的道德风险问题。运用激励理论研究在双重信息不对称下，再制造商如何设计激励机制引导回收商努力回收废旧电子产品的问题。第 16 章考虑第三方回收商负责回收的逆向供应链中回收商的固定成本信息不对称的问题，探讨信息甄别契约及政府奖惩机制的有效性。第 17 章考虑零售商负责回收情况下零售商的回收努力程度信息不对称问题，设计信息甄别契约，进一步探讨政府奖惩机制下信息甄别契约及奖惩机制对制造商和零售商定价、回收率等决策及利润的影响。第 18 章在第 16 章和第 17 章的基础上，考虑制造商委托零售商和第三方回收商双渠道共同回收废旧产品，探讨零售商和第三方回收商的回收努力程度都是私人信息的信息不对称问题，基于该背景建立信息甄别模型，讨论政府奖惩机制对闭环供应链的影响。

最后，第 19 章总结多种情形下废旧电器电子产品闭环供应链的政府奖惩机制设计方法、策略和一般规律，从而提出促进废旧电器电子产品回收再利用的对策建议和全书总结及研究展望。

　　本书在编写过程中凝聚了不少研究生的辛勤劳动，尤其是张梦、邓雯雯、王晨晨、王智慧、杨斯奇、周姝娅、赵月、赵蕾、刘琳琳、蒋衍、赵聪、高红、苗星阳、丁军飞、蔡超、周云茜等，在此表示感谢。本书在编写和出版过程中得到了美国匹兹堡大学卡茨商学院、清华大学经济管理学院、东南大学经济管理学院和中国矿业大学管理学院一些老师的大力支持，以及前辈和同仁的支持、关心及帮助，他们提出了许多极为宝贵的建议，作者在此向他们致以由衷的谢意!谨以此书献给给予作者支持和帮助的同仁!

作　者

2018 年 1 月

目　　录

第1章 概 述

1.1 引 言

经过工业革命 300 多年的掠夺式开采，全球 80%以上可工业化利用的矿产资源，已从地下转移到地上，并以"电子垃圾"的形式集中在城市中，总量高达数千亿吨，并还在以每年 100 亿 t 的速度增加。废旧电器电子产品就是人们常说的"电子垃圾"，也称为"城市矿山"。根据中国家用电器协会的数据，近两年来中国每年仅电视机、洗衣机、电冰箱、空调和电脑的报废量就超过 1.5 亿台。每年世界 70%以上的电子垃圾流入我国。

我国当前电子垃圾被随意地填埋或焚烧，而日本正在大力推进"城市矿山"开发试点项目，成果显著。电器电子产品在生产过程中消耗了大量能源资源，并含有许多有毒有害物质，若回收再利用，既能够节约能源资源，又可以保护生态环境。

随着人类对资源与环境问题的关注，供应链管理领域产生了一个研究分支：闭环供应链管理。以回收再利用为主要特征之一的闭环供应链（closed-loop supply chain，CLSC）受到学术界关注。再制造作为再利用的一种高级形式，可以有效实现资源优化、环境保护和经济发展的综合目标。因此，再制造 CLSC 成为 CLSC 研究的重要组成部分。

政府引导下再制造 CLSC 的一般结构如图 1.1 所示，虚线框内的箭头表示产品的物流方向。其中回收商可以是第三方回收商，也可以由制造商或零售商等担

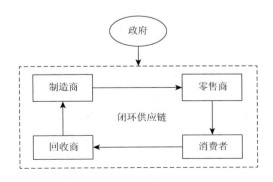

图 1.1 政府引导下再制造 CLSC 的一般结构

任。除了传统供应链的制造商、零售商和消费者，再制造 CLSC 的利益相关者还包括政府和回收商。他们的利益不同，只有有效协调其利益才能够提高再制造 CLSC 的系统效率。一般情况下，出于经济利益考虑，制造商和回收商缺少回收再制造的积极性，政府有必要对他们进行引导。

2002 年，欧盟颁布报废电子电气设备（waste electrical and electronic equipment，WEEE）指令，提出生产者延伸责任制（extended producer responsibility，EPR），要求制造商在产品的生命周期结束或将要结束的时候承担责任，主动完成废旧产品的回收再利用及废弃处理等工作。

我国也制定了相关法律。2005 年，正式实施《电子信息产品污染防治管理办法》，2009 年，国务院第 551 号令公布《废弃电器电子产品回收处理管理条例》，于 2011 年 1 月 1 日起施行。做了如下规定：一是对废弃电器电子产品实行多渠道回收制度；二是国家建立基金，用于废弃电器电子产品回收处理费用的补贴，并制定基金的征收和补贴标准；三是擅自处理电子垃圾者，最高罚款 50 万元。2009 年 6 月，财政部等部门联合出台了《家电以旧换新实施办法》。办法规定：政府对"以旧换新"的消费者和收购废旧产品的回收商给予补贴（奖励）。该办法进一步促进了废旧电器电子产品的回收。

与欧美相比，我国废旧电器电子产品回收至少具有以下四点不同。

（1）消费者对废旧电器电子产品的认识不同。在欧美等发达国家，消费者视废旧电器电子产品为电子垃圾，属于垃圾范畴，他们愿意向回收商缴费，以便回收这些垃圾。而在我国，消费者认为废旧电器电子产品是一种特殊的商品，属于商品范畴，他们希望回收商提供令其满意的回收价，才愿意将其卖给回收商。消费者对废旧电器电子产品的不同认识必然导致政府引导废旧产品回收的机制差别较大。

（2）立法内容不同。欧盟 WEEE 指令按照产品的重量计算回收率，而我国和美国一些州则是按照回收产品的数量来计算回收率。按照重量进行立法容易引起大件电器电子产品的回收量多，而重量轻的产品回收量小的结果，不能从根本上解决对环境的影响。也就是说产品重量的回收立法不一定有效，因为重量不是产品环境影响的衡量标准。

（3）欧盟式的生产者延伸责任制难以落实。原中国家用电器协会副理事长刘福中表示，现在家电行业的平均利润率为 3%～5%。由此看来，我国家电生产企业的盈利水平普遍偏低，让它们再支付产品的回收处理费用，有一定难度。

（4）权力结构不同。欧盟设立一个总的指导性法律，各成员国根据本国的情况细化该法律，而美国则是各州独立立法。根据我国国情，一般是由中央政府对废旧电器电子产品回收立法，地方政府执行的一种决策结构。需要指出的是，为了避免研究内容过多、重点不突出，本书中的政府是指中央政府，中央政府与地方政府的委托代理关系不在本书的研究范围之内。

2010 年 5 月，在国家发展和改革委员会产业经济与技术经济研究所主办的"中国废弃电器电子产品处理基金"研讨会上，中国家用电器协会理事长姜风指出，基金补贴的重点应在最为困难的回收环节；青岛新天地科技有限公司认为，对生产企业来说，关注的问题是基金的征收额度；海尔集团建议谁受益谁承担，认为生产者独家承担不合理；TCL 多媒体科技控股有限公司指出，目前我国的废弃电器电子产品回收渠道混乱，导致规范企业出现"吃不饱"的情况，回收基金补贴应当真正解决回收企业的问题，并建议政府鼓励制造商设立自己的处理厂，因为自己的产品自己会更好地进行拆解。

可见，欧美发达国家的废旧电器电子产品回收立法值得借鉴，但不完全适合我国，我国当前正在实施的《废弃电器电子产品回收处理管理条例》的一些规定不够细化，如何立足于我国实际，设计适合我国国情的本土废旧电器电子产品回收机制，亟须解决。

从近年来国内外的立法可以看出，目前政府的引导政策一般是单独运用奖励（补贴）或惩罚，未形成奖惩结合的引导机制。单纯的补贴政策是用全社会纳税人的钱补贴废旧电器电子产品回收，有失公平，单纯的惩罚政策则加剧了企业的负担，而奖励惩罚相结合，使得企业在回收领域展开竞争，可以引导企业走向积极回收的良性轨道，且如果机制设计合理，也不失公平。从当前再制造 CLSC 协调的研究来看，一部分集中在制造商设计契约引导回收商回收废旧产品等问题上，研究假设是制造商具有回收再制造的主动性，另有少量文献研究政府引导企业回收废旧产品。这些文献为本书的研究提供了重要借鉴。作者初步研究了信息对称且政府不是博弈方情况下制造商和再制造逆向供应链的政府奖惩机制问题，得到适度的奖惩力度和目标回收率能够起到提高 CLSC 的废旧产品回收率作用，政府给予制造商奖惩机制比给予回收商更能调动制造商和回收商的积极性等结论。

综上所述，本书研究再制造 CLSC 的政府奖惩机制问题，一是发展了供应链管理理论；二是为政府设计奖惩机制引导再制造 CLSC 回收再制造废旧产品提供理论指导；三是对于指导制造企业开展再制造 CLSC 管理，从而减少资源浪费，保护生态环境，提高企业环保形象。

研究这些内容有很重要的意义，总结如下。

（1）探讨再制造 CLSC 的政府奖惩机制，可以丰富供应链管理理论。

当前 CLSC 协调的研究基本处于起步阶段。政府设计奖励与惩罚结合的激励机制引导再制造 CLSC 的研究尚为鲜见。通过探讨政府对于再制造 CLSC 的奖惩机制问题，提出适合政府引导再制造 CLSC 回收再制造废旧产品的策略与方法，是一个理论上具有挑战性的创新性研究。

（2）为政府引导再制造 CLSC 回收再制造废旧产品的机制设计问题提供理论指导。

政府一般单独使用奖励或惩罚的办法，未形成一般性的奖惩结合的机制。本书为政府引导再制造 CLSC 回收再制造废旧产品的机制设计问题提供强有力的理论指导。

（3）有助于推动生产者延伸责任制的建立，提高废旧产品回收率和再制造率，节约资源，保护环境。

再制造 CLSC 的政府奖惩机制有助于推动制造企业生产者延伸责任制的建立，提高废旧产品的回收率和再制造率。废旧电子产品在生产过程中消耗了大量能源，且含有毒物质，回收再制造可以节约能源资源，保护生态环境。

（4）有助于提高再制造 CLSC 的运作效率，并树立企业环保形象。

再制造 CLSC 的利益相关者较多，各自以利益最大化为目标，缺乏统一协调，运作效率低下。政府奖惩机制可以指导链上成员企业建立战略合作伙伴关系，合理分配利润、提高信息共享程度，最终实现 CLSC 系统效率的提高。此外，较高的回收率和再制造率还可以帮助企业树立环保形象，赢得消费者的信赖，从而扩大市场份额。

（5）促进废旧产品回收再制造产业的形成，从而为社会创造就业机会。

废旧电器电子产品的回收再制造是劳动密集型产业。对于我国这样一个人口众多的国家，它能够创造更多的就业机会，具有重要的社会意义。

CLSC 是供应链管理研究的热点问题之一，再制造是大量废旧产品实现再利用的最佳途径，再制造 CLSC 受到学术界的广泛关注。Guide 和 van Wassenhove[1] 指出，CLSC 经过 15 年的发展，已成为供应链管理的一个重要分支，他们将 CLSC 研究分为 5 个阶段，从商业角度论述了有关文献。Klassen[2] 评论文献[1]时，指出要扩展商业研究视角，从经济、社会和环境三个角度研究 CLSC。达庆利[3] 认为政府法律法规和环保政策对回收再制造的影响是供应链管理领域值得关注的问题。Ilgin 和 Gupta[4] 从考虑环境的产品设计、CLSC 管理、再制造及拆卸四个方面论述了考虑环境的产品制造与回收问题，初步探讨了环境规制和社会环境意识对企业和消费者的影响。

1.2　国内外研究现状

1.2.1　闭环供应链回收再制造决策类文献

这类文献根据研究侧重点大致分为两类：生产类和供应链类。前者侧重于回收与再制造产品生产和定价决策，后者从 CLSC 系统角度对市场结构和决策结构等方面进行探讨。

Mukhopadhyay 和 Ma[5]研究了三种情况下制造商使用新旧部件混合生产的采购和生产联合决策。Franke 等[6]利用线性规划研究了手机再制造生产规划问题。Ferrer 和 Swaminathan[7]提出了制造商管理新制造和再制造产品的问题，利用优化方法得到制造商的决策。在此基础上，Ferrer 和 Swaminathan[8]探讨了新制造和再制造产品市场细分情况下制造商的生产决策。吴鹏和陈剑[9]、易余胤和陈月霄[10]分别考虑了回收数量不确定性、需求不确定性，研究生产、回收和再制造定价决策。Atasu 等[11]研究了再制造的影响因素，探讨了完全垄断和竞争环境下制造商再制造的盈利情况。周垂日等[12]、曹俊等[13]分别针对产品替代、新制造商与再制造商竞争问题做了探讨。

李响等[14]考虑了产率和需求均不确定的逆向供应链回收和再制造定价决策。Robotis 等[15]提出把再制造产品作为零售商的战略工具，销售到二级市场或投资加工后销售到其他市场，得到了在一定成本结构下零售商采购再制造产品可以提高利润的结论。Heese 等[16]研究了回收再制造对双寡头制造商竞争优势的影响，得出实施回收再制造的制造商不但能获取更多利润而且能够增加销售量的结论。Hong 等[17]针对由回收商和再制造商构成的逆向供应链网络利用鲁棒优化方法探讨了其定价决策和协议设计问题。Kumar 和 Malegeant[18]研究了制造商和非营利性生态组织的战略联盟问题，并以耐克鞋为例讨论了双方合作的优势。Zuidwijk 和 Krikke[19]比较了两种应对 WEEE 指令的战略：实施产品生态设计与提高再利用技术，得出前者优于后者，再制造是再利用的最优选择等结论。易余胤[20]研究了制造商领导、零售商领导以及市场无领导者三种力量结构下的闭环供应链模型，并进一步扩展到对具竞争零售商的再制造闭环供应链博弈模型进行研究。

1.2.2 闭环供应链的协调机制研究

Dekker 和 Fleischmann[21]论述了 CLSC 系统决策，提出 CLSC 协调需要解决的三个问题：信息共享、激励机制及功能整合，定性分析了是否完全垄断时制造商的决策。

1. 信息对称情况

李响等[22]建立随机回收环境下逆向供应链模型，提出双阶段定价合同协调机制。孙浩和达庆利[23]考虑回收商或制造商的设施有容量限制，利用收入费用共享契约协调逆向供应链。黄颖颖等[24]研究了由制造商、维修中心和零售商构成的逆向供应链模型的定价与激励机制,设计了线性分成机制和基于不对称 Nash 协商模型的激励机制。包晓英等[25]研究了新制造产品和再制造产品存在差异定价时集中式决策和分散式决策的差异,给出相应的两部收费机制协调闭环供应链。Kaya[26]研究三种情况(完全再制造、消费者对再制造产品和新制造产品不区分以及再制造产品与新制造产品部分可替代)下的决策,并探讨了制造商引导回收商提供更多废旧产品的线性契约。

2. 信息不对称情况

邱海永和周晶[27]比较了回收成本信息对称与不对称情况下逆向供应链的定价策略。肖迪和黄培清[28]对制造商能否获得回收市场信息的情况,设计了提供给第三方的线性契约,并基于报童模型得到制造商的最优生产决策。

1.2.3 政府引导下的闭环供应链决策与协调机制

1. 政府引导企业回收再制造

废旧产品回收是一个涉及政府、企业和消费者的社会性问题。谢地[29]认为政府规制是现代市场经济不可或缺的制度安排,在越来越多的领域发挥重要作用。拉丰[30]初步探讨了发展中国家的规制机制问题。田巍卿等[31]对部分电子生产企业和政府部门调查发现,企业和政府方面均认为废旧电子产品回收处理应由对方承担,政府与企业职责尚不明确。Subramoniam 等[32]分析了汽车配件市场的影响因素,提出政府运用激励机制可以对再制造起到积极作用;再制造的利益相关者(政府、制造商、回收商及消费者)应加强协调。Mo 等[33]通过对苏州调研,提出了政府运用税收激励政策引导企业再利用废旧资源,并对回收系统进行规制。Yu 等[34]定性地探讨了我国废旧电器的管理问题,认为废旧电器回收示范项目无法回收足够的废旧电器的原因是示范项目支付消费者的价格没有非正规的回收再利用商高。提出两个建议:通过让消费者提供押金的方式分担废旧电器的责任,整合非正规和正规的回收再利用渠道。Chen 和 Sheu[35]利用微分对策建立了环境规制下制造商的定价模型,得到制造商通过适当的定价策略能够实施生产者延伸责任制;政府应逐渐提高规制标准,以便引导制造商逐步提高产品回收再利用水平等结论。Aksen 等[36]运用二层规划建立政府补贴制造商的两个模型,提出了相同的回收率和收益率目标下,支持性比立法性政策需要政府提供更多的补贴。Mitra 和 Webster[37]探讨了政府的再制造补贴对制造商和再制造商利润的影响,通过比较只补贴再制造商、只补贴制造商以及补贴制造商和再制造商，得到补贴由制造商和再制造商分享较好的结论。任鸣鸣[38]进一步讨论了政府应对多家电子生产企业情况下的道德风险问题。张保银等[39]针对政府引导企业进行污染物回收的道德风险问题，提出了含有补贴和奖惩因子的激励及监督机制。Shinkuma 和 Managi[40]研究了再利用立法，建立了按废旧电器重量定价的再利用许可证机制模型，得到仅当废旧电器处置者有责任将其卖给许可证持有者时，许可证机制才能有效的结论。陈秋双等[41]对由一个制造商和一个回收商组成的逆向供应链，研究了政府规定制造商最低回收量情况下的定价策略。Subramanian 等[42]探讨回收立法对新产品设计与介入的影响，建立了制造商供应给消费者再制造产品的多周期模型，发现为实现生产者延伸责任制政策目标，制造商和消费者需要共同承担产品生命周期的环境成本。计国君和黄位旺[43]以我国《废弃电器电子产品回收处理管理条例》为背景，借鉴国外生产者延伸责任制，根据消费者对新制造产品、再制造产品的需求函数，比较了企业单独回收和集体回收两种回收责任的异同，得到单独回收责任下制造商更倾向于再制造的结论。Plambeck 和 Wang[44]建立了制造商与消费者的博弈模型，得到结论：基于销售的电子废弃物规制不能引导制造商遵循循环利用方式进行产品设计，而基于处理的电子废弃物规制能引导制造商进行产品可循环利用的设计。

2. 政府引导闭环供应链成员企业回收再制造

按照协调方式，CLSC 协调可分为系统内部协调和系统外部协调。对于难以实现协调的情况，CLSC 系统需要借助系统外的政府等进行协调。Hammond 和 Beullens[45]用变分不等式建立 CLSC 网络均衡模型，讨论了 WEEE 对于 CLSC 定价和利润的影响。晏妮娜等[46, 47]以钢铁行业为研究对象，分别探讨了第三方和零售商回收情况下，考虑环境立法对废钢回收的奖惩措施，建立废钢回收模型，讨论了 CLSC 协调的条件。汪翼等[48]研究制造商和分销商责任制，得到两者对供应链的绩效无影响，但通过回收可变费用影响收益在供应链成员之间分配的结论。

信息、竞争等因素对 CLSC 的影响：Ketzenberg[49]强调信息在 CLSC 中的重要性，并对信息的价值进行了评估。Ferguson 和 Toktay[50]通过比较完全垄断和寡头垄断制造商的再制造决策，探讨了竞争对回收策略的影响。制造商和再制造商构成的双寡头竞争环境下，Webster 和 Mitra[51]根据制造商控制和不控制回收品，比较了两种情况下制造商、再制造商、政府及消费者利益的变化情况。

1.2.4　对研究现状的简要评述

以上文献从 CLSC 回收再制造决策、CLSC 的协调机制以及政府引导下 CLSC 的决策与协调机制三个方面对 CLSC 管理问题进行了综述。前两部分文献一般假设制造商具有主导逆向供应链或 CLSC 的积极性，是 Stackelberg 博弈领导者。现实情况下制造商并不总是具有回收再制造废旧产品的积极性，需要政府给予必要的引导。已有少量文献对政府引导下的 CLSC 协调机制进行研究，主要包括两类：一类是运用委托代理理论研究企业隐藏行动的道德风险问题，另一类研究政府针对制造商给予补贴或立法约束下定价类契约机制实现 CLSC 协调的条件。而政府根据 CLSC 利益相关者的绩效（如回收率、回收量等）提供激励机制，引导他们积极回收再制造废旧产品的研究尚为鲜见。奖励与惩罚相结合的激励机制，简称奖惩机制，通过合理设置机制参数，可以兼顾 CLSC 的效率与社会公平。政府奖惩机制对于引导 CLSC 的利益相关者积极回收再制造废旧产品具有重要的理论价值和现实意义。

本书在供应链协调、CLSC 管理以及政府规制等理论的基础上，创新性地提出政府对 CLSC 利益相关者的奖惩机制问题。奖惩机制包含奖励和惩罚参数，奖惩力度相同，因而兼顾了 CLSC 的效率与社会公平。本书采用定性与定量相结合，定量研究为主的研究方法，旨在探讨政府奖惩机制的最优参数（包括目标回收率、奖惩力度等），以期为政府引导 CLSC 上的成员企业积极回收再制造废旧产品问题提供新的思路和理论依据。

综上所述，政府引导 CLSC 回收再制造的研究较少，已有文献主要研究政府针对制造商给予补贴或立法约束，而政府设计机制引导 CLSC 利益相关者回收再制造废旧产品的研究尚为鲜见。本书拟以作者在 CLSC 管理方面的研究成果[52-60]为基础，综合运用最优化、博弈论、二层规划、计算机仿真以及案例分析等理论与方法，考虑制造商所处的市场结构和 CLSC 的主导者等因素，研究再制造 CLSC 的政府奖惩机制问题，不但是供应链管理的前沿问题，而且为政府和企业提供有益的决策参考，具有广阔的应用前景。

本书内容的基本研究框架结构如图 1.2 所示。

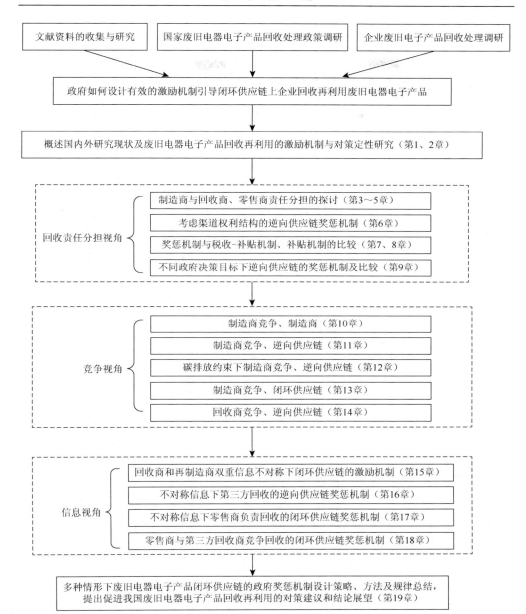

图 1.2　本书内容的基本研究框架结构

第 2 章　闭环供应链视角下废旧电器电子产品回收再利用的激励机制与对策

本章的主要工作如下：WEEE 回收再利用具有外部性和公益性，以 CLSC 为视角研究政府的激励机制与管理对策是一个重要问题。本章在我国 WEEE 的回收再利用现状分析和文献回顾的基础上，讨论国内外 WEEE 的立法及我国生产企业对回收基金的反应，指出我国法律实施效果不佳的根本原因是未能考虑 CLSC 上除生产商外其他成员企业的利益，实行生产商负主要责任的 CLSC 责任制是 WEEE 回收再利用的合理可行策略；讨论 CLSC 视角下 WEEE 回收再利用的结构，得到三种可行的 CLSC 流程；探讨 WEEE 回收再利用的三种激励机制，特别是奖惩机制，并以此为基础分别给出 WEEE 回收和再利用的管理对策；为国家相关立法提供重要决策借鉴。

2.1　引　　言

国务院颁布的《废弃电器电子产品回收处理管理条例》（以下简称《条例》）于 2011 年 1 月 1 日正式实施[61]。为了贯彻落实该条例，财政部等制定了配套管理办法——《废弃电器电子产品处理基金征收使用管理办法》。可见，废旧电器电子产品/设备的回收利用问题已引起中央政府的高度重视。

电器电子产品中的铅、汞、铬、铝、氟利昂等有毒有害物质，会对人的中枢、大脑、肾、肺、肝、呼吸道等造成严重影响，影响记忆力，引起呼吸道和消化道疾病，增加患癌症的风险。据专家测算，平均每吨废旧电子产品中含有黄金 80～1500g、银 350～1850g、铜约 128.7kg、锡 80～1500g、树脂 350kg、铅 58.5kg，还有少量的钯、铂等贵重金属，价值可达 6000 美元/t。美国环保局指出，用从 WEEE 中回收的废钢代替通过采矿和冶炼得到的新钢，可减少 97%的矿废物、86%的空气污染、76%的水污染，减少 40%的用水量，节约 90%的原材料、74%的能源，而且废钢材与新钢材的性能基本相同。早在 1995 年，美国就对 75%的大家电回收再利用，提供了 10%的再生钢铁，既降低了资源能源消耗，又减轻了环境污染。

"废旧"一词比废弃含义更广泛，废旧产品包括废弃和陈旧两层含义，随着电器电子产品更新换代速度的加快，陈旧的电器电子产品也被消费者大量淘汰，需要回收再利用。循环经济是指在生产、流通和消费等过程中进行的减量化、再利用、资源化活动的总称。WEEE 的回收再利用是实现循环经济的重要途径之一。再制造是再利用的高级形式，在欧美等国受到高度重视，并且已经形成了规模庞大的再制造产业。其中，WEEE 再制造是建设资源节约型、环境友好型社会，发展循环经济，实现可持续发展的重要途径。WEEE 的再制造需要经过三步：整体拆解、再加工及深加工。

来自国外 WEEE 立法的压力不容忽视。2005 年欧盟公布《报废电子电气设备指令》和《关于在电子电气设备中限制使用某些有害物质指令》，明确规定了WEEE 回收率。这对我国近几年电器电子产品的出口生产商产生了巨大影响，仅2005 年我国近 25%的家电产品出口到欧盟国家，直接影响金额达 560 亿美元。

综上所述，WEEE 回收再利用影响巨大，已引起国内外政府和企业的重视，政府可以利用政策鼓励 WEEE 回收处理企业完善回收体系，在再利用核心技术方面进行创新。近年来政府如何引导企业进行 WEEE 回收再利用成为学术界关注的热门问题。

2.2　文　献　综　述

关于废旧产品回收再利用的研究主要围绕回收模式、回收定价、激励机制、政府补贴、回收再制造联合决策展开，其核心是研究产品回收再利用对各利益相关者收益或效用的影响。何文胜和马祖军[62]认为 WEEE 回收成本应由生产商、分销商、消费者和政府等受益主体来承担，按照受益者负担原则，研究发现参与回收的主体不同，生产商参与渠道的程度不同，主体间的利益分配比例、应承担的环境外部成本和回收处置阶段的责任比例也会发生变化。牟焕森和杨舰[63]指出我国废旧手机回收呈现以更加环境友好和节约资源能源的再利用为主、以拆解处置为辅的特色，区别于发达国家，应该节约资源与治理环境并重。朱培武[64]认为以生产者延伸责任制为指导构建的回收和处理模式是一项成功模式，虽然在短期内会导致企业的生产成本增加，负担加重，但是从长远来看，有助于增强企业的竞争力和应对国外技术性贸易壁垒的能力。赵晓敏等[65]从生产商的角度讨论了我国电子制造业需遵循 CLSC 管理的思想，通过整个行业内供应商、生产商、零售商、回收商和再处理商等众多企业的相互合作来共同攻关，并对我国电子制造业如何成功实施 CLSC 管理提出相应建议。计国君和黄位旺[43]以《条例》为背景，借鉴国外生产者延伸责任制，根据消费者对新制造产品、再制造产品的需求函数，比较了企业单独回收和集体回收两种回收责任的异同，得到单独回收责任下生产商更倾向于再制造的结论。Atasu 等[66]建立了政府、制造商及消费者三者之间的博弈模型，政府为引导制造商积极回收再制造废旧电器电子产品而给予制造商一定量的补贴，运用政府对回收的废旧电器电子产品进行补贴的方式，探讨了有效回收废旧电器电子产品的立法问题。Savaskan 等[67]研究了 CLSC 的回收模式的选择问题，比较了生产商、第三方回收商和零售商负责回收的情况，得到零售商回收最佳的结论。Aksen 等[36]运用二层规划建立政府补贴生产商的两个模型，提出相同的回收率和收益率目标下，支持性比立法性政策需要政府提供更多的补贴。吕君[68]运用环境价值链的方法对 CLSC 这种管理模式进行了解释性分析，并剖析了六类主体之间资金流、物流和信息流的交换关系。王文宾等[69-71]初步探讨了政府奖惩机制对生产商回收再制造决策的影响，并将研究问题拓展到逆向供应链，研究了电子类产品逆向供应链的政府奖惩机制问题，讨论了奖惩机制的最优参数，并对奖励、惩罚与奖惩机制做了比较。王文宾和达庆利[60]设计了政府奖惩机制，并建立数学模型研究了奖惩机制下 CLSC 的决策及协调问题，发现基于回收率的奖惩机制较基于回收量的奖惩机制更能有效引导 CLSC 的成员提高回收率。

从以上文献可以看出，以 CLSC 为视角研究 WEEE 回收再利用的政府激励机制与管理对策尚为鲜见。本章在分析 WEEE 回收再利用现状的基础上，讨论国内外 WEEE 回收再利用的法律法规及企业界对回收基金的反应，从 CLSC 的视角探讨 WEEE 回收再利用的结构，得到三种可行的 CLSC 流程，并给出 CLSC 视角下 WEEE 的激励机制，以此为基础讨论了相应的管理对策。

2.3 我国 WEEE 回收再利用现状

根据中国家用电器协会的数据，近两年来我国每年仅电视机、洗衣机、电冰箱、空调和电脑的报废量就超过 1.5 亿台。随着 20 世纪 80 年代以来居民购买的电器电子产品进入报废和淘汰的高峰，以及世界每年 70%以上废弃电器电子产品的流入，我国电器电子产品再制造正面临着前所未有的挑战。WEEE 的回收再利用管理，是一个大课题。但是，作为 WTO 成员方，由于关税、许可证等贸易壁垒的逐渐消除，我国的电器电子产品生产商参与经济全球化的竞争，电器电子产品的出口受到各国法规的约束，需接受相关国家对我国产品的可回收性和环境保护指标的评估，如果回收处理工作做不好会严重影响我国电器电子产品行业的发展。

从北京、山东、江苏等地的拆解企业来看，符合国家环保要求的专业拆解企业受到"废品回收游击队"的市场冲击，多数运营处于亏损状态，需要靠政府补贴为生。需要说明的是，对回收拆解企业按照回收量进行补贴，也是国际通行的惯例。国内某些家电企业进军废旧回收拆解领域，可望在当前的市场环境下探索一条可持续发展的路径。

当前我国 WEEE 的再利用处于低级利用阶段，以人工拆解和材料再利用为特征。某些正规处理厂家则引进了废物整体粉碎、分选的技术路线，主要以材料回收为主，较少考虑零部件的再利用。实际上，与产品成分最接近的莫过于产品本身，还原废旧产品比开采矿产资源，产业链可缩短 60%，减少污染能耗 80%，降低成本 30%。因此，如果我国生产的产品能够得到充分地回收利用，形成生生不息的循环经济，资源与环境危机将得到根本缓解。正如钱学森所说："如果搞好废弃物的再生，两个世界难题（资源与环境）就同时找到了解决的途径"。

与欧美等国相比，我国 WEEE 回收再利用的区别主要表现在以下五个方面：

（1）观念不同。欧美等国的消费者多数视 WEEE 为电子垃圾，他们需要为其付费，而我国消费者视之为产品，消费者需要被付费。我国多数消费者仍把旧电器电子产品视为二手产品，很少有消费者把旧电器电子产品当作废物扔掉（问卷调查显示，89%的被调查者不会把 WEEE 当作垃圾扔掉；88%的被调查者愿意在有偿的条件下配合 WEEE 回收）。

（2）旧电器电子产品市场需求旺盛。二手电器电子产品商对于促进旧电器电子产品延缓变废起到重要作用，这构成我国 WEEE 回收事业区别于发达国家的显著特色（发达国家的社会消费结构以中等收入阶层为主体，普遍没有二手电器电子产品市场或者二手电器电子产品市场非常弱小）。

（3）立法内容不同。欧盟 WEEE 条例按照产品的重量计算回收率，而我国和美国一些州是按照回收产品的数量来计算回收率。按照重量立法容易引起大件电器电子产品的回收量多，而重量轻的产品回收量小的结果；另外，重量不是产品环境影响的衡量标准，因此对环境问题的影响不能从根本上解决。

（4）欧盟式的生产者延伸责任制在我国难以落实。原中国家电协会副理事长刘福中表示，现在家电行业的平均利润率为 3%～5%。由此看来，我国家电生产企业的盈利水平普遍偏低，让它们再支付产品的回收处理费用，有一定难度。

（5）目标不同。发达国家从事电子废弃物回收的重点在于污染治理，我国则应该污染治理和资源能源节约并重，选择回收方式较发达国家复杂，强调的技术创新重点也与发达国家有所区别。

根据我国国情，能否对 WEEE 进行妥善地回收再利用已经成为一个关系我国经济、社会和环境可持续发展的重要课题，因此，探讨适合我国实际发展要求的 WEEE 回收再利用引导机制与对策是防止 WEEE 污染环境并造成资源浪费的当务之急。

2.4　国内外 WEEE 回收再利用的法律法规及企业界对回收基金的反应

2.4.1　国内外 WEEE 回收再利用的法律法规

WEEE 回收再利用问题已引起各国政府的高度重视，纷纷立法，比较有代表性的法律法规如表 2.1 所示。

表 2.1　各个国家和地区电器电子产品回收再利用的立法情况

国家和地区	立法名称	实施时间	立法核心内容	付费方	备注
中国台湾	废家用电器和计算机再生利用有关规定	1997 年 7 月	对生产者、进口商和零售商征收产品废弃后的回收处理费	生产企业、进口企业	
欧盟	①《报废电子电气设备指令》；②《关于在电子电气设备中限制使用某些有害物质指令》	2005 年 8 月 2006 年 7 月	在 2005 年 8 月后投放市场的产品，其废弃后的收集、处理、回收和环保处置等相关费用由生产商或进口商承担；含有铅、汞等有毒有害材料的产品，从 2006 年 7 月起不能出现在市场中。出口欧盟的厂商必须具备与一家环保处理商签定的回收处理合约	生产者负责废旧电子电器设备的回收和处理费用及回收处理设施的建设费用	回收利用率根据产品重量计算
日本	《家电再生利用法》	2001 年 4 月	①生产商、进口商负责将电视机、电冰箱、洗衣机、房间空调器四种废旧家电回收处置，并进行再商品化；②消费者在废弃时承担回收和再商品化费用；③对家用电脑实施强制回收，在销售环节交纳回收处理费	消费者废弃时付费机制	
美国	《电子废弃物回收再利用》	2004 年 7 月	消费者在购买新的电脑或电视机时，要交纳每件 6～10 美元的电子垃圾回收处理费。新泽西州和宾夕法尼亚州征收填埋和焚烧税	消费者、生产企业	

　　国内外 WEEE 回收再利用立法是根据各国国情，既有生产商负责，也有消费者付费，还有两者结合的模式。欧盟相关法律规定生产企业付费，日本推行消费者废弃时付费机制，美国则是消费者、生产企业都付费。对我国影响较大的是由世界经济合作组织制定的一项环保政策——生产商延伸责任制，根据该政策，生产商对其产品的责任进一步延伸到产品消费后，要担负产品回收再利用的责任。与国外立法情况相比，自 2003 年以来，中央各相关部门制定了多项法律法规，我国实施的立法较多，比较有代表性的有 12 项，法律逐渐细化，可行性越来越强。有代表性的如表 2.2 所示。其中《条例》是该领域权威性、实用性最强的法规，明确废弃电器电子产品处理实行资格许可制度，提出政府补贴 WEEE 处理费用的条文。然而，需要说明的是，尽管法律较多，但可操作性不强，实施效果不好。主要是因为我国有关废旧产品管理的法律法规过于原则和抽象，规定比较笼统，没有对核心问题做出具体规范，可操作性差，回收责任到底如何承担，以及用何种方式承担，至今仍然没有明确的细则规定，也没有具体的配套措施。

表 2.2　我国电器电子产品回收再利用的立法情况

立法名称	实施时间	立法核心内容	备注
《中华人民共和国清洁生产促进法》	2003 年 1 月	制定有利于实施清洁生产的产业政策、技术开发和推广政策。企业在进行技术改造过程中采取清洁生产措施。国家建立清洁生产表彰奖励制度	
《中华人民共和国固体废物污染环境防治法》	2005 年 4 月	对工业固废物、生活垃圾等固体废弃物污染环境的防治做了明确规定，对危险废弃物做了特别规定	
《电子信息产品污染防治管理办法》	2005 年 1 月	生产者、销售者、进口者和使用者应承担废弃电子产品回收处理以及再利用等相关责任	多个回收再利用责任者
《旧货品质鉴定通则》	2006 年 3 月	规定旧电视机、音响、冰箱、空调、洗衣机等旧电器的品质鉴定方法	
《再生资源回收管理办法》	2007 年 5 月	再生资源包括废旧电子产品等，从生产、设计环节减少电子信息产品中含有的有毒有害物质的含量	针对回收商和生产商
《家用和类似用途电器的安全使用年限和再生利用通则》	2008 年 5 月	规范家用电器的安全使用年限及再利用原则	
《废弃电子电气产品再使用及再生利用体系评价导则》	2008 年 8 月	规定再使用电子电器产品及元器件和零部件评价、再生利用材料评价、回收处理企业评价要求	
《中华人民共和国循环经济促进法》	2009 年 1 月	对因不具备技术经济条件而不适合利用的，由该生产企业负责无害化处置。地方政府应当支持废物回收企业。回收的电器电子产品需要拆解和再生利用的，应当交售给具备条件的拆解企业，经过修复后销售的，必须符合再利用产品标准，并在显著位置标识为再利用产品	无害化处理的生产商责任；再利用标识
《关于加快推进再生资源回收体系建设的通知》	2009 年 3 月	规范再生资源回收体系建设工作	
《废弃电器电子产品处理污染控制技术规范》	2010 年 4 月	规定了废弃电器电子产品收集、运输、贮存、拆解和处理等过程中污染防治和环境保护的控制内容及技术要求	
《废弃电器电子产品回收处理管理条例》	2011 年 1 月	建立废旧电子产品多元化回收和集中处理体系，实行生产者责任制，国家建立废弃电器电子产品处理专项基金，用于补贴废弃电器电子产品处理费用，回收处理企业实行市场化运作，国家在政策上给予鼓励和支持	多元化回收、集中处理，生产者责任制、政府补贴，焦点是回收处理基金
《废弃电器电子产品处理资格许可管理办法》	2011 年 1 月	处理废弃电器电子产品应当符合国家有关资源综合利用、环境保护、劳动安全和保障人体健康的要求。禁止采用国家明令淘汰的技术和工艺处理废弃电器电子产品	规范处理企业
《废弃电器电子产品处理基金征收使用管理办法》	2012 年 7 月	规范废弃电器电子产品处理基金(国家为促进废弃电器电子产品回收处理而设立的政府性基金)征收使用管理	
《废弃电器电子产品处理目录》	2016 年 3 月	电子废弃物由上述五种废弃电器电子产品扩展至打印机、手机等 14 个品类	
《电器电子产品有害物质限制使用管理办法》	2016 年 7 月	在原《电子信息产品污染控制管理办法》基础上，新《办法》扩大了限制使用的有害物质范围并完善了产品有害物质限制使用的管理方式	

《条例》已正式实施，但最为关键的废弃电器电子产品处理基金征收使用管理办法，则暂时未出台细则。2010 年政府部门曾召集企业开了两次座谈会，发现争论的焦点是回收基金问题。目前学术界和企业界对回收基金的征收和使用问题均存在多种观点，分歧很多。国家发展和改革委员会产业所许江萍博士认为补贴拆解处理商，中国家用电器协会理事长姜风认为基金应该补贴最为困难的回收环节，而不是拆解环节。

2.4.2　生产企业对回收基金的反应

国内比较有代表性的电器电子产品生产企业有海尔、美的、长虹、TCL、联想及创维等。针对 WEEE 回收再利用，生产企业对回收基金的上缴问题争论激烈。

回收基金对生产企业利润影响显著。出于应对《条例》的考虑，有些生产企业计划申请回收企业资质，通过提高回收资源利用效率来降低基金征收的影响。2006 年，联想率先在内地地区实施电脑免费回收服务，两年间联想分别在全球范围内妥善处理了 15000t 和 17000t 的 WEEE。长虹积极回收再制造 WEEE，已初步建立以"生产者"为核心的废旧家电逆向物流体系，研制了废旧线路板元器件拆卸设备，开发了面向重用的废旧家电零部件的可靠性检测方法以及废弃线路板中非金属材料的再资源化工艺和新产品。2011 年 TCL 建成国家级废旧电子产品回收拆解示范基地。

创维认为 WEEE 回收产业化对电器电子产业来说是一个新的赢利点，成立基金很有必要，但由于基金的结构、管理模式、收益模式都没有明确的方案，各家企业的产品不同、占比不同，使用一刀切的收费标准不合理，新的基金模式还需要各方的协商。

综上，除长虹和 TCL 等少数企业积极主动地回收再利用(包括再制造)WEEE，国内电器电子产品生产商多持创维的态度，等待 WEEE 回收处理基金的征收、使用及管理的细则出台。

2.5　CLSC 管理视角下 WEEE 回收再利用的结构

在介绍 CLSC 之前，需要先了解逆向物流的概念。最早提出"逆向物流"这个名词的是 Stock，他在 1992 年指出：逆向物流为一种包含了产品退回、物料替代、物品再利用、废弃处理与再处理、维修与再制造等流程的物流活动。逆向物流的参与成员及成员之间的逆向物流活动构成了逆向供应链。与正向供应链有机集成后，转化为 CLSC。CLSC 的理论研究只是近十多年的事。CLSC 实质上是通过产品的正向流通与逆向回收再利用，使正向供应链的"资源—生产—消费—废弃"的开环过程变为"资源—生产—消费—回收—再生产—再消费"的闭环反馈式循环过程，它是正向供应链和逆向供应链的有机结合，不是正向供应链与逆向供应链的简单求和，其管理内容更为丰富。

CLSC 管理强调通过链上各实体的协同运作，来实现整个系统的最大效益，有助于企业和整个社会的可持续发展，以其全新视角为众多企业之间的协调与合作提供了一种超越传统的管理模式，尽管欧盟 WEEE 指令的目标对象锁定在电器电子产品生产商，而其影响范围远不止生产商本身。CLSC 是成员企业相互作用，相互影响，追求整体协调的有机系统。WEEE 指令必然给整个电器电子行业的CLSC 上下游企业带来巨大的变化。这些企业包括原材料供应商、生产商、批发商、零售商、维修商、二手产品销售商、第三方回收商及拆解商等。由于 CLSC是一个复杂的系统，涉及的企业类型较多，政府只针对生产商的立法显然难以奏效。欧盟跟我国不同，WEEE 指令只是指导性的法律，其成员国会根据本国国情细化该法律。我国《条例》虽然也提到了销售商等企业，但过于抽象和笼统，回收再利用工作没有具体的分工，因此该条例近期实施效果不理想也就不难理解了。合适的政府激励机制与对策只有从 CLSC 视角，将 CLSC 系统成员进行仔细研究分析才能得到。

欧盟 WEEE 回收再利用立法的指导思想是生产者延伸责任制，我国的《条例》也体现了这一思想。然而，以 CLSC 为视角，由于 CLSC 是一个整体，节点企业之间相互影响，并影响整个供应链系统的决策。生产商仅是 CLSC 的一个节点，如果政府不能对整个供应链的成员企业进行引导，只对生产商进行法律约束，会给法律实施效果带来较大的不确定性。有效的引导与激励机制应调动 CLSC 所有企业，至少是绝大多数企业的积极性。这就需要政府在立法之前分析我国 WEEE回收再利用涉及的 CLSC 成员企业及消费者的回收再利用结构情况，立足于我国制定实际能调动各成员积极性、操作性强的法律法规。

从生产、流通、消费三个环节来看，CLSC 的构成可分为三类：生产类企业包括供应商、生产商、维修商、拆解商；流通类企业包括批发/零售商、二手产品销售商、第三方回收商；消费环节包括消费者，可细分为新产品消费者和二手产品消费者两类。根据这三个环节，CLSC 视角下 WEEE 回收再利用的结构如图 2.1所示。图中粗线表示的流向是当前最普遍的，且是非常破坏环境、造成资源浪费的方式，即 WEEE 几乎全被街头小商贩（废品回收游击队）收走，然后把能用的都卖给了二手销售商，二手销售商将能用的卖给消费者继续使用。合理可行的回收再利用流程包括三类，每类已用序号①②③标出。CLSC 流程①：生产商—批发/零售商—消费者—二手销售商—维修商—拆解商—生产商。CLSC 流程②：生产商—批发/零售商—消费者—小商贩—第三方回收商—拆解商—生产商。CLSC 流程③：生产商—批发/零售商—消费者—批发/零售商—拆解商—生产商。CLSC 流程②的一部分渠道用了虚线，表示目前尚未通畅，需要经过各方努力来实现的回收渠道。

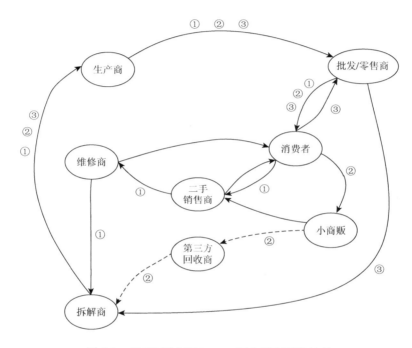

图 2.1　CLSC 视角下 WEEE 回收再利用的结构

　　欧盟的生产者延伸责任制不符合我国国情，日本的消费者责任制亦然，结合我国实际，宜根据受益者受益的多少分配废旧产品回收再利用的责任，由于整个 CLSC 成员（包括各类企业和消费者）均受益，因此，建立生产商负主要责任的 CLSC 责任制，是解决我国 WEEE 回收再利用难题的关键所在。为什么生产商负主要责任呢？原因有两个：一方面，设想供应链的其他成员均不采购、销售、回收、消费其生产的产品，那么生产商是最大的受害者，反之，因为 CLSC 成员的协作，生产商是最大的受益者；另一方面，我国电器电子产品生产商如 TCL、海尔等是实力雄厚的，是 CLSC 的核心企业，作为核心企业有责任领导 CLSC 的其他成员积极回收再利用 WEEE，如废旧产品中有毒有害物质的处理。

2.6　WEEE 回收再利用的激励机制

发展 WEEE 回收再利用产业具有经济效益、环境效益及社会效益，具有正的外部性和很强的公益性特征，因此政府对其进行激励已无争议。一个好的激励机制对 WEEE 回收再利用起到较好的引导和促进作用，此外，激励机制的设计需要立足于我国国情，即使在欧美已经被证明很好的机制，直接拿到我国来用，实施效果未必会好。从国内外对 WEEE 回收再利用的立法内容来看，政府对 CLSC 成员企业进行激励的手段可以归结为奖励和惩罚两种。作者认为，政府激励机制可以分为奖励机制、惩罚机制及奖惩结合的奖惩机制三种，特别是奖惩机制的思想和设计方法更应该受到重视。

（1）奖励机制。该机制旨在对回收和再利用绩效较好的企业给予一定的经济激励。补贴机制可以看成奖励机制的一种特殊情况，是没有门槛的奖励机制。从 CLSC 的视角，电器电子产品生产商一般是对废旧产品的回收处理负主要责任的供应链核心企业，可以通过奖励回收再利用绩效良好的生产商引导生产商积极投入到 WEEE 回收再利用事业中。根据回收商回收废旧产品的数量，提供补贴，或者给出最低回收量标准，对于超过该标准的部分给予奖励，可以激发回收商的积极性；对零售商主动回收 WEEE 的，按照回收商的奖励机制进行奖励。对于拆解商，可以根据拆解商的规模进行评估，对同类规模拆解商规定拆解质量和数量标准，对达到拆解标准并超过规定拆解数量的拆解商给予一定额度的奖励。此外，对积极宣传、推动 WEEE 回收再利用事业的消费者给予颁发荣誉证书等奖励，起到引导消费者的积极作用。

（2）惩罚机制。惩罚是负向的激励，惩罚机制也属于激励机制的一种。惩罚是常用的手段，惩罚机制的设计是否科学，对 CLSC 的高效运作影响较大。惩罚机制设计的思想是对企业设定一个合适的目标，对达不到该目标的企业给予一定的经济惩罚。目标的选取是否科学，惩罚力度是否合适是惩罚机制是否有效的两个关键参数。生产商作为 WEEE 主要责任者，对整个 CLSC 废旧产品的回收再利用绩效至关重要，政府可以设置回收率（回收量）和再利用率门槛，对于达不到该门槛的生产商给予惩罚，同时惩罚相应的责任企业，例如，回收率低要处罚回收商，拆解再利用量少则处罚拆解商。

（3）奖惩机制。奖励机制和惩罚机制均用单一的激励方法，难免有弊端。奖励机制的资金从何而来，一味地从政府那里获得，是否有失公平？政府的资金来自全体民众，企业该负主要责任，不该让全社会民众买单。单纯采取惩罚的机制缺少正向激励，容易造成企业积极性下降，利润下滑等不良后果。奖励和惩罚相结合，形成合适的奖惩机制，既包含正向激励又包含负向激励，可以把企业的绩效具体化为收益，通过经济激励的方式引导企业提高废旧产品回收再利用的运作绩效。对 WEEE 回收再利用来讲，合适的奖惩机制能够确保回收再利用绩效好的企业获得奖励，而一部分资金来自绩效差的企业，这就能够较好地引导企业积极回收再利用废旧产品，同时也减少了政府的财政支出。奖惩机制设计的思想是对企业设定一个合适的回收和再利用目标，对达不到该目标的企业给予一定的经济惩罚。目标的选取是否科学，奖惩力度是否合适是机制优劣的关键。

2.7　WEEE 回收再利用的管理对策

WEEE 是外部性很强的产品，需要政府激励来确保 CLSC 渠道畅通和回收率、再利用率提高。目前 WEEE 回收再利用产业中，生产商、零售商、回收商、处理商（拆解商）及消费者都可以从电器电子产品的生产、消费和回收处理中获得收益或效用，但是尚未建立有效的"外部影响内部化"机制。2.6 节讨论的三种机制将 CLSC 成员的回收再利用绩效与其收益或效用挂钩，能够在一定程度上实现外部影响内部化。根据上述激励机制的思想，本节探讨 WEEE 回收再利用的具体管理对策。

2.7.1　回收渠道的管理对策

当前 WEEE 拆解商遭遇无米下锅的尴尬局面根本原因在于回收渠道的不畅通。针对 CLSC 可行的三种回收再利用流程，分别给予讨论。

①生产商—批发/零售商—消费者—二手销售商—维修商—拆解商—生产商。维修商将维修后无法再使用的废旧产品销售给拆解商，政府可给予维修商一定额度的奖励（补贴），奖励标准与交易数量成正比，按照每单位产品奖励多少的办法计算额度，单位奖励额度不宜过高，否则易造成"不重维修重转售"的局面。

②生产商—批发/零售商—消费者—小商贩—第三方回收商—拆解商—生产商。我国目前尚缺少真正意义上大型的第三方回收商，常常将回收处理混淆，以回收处理商称呼拆解商。实际上，拆解商的回收能力很有限，这也正是国家试点的拆解企业普遍无米下锅的原因。针对该问题的管理对策是政府鼓励各省市组建大型回收企业，确保每个省有两三家。不能一味地管制小商贩的行为，疏堵结合才能标本兼治。大型回收商收编 WEEE 小商贩，使其正规化，经营良好的小商贩

获得回收许可证，将回收的产品转售给非正规渠道的小商贩则被罚款。第三方回收商将回收的 WEEE 转售给正规拆解商。

③生产商—批发/零售商—消费者—批发/零售商—拆解商—生产商。批发商和零售商相对生产商来讲与消费者沟通容易，是重要的回收渠道之一。批发商和零售商需要将回收的 WEEE 转售给拆解商，而不是私自处理，造成资源环境问题。凡是不遵守该规定的批发零售企业将被政府环保部门罚款，每年度本地区回收成绩突出的批发零售企业将被给予表彰，并给予税收、柔性融资等优惠政策，或者直接给予补贴。

2.7.2　再利用的管理对策

再利用的管理对策涉及生产商、拆解商、维修商和消费者等。

（1）生产商。生产商是 WEEE 回收再利用的主要责任者。首先，政府可以设计奖惩机制引导生产商，使其领导 CLSC 的成员企业和消费者积极回收再利用 WEEE。奖惩机制设计思路如下：根据各种 WEEE 的实际情况，分别设定本产品的再利用率最低标准，对于达到该标准的生产商，政府给予一定额度的奖励，达不到标准的生产商，政府给予一定额度的罚款，奖励和惩罚额度均与相应的产品数量成正比。不失一般性，按照再利用废旧产品的数量与同期生产商新产品的销售量的比例计算可得再利用率，奖惩力度的确定要以产品的利润水平为参照，不同产品分别规定。其次，生产商还是 WEEE 再利用基金的缴纳者。具体实施起来可按照生产商每一段时期内生产的电器电子产品数量缴纳。最后，对开展清洁生产的生产商给予奖励。生产商实施清洁生产，采用清洁生产工艺，进行生态设计，从源头上采用环境友善的材料和工艺，能够避免或减少有毒有害物质的使用。需要说明的是，有些生产商自行回收或再利用 WEEE，则他们既是生产商又是回收再利用商，要根据其具体角色情况给予奖惩。

（2）拆解商。拆解商对 WEEE 再利用起到重要作用，可以看成再生资源的供应商之一。首先，要设置拆解行业门槛。对全国 WEEE 处理企业实行资格认定制度。由于 WEEE 的安全处置关系到公共利益、人民身体健康、环境生态安全，应当对从事电子废物集中处置的企业资格从法定的条件进行审查，包括企业的技术条件、设备设施等，这样可避免一些不具备技术和设备条件的小作坊由于采用严重污染环境的方式对生态环境造成严重危害。其次，当前，《条例》指出要对拆解商给予补贴，这个问题可以从两个角度分析：第一，补贴固定成本还是可变成本；第二，补贴的目的是有毒有害物质处理还是拆解非有毒物质。固定成本主要是拆解企业引进国外先进技术而购置的设备。随着企业规模的扩大，盈利将大于其前期投入，这属于市场行为，不应成为补贴的方面；可变成本是指由拆解数量引致的成本，它反映了拆解商的绩效，可以根据拆解数量和单位拆解成本给予一定额度的奖励（补贴）。拆解得到的非有毒有害物质本身就有较大的经济效益，不应成为补贴的因素，有毒有害物质处理才是补贴的真正原因。此外，鼓励拆解商积极进行技术创新，创新突出的可给予奖励来引导其进行核心技术的研发创新。综上，补贴拆解商主要是基于三个方面的原因：可变成本、有毒有害物质处理及技术创新成本。此外，拆解也需要根据产品的废旧程度分为零部件拆解、原材料拆解、有毒有害物质拆解等多种形式，尽可能地实现高级再利用，而不是停留在低级层次的原材料回收再利用。最后，政府部门要对拆解商不定期检查，不合格拆解商一经发现，便给予罚款，严重情况则须勒令关停，取消拆解资格。

（3）维修商。我国消费者往往在电器电子产品出故障后将产品送往维修商处进行维修。维修商除了可以通过维修延长旧电器电子产品的使用寿命，将其销售给二手市场消费者继续使用，还可以回收消费者淘汰的 WEEE，促进 WEEE 回收再利用。维修商在我国 WEEE 回收再利用中起到举足轻重的作用。旧电器电子产品维修商和二手销售商以市场为导向，构成了我国 WEEE 回收再利用的重要渠道之一。维修商根据质量将 WEEE 进行分类，凡是维修后可以继续使用的，贴上再使用标识，不能继续使用的，转售给拆解商进行处理。维修商对于技术上难以确定某电器电子产品是否可以继续使用的，应当跟产品的生产商联系，由生产商派专业人员鉴定产品可否再使用。维修商可以与生产商建立企业联盟，经常交流废旧产品的特征、再利用技术等，生产商一方面帮助维修商解决了技术上的难题，另一方面也承担了社会责任，这样一来公众健康和生态环境也得到一定的保障。政府环保部门要加强监督，建立维修商绩效奖惩机制，对优秀的维修商给予奖励或税收减免等扶持政策，不合格者取消其维修资格，并处以罚款。

（4）消费者。消费者是 WEEE 的供应者，也是再制造电器电子产品的购买者。只有消费者具有较强的环保意识，才能确保 WEEE 回收再利用的实现。政府应加强环保宣传，提升消费者的环保意识。环保意识整体提高是 WEEE 有效回收的前提。增强环保意识，就要求政府加大宣传、教育的力度。通过各种媒体宣传，让公众明白周围环境受到污染将会影响每个人的生活，保护环境是每个人的责任。同时，政府应该加大有关电器使用年限信息的宣传力度，继续使用超过使用年限的家用电器，对个人和社会存在一定的安全隐患。政府还要宣传再制造产品。再制造形成的是新产品，其质量性能达到或超过原品，并且在成本、资源利用、能耗、环境污染等方面比原产品占优势。可以通过加强宣传、循环经济教育等来提升其参与再制造（再利用）的积极性。

2.8　结　　语

本章首先分析了 WEEE 的回收再利用现状，比较了我国与欧美发达国家 WEEE 回收再利用的区别；讨论了国内外 WEEE 的法律法规及生产企业对回收基金的反应，指出我国法律法规实施效果不佳的根本原因是未能考虑 CLSC 上除生产商外其他成员企业的利益；接着给出了 CLSC 视角下 WEEE 回收再利用的结构，得到三种可行的 CLSC 流程；探讨了 WEEE 回收再利用的三种激励机制，并在该基础上分别给出了 WEEE 回收和再利用的管理对策。主要得到以下结论：

（1）WEEE 回收再利用要发挥二手销售商和维修商的作用，特别是维修商，其决策对回收再利用渠道影响重大，政府要引导维修商，以实现 WEEE 回收渠道畅通。政府鼓励各省市组建大型回收企业，由大型回收商收编 WEEE 小商贩，使其正规化。零售商回收渠道也很重要，零售商在 CLSC 中与消费者接触较多，政府对将回收的 WEEE 转售给拆解商的零售商给予一定奖励。

（2）我国与欧美等发达国家国情不同，WEEE 的回收再利用差别较大，需立足于我国国情建立具有中国特色的 WEEE 回收再利用体系、机制与对策。实行生产商负主要责任的 CLSC 责任制是当前 WEEE 回收再利用的合理、可行策略。

（3）奖励机制、惩罚机制和奖惩机制的合理设计有利于 WEEE 的回收再利用效率提高，特别是奖惩机制，它用奖惩两种手段，机制更合理，实施更有效。

（4）从生产商、拆解商、维修商和消费者四个角度提出基于奖励机制、惩罚机制和奖惩机制的再利用管理对策。生产商既要提高 WEEE 再利用率，又要开展清洁生产，末端和源头综合治理，提高 WEEE 回收再利用的效率。拆解商需要获得资格认定，并因拆解的可变成本、有毒有害物质处理及技术创新成本而享受补贴，需提高再利用层次。维修商可与生产商建立企业联盟，根据质量将 WEEE 进行分类，凡是维修后可以继续使用的，贴上再使用标识，不能继续使用的，转售给拆解商进行处理。消费者要提高环保意识，政府要加强宣传，引导消费者积极参与。

（5）拆解商不同于回收处理商，不可把回收和拆解处理企业混为一谈，缺少大型回收商是拆解商回收不到足够量 WEEE 的根本原因。提高回收再利用率，关键在于建立有效的回收渠道。与再利用相比，回收更重要，因为只有回收渠道畅通，才能保证再利用环节不至于"无米下锅"。政府可对获得回收许可的大型回收商进行补贴，对处理商进行少量补贴，主要是补贴其对危险废物的处理和再利用技术进行创新招致的成本。

本章的主要贡献是：①提出实行生产商负主要责任的 CLSC 责任制；②分析

我国 WEEE 的 CLSC 结构, 提出三种可行的 CLSC 流程; ③探讨了 WEEE 回收再利用的三种激励机制, 尤其是奖惩机制; ④初步探讨了 WEEE 回收和再利用的管理对策。由于作者水平有限, 深入的调查和定量研究将在以后完成。

当前正是我国 WEEE 条例实施的重要阶段, 本章以 CLSC 为视角的研究对 WEEE 的回收再利用体系结构、机制设计及管理对策均具有重要的借鉴意义。为政府相关部门 WEEE 回收再利用的政策制定提供决策依据。

第3章 废旧电器电子产品逆向供应链的奖惩机制基本模型及奖惩额度分配研究

本章的主要工作如下：政府奖惩机制的奖惩额度在制造商和回收商之间按怎样的比例分配是个值得研究的重要问题，本章主要研究废旧电器电子产品逆向供应链的奖惩机制在博弈均衡状态下的分配比例问题，得到一些管理规律。通过建立两种情形的逆向供应链模型并比较决策结果，研究表明：回收商获得的奖惩机制分配比例总是高于制造商获得的奖惩机制分配比例；废旧电器电子产品的回收难度系数和政府设置的目标回收率与均衡状态下分配比例系数正相关，而奖惩力度与均衡状态下分配比例系数负相关；按均衡状态下的比例分配奖惩额度的奖惩机制下废旧电器电子产品的回收率提高，回购价提高，新产品的销售价降低，制造商、回收商及消费者的积极性均提高；政府设置的目标回收率不宜过高，目标回收率过高会抑制回收率的提高。

3.1 引　　言

进入 21 世纪以来，国际上关于 WEEE 的立法已渐多。2005 年欧盟公布《报废电子电气设备指令》和《关于在电子电气设备中限制使用某些有害物质指令》，明确规定 WEEE 回收率，提出生产者负责废旧电子电气设备的回收和处理费用及回收处理设施的建设费用，即"生产者延伸责任制"。近几年我国电器电子产品的出口生产商受到巨大影响，仅 2005 年一年我国近 25%的家电产品出口到欧盟国家，直接影响金额达 560 亿美元。而早在 2001 年 4 月，日本实施了《家电再生利用法》，提出家电产品废弃时的"消费者付费机制"。

国务院颁布的《废弃电器电子产品回收处理管理条例》[61]从 2011 年 1 月开始正式实施。为配合其实施，环境保护部制定了系列相关配套政策：《废弃电器电子产品处理资格许可管理办法》、《废弃电器电子产品处理企业资格审查和许可指南》、《废弃电器电子产品处理发展规划编制指南》、《废弃电器电子产品处理企业建立数据信息管理系统及报送信息指南》、《废弃电器电子产品处理企业补贴审核指南》等。此前，环境保护部还会同国家发展和改革委员会、工业和信息化部及商务部联合发布了《关于组织编制废弃电器电子产品处理发展规划（2011—2015）的通知》。财政部等也制定了配套管理办法——《废弃电器电子产品处理基金征收使用管理办法》。可见，WEEE 的回收再利用问题已引起我国政府的高度重视。

从国内外情况来看，WEEE 立法的基本依据包括：生产者延伸责任制、消费者付费机制、混合责任制（供应链上的成员共担责任）。各种责任机制皆有其合理之处，作者认为，根据谁受益谁负责的原则讨论回收再利用责任的分担较公平。根据这种原则，供应链上的生产商、回收商和消费者共担责任，且生产者负主要责任的机制较合适，不妨称为"供应链责任制下的生产者主要责任制"。根据这种思路，政府在引导供应链的成员企业回收再利用废旧产品时，可以考虑将企业的责任以机制的方式在成员企业间按一定比例分配。

关于废旧产品回收再利用的研究主要围绕回收模式、回收和再制造定价、回收再制造联合决策、政府补贴及激励机制展开。达庆利等[71]较早地论述了逆向物流系统结构研究的现状并展望了未来的研究方向。何文胜和马祖军[62]提出 WEEE 回收成本应由生产商、分销商、消费者和政府等受益主体来承担，按照受益者负担的原则。Ferrer 和 Swaminathan[7]在新制造产品和再制造产品同时存在情况下探讨了制造商的两周期再制造决策问题。Atasu 等[11]进一步考虑了经济和环境的双重影响，建立了政府、生产商及消费者的博弈模型，政府给予生产商补贴以引导其回收再制造 WEEE，讨论立法有效率的条件，得到的结论是合适的回收立法应满足两个条件：生产商负责其废旧产品，热衷于生态设计的生产商应获得更多环境收益。Hammond 和 Beullens[45]考虑了奖励和惩罚参数，用变分不等式建立闭环供应链网络均衡模型，讨论了欧盟《报废电子电气设备指令》对闭环供应链定价和利润的影响。王文宾等[52-60]初步探讨了 WEEE 逆向供应链的政府奖惩机制问题，讨论了奖惩机制在均衡状态下的参数，得到的主要结论为：①奖惩机制下逆向供应链的回收率高于无奖惩机制分散式决策的回收率，当奖惩力度超过临界值时，回收率高于集中式决策情形的回收率水平；②政府无论给予制造商还是回收商奖惩机制均能有效引导回收商提高废旧产品的回收量，政府给予制造商比给予回收商奖惩机制更能调动他们的积极性。Bakal 和 Akcali[72]在消费者价格敏感情况下探讨了闭环供应链的效率问题。

以上文献为本章的研究提供了重要借鉴，但一般考虑的是政府单独对制造商或回收商给予奖惩机制，尚未发现有文献考虑政府将奖惩机制的奖惩额度在制造商与回收商之间按比例分配，从而实现有效引导制造商和回收商回收再制造 WEEE。那么，逆向供应链的奖惩机制分配比例该如何确定呢？为了研究这个问题，在上述已有文献研究的基础上，文献[7]和[57]的研究假设，研究对象是逆向供应链，奖惩力度和目标回收率作为机制的主要参数，分别讨论有无奖惩机制情形下逆向供应链中制造商和回收商的决策。在该奖惩机制下，若回收率高于政府规定的目标回收率，制造商将得到一定数额的奖励；而回收率低于目标回收率时，则根据回收率的差额给予制造商一定数额的罚款。本章分析两种情形下制造商与回收商博弈的决策问题，建立定量模型得到逆向供应链的定价和回收率决策,并进行比较,探讨制造商与回收商之间奖惩额度的分配比例以及机制对制造商和回收商的影响等问题。

3.2　模型描述与基本假设

考虑由制造商、回收商和消费者构成的逆向供应链,政府奖惩机制下逆向供应链的一般结构如图 3.1 所示。回收商决定 WEEE 的回收率 τ 的依据是利润最大化。制造商从回收商那里回购其回收的 WEEE,回购价为 w,优先使用 WEEE 的零部件生产,不够的部分用新材料生产新产品。新产品的零售价为 p,消费者的 WEEE 通过逆向供应链渠道再次回到再利用(再制造)的流程中。假设回收商回收 WEEE 用到的

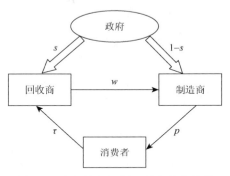

图 3.1　政府奖惩机制下逆向供应链的一般结构

固定投资为 I,$I=b\tau^2$,b 表示回收 WEEE 的难度系数;回收的全部 WEEE 可以用作再制造新产品的原材料或零部件;制造商利用 WEEE 再制造成新产品的单位再制造成本是 c_r,而用新材料或零部件制造新产品的单位成本是 c_n,并且再制造的产品和新制造产品质量相同[7, 37, 38, 45]。记 $\Delta=c_n-c_r$ 表示再制造的成本优势。假设 c_n 远远小于 ϕ,这样假设是为了排除当制造商用新零部件进行生产,即使提供的价格等于边际成本,仍没有销售的情况。新产品的需求函数表示为 $D(p)$,参照文献[7],$D(p)=\phi-p$,式中 $\phi>0$ 表示基本市场规模,此外,忽略回收再制造对于市场容量的影响。不妨设 c 表示回收的单位回收成本,c_z 表示新产品的单位成本,由于新产品包含新制造和再制造产品,故 $c_z=\tau c_r+(1-\tau)c_n=c_n-\tau(c_n-c_r)=c_n-\tau\Delta$;不失一般性,假设制造商是逆向供应链的 Stackelberg 博弈领导者[11]。政府为了引导逆向供应链的 WEEE 回收率达到目标回收率而实施力度为 k 的奖惩机制,政府不只奖惩制造商[60],而是将奖惩额度按照一定比例在制造商和回收商之间分配。不妨假设回收商的奖惩比例系数为 s $(0\leqslant s\leqslant 1)$,那么制造商的奖惩比例系数为 $1-s$。

3.3　WEEE 逆向供应链的回收再制造决策模型

3.3.1　无奖惩机制下逆向供应链的决策(情形 1)

为了与奖惩机制下逆向供应链的决策结果比较,本节给出一个基准模型。该情形下制造商的目标是利润最大化,决策目标函数为

$$\max_{p,w} \pi_m = (1-\tau)(\phi-p)(p-c_n) + \tau(\phi-p)(p-w-c_r) = (\phi-p)(p-c_z-\tau w)$$
$$= (\phi-p)(p-c_n+\tau\Delta-\tau w) \tag{3.1}$$

式（3.1）中制造商的决策目标是利润最大化，利润包含使用新材料或零部件制造和使用 WEEE 再制造两种情况下的利润（分别为式（3.1）化简前的前半部分和后半部分）。回收商的决策目标也是利润最大化，通过回收 WEEE 获利，$b\tau^2$ 是其固定投资，故其目标函数为

$$\max_{\tau} \pi_r = \tau(\phi-p)(w-c) - b\tau^2 \tag{3.2}$$

由于制造商是 Stackelberg 博弈中的领导者，因此决策顺序为制造商先决策，回收商根据制造商的决策结果决策。由逆向归纳法得

$$w^* = \frac{\Delta+c}{2} \tag{3.3}$$

$$p^* = \frac{4b(\phi+c_n) - \phi(\Delta-c)^2}{8b-(\Delta-c)^2} \tag{3.4}$$

$$\tau^* = \frac{(\Delta-c)(\phi-c_n)}{8b-(\Delta-c)^2} \tag{3.5}$$

$$\pi_m^* = \frac{2b(\phi-c_n)^2}{8b-(\Delta-c)^2} \tag{3.6}$$

$$\pi_r^* = \frac{b(\phi-c_n)^2(\Delta-c)^2}{[8b-(\Delta-c)^2]^2} \tag{3.7}$$

3.3.2 奖惩机制下逆向供应链的决策（情形 2）

考虑政府为了引导逆向供应链的 WEEE 回收率达到目标回收率水平而设立奖惩机制，政府不是仅仅奖惩制造商或回收商，而是将奖惩额度按照一个比例系数在制造商和回收商之间分配。假设回收商的奖惩比例系数为 s $(0 \leqslant s \leqslant 1)$，则制造商的奖惩比例系数为 $1-s$；设 τ_0 为政府规定必须达到的目标回收率（最低回收率），超过目标回收率则进行奖励，反之则实施惩罚；k $(k>0)$ 表示政府为引导逆向供应链成员（制造商和回收商）提高 WEEE 的回收率而设的奖惩力度，假设奖励力度和惩罚力度相同，这是为了确保奖惩力度的一致性，在提高回收效率的同时尽可能地维护公平，对于奖惩力度不一致的情况，可以比较容易地修改该模型做扩展研究。该情形下制造商仍然使用 WEEE 的零部件生产部分新产品，另一部分新产品用新材料或新零部件生产。

此时，制造商的决策目标函数包含了政府奖惩机制带来的收益或损失，表示如下：

$$\max_{p,w,s} \pi_m = (1-\tau)(\phi-p)(p-c_n) + \tau(\phi-p)(p-w-c_r) + k(1-s)(\tau-\tau_0)$$
$$= (\phi-p)(p-c_m+\tau\Delta-\tau w) + k(1-s)(\tau-\tau_0) \tag{3.8}$$

回收商的决策亦包含了政府奖惩机制带来的收益或损失，目标函数为

$$\max_{\tau} \pi_r = \tau(\phi-p)(w-c) + ks(\tau-\tau_0) - b\tau^2 \tag{3.9}$$

同理，由于制造商是逆向供应链 Stackelberg 博弈的领导者，故决策顺序为制造商先决策，回收商根据制造商的决策结果决策。根据逆向归纳法，式（3.9）对 τ 求偏导，得

$$\tau = \frac{(\phi-p)(w-c)+ks}{2b} \tag{3.10}$$

将式（3.10）代入式（3.8），然后分别对 w、p、s 求偏导，得

$$\begin{cases} w = \dfrac{\Delta+c}{2} - \dfrac{k(1-2s)}{2(\phi-p)} \\[2mm] p = \dfrac{ks(\Delta+c-2w)+k(w-c)+2b(\phi-c_n)}{2(w-c)(\Delta-w)-4b} + \phi \\[2mm] s = \dfrac{(\phi-p)(\Delta+c-2w)+2b\tau_0+k}{2k} \end{cases} \tag{3.11}$$

对式（3.11）构成的方程组求解，得

$$w^k = \frac{\Delta+c}{2} + \frac{b\tau_0[4b-(\Delta-c)^2]}{4b(\phi-c_n)+(\Delta-c)+\sqrt{[4b(\phi-c_n)+(\Delta-c)]^2-4b\tau_0(k-1)[4b-(\Delta-c)^2]}} \tag{3.12}$$

$$p^k = \frac{8b\phi-2\phi(\Delta-c)^2-(\Delta-c)-\sqrt{[4b(\phi-c_n)+(\Delta-c)]^2-4b\tau_0(k-1)[4b-(\Delta-c)^2]}}{8b-2(\Delta-c)^2} \tag{3.13}$$

$$s^k = \frac{1}{2} + \frac{b\tau_0}{2k} \tag{3.14}$$

将式（3.12）～式（3.14）代入式（3.10）得奖惩机制下 WEEE 的回收率解：

$$\tau^k = \frac{4b(\phi-c_n)+(\Delta-c)+\sqrt{[4b(\phi-c_n)+(\Delta-c)]^2-4b\tau_0(k-1)[4b-(\Delta-c)^2]}}{32b^2-8b(\Delta-c)^2}$$
$$\times (\Delta-c) + \frac{k}{4b} + \frac{5\tau_0}{4} \tag{3.15}$$

将各决策变量的解代入式（3.8）和式（3.9）得

$$\pi_m^k = (\phi-p^k)[p^k-c_n+\tau^k(\Delta-w^k)] + k\left(\frac{1}{2}-\frac{b\tau_0}{2k}\right)(\tau^k-\tau_0) \tag{3.16}$$

$$\pi_r^k = \tau^k(\phi-p^k)(w^k-c) + ks^k(\tau^k-\tau_0) - b(\tau^k)^2 \tag{3.17}$$

3.4 两种情形下逆向供应链回收再制造决策的比较及管理意义分析

为保证所求的解有意义，需使 $0 \leqslant s^k \leqslant 1$，$0 \leqslant \tau^* \leqslant 1$ 和 $0 \leqslant \tau^k \leqslant 1$ 成立，即

$$b\tau_0 \leqslant k \tag{3.18}$$

$$(\phi - c_n)(\Delta - c) \leqslant 8b - (\Delta - c)^2 \tag{3.19}$$

$$\frac{4b(\phi - c_n) + (\Delta - c) + \sqrt{[4b(\phi - c_n) + (\Delta - c)]^2 - 4b\tau_0(k-1)[4b - (\Delta - c)^2]}}{32b^2 - 8b(\Delta - c)^2}(\Delta - c) + \frac{k}{4b} + \frac{5\tau_0}{4} \leqslant 1 \tag{3.20}$$

命题 3.1 $p^k < p^*$。

证明 由式（3.13）知：

$$p^k = \phi - \frac{\sqrt{[4b(\phi - c_n) + (\Delta - c)]^2 - 4b\tau_0(k-1)}}{2} - \frac{\Delta - c}{8b - 2(\Delta - c)^2}, \quad p^* = \phi - \frac{4b(\phi - c_n)}{8b - (\Delta - c)^2}$$

$$p^k - p^* = \phi - \frac{\sqrt{[4b(\phi - c_n) + (\Delta - c)]^2 - 4b\tau_0(k-1)}}{2} - \frac{\Delta - c}{8b - 2(\Delta - c)^2} - \phi + \frac{4b(\phi - c_n)}{8b - (\Delta - c)^2} < 0$$

可证得 $p^k - p^* < 0$，因此命题 3.1 得证。

命题 3.1 说明：奖惩机制下，新产品的价格低于无奖惩机制下的新产品价格，与无奖惩机制相比，制造商的新产品在市场上更具竞争优势。

命题 3.2 $w^k > w^*$。

由式（3.3）和式（3.12）知，$w^k > w^*$，说明奖惩机制下 WEEE 的回购价格提高。这表明政府对于制造商与回收商的奖惩机制能有效引导废旧产品回购价格的提高。

命题 3.3 $\tau^k > \tau^*$。

证明

$$\tau^k = \frac{4b(\phi - c_n) + (\Delta - c) + \sqrt{[4b(\phi - c_n) + (\Delta - c)]^2 - 4b\tau_0(k-1)[4b - (\Delta - c)^2]}}{32b^2 - 8b(\Delta - c)^2}(\Delta - c)$$

$$+ \frac{k}{4b} + \frac{5\tau_0}{4}$$

$$= \frac{(\phi - c_n)(\Delta - c) + (\Delta - c)^2}{8b - 2(\Delta - c)^2} + \frac{\Delta - c}{8b}\sqrt{1 - \frac{4b\tau_0(k-1)}{4b - (\Delta - c)^2}} + \frac{k}{4b} + \frac{5\tau_0}{4}$$

$$> \frac{(\phi - c_n)(\Delta - c) + (\Delta - c)^2}{8b - 2(\Delta - c)^2} > \frac{(\phi - c_n)(\Delta - c)}{8b - (\Delta - c)^2} = \tau^*$$

所以 $\tau^k > \tau^*$。这表明奖惩机制下逆向供应链的回收率提高。

命题 3.4 $\pi_m^k > \pi_m^*$，$\pi_r^k > \pi_r^*$。

证明 将各决策变量解的表达式代入各自的利润函数，然后相减可得。证明过程略。

综上所述，该模型存在一个均衡状态下的且唯一的奖惩比例系数 $s^k = \dfrac{1}{2} + \dfrac{b\tau_0}{2k}\left(\dfrac{b\tau_0}{k} \leqslant 1\right)$ 使得逆向供应链中制造商和回收商在 Stackelberg 博弈均衡下达到自己的利益最大化。从奖惩比例系数的解可以得到命题 3.5。

命题 3.5 奖惩机制的奖惩分配比例系数的管理含义：政府给予回收商的奖惩机制额度分配比例要高于给予制造商的奖惩机制额度分配比例，奖惩力度越大，分配比例差距越小，越趋向于平均分配；回收 WEEE 的难度越大，目标回收率越高，奖惩机制额度分配给回收商的越多，分配给制造商的越少；回收难度大的 WEEE 种类，若政府规定的目标回收率比较高，奖惩力度又不大，那么奖惩机制更要倾向于激励与约束回收商而不是制造商。

此外，奖惩机制下与无奖惩机制下逆向供应链的决策相比较，可以得到以下结论：

（1）在政府给予奖惩机制情况下，制造商生产的新产品零售价 p 降低，制造商的新产品在市场上更具竞争力；并且奖惩机制下 WEEE 的回购价格 w 提高，表明政府对于制造商和回收商的奖惩机制能有效引导废旧产品回购价的提高。因而回收商和消费者可以获得更高的经济利益，吸引他们更加积极地参与废旧电子类产品的回收活动，推动整个 WEEE 逆向供应链的发展。

（2）WEEE 的回收率比无奖惩机制下的回收率提高，并且总是高于政府设置的目标回收率水平 τ_0。

（3）奖惩机制下制造商和回收商决策模型获得的利润 π_m^k 和 π_r^k 更大，奖惩机制下制造商和回收商的积极性提高。

3.5 算 例 分 析

本节通过算例比较同一组参数下不同情形的均衡解。假设某家电产品的有关参数取值为：$c_n = 395$，$\Delta = 20$，$c = 10$，$b = 30$，$\phi = 400$，$k = 300$，$\tau_0 = 0.5$，由式（3.18）~式（3.20）可知只有 $k \geqslant 15$，所要求解的问题才有意义。

由表 3.1 可以看出，和情形 1 相比，情形 2 的回购价提高，新产品的销售价格降低，回收率提高，制造商和回收商的利润都提高了。可见，奖惩机制对于逆向供应链的引导是有效的，和制造商相比，回收商更获利。表 3.1 的结果进一步验证了所得命题的正确性。

表 3.1　情形 1 和情形 2 的决策结果

情形	情形 1	情形 2
w	15	15.41
p	395.71	102.19
s^k	—	0.525
τ	0.36	0.71
π_m	214.01	251.12
π_r	383.73	402.65
π	597.84	653.77

　　由 3.3.2 节的式（3.14）知，影响奖惩机制分配比例系数的因素有：废旧产品的回收难度系数、政府设置的最低目标回收率水平及政府的奖惩力度。由图 3.2可以看出，在奖惩力度确定的情形下，奖惩机制分配比例系数随着目标回收率的增大而增大，且是线性变化的。说明随着目标回收率的变大，回收商获得的奖惩机制分配比例越来越大，相反，制造商获得的奖惩机制分配比例越来越小。由图 3.3 可以看出，在目标回收率确定的情形下，奖惩机制分配比例系数随奖惩力度的增大而减小。这说明随着奖惩力度的变大，回收商获得的奖惩机制分配比例越来越小，而制造商获得的奖惩机制分配比例增大，且回收商获得的奖惩机制分配比例总是高于制造商获得的奖惩机制分配比例。

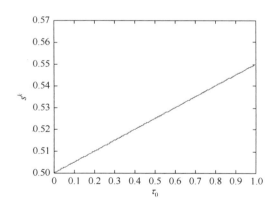 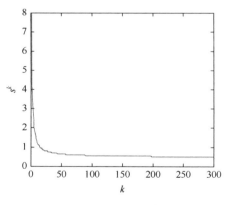

图 3.2　奖惩机制比例系数 s^k 随目标回收率 τ_0 的变化趋势　　图 3.3　奖惩机制比例系数 s^k 随奖惩力度 k 的变化趋势

　　由图 3.4 可以看出，在奖惩力度确定的情形下，零售价随着目标回收率的增大而增大，且是线性变化的。说明随着目标回收率的变大，零售价在上升。从图 3.5 可以看出，在目标回收率确定的情形下，零售价随奖惩力度的增大而增大。

这说明随着奖惩力度的变大，零售价也在上升。但是，图 3.4 与图 3.5 同时说明，政府设置目标回收率与奖惩力度都不应太高，若目标回收率与奖惩力度过高则会使零售价过高，损害消费者利益。

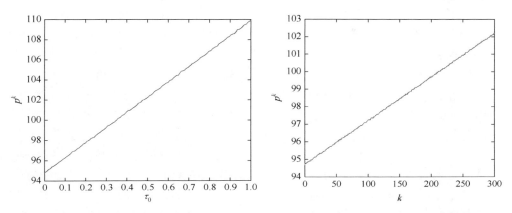

图 3.4　零售价 p^k 随目标回收率 τ_0 的变化趋势　　图 3.5　零售价 p^k 随奖惩力度 k 的变化趋势

由图 3.6 可以看出，在奖惩力度确定的情形下，随着目标回收率的增大，回收率降低。说明政府设置的目标回收率不宜过高，目标回收率过高不利于回收率提高。图 3.7 可以看出，在目标回收率确定的情形下，回收率随奖惩力度的增大而增大。这说明随着奖惩力度的变大，回收率也在上升。

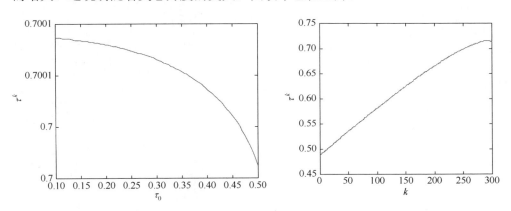

图 3.6　回收率 τ^k 随目标回收率 τ_0 的变化趋势　　图 3.7　回收率 τ^k 随奖惩力度 k 的变化趋势

3.6　结　　语

在我国经济社会高速发展的今天，随着人们资源和环保意识的增强，逆向供应链已经被越来越多的人关注。通过逆向供应链网络，不仅负责回收再利用（包括再制造）的企业能从中挖掘更多的潜在价值，政府和消费者也能从中获得利益。政府和消费者参与 WEEE 的回收再利用，一方面可以有效地改善公共环境；另一方面，也能获得相应的经济回报。WEEE 回收率的提高，不仅依靠回收商和制造商的努力，而且与政府和消费者有关，因此逆向供应链可望达到多方共赢的局面。无论是政府、回收商还是制造商，都应该积极参与到废旧品的回收过程中，提高 WEEE 的回收率。但是，政府不能依赖于提高目标回收率来提高回收率。

纵观作者所查到的相关文献，对于政府引导 WEEE 回收的研究大部分只针对逆向供应链中的某一客体进行奖惩激励。本章的创新之处主要是探讨了政府按照怎样的奖惩额度比例提供给制造商和回收商奖惩机制。通过数学建模定量研究奖惩机制下的 WEEE 逆向供应链，得到了均衡状态下的分配比例系数，说明政府按照该比例系数分配的奖惩额度对 WEEE 逆向供应链的引导最有效，并且通过算例分析和比较，进一步得到一些逆向供应链奖惩机制分配的管理规律。再制造产品和新制造产品差异定价条件下本章设计的奖惩机制的适用性研究是进一步的研究方向之一。

第4章　回收责任分担下闭环供应链的奖惩机制模型研究

本章的主要工作如下：建立以下四种情形下的闭环供应链决策模型，分别是集中式决策模型，政府只针对制造商进行奖惩的模型，制造商、零售商回收责任分担时的模型，制造商、回收商回收责任分担时的模型。通过对四种情形决策变量的求解与比较，得到四种情形下闭环供应链的回购价、批发价、零售价及回收率的解。研究表明：政府只针对制造商进行奖惩以及制造商、回收商回收责任分担这两种情形下新产品的批发价、零售价、回收率相同，且与制造商、零售商回收责任分担的情形相比，它们的批发价降低，回收率提高；而就回购价而言，制造商与回收商回收责任分担时回购价最低，这对于制造商有利，能够充分调动其积极性。因此，制造商和回收商进行回收责任分担较好，因为它比其他两种情形更能有效地协调闭环供应链。

4.1　引　　言

目前我国已成为全球矿产资源消耗最大的国家。自20世纪80年代以来，大量的机电设备、汽车、家电、通信工具等都进行了更新换代或者即将更新，废弃量十分巨大。据估算，每年约有500万t废钢铁、超过20万t有色金属及大量废塑料、废玻璃没有得到有效的回收利用。在日本、韩国等亚洲地区人们称那些富含黄金、锂、钛、铟、银等稀贵金属的废旧家电、电子垃圾为"城市矿山"，它们具有十分巨大的社会和经济效益的潜力，而带来的节能减排效果更是难以估量。我国电器电子产品保有量已经高居全世界首位，废弃电器电子产品已经对环境造成很大污染，制定相应的管理条例已经十分迫切。发达国家已于21世纪初广泛设立了废弃电器电子产品回收处理基金；从我国实际出发，结合生产者延伸责任制的基本理念，我国废弃电器电子产品处理基金具有明显的中国特色。随着人们环保意识的提高，电子类废旧产品的回收处理逐渐受到重视。《废弃电器电子产品回收处理管理条例》已于2009年2月发布，于2011年1月1日起实施。

2003年，*Interfaces* 发表了闭环供应链研究的专辑；2006年，我国国家自然科学基金委员会管理科学部在"十一五"规划中特别强调闭环供应链的研究。近年来，国内外有一些文献已经致力于逆向物流和闭环供应链的研究。赵晓敏等介绍了闭环供应链管理的概念，并对我国电子制造业实施闭环供应链管理提出一些建议[65]。Savaskan 等、黄祖庆和达庆利对由一个制造商和一个零售商组成的闭环供应链不同结构的效率进行了比较分析[67, 73]。Gu 等以回收价、批发价和零售价为决策变量建立比较了制造商回收、零售商回收和第三方回收三种回收模式下闭环供应链定价和成员间的利润分配情况，发现制造商回收是三种回收模式中最佳的[74]。Gu 等认为回收率不是决策变量，而是回收价的函数。

张贵磊和刘志学建立了供应链制造商和零售商的利润分配博弈模型，并引入收入共享契约作为利润再分配的手段，分别分析了制造商主导型供应链和零售商主导型供应链的利润分配均衡机制[75]。葛静燕等考虑了新制造和再制造产品的纵向差异，比较了两种回收模式下闭环供应链的定价策略[76]。Tsay 建立了一个制造商与零售商的供应链渠道协调模型，得到了回购契约与价格补贴契约实现供应链协调的必要条件[77]。聂佳佳等讨论了奖惩机制对零售商负责回收闭环供应链的影响，其研究成果表明奖惩机制有利于降低零售价格，提升供应链的效率，提高回收率[78]。王文宾和达庆利研究了对称信息下政府引导制造商和回收商的产品回收，设计了 4 种奖惩机制研究逆向供应链的协调[60]。王文宾和达庆利还对奖惩机制下闭环供应链的决策与协调进行了研究[70]。

以上这些文献对于本章的研究有重要的借鉴意义，但综合看来，并未涉及讨论各种有效的奖惩机制是只针对制造商、回收商、零售商其中之一实行奖惩机制更好，还是制造商、回收商、零售商等商家之间进行回收责任分担更好？如果进行回收责任分担好，那么是制造商与零售商回收责任分担更有效还是制造商与回收商回收责任分担更有效？怎样才能更好地调动他们的回收积极性？针对以上问题，本章建立集中式决策模型，以及政府只针对制造商进行奖惩，制造商、零售商回收责任分担，制造商、回收商回收责任分担时的闭环供应链奖惩机制模型，分别探讨后面三种情形下政府的奖惩决策问题，建立模型得到这三种情形下闭环供应链的回购价、批发价、零售价及回收率的决策，并进行比较。

4.2　模型描述与基本假设

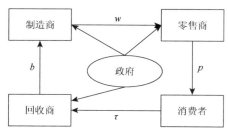

图 4.1　由制造商、零售商、回收商和消费者构成的闭环供应链

考虑由制造商、零售商、回收商和消费者构成的闭环供应链如图 4.1 所示。回收商的单位回收成本为 c，并根据自己利益最大化原则决定废旧产品的回收率 τ；制造商以回购价 b 从回收商处回购废旧产品，以批发价 w 批发给零售商。制造商可以完全用新材料生产新产品，也可以使用回收产品的部分零部件生产。制造商生产

的新产品被零售商以零售价 p 销售给消费者，消费者使用后的废旧产品重新进入回收再制造领域。为了引导闭环供应链较多的废旧产品回收，政府可以提供奖惩力度为 k 的奖惩机制。回收废旧产品需要的固定投资 I 为回收网络的建设投资等，与 Savaskan 的研究类似，假设 $I = h\tau^2/2$，h 为回收废旧产品的难度系数；回收的产品全部可用于再制造，用回收产品再制造为新产品的单位成本为 c_r，而用新零部件制造新产品的单位成本为 c_n，且新产品同质。记 $\Delta = c_n - c_r$，故新产品的单位成本 $c_z = c_n(1-\tau) + c_r\tau = c_n - \Delta\tau$。为保证所建的闭环供应链模型有意义，需满足 $\Delta > c$，这是因为只有当回收产品的再制造成本优势高于回收成本时，制造商才有积极性回购废旧产品。设 τ_0 为政府规定制造商要达到的目标回收率，$k(k>0)$ 为奖惩力度。奖惩机制旨在奖励超过目标回收率的商家，惩罚未达到目标回收率的商家。设 s 为制造商承担的回收责任比例系数（$0 < s < 1$）。假设制造商是 Stackelberg 博弈领导者。设新产品的需求函数为 $D(p) = \theta - p$，其中 $\theta > p > 0$ 为基本市场规模且回收再制造对于市场容量的影响忽略不计。

4.3　闭环供应链的回收再制造决策模型

根据以上的模型描述与基本假设，制造商是 Stackelberg 博弈领导者，其批发价与制造新产品的单位成本及回购废旧产品的成本之差为制造商所获的单位利润，与新产品需求函数的积为它的利润，故制造商的决策为

$$\max_{w,b} \pi_m = (w - c_n + \Delta\tau)(\theta - p) - b\tau(\theta - p) = [w - c_n + \tau(\Delta - b)](\theta - p) \quad (4.1)$$

零售商的利润是零售价与批发价之差与需求函数的积，故零售商的决策为

$$\max_{p} \pi_r = (p - w)(\theta - p) \quad (4.2)$$

回收商的利润是制造商给予的回购价减回收成本，与制造商的需求函数的积，再减去回收废旧产品需要的固定投资，故回收商的决策为

$$\max_{\tau} \pi_c = (b - c)\tau(\theta - p) - h\tau^2/2 \quad (4.3)$$

4.3.1　闭环供应链的集中式决策情形（情形 1）

该情形下再制造闭环供应链是一个理想化的"超组织"，其利润最大化问题为

$$\max_{\tau,p} \pi = \pi_m + \pi_r + \pi_c = [p - c_n + \tau(\Delta - c)](\theta - p) - h\tau^2/2 \quad (4.4)$$

命题 4.1　当 $2h - (\Delta - c)^2 > 0$ 时，式（4.4）给出的函数是严格凹的，有唯一解为

$$p^{\mathrm{I}} = \frac{h(\theta + c_{\mathrm{n}}) - \theta(\Delta - c)^2}{2h - (\Delta - c)^2} \qquad (4.5)$$

$$\tau^{\mathrm{I}} = \frac{(\theta - c_{\mathrm{n}})(\Delta - c)}{2h - (\Delta - c)^2} \qquad (4.6)$$

$$\pi^{\mathrm{I}} = \frac{h(\theta - c_{\mathrm{n}})^2}{4h - 2(\Delta - c)^2} \qquad (4.7)$$

证明 式（4.4）的黑塞矩阵为 $\begin{bmatrix} -2 & c - \Delta \\ c - \Delta & -h \end{bmatrix}$，由黑塞矩阵负定与函数为凹函数的等价关系易得 $2h - (\Delta - c)^2 > 0$ 成立，求偏导易解得 p^{I} 和 τ^{I}。证毕。

4.3.2 只针对制造商的情况（情形 2）

假设政府奖励和惩罚的力度是相同的，此时制造商的决策为

$$\max_{w,b} \pi_{\mathrm{m}} = (w - c_{\mathrm{n}} + \Delta\tau)(\theta - p) - b\tau(\theta - p) + k(\tau - \tau_0)$$
$$= [w - c_{\mathrm{n}} + \tau(\Delta - b)](\theta - p) + k(\tau - \tau_0) \qquad (4.8)$$

零售商的决策为

$$\max_{p} \pi_{\mathrm{r}} = (p - w)(\theta - p) \qquad (4.9)$$

回收商的决策为

$$\max_{\tau} \pi_{\mathrm{c}} = (b - c)\tau(\theta - p) - h\tau^2/2 \qquad (4.10)$$

由逆向归纳法，解得

$$w^* = \frac{4h(\theta + c_{\mathrm{n}}) - \theta(\Delta - c)^2 - 2k(\Delta - c)}{8h - (\Delta - c)^2} \qquad (4.11)$$

$$b^* = \frac{\Delta + c}{2} + \frac{[8h - (\Delta - c)^2]k}{4h(\theta - c_{\mathrm{n}}) + 2k(\Delta - c)} \qquad (4.12)$$

$$p^* = \frac{2h(3\theta + c_{\mathrm{n}}) - \theta(\Delta - c)^2 - k(\Delta - c)}{8h - (\Delta - c)^2} \qquad (4.13)$$

$$\tau^* = \frac{(\theta - c_{\mathrm{n}})(\Delta - c) + 4k}{8h - (\Delta - c)^2} \qquad (4.14)$$

$$\pi_{\mathrm{m}}^* = \frac{h(\theta - c_{\mathrm{n}})^2 + k(\theta - c_{\mathrm{n}})(\Delta - c) + 2k^2 - 8hk\tau_0 + k\tau_0(\Delta - c)^2}{8h - (\Delta - c)^2} \qquad (4.15)$$

$$\pi_{\mathrm{r}}^* = \frac{[2h(\theta - c_{\mathrm{n}}) + k(\Delta - c)]^2}{[8h - (\Delta - c)^2]^2} \qquad (4.16)$$

$$\pi_{\mathrm{c}}^* = \frac{h[(\theta - c_{\mathrm{n}})(\Delta - c) + 4k]^2}{2[8h - (\Delta - c)^2]^2} \qquad (4.17)$$

4.3.3   制造商和零售商回收责任分担的情况（情形 3）

此时，制造商的决策为

$$\max_{w,b} \pi_m = [w - c_n + \tau(\Delta - b)](\theta - p) + sk(\tau - \tau_0) \qquad (4.18)$$

零售商的决策为

$$\max_{p} \pi_r = (p - w)(\theta - p) + (1 - s)k(\tau - \tau_0) \qquad (4.19)$$

回收商的决策为

$$\max_{\tau} \pi_c = (b - c)\tau(\theta - p) - h\tau^2/2 \qquad (4.20)$$

用同样的方法，解得

$$w^{**} = \frac{8h^2(\theta + c_n) - 2h\theta(\Delta - c)^2 + k(\Delta - c)[4h(1 - 2s) - (1 - s)(\Delta - c)^2]}{2h[8h - (\Delta - c)^2]} \qquad (4.21)$$

$$b^{**} = \frac{\Delta + c}{2} + \frac{[8h - (\Delta - c)^2]sk}{4h(\theta - c_n) + 2k(\Delta - c)} \qquad (4.22)$$

$$p^{**} = \frac{2h(3\theta + c_n) - \theta(\Delta - c)^2 - k(\Delta - c)}{8h - (\Delta - c)^2} \qquad (4.23)$$

$$\tau^{**} = \frac{2h(\theta - c_n)(\Delta - c) + [(\Delta - c)^2(1 - s) + 8hs]k}{2h[8h - (\Delta - c)^2]} \qquad (4.24)$$

$$\pi_m^{**} = \frac{4h^2(\theta - c_n)^2 + 4h(\theta - c_n)(\Delta - c)k + (1 - s^2)(\Delta - c)^2 k^2 + 8hs^2 k^2}{4h[8h - (\Delta - c)^2]} - sk\tau_0 \qquad (4.25)$$

$$\pi_r^{**} = \frac{[2h(\theta - c_n) + k(\Delta - c)]\left\{4h^2(\theta - c_n) - k(\Delta - c)[2h(3 - 4s) - (1 - s)(\Delta - c)^2]\right\}}{2h[8h - (\Delta - c)^2]^2}$$

$$+ (1 - s)k\left\{\frac{2h(\theta - c_n)(\Delta - c) + [(\Delta - c)^2(1 - s) + 8hs]k}{2h[8h - (\Delta - c)^2]} - \tau_0\right\} \qquad (4.26)$$

$$\pi_c^{**} = \frac{\left\{2h(\theta - c_n)(\Delta - c) + [8hs + (1 - s)(\Delta - c)^2]k\right\}^2}{8h[8h - (\Delta - c)^2]^2} \qquad (4.27)$$

4.3.4   制造商和回收商回收责任分担的情况（情形 4）

此时，制造商的决策为

$$\max_{w,b} \pi_m = [w - c_n + \tau(\Delta - b)](\theta - p) + sk(\tau - \tau_0) \qquad (4.28)$$

零售商的决策为

$$\max_{p} \pi_r = (p-w)(\theta-p) \tag{4.29}$$

回收商的决策为

$$\max_{\tau} \pi_c = (b-c)\tau(\theta-p) - h\tau^2/2 + (1-s)k(\tau-\tau_0) \tag{4.30}$$

用同样的方法，解得

$$w^{***} = \frac{4h(\theta+c_n) - \theta(\varDelta-c)^2 - 2k(\varDelta-c)}{8h-(\varDelta-c)^2} \tag{4.31}$$

$$b^{***} = \frac{\varDelta+c}{2} + \frac{[8h-(\varDelta-c)^2](2s-1)k}{4h(\theta-c_n)+2k(\varDelta-c)} \tag{4.32}$$

$$p^{***} = \frac{2h(3\theta+c_n) - \theta(\varDelta-c)^2 - k(\varDelta-c)}{8h-(\varDelta-c)^2} \tag{4.33}$$

$$\tau^{***} = \frac{(\theta-c_n)(\varDelta-c)+4k}{8h-(\varDelta-c)^2} \tag{4.34}$$

$$\pi_m^{***} = \frac{h(\theta-c_n)^2 + k(\theta-c_n)(\varDelta-c) + 2k^2 - 8hsk\tau_0 + sk\tau_0(\varDelta-c)^2}{8h-(\varDelta-c)^2} \tag{4.35}$$

$$\pi_r^{***} = \frac{[2h(\theta-c_n)+k(\varDelta-c)]^2}{[8h-(\varDelta-c)^2]^2} \tag{4.36}$$

$$\pi_c^{***} = \frac{h[(\theta-c_n)(\varDelta-c)+4k]^2}{2[8h-(\varDelta-c)^2]^2} - (1-s)k\tau_0 \tag{4.37}$$

4.4　四种情形下闭环供应链回收再制造决策的比较分析

为保证所求的解有意义，须分别满足 $0 \leqslant \tau^1 \leqslant 1$，$0 \leqslant \tau^* \leqslant 1$，$0 \leqslant \tau^{**} \leqslant 1$ 和 $0 \leqslant \tau^{***} \leqslant 1$。

命题 4.2　$w^{***} = w^* < w^{**}$；$p^{***} = p^* = p^{**}$；$\tau^{***} = \tau^* > \tau^{**}$。

证明　由 $w^* - w^{**} < 0$ 知 $w^{**} < w^*$，即 $w^{***} = w^* < w^{**}$；

由 $\tau^* - \tau^{**} > 0$ 知 $\tau^* > \tau^{**}$，即 $\tau^{***} = \tau^* > \tau^{**}$。

由命题 4.2 可知，无论是只针对制造商进行奖惩的情形还是制造商与回收商回收责任分担的情形，新产品的批发价和零售价以及废旧产品的回收率是相同的；而与这两种情形相比，制造商与零售商回收责任分担的奖惩决策情形下产品的批发价提高，回收率下降。这表明，只针对制造商进行奖惩和制造商、回收商回收责任分担这两种情形下的奖惩机制，能有效引导制造商和回收商提高回收率，并起到了领导制造商降低新产品批发价格的作用，提高了闭环供应链的效率。而且新产品批发价格的降低使得零售商也能从中获得利益，有助于充分调动零售商积极性。

命题 4.3　$b^{***} < b^{**} < b^{*}$。

证明　由 $b^{***} - b^{**} = \dfrac{k(s-1)[8h-(\Delta-c)^2][h(\theta-c_n)+sk(\Delta-c)]}{[2h(\theta-c_n)+k(\Delta-c)][2h(\theta-c_n)+sk(\Delta-c)]} < 0$ 知，$b^{***} < b^{**}$；

又 $b^{**} - b^{*} = \dfrac{hk(\theta-c_n)(s-1)[8h-(\Delta-c)^2]}{[2h(\theta-c_n)+sk(\Delta-c)][2h(\theta-c_n)+k(\Delta-c)]} < 0$ 知，$b^{**} < b^{*}$；

因此有 $b^{***} < b^{**} < b^{*}$。

由命题 4.3 可知，制造商与回收商回收责任分担时废旧产品的回购价格最低，而只针对制造商进行奖惩时其回购价最高。这说明，相比较而言，三种情形中，制造商与回收商回收责任分担时能有效降低回购价，能够充分调动作为 Stackelberg 博弈领导者的制造商的积极性。

综合命题 4.2 和命题 4.3 可以得出如下结论：与政府只针对制造商进行奖惩以及制造商、回收商回收责任分担这两种情形相比，制造商与零售商进行回收责任分担情况下新产品的批发价及零售价提高，回收率下降；而就废旧产品的回购价格而言，制造商与回收商回收责任分担的时候其回购价是最低的。综合看来，让制造商和回收商进行回收责任分担是最好的结果，因为其比其他两种情形更能起到有效协调闭环供应链成员运作的作用。

4.5　算 例 分 析

设某电子产品的有关参数为：$c_n = 50$，$\Delta = 30$，$c = 10$，$\theta = 100$，$h = 800$，$k = 1200$，$s = 0.2$，$\tau_0 = 0.4$。情形 2、4 需满足 $k \leqslant 1250$；情形 3 需满足 $k \leqslant 5000$ 才有意义。所得结果如图 4.2～图 4.13 所示。

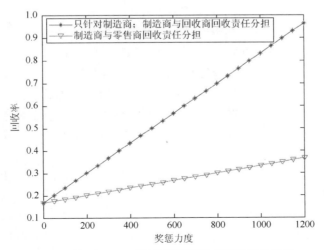

图 4.2　情形 2～4 下回收率随奖惩力度的变化趋势

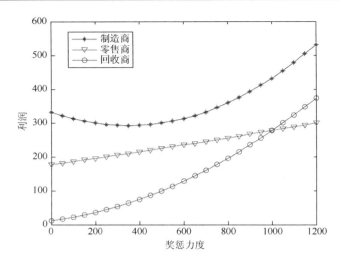

图 4.3　情形 2 下制造商、零售商、回收商的利润随奖惩力度的变化趋势

由图 4.2 可知，在理想的"超组织"情况下，回收率是一个恒定的值，与奖惩力度无关；而其他三种情形下，随着奖惩力度的增大，与之相应的回收率均提高。在同样的奖惩力度下，只针对制造商进行奖惩和制造商、回收商回收责任分担这两种情形下的回收率高于制造商、零售商回收责任分担时的回收率，而且当奖惩力度达到一定的临界值时，对应的回收率甚至会超过"超组织"的回收率。这说明，政府应适当加大奖惩力度，充分调动制造商和回收商的回收积极性，使之能更好地发挥其在闭环供应链中所起的作用。

由图 4.3 可知，奖惩力度小于某定值时只针对制造商奖惩情形下制造商的利润随奖惩力度的增加而减少，只有当奖惩力度大于某定值时才随奖惩力度的增加而增加；零售商和回收商的利润均随奖惩力度的增加而增加，且回收商增加的幅度较大。这说明，政府只针对制造商进行奖惩时，为了使闭环供应链更好地发挥作用，政府应加大奖惩力度（最好是能超过这一临界值），这样才能达到其目的。

由图 4.4 可知，奖惩力度大于某定值时制造商、零售商回收责任分担情形下零售商的利润随奖惩力度的增加而减少，只有当奖惩力度小于某定值时才随奖惩力度的增加而增加；制造商的利润随奖惩力度的增加而增加；回收商的利润随奖惩力度的增加而增加。

由图 4.5 可知，当制造商、零售商回收责任分担时，随着责任分担比例系数在 0～1 之间逐渐增大，制造商的利润在责任分担比例系数低于某临界值时呈下降趋势，但一旦超过此临界值，其利润即随责任分担比例系数的增加而增加；零售商在责任分担比例系数是某临界值时达到最大，之后随着比例系数的增加其利润减小；回收商的利润则随着责任分担比例系数的增加而持续增加。

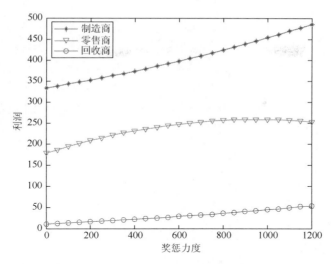

图 4.4　情形 3 下制造商、零售商、回收商的利润随奖惩力度的变化趋势

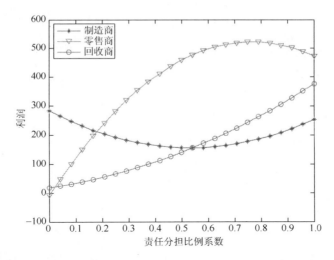

图 4.5　情形 3 下制造商、零售商、回收商的利润随责任分担比例系数的变化趋势

　　结合图 4.4 和图 4.5，在制造商、零售商回收责任分担情形下，当责任分担比例系数小于某临界恒定值时，政府的奖惩力度对各商家的利润造不成很大的影响，甚至会造成商家的利润下降，不利于调动其积极性；但当责任分担比例系数超过这一临界值逐渐增大，并在某一区间范围内时，由图 4.5 可看出，各商家在这一区间内均能够达到增加利润的目的。这说明，要想提高闭环供应链的效率，让各商家都有利可图是根本，并且最好实现各商家的利润最大化目标。

　　由图 4.6 可知，在制造商、回收商回收责任分担情形下，随着奖惩力度的增大，制造商和零售商的利润亦随之增加，且制造商利润增加幅度较大；而对于回收商来说，只有当奖惩力度大于某定值时，其利润才随奖惩力度的增加而增加，且增加幅度较小。由图 4.7 可知，当制造商、回收商回收责任分担时，零售商的利润是一个固定的值，不受责任分担比例系数的影响；而随着责任分担比例系数在 0~1 逐渐增大，制造商的利润呈直线下降趋势；回收商的利润则随着责任分担比例系数的增加而持续增加。

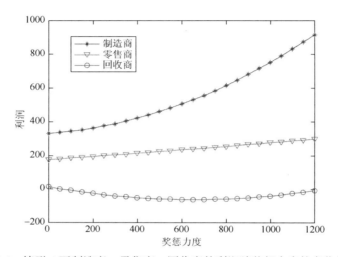

图 4.6　情形 4 下制造商、零售商、回收商的利润随奖惩力度的变化趋势

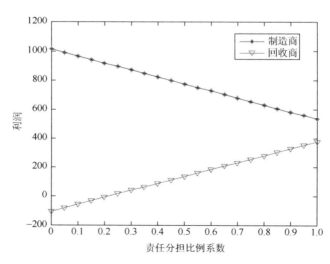

图 4.7　情形 4 下制造商、回收商的利润随责任分担比例系数的变化趋势

结合图 4.6 和图 4.7，在制造商、回收商回收责任分担情形下，制造商的利润

随着奖惩力度的增加而增加，但随着责任分担比例系数的增加而减小；零售商的利润随着奖惩力度的增加而增加的幅度很小，责任分担比例系数则对其不构成影响；回收商的利润在奖惩力度大于某定值时，才随奖惩力度的增加而增加，且增加幅度较小，但随着责任分担比例系数的增加呈直线上升趋势。这表明，在这种情形下，政府应加大奖惩力度以充分调动制造商、回收商的回收积极性，而责任分担比例系数的协调则是为了实现各自利益的最大化。

　　由图 4.8 可以看出，相比较而言，制造商的利润在当制造商、回收商进行回收责任分担时，其随奖惩力度的增长幅度最大。

　　由图 4.9 可以看出，相比较而言，零售商的利润在当只针对制造商进行奖惩

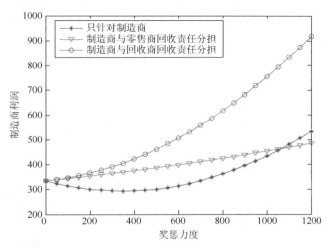

图 4.8　情形 2～4 下制造商的利润随奖惩力度的变化趋势

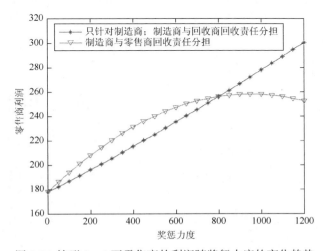

图 4.9　情形 2～4 下零售商的利润随奖惩力度的变化趋势

以及制造商、回收商进行回收责任分担时，其随奖惩力度的增长幅度最大。

由图 4.10 可以看出，相比较而言，回收商的利润在当政府只针对制造商进行奖惩时，其随奖惩力度的增长幅度最大。

结合图 4.8～图 4.10，三种情形下，以各商家利润最大化为原则，当奖惩力度大于某临界值时可以采取政府只针对制造商进行奖惩的机制；而当奖惩力度大于另一临界值时可以采取制造商、回收商回收责任分担的机制。

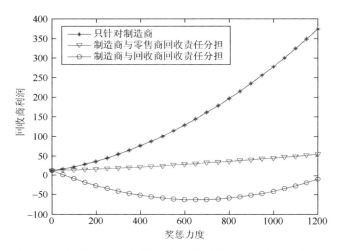

图 4.10　情形 2～4 下回收商的利润随奖惩力度的变化趋势

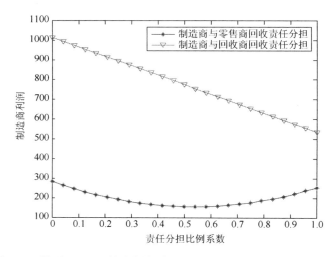

图 4.11　情形 3、4 下制造商的利润随责任分担比例系数的变化趋势

由图 4.11 可以看出，当制造商、零售商回收责任分担时，当责任分担比例系

数大于某临界值时，制造商的利润随其增长而增长；当制造商、回收商回收责任
分担时，制造商的利润随着责任分担比例系数的增长而呈直线下降趋势，当责任
分担比例系数越接近零时，其利润越大。

　　由图 4.12 可以看出，当制造商、零售商回收责任分担时，当责任分担比例系
数小于某临界值时，零售商的利润随其增长而增长，但一旦超过这个临界值，其
利润就开始下降。

　　由图 4.13 可以看出，无论是哪种情形，回收商的利润均随责任分担比例系数
的增大而增大，且系数越接近 1，其获得的利润越大。

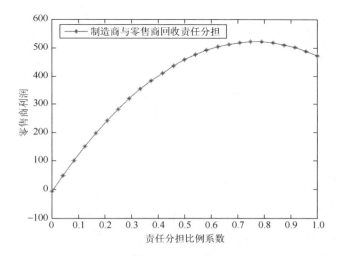

图 4.12　情形 3、4 下零售商的利润随责任分担比例系数的变化趋势

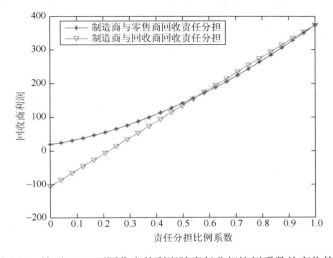

图 4.13　情形 3、4 下回收商的利润随责任分担比例系数的变化趋势

结合图 4.11～图 4.13，在制造商、回收商回收责任分担时，能实现制造商或回收商的利润最大化。相对而言，制造商、回收商回收责任分担比制造商、零售商回收责任分担更有效。

4.6　结　　语

本章着眼于闭环供应链的决策问题，考虑了集中式决策，以及政府只针对制造商进行奖惩，制造商、零售商进行回收责任分担和制造商、回收商进行回收责任分担时的闭环供应链奖惩机制模型。通过比较分析了各种情形下回收率随奖惩力度的变化，制造商、零售商、回收商的利润函数随奖惩力度的变化以及两种回收责任分担时制造商、零售商、回收商的利润函数随责任分担系数的变化，得到以下结论：与制造商、零售商回收责任分担的情形相比，政府只针对制造商进行奖惩以及制造商、回收商回收责任分担这两种情形下新产品的批发价降低、回收率上升；而就废旧产品的回购价而言，制造商与回收商回收责任分担时其回购价是最低的，这样对于身为 Stackelberg 博弈领导者的制造商而言是非常有利的，能够充分调动其积极性；且结合书中各种利润函数随奖惩力度以及责任分担比例系数的变化情况来看不难发现，在制造商、回收商回收责任分担时，能实现制造商或回收商的利润最大化。另外，此情形下，零售商的利润保持恒定不变，这时如果让回收商承担较大的责任分担比例系数，不仅能够使回收商的利润增加，同时能使制造商的利润增加，这样就达到了利润最大化的目的，再结合政府恰当的奖惩力度，能够充分调动闭环供应链各成员企业的积极性。总的来说，制造商和回收商回收责任分担较好，比其他两种情形更能有效协调闭环供应链，更有利于企业利润的增加，也有利于增加消费者的利益，提高企业参与闭环供应链的积极性。

第 5 章 考虑零售商回收责任分担的闭环供应链奖惩机制模型研究

本章的主要工作如下：研究基于政府奖惩机制的制造商回收废旧产品模式下零售商的回收责任分担模型，旨在探讨零售商是否需要分担回收责任的问题。考虑政府只针对制造商实施奖惩机制以及政府对制造商和零售商实施奖惩机制，即由制造商与零售商共担回收责任情形。得到两种情形下产品批发价、零售价、回收率以及制造商、零售商的利润，比较两种情形的回收率以及制造商、零售商的利润随奖惩力度的变化趋势，得出以下结论：政府只对制造商实施奖惩机制，与制造商和零售商分担回收责任情形相比，在相同的奖惩力度下批发价、零售价较低，而回收率、制造商和零售商的利润较高；只对制造商实施奖惩机制情形能够使制造商、零售商和消费者都从废旧产品回收中受益。

5.1 引　　言

随着科学技术的不断发展，电器电子产品在世界的应用已经得到普及，但电器电子产品的生命周期越来越短，更新换代的速度越来越快。因此，废旧电器电子产品的回收也就成为人们不得不解决的实际问题。零售商在整个电器电子产品供应链中占据了重要地位，也可以承担相应的回收责任。长虹格润再生资源有限责任公司在回收拆解处理废旧电器电子产品方面取得重大突破[79]，2015 年的第一季度对电视、电冰箱、洗衣机等废旧家电回收总台数为 320026，拆解总台数为 230256；第二季度回收废旧家电总台数为 573778，拆解总台数为 520807。因此，零售商是否应该承担回收责任已成为人们关注的焦点。

孙浩和达庆利研究了渠道权力结构和参与者的风险规避态度对闭环供应链差异定价机制的影响，制造商和零售商形成垂直纳什均衡时的闭环供应链绩效最优[80]。王文宾等建立集中式决策以及政府只针对制造商进行奖惩机制模型，政府只针对制造商进行奖惩机制的批发价较低，回收率较高，该文只针对制造商建立奖惩模型，并没有加入零售商分担回收责任的情形[81]。本章通过对上述两种情形进行分析讨论，得出电器电子产品零售商是否应分担回收责任的结论。倪明等在新产品和再制造品存在市场不确定需求和消费者支付意愿差异情况下，构建了废弃电子产品再制造闭环供应链的政府奖惩机制决策模型[82]。孙浩等[83]研究发现政府应当实施补贴机制以促进渠道成员之间的合作来改善闭环供应链的绩效。Ferrer 和 Swaminathan[7]构建了由制造商和再制造商组成的闭环供应链，在此基础上研究了两周期和多周期模型，并分析了多个参数对均衡价格、利润和再制造活动的影响。He[84]比较了分散回收渠道和集中回收渠道，在分散回收渠道结构下，最优采集价格总是比集中回收渠道结构的优化收购价格要低。Wang 等[85]研究了回收废旧产品时制造商和回收商的责任分担，并引入政府奖惩机制来推动废旧产品的回收。研究表明：奖惩力度越大，闭环供应链的领导者应该承担更多的责任。

　　上述文献对本章的研究都具有重要意义，但都没有考虑零售商分担回收责任的情形下闭环供应链的奖惩机制模型。与已有文献不同，本章不仅考虑政府只针对制造商实施奖惩机制，还加入了政府同时针对制造商和零售商实施奖惩机制即由制造商与零售商共担回收责任这种情形，并比较分析两种情形下闭环供应链的回收率以及制造商、零售商二者的利润随奖惩力度的变化趋势，综合比较得出结论。本章构建基于政府奖惩机制的制造商回收废旧产品模式下零售商的回收责任分担模型，从而探讨零售商是否需要分担回收责任的问题。

5.2　模型描述与基本假设

　　考虑由制造商、零售商和消费者构成的闭环供应链如图 5.1 所示。根据自身利益最大化的原则，由制造商决定废旧电子产品的回收率 τ 以及批发价 w。制造商可以选择全新的原材料进行生产，也可以选择回收电子产品的部件进行生产，字母 c 表示制造商单位回收成本。新产品被以零售价 p 销售给消费者，消费者使用过的废旧电子产品进入回收再制造领域。字母 I 表示回收旧产品的固定成本，包括网络建设以及相关设备的投入成本，这里直接使用 Savaskan 的研究成果，即认为固定成本 $I = h\tau^2/2$，h 为回收废旧电器电子产品的难度系数；c_r 表示废旧产品生产新产品的单位成本；c_n 表示使用新零件生产新产品的单位成本，且两者同等质量。记 $\Delta = c_n - c_r$，故新产品的单位成本 $c_z = c_n(1-\tau) + c_r\tau = c_n - \Delta\tau$。为保证所建的闭环供应链模型有意义，需满足 $\Delta > c$，这是因为只有当回收产品的再制造成本优势高于回收成本时，制造商才有积极性回购废旧产品。设 τ_0 为政府规定制造商要达到的目标回收率，k 为奖惩力度。假设制造商是 Stackelberg 博弈领导者。设新产品的需求函数为 $D(p) = \theta - p$，其中 $\theta > p > 0$ 为基本市场规模且回收再制造对市场容量的影响忽略不计。符号上标*和**分别表示情形 1 和情形 2 下相关变量的最优解。

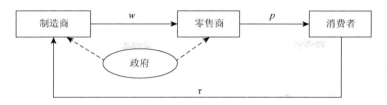

图 5.1　由制造商、零售商和消费者构成的闭环供应链

5.3　闭环供应链的回收再制造博弈模型

根据以上假设，制造商是 Stackelberg 博弈的领导者，其利润等于批发价减去单位成本再减去回收成本乘以回收率，乘以产品的需求量，最后再减去其固定成本：

$$\pi_{\mathrm{m}} = [w - c_{\mathrm{n}} + \tau(\Delta - c)](\theta - p) - h\tau^2/2 \tag{5.1}$$

零售商的利润等于零售价减去批发价再乘以其需求量：

$$\pi_{\mathrm{r}} = (p - w)(\theta - p) \tag{5.2}$$

1. 闭环供应链的集中式决策模型

该情形下的再制造闭环供应链是一个理想化的"超组织"，其利润最大化问题为

$$\max_{\tau, p} \pi = \pi_{\mathrm{m}} + \pi_{\mathrm{r}} = [p - c_{\mathrm{n}} + \tau(\Delta - c)](\theta - p) - h\tau^2/2 \tag{5.3}$$

命题 5.1　当 $2h - (\Delta - c)^2 > 0$ 时，式（5.3）给出的函数是严格凹的，有唯一解为

$$p^{\mathrm{I}} = \frac{h(\theta + c_{\mathrm{n}}) - \theta(\Delta - c)^2}{2h - (\Delta - c)^2} \tag{5.4}$$

$$\tau^{\mathrm{I}} = \frac{(\theta - c_{\mathrm{n}})(\Delta - c)}{2h - (\Delta - c)^2} \tag{5.5}$$

$$\pi^{\mathrm{I}} = \frac{h(\theta - c_{\mathrm{n}})^2}{4h - 2(\Delta - c)^2} \tag{5.6}$$

证明　式（5.3）的黑塞矩阵为 $\begin{bmatrix} -2 & c - \Delta \\ c - \Delta & -h \end{bmatrix}$，由黑塞矩阵负定与利润函数为联合凹函数的等价关系易得 $2h - (\Delta - c)^2 > 0$ 成立，求偏导可解得 p^{I} 和 τ^{I}。证毕。

2. 只针对制造商实施奖惩机制的情形（情形 1）

当政府只针对制造商进行奖惩时，制造商的决策为

$$\max_{w,\tau} \pi_m = [w - c_n + \tau(\Delta - c)](\theta - p) - h\tau^2/2 + k(\tau - \tau_0) \quad (5.7)$$

此时，零售商的决策为

$$\max_p \pi_r = (p - w)(\theta - p) \quad (5.8)$$

由逆向归纳法，可以解得 $p = \dfrac{\theta + w}{2}$ 。 $\quad (5.9)$

将式（5.9）代入式（5.7），可以得到在此情形下，制造商的利润函数：

$$\pi_m = [w - c_n + \tau(\Delta - c)]\frac{\theta - w}{2} - h\tau^2/2 + k(\tau - \tau_0) \quad (5.10)$$

此时需要求解制造商的最大值问题,因此需对其批发价和回收率求偏导 $\dfrac{\partial \pi_m}{\partial w} = 0$ ， $\dfrac{\partial \pi_m}{\partial \tau} = 0$ ，联立求解可得到制造商的最优批发价和减排率：

$$w^* = \frac{2h(\theta + c_n) - \theta(\Delta - c)^2 - 2k(\Delta - c)}{4h - (\Delta - c)^2} \quad (5.11)$$

$$\tau^* = \frac{(\theta - c_n)(\Delta - c) + 4k}{4h - (\Delta - c)^2} \quad (5.12)$$

在此情形下，零售商根据最优批发价确定其零售价，将式（5.11）代入式（5.9）可得

$$p^* = \theta - \frac{h(\theta - c_n) + k(\Delta - c)}{4h - (\Delta - c)^2} = \frac{h(3\theta + c_n) - \theta(\Delta - c)^2 - k(\Delta - c)}{4h - (\Delta - c)^2} \quad (5.13)$$

最后，两参与者决策出的最优批发价、减排率以及零售价即式（5.11）～式（5.13）分别代入其利润函数式（5.7）和式（5.8）中，可以得到当政府只针对制造商实施奖惩机制时，制造商和零售商的利润最大解：

$$\pi_m^* = \frac{h(\theta - c_n)^2 + 2k(\theta - c_n)(\Delta - c) + 4k^2}{2[4h - (\Delta - c)^2]} - k\tau_0 \quad (5.14)$$

$$\pi_r^* = \frac{[h(\theta - c_n) + k(\Delta - c)]^2}{[4h - (\Delta - c)^2]^2} \quad (5.15)$$

3. 制造商与零售商回收责任分担的情形（情形 2）

当政府对制造商与零售商进行奖惩时，假设制造商承担的回收责任分担比例系数为 u，则此时制造商的决策为

$$\max_{w,\tau} \pi_m = [w - c_n + \tau(\Delta - c)](\theta - p) - h\tau^2/2 + ku(\tau - \tau_0) \quad (5.16)$$

零售商的决策为

$$\max_{p} \pi_r = (p - w)(\theta - p) + k(1 - u)(\tau - \tau_0) \quad (5.17)$$

由逆向归纳法，可解得在此情形下，制造商的利润函数：

$$\pi_m = [w - c_n + \tau(\Delta - c)]\frac{\theta - w}{2} - h\tau^2/2 + ku(\tau - \tau_0) \quad (5.18)$$

为求得制造商利润最大值，需对其批发价和回收率求偏导，得到最优批发价和回收率：

$$w^{**} = \frac{2h(\theta + c_n) - \theta(\Delta - c)^2 - 2ku(\Delta - c)}{4h - (\Delta - c)^2} \quad (5.19)$$

$$\tau^{**} = \frac{(\theta - c_n)(\Delta - c) + 4ku}{4h - (\Delta - c)^2} \quad (5.20)$$

将式（5.19）代入式（5.17）中，可求得零售商的最优零售价：

$$p^{**} = \theta - \frac{h(\theta - c_n) + ku(\Delta - c)}{4h - (\Delta - c)^2} = \frac{h(3\theta + c_n) - \theta(\Delta - c)^2 - ku(\Delta - c)}{4h - (\Delta - c)^2} \quad (5.21)$$

最后将参与方的最优批发价、减排率以及零售价即式（5.19）～式（5.21）代入双方的利润函数中，可求得当政府对制造商与零售商进行奖惩时，制造商与零售商的利润最优解：

$$\pi_m^{**} = \frac{h(\theta - c_n)^2 + 2ku(\theta - c_n)(\Delta - c) + 4k^2u^2}{2[4h - (\Delta - c)^2]} - ku\tau_0 \quad (5.22)$$

$$\pi_r^{**} = \frac{[h(\theta - c_n) + ku(\Delta - c)]^2}{[4h - (\Delta - c)^2]^2} + k(1 - u)\left[\frac{(\Delta - c)(\theta - c_n) + 4ku}{4h - (\Delta - c)^2} - \tau_0\right] \quad (5.23)$$

5.4　两种情形下回收决策的比较分析

命题 5.2　$w^* < w^{**}$。

由命题 5.2 可知，相对于制造商与零售商回收责任分担的情形，政府只针对制造商实施奖惩机制时的产品批发价有所下降。这是因为在此情形下，制造商能够从政府获得相应的补贴，零售商也能获得更高的利润，从而能够调动整个供应链的积极性。

命题 5.3　$\tau^* > \tau^{**}$。

由命题 5.3 可知，相对于制造商与零售商回收责任分担的情形，政府只针对制造商实施奖惩机制时的回收率有所提高。这有利于有效利用废旧电子产品，从而能够减少污染，达到政府实施奖惩机制的目的。

命题 5.4　$p^* < p^{**}$。

由命题 5.4 可知，相对于制造商与零售商回收责任分担的情形，政府只针对制造商实施奖惩机制时零售价有所下降。这是因为在此情形下，零售商能够获得较低的批发价进而降低新产品的销售价格。因此，在政府只针对制造商实施奖惩机制时，能够更有效地保护消费者的利益。

综合命题 5.2～命题 5.4 可以得出如下结论：与制造商零售商回收责任分担的情形相比，政府只针对制造商进行奖惩时的零售价和批发价均有所下降，且回收率有所上升。因此，当制造商主动回收废旧产品并进行回收再制造时，政府只针对制造商实施奖惩是一种比较理想的情形。

命题 5.5 $\dfrac{\partial w^*}{\partial h} > 0$，$\dfrac{\partial w^{**}}{\partial h} > 0$。

由命题 5.5 可知，两种情形下，产品的批发价均随着回收产品的难度系数 h 的增大而增大。

命题 5.6 $\dfrac{\partial \tau^*}{\partial h} < 0$，$\dfrac{\partial \tau^{**}}{\partial h} < 0$。

由命题 5.6 可知，两种情形下，产品的回收率均随着废旧产品回收的难度系数 h 的增大而减小。

命题 5.7 $\dfrac{\partial p^*}{\partial h} > 0$，$\dfrac{\partial p^{**}}{\partial h} > 0$。

由命题 5.7 可知，两种情形下，新产品的零售价均随着难度系数 h 的增大而增大。

综合命题 5.5～命题 5.7，可以得出如下结论：回收废旧电子产品的难度系数 h 的增大对闭环供应链的各参与者均是不利的，对于政府而言也是不符合其期望的，因此，政府需要在政策上给予大力的支持以及宣传和倡导全民参与以降低回收废旧电子产品的难度系数。

5.5 算 例 分 析

为保证所求的解有意义，需满足 $0 \leqslant \tau^* \leqslant 1$，$0 \leqslant \tau^{**} \leqslant 1$，此时可求得 $k \leqslant 450$。设某电子产品的有关参数为：$c_n = 50$，$\Delta = 30$，$c = 10$，$\theta = 100$，$h = 800$，$k = 450$，$k = 450$，$u = 0.4$，$\tau_0 = 0.4$。所得结果如图 5.2～图 5.8 所示。

由图 5.2 可知，在两种情形下，新产品的批发价均随着奖惩力度的增加而减小。在相同的奖惩力度下，只针对制造商进行奖惩的批发价要小于制造商与零售商回收责任分担时的情形。

由图 5.3 可知，新产品的零售价均随着奖惩力度的增大而不断减小。在相同的奖惩力度下，只针对制造商进行奖惩的零售价小于制造商与零售商回收责任分担时的情形。因此，只要政府对回收废旧电子产品实施奖惩机制，消费者就能够从中获益，相当于政府对民众购买产品的价格补贴。

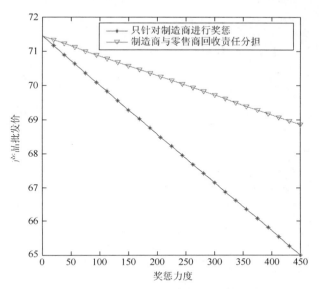

图 5.2 情形 1、2 下产品批发价随奖惩力度的变化趋势

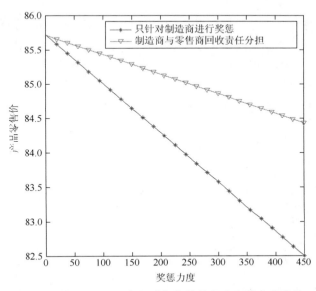

图 5.3 情形 1、2 下产品零售价随奖惩力度的变化趋势

由图 5.4 可知，在两种情形下，随着奖惩力度的增加，与之相应的回收率均提高。在同样的奖惩力度下，只针对制造商进行奖惩的回收率高于制造商与零售

商回收责任分担时的情形。这说明，适当加大奖惩力度，更能够调动制造商回收的积极性。

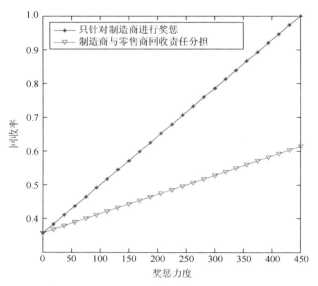

图 5.4　情形 1、2 下废旧产品回收率随奖惩力度的变化趋势

由图 5.5 可知，制造商和零售商的利润均随着奖惩力度的增加而增加，且

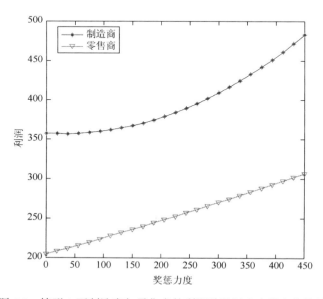

图 5.5　情形 1 下制造商与零售商的利润随奖惩力度的变化趋势

制造商的利润远远高于零售商所获得的利润。这说明，政府应加大奖惩力度，从而能够很好地调动制造商的积极性。

由图 5.6 可知，制造商和零售商的利润均随着奖惩力度的增大而增大，且制造商的利润远远高于零售商所获得的利润。然而，在政府同时对制造商和零售商实施奖惩机制的情形下，零售商的利润随奖惩力度的增大而增得更快。

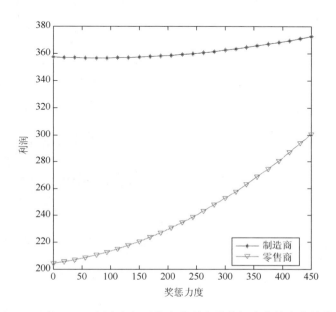

图 5.6　情形 2 下制造商与零售商的利润随奖惩力度的变化趋势

结合图 5.5 和图 5.6 可知，在只针对制造商实施奖惩机制时，制造商的利润随着奖惩力度增大的速度大于零售商，而当政府同时对制造商和零售商实施奖惩机制的情形下，零售商的利润随着奖惩力度增大的速度大于制造商。因此，实施奖惩机制能使制造商及零售商在利润方面获得很大的改观，并能有效地提高制造商与零售商回收电子产品的积极性。

由图 5.7 可知，在两种情形下，制造商的利润在政府只针对制造商进行奖惩时，随奖惩力度增长的幅度最大。

由图 5.8 可知，在两种情形下，零售商的利润均随着奖惩力度的增大而增加。且只针对制造商进行奖惩的利润大于制造商与零售商回收责任分担的情形。

结合图 5.7 和图 5.8 可知，在两种情形中，只针对制造商实施奖惩机制能够使制造商和零售商获得更高的利润。

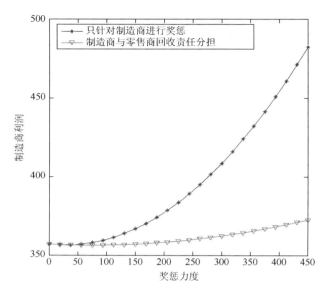

图 5.7 情形 1、2 下制造商的利润随奖惩力度的变化趋势

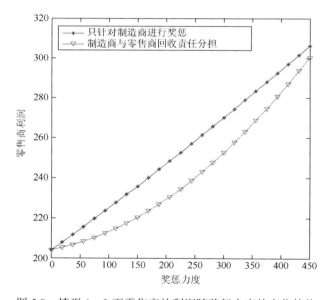

图 5.8 情形 1、2 下零售商的利润随奖惩力度的变化趋势

5.6 结 语

本章着眼于闭环供应链的决策问题，分别考虑了政府只针对制造商实施奖惩机制以及制造商与零售商回收责任分担两种情形。通过比较分析两种情形下的闭

环供应链的回收率随奖惩力度的变化趋势以及制造商、零售商二者的利润随奖惩力度的变化趋势，得出如下结论。

在两种情形下，产品的批发价格和零售价格均随着奖惩力度的增大而下降，与制造商、零售商回收责任分担的情形相比，政府只针对制造商进行奖惩时零售价更低且价格下降的速度更快。另外，产品的回收率均随着奖惩力度的增大而增大，且在政府只针对制造商实施奖惩机制时上升得更快。就双方利润而言，均随着奖惩力度的增大而增大，且在政府只针对制造商实施奖惩机制时，利润上升得更快，利润空间更大。

综上所述，在两种情形中，政府应该采取只针对制造商实施奖惩机制的措施，这样能实现制造商与零售商利润的最大化，还能保证较低的价格和较高的回收率。

第6章 回收责任分担下考虑渠道权力结构的
逆向供应链奖惩机制研究

本章的主要工作如下：考虑制造商与回收商回收责任分担情形，讨论不同渠道权力结构下逆向供应链的政府奖惩机制问题。分别建立集中式逆向供应链、制造商主导和回收商主导的逆向供应链，以及奖惩机制下制造商主导和回收商主导的逆向供应链的五个决策模型。以回收率为视角得到回收商责任比例系数的临界点是 1/3，研究表明：奖惩力度的增加能够提高废旧电器电子产品的回收率，降低新产品的零售价，回购价变得更有利于回收较多废旧电器电子产品。政府奖惩机制的设计需要满足两个条件，一是奖惩力度较大时主导方才愿意承担较大回收责任；二是制造商主导情况下，制造商承担责任要大于 2/3，而回收商主导情况下，回收商承担责任要大于 1/3。

6.1 引 言

如果 WEEE 只是被简单填埋或焚烧，不妥善处理，会对土壤、水和大气造成严重的污染。WEEE 中约有 700 余种化学原料，50%对人体有害，其中铅、汞等有毒有害物质，对人体的危害很大。同时，平均每吨 WEEE 中含有黄金 80～1500g、白银 350～1850g，价值可达 6000 美元/t。

综上，WEEE 是把"双刃剑"。早在 1995 年，美国对 75%的大家电回收再利用，提供了 10%的再生钢铁。我国政府已认识到 WEEE 的环境危害和资源价值，出台了一系列政策，国务院颁布的比较有代表性的是从 2011 年 1 月 1 日开始正式实施的《废弃电器电子产品回收处理管理条例》[61]。据中国政府网的消息，国务院总理温家宝 2011 年 9 月主持召开国务院常务会议指出：建立废旧商品回收体系已刻不容缓，要加强废弃电器电子产品等重点废旧商品的回收工作；培育大型废旧商品回收企业，促进废旧商品回收、分拣和处理集约化、规模化发展。

近年来国内外有一些文献致力于逆向物流与逆向/闭环供应链的研究。达庆利等[71]论述了逆向物流系统结构研究的现状并展望了未来的研究方向。Savaskan 等[67]分析了逆向供应链的结构选择问题；徐滨士[86]探讨了再制造工程的现状与前沿。逆向/闭环供应链问题涉及不少利益相关者，要顺利实现 WEEE 的回收再制造，必须保证他们的利益协调。已有部分文献研究了再制造逆向/闭环供应链的协调问题。李响等[22]建立随机回收环境下逆向供应链模型，提出双阶段定价协调机制。熊中楷等[87]考虑了受专利保护的原制造商许可第三方再制造的闭环供应链，构建了集中和分散决策的模型。政府也是再制造逆向供应链的利益相关者之一。Atasu 等[11]考虑了经济和环境的双重影响，建立了政府、制造商及消费者的博弈模型，政府给予制造商补贴以引导其回收再制造 WEEE，讨论立法有效的条件。王文宾和达庆利[60]初步探讨了政府奖惩机制对逆向供应链决策的影响。

以上文献为本章的研究提供了重要借鉴，但大多基于生产者延伸责任制，假设制造商对 WEEE 完全负责。从国内外情况来看，WEEE 立法的基本依据包括：生产者延伸责任制、消费者付费机制、混合责任制。各种责任机制皆有其合理之处。根据我国国情，需根据谁受益谁负责的原则探讨回收责任的分担（回收商也从 WEEE 的回收中获得收益）。因此，供应链上的制造商、回收商和消费者共担责任，且制造商负主要责任的机制较合理，不妨称为"回收责任分担下的生产者主要责任制"。政府可以将不同类型企业的责任以机制的方式按一定比例分配。

另外，大多数文献假设制造商主导供应链，较少考虑渠道权力结构对于逆向供应链定价策略的影响。根据国务院关于废旧产品回收的精神——"培育大型废旧商品回收企业"，可以预见，将来大型第三方回收商①是 WEEE 回收再制造的主力军，不仅如此，有些情况下回收商具有 WEEE 回购价的决策权，可以主导逆向供应链。

政府奖惩机制的许多优点已经在以往文献的一些研究中得到了验证[56, 62, 72]。考虑由制造商、回收商和消费者构成的再制造逆向供应链，在回收责任分担视角下政府应设计怎样的奖惩机制才能有效引导不同渠道权力结构的逆向供应链回收再制造 WEEE 呢？为探讨该问题，本章以回收率、奖惩力度及责任分配比例系数为主要参数，建立五个模型探讨逆向供应链集中式决策、无奖惩机制下逆向供应链分散式决策和奖惩机制下逆向供应链的分散式决策，其中每种分散式决策又分为制造商主导和回收商主导两种情况。

6.2 模型框架

6.2.1 模型描述

考虑政府奖惩机制下逆向供应链的一般结构如图 6.1 所示。制造商、回收商和消费者构成逆向供应链，政府对 WEEE 回收再制造提供奖惩机制，机制参数主

---

① 将回收商作为一类企业具有一般性，它可以是第三方回收商，如果是零售商回收，零售商也可以看成一种特殊的回收商。

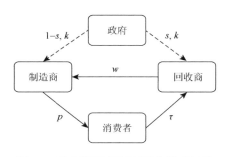

图 6.1 政府奖惩机制下逆向供应链的
一般结构

要包括奖惩力度、责任分担系数及目标回收率等，奖惩力度按照责任比例在制造商与回收商之间分配。制造商生产一种电器电子产品，生产过程中，优先使用 WEEE 生产，当 WEEE 的数量不足时用新材料生产。大型第三方回收商不仅回收 WEEE，还承担拆解、分拣等处理工作。政府的责任是引导逆向供应链成员积极回收再制造 WEEE，制造商是 WEEE 的主要责任者，回收商、消费者也是重要的参与者。消费者既是新产品的购买者，又是 WEEE 的供应者。奖惩机制是政府针对再制造逆向供应链的，政府规定目标回收率，如果逆向供应链的实际回收率低于目标回收率，制造商和回收商受到政府的经济惩罚，反之，他们得到政府的经济奖励。回收责任的分担体现在制造商与回收商在被奖励或惩罚的分担比例上。考虑到现实中 WEEE 的主导方未必是制造商，有些大型回收商具有渠道决策权，不同的权力结构对政府奖惩机制可能会产生较大影响，因此，本章分别讨论这两种渠道权力结构下的政府奖惩机制。

6.2.2 符号说明

c_n：制造商采用新材料生产新产品的单位成本。

c_r：制造商使用 WEEE 生产新产品的单位成本。

p：新产品的零售价，是制造商的决策变量之一。

w：制造商支付给回收商的 WEEE 单位回购价。

$D(p)$：$D(p) = \phi - p$，新产品的需求函数，其中 ϕ 为市场潜在需求。

τ：回收的 WEEE 占新产品市场需求的比例，为回收商的决策变量，$\tau \in [0,1]$。τ 越大，说明制造商使用回收的产品进行再制造的产品越多；当 $\tau = 1$ 时，制造商全部采用回收品进行生产以满足市场需要。当 $\tau = 0$ 时，制造商全部采用新材料生产以满足市场需要。

τ_0：政府规定的最低回收率（目标回收率），当 $\tau > \tau_0$ 时，政府将给予制造商和回收商奖励，当 $\tau < \tau_0$ 时，政府将处罚制造商和回收商。

k：政府对制造商和回收商单位回收率的总奖惩力度（该奖惩力度按照回收再制造责任比例在制造商和回收商之间分配）。

c：回收商的单位回收成本。

c_z：新产品的单位成本，由于新产品包含新制造产品和再制造产品，故 $c_z = \tau c_r + (1-\tau)c_n = c_n - \tau(c_n - c_r) = c_n - \tau\Delta$。

s：政府给予回收商的奖惩责任分担比例系数 $(0 \leqslant s \leqslant 1)$，显然制造商的奖惩责任分担比例系数为 $1-s$。

6.2.3 基本假设

（1）设制造商生产一件新产品的单位成本大于使用回收产品进行再制造的单位成本，即 $c_n > c_r$，这表示制造商进行再制造可以节约成本，是有利可图的，不妨设 $\Delta = c_n - c_r$。

（2）τ 与制造商的再制造投资相关，根据 Savaskan 等[67]及 Ferrer 和 Swaminathan[7]的研究，设投资成本 $I = b\tau^2$，b 为回收 WEEE 的难度系数。回收投资成本为回收率的凸函数，这表明随着回收率的增加，回收投资成本急剧增加，也就是说过分地追求高回收率对制造商来说是不经济的。

（3）制造商优先利用回收 WEEE 的零部件生产，不够的部分用新材料生产新产品。这个假设是合理的，因为政府的奖惩机制引入后，奖励惩罚两种策略并用，理性的制造商需要考虑政府的规定。

（4）回收的全部 WEEE 可以直接用作再制造新产品的原材料或零部件。这样假设避免了烦琐的数学计算，如果 WEEE 的部分可用于再制造，则需要引入再制造率参数，而该参数是否引入不影响本章对政府奖惩机制的研究结论。

（5）再制造的产品和新制造产品质量相同。除了特别研究两种产品市场细分的文献，一般文献均做该假设。

（6）制造商和回收商在不同情况下分别是再制造逆向供应链的 Stackelberg 博弈领导者[23, 25, 88]。该假设考虑了渠道权力结构对政府奖惩机制的影响。

6.2.4 模型建立

根据上述符号定义和研究假设，无奖惩机制下制造商和回收商的利润函数分别为

$$\pi_m = [p - c_n + \tau\Delta - \tau w](\phi - p) \tag{6.1}$$

$$\pi_c = \tau(w - c)(\phi - p) - b\tau^2 \tag{6.2}$$

考虑制造商和回收商责任分担的奖惩机制下制造商和回收商的利润函数分别为

$$\pi_m = [p - c_n + \tau\Delta - \tau w](\phi - p) + (1-s)k(\tau - \tau_0) \tag{6.3}$$

$$\pi_c = \tau(w - c)(\phi - p) - b\tau^2 + sk(\tau - \tau_0) \tag{6.4}$$

集中式决策是一种理想情形，可以作为一个基准情形讨论。该情况下，制造

商和回收商都以再制造逆向供应链的利润最大化为目标进行新产品定价、WEEE 回购价以及回收率的决策。再制造逆向供应链的利润函数 $\pi = \pi_m + \pi_c = [p - c_n + \tau\Delta - \tau c](\phi - p) - b\tau^2 + k(\tau - \tau_0)$，故集中式再制造逆向供应链的决策模型为

$$\max_{p,\tau} \ \pi = [p - c_n + \tau\Delta - \tau c](\phi - p) - b\tau^2 + k(\tau - \tau_0) \tag{6.5}$$

由一阶条件可得新产品零售价和 WEEE 回收率分别为

$$p^1 = \begin{cases} \dfrac{2b(\phi + c_n) - \phi(\Delta - c)^2 - k(\Delta - c)}{4b - (\Delta - c)^2}, & \dfrac{(\phi - c_n)(\Delta - c) + 2k}{4b - (\Delta - c)^2} < 1 \\[3mm] \dfrac{\phi + c_n - \Delta + c}{2}, & \dfrac{(\phi - c_n)(\Delta - c) + 2k}{4b - (\Delta - c)^2} \geq 1 \end{cases} \tag{6.6}$$

$$\tau^1 = \min\left\{ \dfrac{(\phi - c_n)(\Delta - c) + 2k}{4b - (\Delta - c)^2}, 1 \right\} \tag{6.7}$$

将 p^1、τ^1 代入奖惩机制下逆向供应链集中决策的利润函数得

$$\pi^1 = \begin{cases} \dfrac{[2b(\phi - c_n) + k(\Delta - c)]^2 - b[(\phi - c_n)(\Delta - c) + 2k]^2}{[4b - (\Delta - c)^2]^2} + k\left[\dfrac{(\phi - c_n)(\Delta - c) + 2k}{4b - (\Delta - c)^2} - \tau_0\right], \\[3mm] \quad 0 \leq \dfrac{(\phi - c_n)(\Delta - c) + 2k}{4b - (\Delta - c)^2} < 1 \quad \left(\text{即} 0 \leq k < \dfrac{4b - (\Delta - c)^2 - (\phi - c_n)(\Delta - c)}{2}\right) \\[4mm] \dfrac{\{(\phi - c_n)[2b - (\Delta - c)^2] + (4b - k)(\Delta - c) - (\Delta - c)^3\}[2b(\phi - c_n) + k(\Delta - c)]}{[4b - (\Delta - c)^2]^2} - b + k(1 - \tau_0), \\[3mm] \quad \dfrac{(\phi - c_n)(\Delta - c) + 2k}{4b - (\Delta - c)^2} \geq 1 \quad \left(\text{即} k \geq \dfrac{4b - (\Delta - c)^2 - (\phi - c_n)(\Delta - c)}{2}\right) \end{cases}$$

$$\tag{6.8}$$

命题 6.1 集中式决策情况下，随着奖惩力度的增加，WEEE 的回收率提高，新产品的零售价降低；当奖惩力度 k 满足条件 $[4b - (\Delta - c)^2]\left[\tau_0 - \dfrac{(\phi - c_n)(\Delta - c)}{4b - (\Delta - c)^2}\right] < k < 4b - (\Delta - c)^2 - (\phi - c_n)(\Delta - c) + \dfrac{(1 - \tau_0)[4b - (\Delta - c)^2]^2}{(\Delta - c)^2}$ 时，奖惩机制下集中式决策情况下的利润大于无奖惩机制下的逆向供应链利润，当 $0 \leq k \leq [4b - (\Delta - c)^2]\left[\tau_0 - \dfrac{(\phi - c_n)(\Delta - c)}{4b - (\Delta - c)^2}\right]$ 或 $k \geq 4b - (\Delta - c)^2 - (\phi - c_n)(\Delta - c) + \dfrac{(1 - \tau_0)[4b - (\Delta - c)^2]^2}{(\Delta - c)^2}$ 时，奖惩机制下逆向供应链集中式决策的利润小于无奖惩机制下的利润。

命题 6.1 表明，集中式决策情况下政府奖惩机制能够提高 WEEE 的回收率，降低新产品的零售价。回收率提高的直接影响是新产品的生产原料更多来自回收的 WEEE，降低了新产品的单位生产成本，于是引起新产品零售价的降低。不可

忽视的是，政府奖惩机制不一定能提高再制造逆向供应链的利润，只有奖惩机制的设计满足条件

$$[4b-(\Delta-c)^2]\left[\tau_0-\frac{(\phi-c_n)(\Delta-c)}{4b-(\Delta-c)^2}\right]<k<4b-(\Delta-c)^2-(\phi-c_n)(\Delta-c)$$
$$+\frac{(1-\tau_0)[4b-(\Delta-c)^2]^2}{(\Delta-c)^2}$$

才可以。由该表达式，可以看出奖惩力度和目标回收率的关系，较高的目标回收率须有较大的奖惩力度与之匹配，并满足上面的奖惩机制条件才有效。但不容忽视的是，当奖惩力度和目标回收率的取值使得回收率能够达到 1 之后，如果继续加大奖惩力度，当其超过临界值 $4b-(\Delta-c)^2-(\phi-c_n)(\Delta-c)+\dfrac{(1-\tau_0)[4b-(\Delta-c)^2]^2}{(\Delta-c)^2}$ 时，奖惩机制下逆向供应链集中式决策的利润小于无奖惩机制下的利润，这说明了过犹不及的道理，因为奖惩机制的初衷是提高回收率，回收率已到最高，不宜过分加大奖惩力度，否则降低逆向供应链的利润。

6.3　无奖惩机制下的再制造逆向供应链博弈模型

无奖惩机制下分散式决策的再制造逆向供应链博弈模型又可分为制造商主导和回收商主导两种情况，它们的求解思路在接下来的 6.3.1 节和 6.3.2 节给出。

6.3.1　制造商主导情况

由于假设制造商处于逆向供应链的主导地位，是再制造逆向供应链的 Stackelberg 博弈领导者，因此，制造商除了具有新产品定价权，在与回收商的博弈中也处于优势地位，WEEE 的回购价也由制造商决定，于是，制造商的决策变量为 p 和 w，目标函数为

$$\max_{p,w}\ \pi_m=[p-c_n+\tau\Delta-\tau w](\phi-p) \tag{6.9}$$

回收商根据制造商的回购价决策结果，决定 WEEE 的实际回收率，其决策变量为 τ，目标函数为

$$\max_{\tau}\ \pi_c=\tau(w-c)(\phi-p)-b\tau^2 \tag{6.10}$$

由逆向归纳法对模型进行求解易得

$$w_1^*=\frac{\Delta+c}{2} \tag{6.11}$$

$$p_1^* = \frac{4b(\phi + c_n) - \phi(\Delta - c)^2}{8b - (\Delta - c)^2} \qquad (6.12)$$

$$\tau_1^* = \frac{(\phi - c_n)(\Delta - c)}{8b - (\Delta - c)^2} \qquad (6.13)$$

$$\pi_{m1}^* = \frac{2b(\phi - c_n)^2}{8b - (\Delta - c)^2} \qquad (6.14)$$

$$\pi_{c1}^* = \frac{b(\phi - c_n)^2 (\Delta - c)^2}{[8b - (\Delta - c)^2]^2} \qquad (6.15)$$

6.3.2 回收商主导情况

该情况下回收商处于逆向供应链的主导地位，由于回收商主导，WEEE 的回购价由回收商而不是制造商决定。回收商的决策变量为 w 和 τ，目标函数为

$$\max_{w, \tau} \pi_c = \tau(w - c)(\phi - p) - b\tau^2 \qquad (6.16)$$

制造商根据回收商的回购价和回收率决策结果，决定新产品零售价，制造商的决策变量为 p，目标函数为

$$\max_p \pi_m = [p - c_n + \tau\Delta - \tau w](\phi - p) \qquad (6.17)$$

由逆向归纳法对模型求解可得

$$w_1^{**} = \frac{4b}{\Delta - c} + c \qquad (6.18)$$

$$p_1^{**} = \frac{2b(3\phi + c_n) - \phi(\Delta - c)^2}{8b - (\Delta - c)^2} \qquad (6.19)$$

$$\tau_1^{**} = \frac{(\phi - c_n)(\Delta - c)}{8b - (\Delta - c)^2} \qquad (6.20)$$

$$\pi_{m1}^{**} = \frac{4b^2(\phi - c_n)^2}{[8b - (\Delta - c)^2]^2} \qquad (6.21)$$

$$\pi_{c1}^{**} = \frac{b(\phi - c_n)^2}{8b - (\Delta - c)^2} \qquad (6.22)$$

6.4 奖惩机制下的再制造逆向供应链博弈模型

为了确保逆向供应链达到一定的回收率水平，本节尝试探讨政府设计基于目标回收率的奖惩机制。设 τ_0 为政府规定逆向供应链要达到的目标回收率，$k(k > 0)$

为奖惩力度。奖惩机制旨在奖励超过目标回收率的制造商，惩罚未达到目标回收率的制造商。奖惩机制下分散式决策的逆向供应链博弈模型又可分为制造商主导和回收商主导两种情况，不妨设 s 表示政府给予回收商的奖惩比例系数（$0 \leqslant s \leqslant 1$），则制造商的奖惩比例系数为 $1-s$。接下来的 6.4.1 节和 6.4.2 节讨论它们模型的求解。

6.4.1　制造商主导情况

与 6.3.1 节相似，该情况下制造商的决策变量为 p 和 w，目标函数为

$$\max_{p,w} \pi_{\mathrm{m}} = [p - c_{\mathrm{n}} + \tau\Delta - \tau w](\phi - p) + (1-s)k(\tau - \tau_0) \qquad (6.23)$$

回收商的决策变量为 τ，目标函数为

$$\max_{\tau} \pi_{\mathrm{c}} = \tau(w - c)(\phi - p) - b\tau^2 + sk(\tau - \tau_0) \qquad (6.24)$$

求解顺序与决策先后顺序相反，先对回收商进行一阶导数求解，然后代入制造商的目标函数，通过求解得

$$w^* = \frac{(1-s)k[4b + (\Delta - c)c] + 2b(\phi - c_{\mathrm{n}})(\Delta + c)}{4b(\phi - c_{\mathrm{n}}) + (1-s)(\Delta - c)k} \qquad (6.25)$$

$$p^* = \frac{4b(\phi + c_{\mathrm{n}}) - \phi(\Delta - c)^2 - (1-s)(\Delta - c)k}{8b - (\Delta - c)^2} \qquad (6.26)$$

$$\tau^* = \frac{2(1-s)k + (\phi - c_{\mathrm{n}})(\Delta - c)}{8b - (\Delta - c)^2} \qquad (6.27)$$

$$\pi_{\mathrm{m}}^* = \frac{2b(\phi - c_{\mathrm{n}})^2 + (1-s)k(\phi - c_{\mathrm{n}})(\Delta - c) + (1-s)^2 k^2}{8b - (\Delta - c)^2} - (1-s)k\tau_0 \qquad (6.28)$$

$$\pi_{\mathrm{c}}^* = \frac{b[2(1-s)k + (\phi - c_{\mathrm{n}})(\Delta - c)]^2}{[8b - (\Delta - c)^2]^2} + \frac{sk[2(1-s)k + (\phi - c_{\mathrm{n}})(\Delta - c)]}{8b - (\Delta - c)^2} - sk\tau_0 \qquad (6.29)$$

6.4.2　回收商主导情况

与 6.3.2 节相似，该情况下回收商的决策变量为 w 和 τ，目标函数为

$$\max_{w,\tau} \pi_{\mathrm{c}} = \tau(w - c)(\phi - p) - b\tau^2 + sk(\tau - \tau_0) \qquad (6.30)$$

制造商的决策变量为 p ，目标函数为

$$\max_p \ \pi_m = [p - c_n + \tau\Delta - \tau w](\phi - p) + (1-s)k(\tau - \tau_0) \tag{6.31}$$

由逆向归纳法求解得

$$w^{**} = \frac{(\phi - c_n)[4b + (\Delta - c)c] + 2sk(\Delta + c)}{4sk + (\phi - c_n)(\Delta - c)} \tag{6.32}$$

$$p^{**} = \frac{2b(3\phi + c_n) - \phi(\Delta - c)^2 - s(\Delta - c)k}{8b - (\Delta - c)^2} \tag{6.33}$$

$$\tau^{**} = \frac{4sk + (\phi - c_n)(\Delta - c)}{8b - (\Delta - c)^2} \tag{6.34}$$

$$\pi_m^{**} = \frac{s^2 k^2 (\Delta - c)^2 - 4b^2(\phi - c_n)^2}{[8b - (\Delta - c)^2]^2} + \frac{(1-s)k[4sk + (\phi - c_n)(\Delta - c)]}{8b - (\Delta - c)^2} - (1-s)k\tau_0 \tag{6.35}$$

$$\pi_c^{**} = \frac{b(\phi - c_n)^2 + sk(\phi - c_n)(\Delta - c) + 2s^2 k^2}{8b - (\Delta - c)^2} - sk\tau_0 \tag{6.36}$$

6.5　五种情况下逆向供应链博弈结果的比较分析

为保证所求的解有意义，需满足回收率的求解结果大于等于零且小于等于 1 。除了 $4b - (\Delta - c)^2 > 0$ ，还需要满足条件 $0 \leqslant \tau^* \leqslant 1$ 和 $0 \leqslant \tau^{**} \leqslant 1$ ，即

$$-\frac{(\phi - c_n)(\Delta - c)}{2} \leqslant (1-s)k \leqslant \frac{8b - (\Delta - c)^2 - (\phi - c_n)(\Delta - c)}{2}$$

和

$$-\frac{(\phi - c_n)(\Delta - c)}{4} \leqslant sk \leqslant \frac{8b - (\Delta - c)^2 - (\phi - c_n)(\Delta - c)}{4}$$

命题 6.2　当 $0 \leqslant s < 1/3$ 时， $\tau^* > \tau^{**}$ ；当 $1/3 \leqslant s < 1$ 时， $\tau^* \leqslant \tau^{**}$ 。

证明　$\tau^* - \tau^{**} = \dfrac{2(1-s)k - 4sk}{8b - (\Delta - c)^2} = \dfrac{2(1-3s)k}{8b - (\Delta - c)^2}$ ，由 $4b - (\Delta - c)^2 > 0$ 知，分母 $8b - (\Delta - c)^2 > 0$ ，故差的符号取决于分子 $2(1-3s)k$ 的符号，而 $k \geqslant 0$ ，故符号取决于 $1 - 3s$ 的符号，于是命题 6.2 得证。

命题 6.2 表明， $s = 1/3$ 是个临界点，当 $s < 1/3$ 时，制造商主导比回收商主导情况的回收率大，而当 $s > 1/3$ 时，回收商主导比制造商主导情况的回收率大，当 $s = 1/3$ 时，二者的回收率相同。命题 6.2 的管理意义分析如下。为了便于同时描

述制造商的奖惩机制力度比例，不妨设 $t = 1 - s$ 表示制造商获得的奖惩力度比例。则易知当 $2/3 < t \leqslant 1$ 时，$\tau^* > \tau^{**}$，当 $0 \leqslant t < 2/3$ 时，$\tau^* < \tau^{**}$。结合命题 6.1 可以看出：制造商主导逆向供应链的情况下，仅当分配给制造商的奖惩机制力度比例大于 $2/3$ 时，制造商主导情况下的回收率大于回收商主导情况下的回收率；回收商主导逆向供应链的情况下，仅当分配给回收商的奖惩机制力度比例大于 $1/3$ 时，回收商主导情况下的回收率大于制造商主导情况下的回收率。制造商主导与回收商主导的逆向供应链政府奖惩机制合适的力度分配比例差别较大，不同的渠道权利结构的 WEEE 回收责任分担应不相同。

命题 6.3　当 $0 \leqslant s \leqslant \dfrac{1}{2} + \dfrac{b(\phi - c_{\mathrm{n}})}{(\varDelta - c)k}$ 时，$p^* \leqslant p^{**}$；当 $\dfrac{1}{2} + \dfrac{b(\phi - c_{\mathrm{n}})}{(\varDelta - c)k} < s \leqslant 1$ 时，$p^* > p^{**}$。

证明　$p^* - p^{**} = \dfrac{-2b(\phi - c_{\mathrm{n}}) - (1 - 2s)(\varDelta - c)k}{8b - (\varDelta - c)^2}$，由 $4b - (\varDelta - c)^2 > 0$ 知，分母 $8b - (\varDelta - c)^2 > 0$，故差的符号取决于分子 $-2b(\phi - c_{\mathrm{n}}) - (1 - 2s)(\varDelta - c)k$ 的符号，因此命题 6.3 得证。

命题 6.3 表明，当回收商的责任比例系数大于临界值时，回收商主导情况下的零售价小于制造商主导情况下的零售价；类似地，当制造商的责任比例系数大于确定的临界值时，制造商主导情况下的零售价低于回收商主导情况下的零售价。综上所述，无论制造商还是回收商主导，主导方的责任比例系数大于一定临界值时，主导方主导情况下的零售价低于对方主导情况下的零售价。这说明政府需要根据主导者的不同分配奖惩机制的责任分担比例，只有主导方获得的奖惩比例大于相应的临界值时，零售价才降低，这样才对消费者有利。

命题 6.4　$\tau_1^{**} = \tau_1^*$，$\tau^* > \tau_1^*$，$\tau^{**} > \tau_1^*$，$p^* < p_1^*$，$p^{**} < p_1^{**}$。

命题 6.4 表明，无奖惩机制情况下，无论制造商还是回收商主导，回收率相同。这主要是因为回购价起到了调节作用，由于回购价的决策者是主导方，因此得到同样的回收率决策结果。制造商主导和回收商主导时，奖惩机制下废旧产品的回收率均提高。无论制造商还是回收商主导，有奖惩机制比无奖惩机制时零售价降低。

命题 6.5　$w^* > w_1^*$，$w^{**} < w_1^{**}$。

命题 6.5 表明，制造商主导情况下，奖惩机制下回购价高于无奖惩机制下的回购价；回收商主导情况下，奖惩机制下回购价低于无奖惩机制下的回购价。回购价的变动说明，奖惩机制能够提高主导方的积极性，对于引导逆向供应链回收再制造废旧产品有效。制造商主导情况下，制造商积极性提高，从而提高了回购价；回收商主导情况下，回收商积极性提高，从而降低了回购价。

表 6.1 给出了各主要决策变量随外生变量的变化趋势。"↓"表示下降趋势，"↑"表示上升趋势。从表 6.1 可以得到命题 6.6～命题 6.8。

表 6.1　主要决策变量随外生变量的变化趋势

外生变量	τ^*	τ^{**}	w^*	w^{**}	p^*	p^{**}
$s\uparrow$	↓	↑	↓	↓	↑	↓
$k\uparrow$	↑	↑	↑	↓	↓	↓

命题 6.6　随着奖惩力度的增加，无论制造商还是回收商主导情况下，WEEE 的回收率均提高；随着回收商的责任比例系数增加，制造商主导情况下的回收率降低，而回收商主导情况下的回收率提高。

命题 6.7　随着奖惩力度的增加，无论制造商还是回收商主导情况下，新产品的零售价均降低；随着回收商的责任比例系数增加，不论制造商还是回收商主导，WEEE 的回购价均降低。

命题 6.8　随着奖惩力度的增加，制造商主导情况下的回购价提高，回收商主导情况下的回购价降低；随着回收商的责任比例系数增加，制造商主导情况下新产品的零售价提高，而回收商主导情况下新产品的零售价降低。

命题 6.6～命题 6.8 表明，奖惩力度的增加能够提高 WEEE 的回收率，降低新产品的零售价，回购价变得更有利于回收较多 WEEE；随着回收商的责任比例系数增加，回收商主导比制造商主导情况下对 WEEE 的回收和降低新产品零售价有利，消费者也从中受益。

6.6　算　例　分　析

根据命题 6.2，s 的取值对制造商和回收商以及 WEEE 回收率影响较大，故当 $1/3 < s < 1$ 时不妨取 $s = 0.5$，当 $0 < s < 1/3$ 时，不妨取 $s = 0.2$ 为例讨论。参数取值如下：$c_n = 10$，$c_r = 5$，$\Delta = 5$，$c = 2$，$\phi = 20$，$b = 20$，$k = 50$，$\tau_0 = 0.5$，此时 $\Delta - c = 3$。表 6.2 列出了五个模型各决策变量的求解结果。表 6.2 中决策变量的求解结果验证了命题 6.2～命题 6.8 的正确性。图 6.2 和图 6.3 是制造商主导情况。图 6.4 和图 6.5 是回收商主导的情况。

表 6.2　五个模型各决策变量的求解结果

s	w_1^*	w^*	w_1^{**}	w^{**}	p_1^*	p^*	p_1^{**}	p^{**}	p^{I}	τ_1^*	τ^*	τ_1^{**}	τ^{**}	τ^{I}
0.5	5	5.66	28.67	9.31	14.70	14.21	17.35	16.85	13.5	0.2	0.53	0.2	0.86	1
0.2	5	6.78	28.67	14.29	14.70	13.91	17.35	17.15	13.5	0.2	0.73	0.2	0.46	1

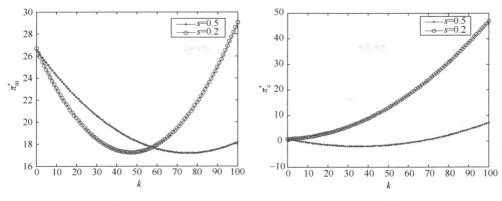

图 6.2　制造商的利润随奖惩力度的变化趋势　　图 6.3　回收商的利润随奖惩力度的变化趋势

从图 6.2 和图 6.3 可以看出，制造商主导情况下，只有奖惩力度超过阈值时，制造商和回收商的利润才随着奖惩力度的增加而增加。随着回收商责任分担系数的增加，制造商的利润变化与奖惩力度有关，当奖惩力度超过阈值时，制造商的利润增加；随着回收商责任分担系数的增加，回收商的利润增加，当回收商责任分担系数较小时，回收商的利润甚至为负，只有奖惩力度较大时才为正。总之，制造商承担责任较大，而回收商希望承担责任较小（不要小到利润为负）。

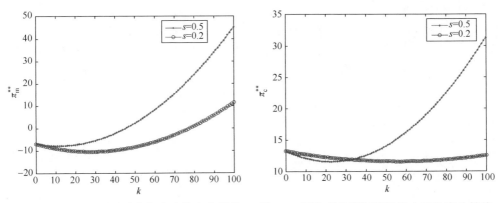

图 6.4　制造商的利润随奖惩力度的变化趋势　　图 6.5　回收商的利润随奖惩力度的变化趋势

由图 6.2 和图 6.4 比较可以看出，与回收商主导相比，制造商主导情况下奖惩力度较大时制造商的利润才增加。

综上所述，政府奖惩机制的设计需要满足以下条件：制造商主导情况下，制造商承担责任较大（大于 2/3），回收商承担责任较小，对回收商有利，但制造商只有在政府奖惩力度较大时才愿意承担较大回收责任（其利润才较其承担责任小的时候大）；回收商主导情况下，制造商承担责任较小，而回收商承担责任较大（大于 1/3），对制造商有利，但回收商只有在政府奖惩力度较大时才愿意承担较大回收责任（其利润才较其承担责任小的时候大）。

6.7　结　　语

本章以回收责任分担为视角，讨论了不同渠道权力结构下逆向供应链的奖惩机制问题，考虑了集中式逆向供应链的决策、制造商主导和回收商主导的逆向供应链决策、制造商主导和回收商主导的奖惩机制下逆向供应链决策五种情况，分别建立了决策和博弈模型。通过对决策结果比较分析，得到以下主要结论。

（1）回收商的责任比例系数 $s=1/3$ 是个临界点，当 $0 \leqslant s < 1/3$ 时，制造商主导比回收商主导情况的回收率大，而当 $1/3 < s \leqslant 1$ 时，回收商主导比制造商主导情况的回收率大，当 $s=1/3$ 时，两种渠道权力结构下的回收率相同。

（2）无论制造商还是回收商主导，主导方的责任比例系数大于一定临界值时，主导方主导情况下的零售价低于对方主导情况下的零售价。

（3）奖惩力度的增加能够提高 WEEE 的回收率，降低新产品的零售价，回购价变得更有利于回收较多 WEEE；随着回收商的责任比例系数增加，回收商主导比制造商主导情况下对 WEEE 的回收和降低新产品零售价有利，消费者也从中受益。

（4）政府奖惩机制的设计需要满足以下条件：①政府奖惩力度较大时主导方才愿承担较大回收责任；②制造商主导情况下，制造商承担责任大于 2/3，回收商才有积极性，回收商主导情况下，回收商承担责任大于 1/3，制造商才有积极性。

考虑制造商竞争对逆向供应链奖惩机制的影响是进一步研究的方向之一。

第7章 逆向供应链的政府奖惩机制与税收-补贴机制比较研究

本章的主要工作如下：为了比较政府奖惩机制和税收-补贴机制对于提高逆向供应链回收率的有效性，运用动态博弈论方法建立逆向供应链的三个回收再制造决策模型，即无政府介入、奖惩机制下以及税收-补贴机制下逆向供应链的决策，并比较三种情形下的决策结果。研究表明：三种情形下回收率都随着再制造成本优势的增加而提高，其中奖惩机制下的回收率最高；制造商和回收商的利润都随着再制造成本优势的提高而增加，其中奖惩机制下利润提高的幅度较大；制造商的回购价格随着奖惩力度和再制造成本优势的增加而提高，随着单位补贴和再制造成本优势的增加而下降。通过对两种机制决策结果的比较发现，奖惩机制对引导逆向供应链成员积极回收再制造废旧产品比税收-补贴机制更有效。最后通过算例分析进一步验证上述结论的正确性。

随着科学技术的不断发展，环境问题不断加剧。近年来我国出台了一些条例法规：2004 年的《废旧家电及电子产品回收处理管理条例》；2008 年的《中华人民共和国循环经济促进法》；2008 年 8 月 20 日国务院第 23 次常务会议通过《废弃电器电子产品回收处理管理条例》，自 2011 年 1 月 1 日起施行；2009 年的《家电以旧换新实施办法》；同年，国务院第 551 号令公布于 2011 年 1 月 1 日起施行的《废弃电器电子产品回收处理管理条例》，将废旧电视、冰箱、洗衣机、空调、电脑五类产品列入首批回收处理产品目录。该条例鼓励电子类产品制造商积极承担回收再制造废旧产品的责任。2009 年 8 月，国务院总理温家宝签署第 559 号国务院令，公布《规划环境影响评价条例》，这一条例自 2009 年 10 月 1 日起施行。此条例旨在加强对规划的环境影响评价工作，提高规划的科学性，从源头预防环境污染和生态破坏，促进经济、社会和环境的全面协调可持续发展。为规范废弃电器电子产品处理基金征收使用管理，根据《废弃电器电子产品回收处理管理条例》（国务院令第 551 号），制定《废弃电器电子产品处理基金征收使用管理办法》，《办法》中总则规定第一条，为了规范废弃电器电子产品处理基金征收使用管理，根据《废弃电器电子产品回收处理管理条例》的规定，制定本办法；第二条，废弃电器电子产品处理基金（以下简称基金）是国家为促进废弃电器电子产品回收处理而设立的政府性基金；第三条，基金全额上缴中央国库，纳入中央政府性基金预算管理，实行专款专用，年终结余结转下年度继续使用。

为了缓解废旧电子产品对社会和环境造成的负面影响，我国政府借鉴欧盟、日本和美国等发达国家和地区废旧电子产品回收处理的立法和实践经验，颁布了废旧电器电子产品回收处理方面的若干法规政策，具体如表 7.1 所示。

表 7.1　我国废旧电器电子产品回收处理的相关法律法规

法律法规	主要内容	生效日期
《中华人民共和国环境保护法》	介绍污染控制、污染防治和污染付费的两个重要原则	1998.12 实施
《中华人民共和国固体废物污染环境防治法》	产品生产者、销售者、进口者、使用者对其生产的固体废物依法承担污染防治责任	2005.4 实施
《中华人民共和国清洁生产促进法》	介绍生产者责任制，鼓励生产者生态设计，对资源使用和废物的管理使用生命周期的分析方法	2003.1 实施
《电子信息产品污染防治管理办法》	从产品设计、生产制造、产品说明、产品包装等各个环节就电子信息产品污染防治作了详细规定	2005.1 实施
《废弃家用电器与电子产品污染防治技术政策》	促进产品的生态设计，对废旧的电子产品在收集、运输、储存、再利用和处理方面作了标准化要求	2006.4 实施
《旧货品质鉴定-通则》	旧家电必须进行鉴定，鉴定后贴上"旧货"统一标识才能销售	2006.3 实施
《电子废物污染环境防治管理办法》	拆解、利用、处置电子废物的项目要报批环境影响评价文件；规定了电子产品生产商、进口商和零售商等相关方的责任	2008.2 实施
《中华人民共和国循环经济促进法》	规定建立废弃电子再生资源回收体系及回收和利用	2009.1 实施
《关于贯彻落实家电以旧换新政策加强废旧家电拆解处理环境管理的指导意见》	消费者交售废旧家电并购买新家电，补贴上限 4000 元，2011 年 12 月 31 日截止	2009.7 实施
《废弃电器电子产品回收处理管理条例》	处理废旧电子产品的生产商资质认定；专项处理基金的设置；二手产品的资格认证；相关方责任明确	2011.1 实施
《废弃电器电子产品处理目录（第一批）》	电视机、电冰箱、洗衣机、房间空调器、微型计算机 5 种产品成为首批回收处理废旧电子产品目录	2011.1 实施
《废弃电器电子产品处理目录（2014 年版）》	此目录对 14 种电子电器废旧产品的范围及定义进行规定，这 14 种电器产品分别是电冰箱、空气调节器、吸油烟机、洗衣机、电热水器、燃气热水器、打印机、复印机、传真机、电视机、监视器、微型计算机、移动通信手持机及电话单机	2016.3 实施
《废弃电器电子产品规范拆解处理作业及生产管理指南》	此指南部分规定了处理企业发展废旧电器电子产品拆解处理活动应当具备的基本要求，提高废旧电器电子产品处理基金补贴企业规范生产作业和环境管理水平，保护环境，防治污染	2015.1 实施

由 2011 年 1 月开始实施的《废弃电器电子产品回收处理管理条例》第七条，国家建立废弃电器电子产品处理基金，用于废弃电器电子产品回收处理费用的补贴。电器电子产品生产者、进口电器电子产品的收货人或者其代理人应当按照规

定履行废弃电器电子产品处理基金的缴纳义务。第二十五条，县级以上地方人民政府环境保护主管部门应当通过书面核查和实地检查等方式，加强对废弃电器电子产品处理活动的监督检查。第三十条，处理废弃电器电子产品造成环境污染的，由县级以上人民政府环境保护主管部门按照固体废物污染环境防治的有关规定予以处罚。根据以上政策规范的说明，可以看出，国家已在使用给予供应链成员的补贴以及向制造商、回收商及零售商征收环境费用。而补贴则是广义的奖励措施，因此，本章的奖惩机制和税收-补贴机制是受这些政策启发的。

随着人们对环境和资源越来越重视，越来越多的人探讨废旧电子电器产品的回收再利用。目前研究最多的是通过设计政府奖惩机制鼓励制造商回收再制造，在其他方法上却是较少研究。Atasu 等[66]建立了政府、制造商及消费者三者之间的博弈模型，政府为引导制造商积极回收再制造废旧电器电子产品而给予制造商以一定量的补贴。运用政府对回收的废旧电器电子产品进行补贴的方式，探讨了有效的回收废旧电器电子产品的立法问题；在此基础上，Atasu[88]建立并比较了政府对制造商实施完全惩罚和设定目标回收率这两种机制，证明了从不同的利益相关者的视角对两种机制的选择不同；Lau 和 Wang[89]认为国内企业实施废旧电器电子产品回收处理的各个驱动因素之间是相互影响的，认为国家补贴政策是推动制造商积极回收的一种非常有效的途径。Mo 等[33]则是通过调研总结认为政府可以应用税收激励政策来引导企业提高对废旧产品的再利用。徐兵和杨金梅[90]利用博弈理论设计了两条分散式闭环供应链的竞争决策模型，即政府补贴下政府、制造商和零售商的三阶段博弈模型以及基于经济-环境效益最大化的回收模型，给出了实现经济-环境效益最大化的政府补贴策略。付小勇等[91]研究了废旧电器电子产品的拆解问题。当生产商采取生态设计时，政府对其进行激励，以便处理商进行拆解。这说明政府在处理商处理废旧电子产品的拆解方式中起到很大的作用。Savaskan 和 Wassenhove[92]应用博弈的方法研究了单一制造商和单一零售商组成的闭环供应链中回收渠道选择的问题，设计了三种回收渠道：制造商直接回收、委托零售商回收以及委托第三方回收，并研究了渠道成员在不同回收渠道下的最优决策，为再制造闭环供应链的研究提出了一个新的理论框架。Mitra 和 Webster[37]提出三个模型，即只补贴再制造商、只补贴制造商及同时给予制造商和再制造商补贴，探讨了政府对制造补贴对于制造商和再制造商的影响，得出了制造商和再制造商都有补贴能获得最优决策的结论。在逆向供应链方面，Savaskan 等[67]用博弈的方法研究了由一个制造商和一个零售商在再制造闭环供应链中如何决策以及制造商如何回收废旧产品的问题，他们提出三个方案：制造商直接回收、制造商委托零售商回收和制造商委托第三方回收，并对这三种方案进行比较，得出最优决策。后来，Subramonian 等[93]调查了原始设备供应商参与汽车生产，并为售后市场提供再制造零件的情况。这一过程包括原始设备供应商的设备服务和提供独立的售后市场。王文宾和达庆利[59]初步探讨了政府的奖惩机制对制造商回收再制造决策的影响。王文宾和达庆利[60]探讨了政府奖惩机制对制造商回收再制造决策的影响，提出四种情形：不回收再制造废旧产品情形下制造商的决策、无奖惩机制逆向供应链集中式决策、无奖惩机制逆向供应链分散式决策和奖惩机制下逆向供应链决策。王文宾和达庆利[70]运用博弈论构建了闭环供应链集中式决策模型以及基于回收量和回收率的政府奖惩机制下的决策模型，结果表明基于回收量和回收率的奖惩机制能有效提高废旧产品的回收率，并且能够起到降低新产品价格的作用。郭军华等[94]研究了 WTP 差异下再制造闭环供应链的定价策略与协调机制，分别研究了集中式决策和分散式决策两种情形下的最优批发价和零售价，结果表明，集中式决策优于分散式决策，因此设计收益共享契约来协调再制造闭环供应链。叶枫和戴均锁[95]运用博弈论与双层规划论研究比较了基于制造商拥有库存设施的决策模型和基于回收商拥有库存设施的决策模型。结果表明，在政府规制和政府补贴机制下，两个模型的优劣发生变化。

从《废弃电器电子产品处理基金征收使用管理办法》中可以抽象出税收-补贴机制作为一种机制引导制造商和回收商积极回收再制造。虽然以上文献对本章的研究起到了重要作用，但是有些文献只考虑了政府奖惩机制或者政府税收-补贴机制中的一个，很少有文献对这两者进行比较。

政府究竟应该实施哪种机制对制造商和回收商更有利，更能调动他们的积极性？为研究该问题，在上述文献的基础上，本章以逆向供应链为研究对象，以奖惩力度、目标回收率、单位环境税和单位补贴为主要参数，以回收再制造决策为着眼点，研究无政府介入逆向供应链决策情形、奖惩机制下逆向供应链决策情形和税收-补贴机制下逆向供应链情形下制造商和回收商的决策问题。探讨三种情形下逆向供应链的定价和回收率决策，并进行比较，得出最优的决策方法。

7.1　基本假设与变量定义

如图 7.1 所示，本章研究的逆向供应链由一个制造商、一个回收商和一个消费者构成，政府可以采取两种措施，其一是对制造商采取奖惩机制，其二是一方面对制造商征收环境税，另一方面对回收商实施补贴。政府在其中起到了激励或奖惩制造商或回收商的作用。回收商根据利益最大化原则决定从消费者那里回购的废旧产品的回收率为 τ，c 为回收商的单位回收成本。制造商以回收价格 w 从回收商那里回购废旧产品。制造商可以完全用原材料生产新产品，也可以使用回收产品的部分零部件生产，以此可以使资源循环利用，提高资源利用率。制造商生产出的新产品以价格 p 销售给消费者。政府可以根据实际情况对逆向供应链中的制造商或回收商采取一些措施来提高废旧产品的回收率，这些措施可以是针对制造商的奖惩机制，或者是针对回收商的税收-补贴机制。政府也可以不采取任何措施。逆向供应链回收废旧产品需要的固定投资包括回收网络的建设投资及广告费用等。假设 I 为制造商对废旧产品回收的固定投资，设 $I = b\tau^2$，其中 b 为制造商从消费者处回收废旧产品的难度系数。假设制造商用处理过的回收产品再制造为新产品的单位费用为 c_r，而用新零部件生产产品的单位费用为 c_m，且再制造产品和新制造产品同质[10]。记 $\Delta = c_m - c_r$ 表示再制造成本优势。新产品需求函数为 $D(p)$，设 $D(p) = \phi - p$[14, 19]。其中 $\phi > 0$ 表示基本的市场规模，且回收再制造对市场容量的影响忽略不计[19]。

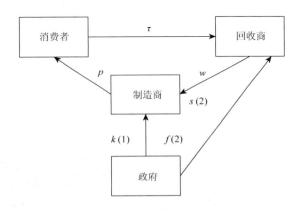

图 7.1　逆向供应链的结构示意图

p-产品零售价；τ-废旧产品回收率；w-制造商回购价格；k-奖惩力度；s-单位补贴；（1）-政府对制造商实施奖惩机制；（2）-政府对回收商实施补贴机制；f-单位环境税

7.2　逆向供应链的回收再制造决策模型

7.2.1　无政府介入情形下逆向供应链的决策模型

本章研究的前提假设是制造商愿意回收再制造废旧产品。因此，新产品包括制造商使用回收产品的零部件生产的部分新产品和用新材料生产的新产品。回收率为 τ 时，$(1-\tau)(\phi - p)(p - c_m)$ 表示用新的零部件制造的新产品利润，$\tau(\phi - p)(p - w - c_r)$ 为用回收的零部件生产的新产品的利润。此时制造商的决策为最大化其利润，即

$$\max_{p,\omega} \pi_m^* = (1-\tau)(\phi - p)(p - c_m) + \tau(\phi - p)(p - w - c_r)$$
$$= (\phi - p)[p - c_m + \tau(\Delta - w)] \tag{7.1}$$

回收商的决策为

$$\max_{\tau} \pi_r^* = \tau(\phi - p)(w - c) - b\tau^2 \tag{7.2}$$

由于制造商是 Stackelberg 博弈领导者，因此制造者优先决策，回收商根据制造商的决策结果而做决策。由逆向归纳法可得

$$w^* = \frac{\Delta + c}{2} \tag{7.3}$$

$$p^* = \frac{4b(\phi + c_{\mathrm{m}}) - \phi(\Delta - c)^2}{8b - (\Delta - c)^2} \tag{7.4}$$

$$\tau^* = \frac{(\Delta - c)(\phi - c_{\mathrm{m}})}{8b - (\Delta - c)^2} \tag{7.5}$$

$$\pi_{\mathrm{m}}^* = \frac{2b(\phi - c_{\mathrm{m}})^2}{8b - (\Delta - c)^2} \tag{7.6}$$

$$\pi_{\mathrm{r}}^* = \frac{b(\phi - c_{\mathrm{m}})^2 (\Delta - c)^2}{[8b - (\Delta - c)^2]^2} \tag{7.7}$$

7.2.2　奖惩机制下逆向供应链的决策模型

本章应用的奖惩机制是根据 2011 年 1 月开始实施的《废弃电器电子产品回收处理管理条例》第七条，国家建立废弃电器电子产品处理基金，用于废弃电器电子产品回收处理费用的补贴方式变化而来，补贴政策是纯粹的奖励机制，而本章的奖惩机制是将回收再制造的废旧电器电子产品部分认为是闭环供应链中成员应尽的义务，因此，导致政府对闭环供应链的其他成员实施奖惩机制。

本章研究的奖惩机制主要是为了确保制造商达到一定的回收率水平而设计。其旨在政府根据实际回收率与目标回收率的差额采取一定力度的奖惩措施。奖惩机制为该差额与单位奖惩力度的乘积。当制造商达到并超过目标回收率，则给予制造商奖励；反之，对制造商进行惩罚。设 τ_0 为政府规定的目标回收率，k 表示单位奖惩力度（为了公平起见，奖励和惩罚力度相同，力度不同的情况亦可作为扩展研究探讨）奖惩额度 $S(\tau)$ 是回收率的函数，$S(\tau) = k(\tau - \tau_0)$，$k > 0$。制造商的决策为

$$\begin{aligned}
\max_{p,w} \pi_{\mathrm{m}}^{**} &= (1 - \tau)(\phi - p)(p - c_{\mathrm{m}}) + \tau(\phi - p)(p - w - c_{\mathrm{r}}) + k(\tau - \tau_0) \\
&= (\phi - p)[p - c_{\mathrm{m}} + \tau(\Delta - w)] + k(\tau - \tau_0)
\end{aligned} \tag{7.8}$$

回收商的决策与式（7.2）相同。用同样的方法可得

$$w^{**} = \frac{2b(\Delta + c)(\phi - c_{\mathrm{m}}) + 4bk + ck(\Delta - c)}{4b(\phi - c_{\mathrm{m}}) + k(\Delta - c)} \tag{7.9}$$

$$p^{**} = \frac{4b(\phi + c_{\mathrm{m}}) - \phi(\Delta - c)^2 - k(\Delta - c)}{8b - (\Delta - c)^2} \tag{7.10}$$

$$\tau^{**} = \frac{(\Delta - c)(\phi - c_{\mathrm{m}}) + 2k}{8b - (\Delta - c)^2} \tag{7.11}$$

$$
\begin{aligned}
\pi_{\mathrm{m}}^{**} = {} & \frac{4b(\phi - c_{\mathrm{m}}) + k(\Delta - c)}{8b - (\Delta - c)^2} \\
& \times \left\{ \frac{[4b - (\Delta - c)^2](\phi - c_{\mathrm{m}}) - k(\Delta - c)}{8b - (\Delta - c)^2} \right. \\
& \left. + \frac{[(\Delta - c)(\phi - c_{\mathrm{m}}) + 2k][k(\Delta - c)^2 + 2b(\Delta - c)(\phi - c_{\mathrm{m}}) - 4bk]}{[8b - (\Delta - c)^2][4b(\phi - c_{\mathrm{m}}) + k(\Delta - c)]} \right\} \\
& + k\left[\frac{(\Delta - c)(\phi - c_m) + 2k}{8b - (\Delta - c)^2} - \tau_0 \right]
\end{aligned}
\tag{7.12}
$$

$$\pi_{\mathrm{r}}^{**} = \frac{b[(\phi - c_{\mathrm{m}})(\Delta - c) + 2k]^2}{[8b - (\Delta - c)^2]^2} \tag{7.13}$$

7.2.3　税收–补贴机制下逆向供应链的决策模型

本章应用的税收–补贴机制是由我国 2009 年出台的《家电以旧换新实施办法》中规定的对"以旧换新"的消费者和收购废旧电器电子产品的回收商给予补贴的方式,《中华人民共和国固体废物污染环境防治法》中规定的产品生产者、销售者、进口者、使用者对其生产的固体废物依法承担污染防治责任,《中华人民共和国环境保护法》中提出的污染控制、污染防治和污染付费的重要原则,以及由 2011 年 1 月开始实施的《废弃电器电子产品回收处理管理条例》第七条转化而来。补贴政策是纯粹的奖励机制,而本章的环境税则是由《废弃电器电子产品回收处理管理条例》第二十五条和第三十条转化而来,是制造商生产制造过程中的延伸责任的一种表现形式。

本章研究中,政府作用可分为对制造商进行奖惩和对回收商给予补贴两种。而税收–补贴机制是区别于奖惩机制的另一种激励机制。它一方面对制造商征收环境税,使制造商重视环境问题,提高环境保护意识。另一方面,对回收商采取补贴政策,从而确保在整个回收再制造过程中既能资源循环利用,又能改善环境。设 f 为政府规定的单位环境税($f > 0$),$f(\phi - p)$ 是政府征收的环境税;s 为政府规定的单位补贴($s > 0$),$s\tau(\phi - p)$ 是在回收率为 τ 时,政府给予回收商的补贴。此时制造商的决策为

$$
\begin{aligned}
\max_{p,w} \pi_{\mathrm{m}}^{***} &= (\phi - p)[p - c_{\mathrm{m}} + \tau(\Delta - w)] - f(\phi - p) \\
&= (\phi - p)[p - c_{\mathrm{m}} - f + \tau(\Delta - w)]
\end{aligned}
\tag{7.14}
$$

回收商根据制造商决策后进行决策,其决策为

$$\max_{p,w} \pi_r^{***} = \tau(\phi - p)(w - c) - b\tau^2 + s\tau(\phi - p)$$

$$= \tau(\phi - p)(w - c + s) - b\tau^2 \qquad (7.15)$$

与上两种解法相同，可得

$$w^{***} = \frac{\Delta + c - s}{2} \qquad (7.16)$$

$$p^{***} = \frac{4b(\phi + f + c_m) - \phi(\Delta + s - c)^2}{8b - (\Delta + s - c)^2} \qquad (7.17)$$

$$\tau^{***} = \frac{(\Delta + s - c)(\phi - c_m - f)}{8b - (\Delta + s - c)^2} \qquad (7.18)$$

$$\pi_m^{***} = \frac{2b(\phi - c_m - f)^2}{8b - (\Delta + s - c)^2} \qquad (7.19)$$

$$\pi_r^{***} = \frac{b(\phi - c_m - f)^2(\Delta + s - c)^2}{[8b - (\Delta + s - c)^2]^2} \qquad (7.20)$$

7.3 三种情形下逆向供应链回收再制造决策的比较

由式（7.6）知，只有利润为正才符合现实情况，因此可得 $8b - (\Delta - c)^2 > 0$。要使所求的解都有意义，必须满足 $0 \leqslant \tau^* \leqslant 1$，$0 \leqslant \tau^{**} \leqslant 1$，$0 \leqslant \tau^{***} \leqslant 1$，即

$$(\Delta - c)(\phi - c_m) \leqslant 8b - (\Delta - c)^2 \qquad (7.21)$$

$$0 < k \leqslant [8b - (\Delta - c)^2 - (\phi - c_m)(\Delta - c)] / 2 \qquad (7.22)$$

$$|(\Delta + s - c) - (\phi - c_m - f) / 2| \leqslant \sqrt{8b + (\phi - c_m - f)^2 / 4} \qquad (7.23)$$

命题 7.1 （1）$p^* > p^{**}$；（2）当 $|\Delta - c + s| \leqslant \sqrt{[4bf + k(\Delta - c) + \phi(\Delta - c)^2] / \phi}$ 时，$p^{***} > p^{**}$；（3）当 $|\Delta - c + s| \leqslant \sqrt{4bf / \phi + (\Delta - c)^2}$ 时，$p^{***} > p^*$。

证明 由 $p^* - p^{**} = \dfrac{k(\Delta - c)}{8b - (\Delta - c)^2}$ 知，（1）式成立；当 s 满足

$|\Delta - c + s| \leqslant \sqrt{[4bf + k(\Delta - c) + \phi(\Delta - c)^2] / \phi}$ 时，

$$p^{***} / p^{**} = \frac{8b - (\Delta - c)^2}{8b - (\Delta - c + s)^2} \frac{4b(\phi + c_m + f) - \phi(\Delta - c + s)^2}{4b(\phi + c_m) - \phi(\Delta - c)^2 - k(\Delta - c)} > 1，\text{ 知（2）式成立;}$$

当 s 满足 $|\Delta - c + s| \leqslant \sqrt{4bf / \phi + (\Delta - c)^2}$ 时，

$$p^{***} / p^* = \frac{8b - (\Delta - c)^2}{8b - (\Delta - c + s)^2} \frac{4b(\phi + c_m + f) - \phi(\Delta - c + s)^2}{4b(\phi + c_m) - \phi(\Delta - c)^2} > 1，\text{ 知（3）式成立}。$$

命题 7.1 中（1）式说明新产品的价格关系与奖惩力度有关；当奖惩力度大于临界值，再制造成本优势大于回收商回收成本时，奖惩机制下新产品的销售价格

低于无政府介入情形的价格，反之高于无政府介入情形的价格。这是由于当再制造具有成本优势时，制造成本下降，制造商以较低的价格销售一样可以获利，此外，还可以提高销售量，所以售价会低于无政府介入情形；（2）式、（3）式说明当补贴在一定范围内时，税收-补贴机制的销售价格高于无政府介入情形及奖惩机制下的销售价格。（2）式、（3）式成立是由于政府给予回收商补贴，则回收商可以以较高的价格回收废旧产品，可以弥补制造商提高售价给消费者带来的损失。

命题 7.2　（1）$\tau^{**} > \tau^{*}$；（2）①当 $\phi - c_m - f > 0$ 时，$s \geqslant \dfrac{f(\Delta - c)}{\phi - c_m - f}$；②当 $\phi - c_m - f < 0$，$s \leqslant \dfrac{f(\Delta - c)}{\phi - c_m - f}$ 时，$\tau^{***} > \tau^{*}$；（3）当 $0 < k < s(\phi - c_m - f) - f(\Delta - c)/2$ 时，$\tau^{***} > \tau^{**}$。

证明　由 τ^{*}、τ^{**} 的表达式经过代数运算即可知 $\tau^{**} > \tau^{*}$。当 s 满足（2）式的条件时，可得 $\tau^{***}/\tau^{*} = \dfrac{8b - (\Delta - c)^2}{8b - (\Delta - c + s)^2} \dfrac{(\phi - c_m - f)(\Delta - c + s)}{(\phi - c_m)(\Delta - c)} > 1$，知（2）式成立；当 k 满足（3）式的条件时，可得 $\tau^{***}/\tau^{**} = \dfrac{8b - (\Delta - c)^2}{8b - (\Delta - c + s)^2} \dfrac{(\phi - c_m - f)(\Delta - c + s)}{(\phi - c_m)(\Delta - c) + 2k} > 1$，可知（3）式成立。

命题 7.2 中（1）式说明奖惩机制下逆向供应链的回收率大于无政府介入情形下的回收率，这是由于政府实施奖惩机制对制造商有激励作用，相比无政府介入情形，政府介入的情形会促使制造商自愿去回收再制造；（2）式和（3）式说明在一定条件下，税收-补贴机制的回收率大于无政府介入情形和奖惩机制下的回收率。当补贴达到一定水平时，回收商利润提高，就可以更加激励制造商努力回收废旧产品，此时，税收-补贴机制的回收率会高于其他两种机制。

命题 7.3　（1）当 $k(\Delta - c) + 4b(\phi - c_m) > 0$ 时，$w^{**} > w^{*}$；（2）$w^{*} > w^{***}$。

证明　经过简单的代数运算可知（1）式成立；由 $w^{*} - w^{***} = s/2 > 0$ 可知，（2）式成立。

命题 7.3 中（1）式说明奖惩机制下废旧产品回购价格提高。这表明政府对于制造商的奖惩机制能有效引导废旧产品回购价格的提高。这是由于政府的介入，制造商为达到政府的目标回收率，不得不提高回购价来激励回收商回收废旧电器电子产品以达到政府规定的回收率；（2）式说明税收-补贴机制下产品回购价格低于无政府介入情形下的废旧产品回购价格；这表明税收-补贴机制不利于回购价格的提高，进而降低回收商的回收热情。当制造商再制造不具有成本优势时，制造商会适当降低回购价来保持利润，这就会导致税收-补贴机制的回购价低于无政府介入情形的回购价。

命题 7.4　（1）$\pi_r^{**} > \pi_r^{*}$；（2）当 $s(\phi - c_m) \geqslant f(\Delta - c + s)$ 时，$\pi_r^{***} < \pi_r^{*}$。

证明　由 $\pi_r^{**} - \pi_r^* > 0$，知（1）式成立；在 $s(\phi - c_m) \geqslant f(\Delta - c + s)$ 的条件下，$\pi_r^{***}/\pi_r^* < 1$，可知（2）式成立。

命题 7.4 表明奖惩机制下回收商的利润大于无政府介入情形下的回收商利润，奖惩机制下回收商的积极性提高；当环境税和补贴满足一定条件时，税收-补贴机制下的回收商利润低于无政府介入情形下的回收商利润，在这种情况下，税收-补贴机制不利于回收商的积极性提高。出现这种情况是因为政府给予补贴的力度无法弥补回收商提高回购价格所失去的利润或者是由于制造商的回购价比较低也会导致回收商的利润下降。此外，有无奖惩/税收-补贴机制下制造商的利润表达式比较复杂，将在下一节算例分析中讨论。

7.4　算例分析

本节通过算例比较分析不同再制造成本优势和奖惩力度情形下制造商的回收率与利润情况。基于对国内家电企业的调查数据和现实实践情况，假设某家电制造商的相关参数为：$c_m = 80$，$\Delta = 25$，$b = 230$，$\phi = 100$，$f = 10$，$s = 12$，$k = 300$，$\tau_0 = 0.5$，$c = 10$。回收率随再制造成本优势、奖惩力度和单位补贴的变化情况如图 7.2～图 7.4 所示；制造商和回收商的利润随再制造成本优势的变化情况如图 7.5 和图 7.6 所示；实施奖惩机制的制造商的回购价格随再制造成本优势和奖惩力度的变化情况如图 7.7 所示；实施税收-补贴机制的制造商的回购价格随再制造成本优势和单位补贴的变化情况如图 7.8 所示。

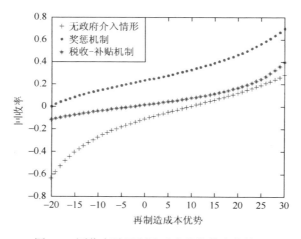

图 7.2　回收率随再制造成本优势的变化情况

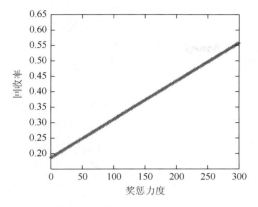

图 7.3　回收率随奖惩力度的变化情况

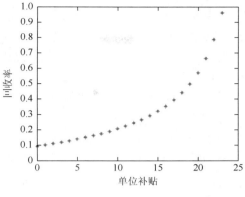

图 7.4　回收率随单位补贴的变化情况

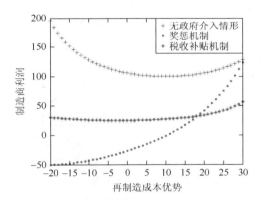

图 7.5　制造商利润随再制造成本
优势的变化情况

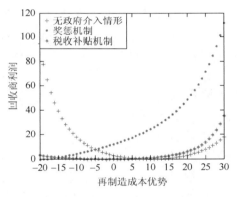

图 7.6　回收商利润随再制造成本优势
的变化情况

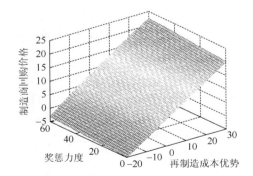

图 7.7　实施奖惩机制的制造商的回购价格随
再制造成本优势和奖惩力度的变化情况

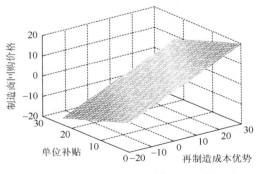

图 7.8　实施税收-补贴机制的制造商的回购价
格随再制造成本优势和单位补贴的变化情况

由图 7.2 可知，三种情形下，回收率随再制造成本优势的增加而提高。当再制造成本优势相同时，奖惩机制的回收率高于税收-补贴机制的回收率，无政府介入情形的回收率最低。因此，实施奖惩机制比实施税收-补贴机制更能鼓励制造商回收再制造废旧产品。

由图 7.3 可知，奖惩机制下，回收再制造的制造商回收率随奖惩力度的增加而提高；由图 7.4 可知，税收-补贴机制下，回收再制造的制造商回收率随单位补贴的增加而提高。由此可以得出，实施奖惩机制或者税收-补贴机制都能对鼓励制造商回收再制造废旧产品起到积极作用。

由图 7.5 可知，当再制造成本优势大于零时，随着再制造成本优势的不断增加，制造商的利润不断增加。其中，奖惩机制随再制造成本优势的变化增加幅度最大。而且，当再制造成本优势较小时（$\Delta = 25$），实施奖惩机制和税收-补贴机制时制造商的利润都低于无政府介入情形的利润。图 7.6 说明当再制造成本具有优势时，实施奖惩机制的回收商的利润大于实施税收-补贴机制的回收商的利润，无政府介入情形的回收商利润最低，可见，实施奖惩机制对回收商有益。

由图 7.7 可知，实施奖惩机制的制造商的回购价格随奖惩力度的增加而提高；随再制造成本优势的增加而提高，且变化幅度比税收-补贴机制的变化幅度小。当再制造成本优势一定时，奖惩力度越大，制造商的回购价格越高，这说明奖惩机制对消费者有利。图 7.8 表明，实施税收-补贴机制的制造商的回购价格随着再制造成本优势的增加，制造商的回购价格提高；随着单位补贴的增加，制造商的回购价格下降。当再制造成本优势一定时，单位补贴越大，制造商的回购价格越低，对消费者越不利。这两图说明实施奖惩机制对消费者有利。

7.5　结　　语

本章通过设计对电子类产品制造商回收再制造的决策问题，提出了三种情形下的最优决策模型即无政府介入情形下回收再制造决策模型、奖惩机制下回收再制造决策模型和税收-补贴机制下回收再制造决策模型。通过比较分析，发现实施奖惩机制比实施税收-补贴机制和无政府介入情形都更有效。具体研究结论包括：

（1）新产品的价格关系与奖惩力度有关，而且当补贴在一定范围内时，税收-补贴机制的销售价格高于无政府介入情形以及奖惩机制下的销售价格。

（2）随再制造成本优势不断增加，三种机制下的回收率都会有所提高，但实施奖惩机制更有利于回收率的提高，且回收率会随着奖惩力度和单位补贴的增加而提高。

（3）当再制造成本优势达到一定值时，随着再制造成本优势的增加，制造商和回收商的利润都会增加，奖惩机制下的制造商和回收商的利润优于另外两种情形。可见，奖惩机制更能鼓励制造商和回收商回收再制造废旧电子产品。

（4）制造商回收价格随着再制造成本优势和奖惩力度的增加而提高，随着再制造成本优势和单位补贴的增加而降低，可见奖惩机制对消费者有利。通过比较可知，奖惩机制对鼓励制造商、回收商和消费者更有效，无政府介入情形效果最差。

本研究可以在以下两个方面进行拓展：

（1）信息不对称情形下机制的适应性；

（2）再制造产品和新制造产品差异定价的条件下机制的适用性等。

第8章 考虑政府决策目标的闭环供应链奖惩机制与补贴机制研究

本章的主要工作如下：考虑政府的决策目标即全社会福利的最大化，研究闭环供应链的政府奖惩机制与补贴机制，并进行比较。分别建立无政府引导下闭环供应链的两个基准模型、政府奖惩制造商以及政府补贴回收商的闭环供应链模型，证明政府引导闭环供应链的必要性。研究表明：对制造商的奖惩机制和对回收商的补贴机制均能提高废旧产品的回收率；奖惩制造商能够降低新产品价格，提高闭环供应链的成员企业利润，提高社会福利；随着消费者环保意识的提高，奖惩制造商比补贴回收商更有利于提高回购价和回收率；补贴回收商情形下零售商和回收商利润提高，但制造商利润降低，甚至亏损，故不利于提高制造商的积极性；对制造商的奖惩机制比对回收商的补贴机制更能有效引导闭环供应链回收再制造废旧产品。

8.1 引 言

国务院颁布的《废弃电器电子产品回收处理管理条例》（以下简称《条例》）从 2011 年 1 月 1 日开始正式实施[61]。为了贯彻落实《条例》，财政部制定了配套管理办法——《废弃电器电子产品处理基金征收使用管理办法》征求意见稿。可见，WEEE 的回收利用问题已引起中央政府的高度重视①。其他国家和地区也很重视，如加拿大、日本、中国台湾和欧盟均以 EPR 原则对 WEEE 回收进行了立法，立法的首要目标是提高回收率，同时减少 WEEE 的环境影响。例如，早在 2005 年，欧盟公布《报废电子电气设备指令》和《关于在电子电气设备中限制使用某些有害物质指令》，明确规定了 WEEE 的回收率。这一举措对我国近几年电器电子产品的出口生产商产生了巨大影响。

近年来国内外有一些文献致力于逆向物流与闭环供应链的研究。达庆利等[71]论述了逆向物流系统结构研究的现状并展望了未来的研究方向。Savaskan 等[67]分

---

① 据中国政府网的消息，国务院总理温家宝 2011 年 9 月主持召开国务院常务会议指出：建立废旧商品回收体系已刻不容缓，要加强废弃电器电子产品等重点废旧商品的回收工作；培育大型废旧商品回收企业，促进废旧商品回收、分拣和处理的发展。

析了逆向供应链的结构选择问题；朱庆华和窦一杰[96]建立了绿色供应链管理中考虑产品绿色度和政府补贴分析的三阶段博弈模型。Hong 和 Ke[97]建立了政府与制造商、进口商、销售商群体及回收商的博弈模型，研究了预付费机制下政府对废旧电子产品回收再利用的补贴问题。Li 等[98]以 EPR 下企业回收外包现象为背景，建立了回收商与制造商在信息不对称的情况下的博弈模型，通过对比高效率的回收商与低效率的回收商，对回收业务外包契约进行了优化设计。王玉燕[99]将市场需求和成本作为闭环供应链突发事件的扰动因素，根据不同的扰动因素，设计了相应的生产调整策略及新的数量折扣契约。在由一个制造商和一个第三方回收商组成的两级再制造供应链系统中，程晋石等[100]对再制造背景下第三方回收商通过回收补贴中的转移因子来实现回收责任的转移问题进行了研究。Giovanni 和 Zaccour[101]建立了一个两周期的闭环供应链模型，在制造商选择零售商回收还是第三方回收的问题上进行了分析研究。王凯等[102]讨论了再制造商与制造商合作模式下的再制造产品定价决策问题。Shi 等[103]假设新制造产品和再制造产品相同，在同一市场以相同价格销售，假设回收量是内生变量且仅取决于回购价，建立了闭环供应链的生产定价联合决策模型，通过算例仿真发现当市场容量较小时，制造商的最优策略是选择完全再制造，而当市场容量较大时，既要再制造又要用新材料制造的混合策略最优。Winkler[104]认为：企业建立闭环供应链可以避免浪费、能源消费等环境影响，可持续供应链网络的方法能够改善经济和环境双重绩效。Chen 和 Chang[105]研究了闭环供应链的竞争和合作模型，指出制造商也许会让第三方回收再制造、再销售其废旧产品。Tan[106]建立了包含制造商、零售商和第三方回收商的闭环供应链的定价决策模型，并分析了闭环供应链的影响因素，指出闭环供应链的优点是零售价低、废旧产品价格高，闭环供应链总利润大。熊中楷等[87]考虑了受专利保护的原制造商许可第三方再制造的闭环供应链，构建了集中和分散决策的模型。

　　政府也是闭环供应链的利益相关者之一。Özdemir 等[107]认为制造商应该主动为其废旧产品回收负责，但当前的 EPR 原则实施的有效性有争议，通过建模研究了多个参数对制造商最优决策的影响，得到废旧产品再制造能激励制造商回收较多废旧产品，但制造商不愿意对废旧产品回收进行初始投资可能导致法律实施效果差。王文宾和达庆利[60]以回收价为决策变量探讨了政府针对制造商和回收商的逆向供应链奖励与奖惩机制，发现政府给予制造商比给予回收商奖惩机制更能调动制造商和回收商的积极性。

　　王文宾和达庆利[60]进一步以回收率为决策变量探讨了政府奖惩机制对逆向供应链决策的影响。聂佳佳等[78]讨论了零售商负责回收情况下政府针对零售商的奖惩机制对逆向供应链的影响。王文宾和达庆利[57]比较了基于回收率和基于回收量的奖惩机制的异同，得到基于回收率的奖惩机制更有效的结论。

　　以上文献为本章的研究提供了重要借鉴。尽管补贴回收商是《条例》的重要指导思想之一，然而政府奖惩机制的许多优点已在王文宾等的前期研究中得到了验证[54-60]。那么政府对回收商的补贴机制与对制造商的奖惩机制分别是否有效，对闭环供应链的主要决策变量有何影响，这两种机制哪种更适合政府引导闭环供应链成员企业回收再制造 WEEE？这是本章将要研究的主要问题。从研究视角来看，本章与文献[54]～[60]的另一个关键不同之处是将政府作为一个博弈方，考虑了政府的全社会福利最大化的决策目标，这一方面加深了以往的研究，另一方面加大了研究难度；在衡量机制的有效性时，不再以回收率大小为唯一指标，更注重全社会福利最大化，该目标包含环境效益和消费者的利益等。

　　基于以上思考，本章探讨由制造商、零售商、回收商和消费者构成的闭环供应链，以回收率、奖惩力度、批发价、零售价及回购价为主要决策变量，建立四个模型探讨无政府引导机制下闭环供应链集中式决策及分散式决策、奖惩制造商及补贴回收商的闭环供应链模型。通过对模型的求解和对求解结果的比较，分析管理启示，比较奖惩机制与补贴机制对全社会福利、回收率、回购价、批发价、零售价的影响，探讨两种机制的优劣，以期为政府规制 WEEE 回收再制造提供理论依据。

8.2　模　型　框　架

8.2.1　模型描述

　　政府引导机制下闭环供应链的一般结构如图 8.1 所示。制造商、零售商、回收商和消费者构成闭环供应链，政府可以对制造商提供奖惩机制，或者给予回收商补贴机制。假设制造商生产一种电器电子产品，优先使用 WEEE 生产，当 WEEE 的数量不足时用新材料生产。大型第三方回收商不仅回收 WEEE，还承担拆解、分拣等处理工作。政府的责任是引导闭环供应链成员（包括各类企业和消费者）积极回收再制造 WEEE。根据 EPR 原则，制造商是 WEEE 的主要责任者，零售商、回收商、消费者是闭环供应链重要的参与者。奖惩机制是政府针对制造商的，政府规定目标回收率，若闭环供应链的实际回收率低于目标回收率，制造商受到政府的经济惩罚，反之得到政府的经济奖励。补贴机制是政府为了引导大型回收商回收 WEEE 提供给回收商的。为表达方便，不妨将政府奖惩制造商的机制简称为奖惩机制，政府补贴回收商的机制简称为补贴机制。

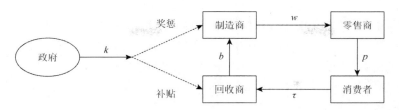

图 8.1　政府引导机制下闭环供应链的一般结构

8.2.2　符号说明

c_n：制造商采用新材料生产新产品的单位成本；

c_r：制造商使用 WEEE 生产新产品的单位成本；

p：新产品的零售价；

w：新产品的批发价；

b：制造商支付给回收商的单位 WEEE 回购价；

τ：回收的 WEEE 占新产品市场需求的比例，简称回收率，$\tau \in [0,1]$；

τ_0：政府规定的最低回收率（目标回收率），当 $\tau > \tau_0$ 时，政府将给予制造商奖励，当 $\tau < \tau_0$ 时，政府将处罚制造商；

k：政府对制造商和回收商单位回收率的奖惩或补贴力度；

α：政府为实施奖惩机制而投入的固定成本系数；

β：环境效益系数，表示回收的单位 WEEE 带来的环境效益；

c：回收商的单位回收成本；

$D(p)$：$D(p) = \phi - p$，新产品的需求函数，其中 ϕ 为市场潜在需求；

c_z：新产品的单位成本，由于新产品包含新制造产品和再制造产品，故 $c_z = \tau c_r + (1-\tau)c_n = c_n - \tau(c_n - c_r) = c_n - \Delta\tau$。

8.2.3　基本假设

（1）制造商生产新产品的单位成本大于使用 WEEE 进行再制造的单位成本，即 $c_n > c_r$，这表示制造商进行再制造可以节约成本，不妨设 $\Delta = c_n - c_r$。

（2）τ 与回收再制造投资相关，设投资成本 $I = m\tau^2$，m 为回收 WEEE 的难度系数。回收投资成本为回收率的凸函数，这表明随着回收率的增加，回收投资成本急剧增加。

（3）制造商优先利用回收的 WEEE 进行生产，不够的部分用新材料生产新产品。这个假设是合理的，因为政府的引导机制引入后，理性的制造商需要考虑政府的有关规定。

（4）回收的全部 WEEE 可以用作再制造新产品的原材料或零部件。这样假设避免了烦琐的数学计算，如果 WEEE 的部分可用于再制造，则需要引入再制造率参数，而该参数是否引入不影响本章的主要研究结论。

（5）再制造产品和新制造产品质量相同，消费者不区分它们。除了特别研究两种产品市场细分的文献，一般文献均做该假设[11]。

（6）由于每一阶段的决策相似，本章中的模型只讨论单期的情况[11]。

8.3　无政府引导下闭环供应链的决策（基准情形）

根据 8.2 节的图 8.1、符号说明及基本假设，可得无政府奖惩机制或补贴机制下制造商、零售商和回收商的利润函数。制造商的利润 π_m 为

$$\pi_m = (w - c_z)(\phi - p) - b\tau(\phi - p) = (w - c_n + \Delta\tau)(\phi - p) - b\tau(\phi - p)$$
$$= [w - c_n + (\Delta - b)\tau](\phi - p) \tag{8.1}$$

零售商的利润 π_r 为

$$\pi_r = (p - w)(\phi - p) \tag{8.2}$$

回收商的利润 π_c 为

$$\pi_c = (b - c)(\phi - p)\tau - m\tau^2 / 2 \tag{8.3}$$

消费者剩余 C_s 为

$$C_s = (\phi - p)^2 / 2 \tag{8.4}$$

此外，由于 WEEE 的回收再制造减轻了环境污染，带来了环境效益，不妨用 E 表示回收 WEEE 带来的环境效益，环境效益与回收量成正比，即

$$E = \beta\tau(\phi - p) \tag{8.5}$$

全社会福利即制造商、零售商、回收商的利润，消费者剩余及环境效益之和。根据式（8.1）～式（8.5），社会福利 π_g 为

$$\pi_g = \frac{[\phi + p - 2c_n + 2(\Delta - c + \beta)\tau](\phi - p) - m\tau^2}{2} \tag{8.6}$$

8.3.1　集中式决策（基准情形 1）

该情形下闭环供应链是一个理想化的"超组织"，根据式（8.1）～式（8.3），其利润最大化目标函数为

$$\max_{p,\tau} \ \pi = \pi_m + \pi_r + \pi_c = [p - c_n + (\Delta - c)\tau](\phi - p) - m\tau^2 / 2 \tag{8.7}$$

由黑塞矩阵负定与函数为凹函数的等价关系易证得 $2m - (\Delta - c)^2 > 0$ 成立，求一阶条件可得

$$p^{\mathrm{I}} = \frac{m(\phi + c_{\mathrm{n}}) - \phi(\varDelta - c)^2}{2m - (\varDelta - c)^2} \tag{8.8}$$

$$\tau^{\mathrm{I}} = \frac{(\phi - c_{\mathrm{n}})(\varDelta - c)}{2m - (\varDelta - c)^2} \tag{8.9}$$

将式（8.8）和式（8.9）代入式（8.4）、式（8.5）和式（8.7）得

$$\pi^{\mathrm{I}} = \frac{m(\phi - c_{\mathrm{n}})^2}{2[2m - (\varDelta - c)^2]} \tag{8.10}$$

$$\pi_{\mathrm{g}}^{\mathrm{I}} = \pi^{\mathrm{I}} + C_{\mathrm{s}}^{\mathrm{I}} + E^{\mathrm{I}} = \frac{m(\phi - c_{\mathrm{n}})^2[3m + 2\beta(\varDelta - c) - (\varDelta - c)^2]}{2[2m - (\varDelta - c)^2]^2} \tag{8.11}$$

8.3.2　分散式决策（基准情形 2）

该情形下制造商、零售商和回收商的利润如式（8.1）～式（8.3）所示。无政府引导情况下，假设制造商是 Stackelberg 博弈领导者，故决策顺序为制造商先决策，回收商和零售商根据制造商的决策结果单独决策。分别由逆向归纳法可得

$$b^0 = \frac{\varDelta + c}{2} \tag{8.12}$$

$$w^0 = \frac{4m(\phi + c_{\mathrm{m}}) - \phi(\varDelta - c)^2}{8m - (\varDelta - c)^2} \tag{8.13}$$

$$p^0 = \phi - \frac{2m(\phi - c_{\mathrm{n}})}{8m - (\varDelta - c)^2} \tag{8.14}$$

$$\tau^0 = \frac{(\phi - c_{\mathrm{n}})(\varDelta - c)}{8m - (\varDelta - c)^2} \tag{8.15}$$

将式（8.12）～式（8.15）代入式（8.1）～式（8.6）得到政府的利益（社会福利）为

$$\pi_{\mathrm{g}}^0 = \pi_{\mathrm{m}}^0 + \pi_{\mathrm{r}}^0 + \pi_{\mathrm{c}}^0 + C_{\mathrm{s}}^0 + E^0 = \frac{m(\phi - c_{\mathrm{n}})^2[28m + 4\beta(\varDelta - c) - (\varDelta - c)^2]}{2[8m - (\varDelta - c)^2]^2} \tag{8.16}$$

8.4　政府奖惩制造商情形的闭环供应链模型（奖惩机制）

该情形下政府是 Stackelberg 博弈领导者，制造商是除了政府以外闭环供应链的下一级领导者。决策顺序为"政府→制造商→零售商和回收商"。政府奖惩制造商是基于 EPR 原则的思想提出的，根据 EPR 原则，制造商是 WEEE 的责任者，奖惩机制针对制造商合乎情理。奖惩机制的设计思路与文献[20]和[83]相同，是政府为了确保闭环供应链的回收率达到目标回收率而设计。设 τ_0 为政府规定的目标

回收率，$k(k>0)$ 为奖惩力度。奖惩机制旨在奖励超过目标回收率的制造商，惩罚未达到目标回收率的制造商。$k(\tau-\tau_0)+\alpha k^2$：奖惩机制的成本，前面一项为可变成本，后面一项为固定成本，α 为政府为实施奖惩机制的固定投入成本系数。因此，政府奖惩机制下制造商、零售商、回收商及政府的目标函数分别为

$$\max_{w,b}\ \pi_m=(\phi-p)(w-c_n+\tau\Delta-\tau b)+k(\tau-\tau_0) \tag{8.17}$$

$$\max_{p}\ \pi_r=(p-w)(\phi-p) \tag{8.18}$$

$$\max_{\tau}\ \pi_c=\tau(\phi-p)(b-c)-m\tau^2/2 \tag{8.19}$$

$$\max_{k}\ \pi_g=\pi_m+\pi_r+\pi_c+C_s+E-k(\tau-\tau_0)-\alpha k^2$$
$$=(\phi-p)(p-c_n+\tau\Delta-\tau c+\tau\beta)-m\tau^2/2-(\phi-p)^2/2-\alpha k^2 \tag{8.20}$$

由 $\partial\pi_r/\partial p=0$，$\partial\pi_c/\partial\tau=0$ 得 $p=\dfrac{\phi+w}{2}$，$\tau=\dfrac{(b-c)(\phi-p)}{m}$，将其代入 π_m 由 $\partial\pi_m/\partial w=0$，$\partial\pi_m/\partial b=0$ 得

$$b=\frac{m(\phi-c_n)(\Delta+c)+4mk+c(\Delta-c)k}{2m(\phi-c_n)+(\Delta-c)k},\quad w=\frac{4m(\phi+c_n)-\phi(\Delta-c)^2-2(\Delta-c)k}{8m-(\Delta-c)^2}。$$

将 b、w 分别代入 p、τ 的表达式得 $p=\dfrac{2m(3\phi+c_n)-\phi(\Delta-c)^2-(\Delta-c)k}{8m-(\Delta-c)^2}$，

$\tau=\dfrac{(\phi+c_n)(\Delta-c)+4k}{8m-(\Delta-c)^2}$。将 p、τ 代入政府目标函数并对 k 求一阶导数得

$$k^*=\frac{(\phi-c_n)\{14m(\Delta-c)+\beta[8m+(\Delta-c)^2]\}}{2\alpha[8m-(\Delta-c)^2]^2-5(\Delta-c)^2-8\beta(\Delta-c)-16m} \tag{8.21}$$

将 k^* 代入上述其他决策变量中，依次可得

$$\tau^*=\frac{\phi-c_n}{8m-(\Delta-c)^2}\frac{40m(\Delta-c)+4\beta[8m-(\Delta-c)^2]-5(\Delta-c)^3+2\alpha[8m-(\Delta-c)^2]^2(\Delta-c)}{2\alpha[8m-(\Delta-c)^2]^2-5(\Delta-c)^2-8\beta(\Delta-c)-16m} \tag{8.22}$$

$$p^*=\frac{2m(3\phi+c_n)-\phi(\Delta-c)^2}{8m-(\Delta-c)^2}-\frac{(\phi-c_n)(\Delta-c)\{14m(\Delta-c)+\beta[8m+(\Delta-c)^2]\}}{2\alpha[8m-(\Delta-c)^2]^3} \tag{8.23}$$

$$w^*=\frac{4m(\phi+c_n)-\phi(\Delta-c)^2}{8m-(\Delta-c)^2}-\frac{2(\phi-c_n)(\Delta-c)\{14m(\Delta-c)+\beta[8m+(\Delta-c)^2]\}}{[8m-(\Delta-c)^2]\{2\alpha[8m-(\Delta-c)^2]^2-5(\Delta-c)^2-8\beta(\Delta-c)-16m\}} \tag{8.24}$$

$$b^*=\frac{56m^2(\Delta-c)+4m\beta[8m-(\Delta-c)(\Delta+3c)]+m(9c-5\Delta)(\Delta-c)^2}{2m\{2\alpha[8m-(\Delta-c)^2]^2-8\beta(\Delta-c)-16m\}+4m(\Delta-c)^2+\beta(\Delta-c)[8m+(\Delta-c)^2]}$$
$$+\frac{\beta c(\Delta-c)[8m+(\Delta-c)^2]+2m\alpha(\Delta+c)[8m-(\Delta-c)^2]^2-16m^2(\Delta+c)}{2m\{2\alpha[8m-(\Delta-c)^2]^2-8\beta(\Delta-c)-16m\}+4m(\Delta-c)^2+\beta(\Delta-c)[8m+(\Delta-c)^2]} \tag{8.25}$$

8.5　政府补贴回收商情形的闭环供应链模型（补贴机制）

与 8.4 节相似，该情形下政府是闭环供应链的 Stackelberg 博弈领导者，制造商是除了政府以外的下一级领导者。决策顺序仍为"政府→制造商→零售商和回收商"。本节研究的补贴回收商的机制是政府基于实际回收率对回收商进行的补贴，思路是政府根据实际回收率的多少对回收商给予单位力度为 k 的补贴。$k\tau + \alpha k^2$：补贴机制的成本，前面一项为可变成本，后面一项为固定成本，α 为政府为实施补贴机制的固定投入成本系数。所以，政府补贴机制下制造商、零售商、回收商及政府的目标函数分别为

$$\max_{w,b} \pi_{\mathrm{m}} = (\phi - p)(w - c_{\mathrm{n}} + \tau\Delta - \tau b) \tag{8.26}$$

$$\max_{p} \pi_{\mathrm{r}} = (p - w)(\phi - p) \tag{8.27}$$

$$\max_{\tau} \pi_{\mathrm{c}} = \tau(\phi - p)(b - c) - m\tau^2/2 + k\tau \tag{8.28}$$

$$\max_{k} \pi_{\mathrm{g}} = \pi_{\mathrm{m}} + \pi_{\mathrm{r}} + \pi_{\mathrm{c}} + C_{\mathrm{s}} + E - k\tau - \alpha k^2$$
$$= (\phi - p)(p - c_{\mathrm{n}} + \tau\Delta - \tau c + \tau\beta) - m\tau^2/2 - (\phi - p)^2/2 - \alpha k^2 \tag{8.29}$$

根据逆向归纳法，求解顺序与 8.3 节相同，可以得到主要决策变量的解如下：

$$k^{**} = \frac{m(\phi - c_{\mathrm{n}})}{\Delta - c} \frac{6m - 2(\Delta - c)^2 + \beta(\Delta - c)}{3m + 3(\Delta - c)^2 + 2\beta(\Delta - c) + 8m\alpha(\Delta - c)^2} \tag{8.30}$$

$$\tau^{**} = \frac{\phi - c_{\mathrm{n}}}{2(\Delta - c)} \frac{9m + (\Delta - c)^2 + 3\beta(\Delta - c) + 8m\alpha(\Delta - c)^2}{3m + 3(\Delta - c)^2 + 2\beta(\Delta - c) + 8m\alpha(\Delta - c)^2} \tag{8.31}$$

$$p^{**} = \phi - \frac{m(\phi - c_{\mathrm{n}})}{2(\Delta - c)} \frac{8(\Delta - c) + 3\beta + 16m\alpha(\Delta - c)}{3m + 3(\Delta - c)^2 + 2\beta(\Delta - c) + 8m\alpha(\Delta - c)^2} \tag{8.32}$$

$$w^{**} = \phi - \frac{m(\phi - c_{\mathrm{n}})}{\Delta - c} \frac{8(\Delta - c) + 3\beta + 16m\alpha(\Delta - c)}{3m + 3(\Delta - c)^2 + 2\beta(\Delta - c) + 8m\alpha(\Delta - c)^2} \tag{8.33}$$

$$b^{**} = \frac{\beta\Delta + 2\beta c - 3m + (5\Delta + 3c + 8m\alpha\Delta + 8m\alpha c)(\Delta - c)}{8(\Delta - c) + 3\beta + 16m\alpha(\Delta - c)} \tag{8.34}$$

8.6　比较与管理意义分析

命题 8.1　$\tau^0 < \tau^1$，$\pi_{\mathrm{g}}^0 < \pi_{\mathrm{g}}^1$。

命题 8.1 表明，如果没有政府引导，分散式决策下的回收率低于集中式决策下的回收率；分散式决策下的全社会福利低于集中式决策下的全社会福利。因此，要想提高回收率和全社会福利，政府有必要给予一定力度的引导。

命题 8.2　$\tau^* > \tau^0$，$\tau^{**} > \tau^0$。

命题 8.2 表明，政府对制造商实施奖惩机制和对回收商实施补贴机制均能起到提高废旧产品回收率的作用，故单纯从回收率提高的角度来看，两种机制均有效。

命题 8.3 随着机制的固定投入成本系数的增加，奖惩机制和补贴机制力度均减小，实际回收率均降低，因此，奖惩机制和补贴机制投入成本的增加均对 WEEE 回收不利。

命题 8.3 由表 8.1 易看出。这表明政府投入的成本增加对回收率的提高起到抑制作用。此外，两种机制在定价方面有所不同。奖惩机制下批发价、零售价随着机制的固定投入成本系数的增加而提高，回购价随着机制的固定投入成本系数的增加而降低；与奖惩机制相反，补贴机制下批发价、零售价随着机制的固定投入成本系数的增加而降低，回购价随着机制的固定投入成本系数的增加而提高。可见，政府投入的成本增加对奖惩机制下制造商的影响较大，直接导致了其新产品价格的提高，对新产品的市场竞争力造成影响；尽管表面上看，政府投入的成本增加对补贴机制而言回购价提高了，但回收率却降低了。

表 8.1 决策变量随主要外生变量增加而变化的趋势

外生变量	k^*	k^{**}	τ^*	τ^{**}	p^*	p^{**}	w^*	w^{**}	b^*	b^{**}
α	↓	↓	↓*	↓*	↑	↓	↑	↓	↓*	↑*
β	↑	—	↑	—	↓	—	↓	—	↑*	↓*

注：表 8.1 中"—"表示变化趋势取决于一定条件；

*表示变化趋势是通过仿真得到（详见 8.7 节算例部分图 8.2～图 8.9）。

命题 8.4 随着环境效益系数的增加，奖惩机制比补贴机制更有效。

命题 8.4 由表 8.1 易得到。随着环境效益系数的增加，奖惩机制下奖惩力度提高，回收率提高，批发价和零售价降低，回购价提高；而补贴机制下回购价降低，其他变量的变化趋势不确定，取决于参数的实际取值。因此，随着消费者环保意识的提高，环境效益系数增加，奖惩机制比补贴机制更能显示出其优越性。

此外，在对回收商的补贴机制与对制造商的奖惩机制下回收率大小关系受参数取值影响较大，从回收率大小的角度难以证明两种机制的优劣关系。为了进一步探讨单位回收成本对回收率的影响，将在 8.7 节用仿真说明（图 8.3）。

8.7 算例分析

本节首先比较四种情形下的决策结果，然后通过算例探讨奖惩制造商和补贴回收商两种机制下主要决策变量随单位回收成本、机制的固定投入成本系数及环境效益系数的变化情况。设某产品的有关参数为：$\phi = 12$，$c_n = 8$，$\Delta = 5$，$c = 1$，$\tau_0 = 0.2$，$\alpha = 0.1$，$\beta = 30$，$m = 16$。

由表 8.2 可以看出：①与基准情形 2 相比，奖惩制造商情形下批发价和零售价均降低，回购价和回收率均提高，制造商、零售商、回收商及闭环供应链的利润均提高，政府的利益（全社会福利）提高；②与基准情形 2 相比，补贴回收商情形下批发价和零售价均降低，回购价降低，回收率提高，零售商和回收商的利润均提高，制造商的利润降低，甚至为负，此时制造商处于亏损状态，不利于制造商回收再制造积极性的提高；③奖惩制造商与补贴回收商情形相比，批发价、零售价、回购价、回收率和奖惩力度均较高，制造商的利润较高，零售商和回收商的利润较低。由于补贴回收商情形制造商出现亏损（表 8.2 第 7 行 5 列），该情况下闭环供应链不能够维持下去（闭环供应链断裂），故闭环供应链的总利润、全社会福利均无实际意义。

表 8.2　四种情形的决策结果

变量	基准情形 1	基准情形 2	奖惩机制	补贴机制
w	—	9.71	8.74	5.36
p	8	10.86	10.56	8.68
b	—	3	10.53	2.59
τ	1	0.14	0.757	0.67
k	—	—	12.65	5.44
π_m	—	2.28	4.503	−3.40
π_r	—	1.31	2.621	11.02
π_c	—	0.1625	0.424	3.59
π	—	3.7525	7.548	—
π_g	136	9.288	29.876	—

综合上述 3 点，奖惩制造商情形不仅能够提高全社会福利，而且回收率也比无奖惩机制分散式决策情形下高，此外，新产品的价格（批发价和零售价）降低，价格优势增强了制造商的产品竞争力，闭环供应链成员企业的利润均提高，调动了所有成员企业的积极性。而补贴回收商情形下尽管回收率提高，但制造商利润降低甚至亏损，由于制造商是 EPR 原则的主要责任者，其亏损直接导致了闭环供应链难以维持下去，制造商不会主动回收再制造 WEEE，尽管下游的零售商和回收商利润得到了提高，但由于制造商无回收再制造 WEEE 的积极性，该机制实施的可行性较小。

从图 8.2 可以看出，随着单位回收成本的增加，奖惩制造商和补贴回收商情形下政府引导力度均提高，但与补贴回收商情形相比，奖惩制造商情形下的奖惩力度变化较小，当回收成本较小时，奖惩制造商情形下的奖惩力度较大，当回收成本超过临界值时，补贴回收商需要较大的力度。

从图 8.3 可以看出，随着单位回收成本的增加，奖惩制造商情形下回收率降低，补贴回收商情形下的回收率提高，当单位回收成本较小时，奖惩制造商情形下回收率较高，而当回收成本超过临界值时，补贴回收商情形的回收率较高。

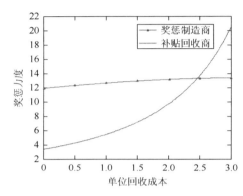

图 8.2　奖惩力度随单位回收成本的变化趋势　　图 8.3　回收率随单位回收成本的变化趋势

从图 8.4 和图 8.5 可以看出，随着单位回收成本的增加，两种机制下批发价和零售价分别表现出类似的规律。不妨以零售价为例阐述，奖惩制造商情形下零售价随着回收成本的增加而提高，而补贴回收商情形下零售价随着回收成本的增加而降低。原因可以解释为，本来零售价受回收成本的影响应该提高，但因回收商被政府补贴导致新产品零售价降低。

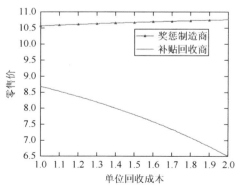

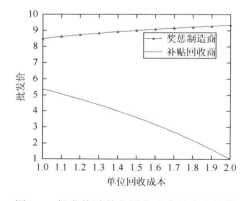

图 8.4　零售价随单位回收成本的变化趋势　　图 8.5　批发价随单位回收成本的变化趋势

　　从图 8.6 可以看出，奖惩制造商情形下回购价随单位回收成本的增加而降低，而补贴回收商情形下回购价随回收成本的增加而提高。

　　从图 8.7 和图 8.8 可以看出，奖惩制造商和补贴回收商情形的回收率均随着机制固定投入成本系数的增加而降低，奖惩制造商情形下回购价也随着机制固定投入成本系数的增加而降低，补贴回收商情形的回购价随着机制固定投入成本系数的增加变化不大。这说明政府的机制投入成本系数不宜太大，较大的投入成本系数对回购价和回收率起到抑制作用。可见，政府奖惩机制实施的成本效率越高，对回收率的提高越有利。

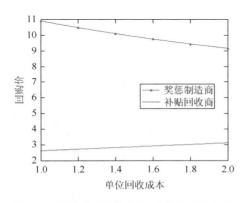

图 8.6　回购价随单位回收成本的变化趋势

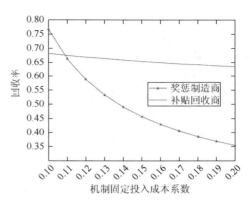

图 8.7　回收率随机制固定投入成本系数的变化趋势

　　从图 8.9 可以看出，随着环境效益系数的增加，奖惩制造商情形下回购价提

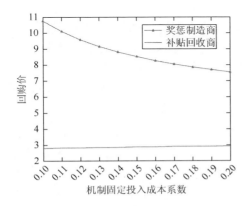

图 8.8　回购价随机制固定投入成本系数的变化趋势

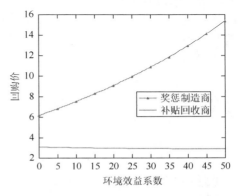

图 8.9　回购价随环境效益系数的变化趋势

高（结合表 8.1，可以看到回收率也提高），而补贴回收商情形下的回购价降低。这说明随着消费者环保意识的提高，奖惩制造商比补贴回收商更有利于提高回购价和回收率。

从图 8.6、图 8.8 及图 8.9 可知：对制造商实施奖惩机制比对回收商实施补贴机制下的回购价高，这表明对制造商实施奖惩机制可以获得较高的回购价，有利于制造商领导下游企业回收再制造 WEEE。

8.8　结　语

通过对两种政府引导机制（对制造商的奖惩机制和对回收商的补贴机制）情形的建模求解及与基准情形的比较，证明了政府引导闭环供应链的成员企业积极回收再制造 WEEE 的必要性。并得到以下主要结论：

（1）从回收率提高的角度看，政府对制造商的奖惩机制和对回收商的补贴机制均有效，两种情形下机制的固定投入成本越大，机制的力度越小，回收率越低。

（2）补贴回收商的优点是新产品的价格较低，对消费者有利。该现象反映了政府对回收商的补贴间接地影响正向供应链中产品的价格，原因是使用回收的WEEE 再制造新产品的成本较低。

（3）奖惩制造商的优势是回购价提高，这对政府引导闭环供应链回收再制造WEEE 有利；当单位回收成本较小时，奖惩制造商情形下回收率较高，而当回收成本超过临界值时，补贴回收商情形的回收率较高。

（4）对制造商的奖惩机制比对回收商的补贴机制更有效。奖惩制造商能提高全社会福利和回收率，降低新产品的价格，闭环供应链成员企业的利润均提高，这调动了所有成员企业的积极性，且随着消费者环保意识的提高，奖惩制造商比补贴回收商更有利于提高回购价和回收率。而补贴回收商情形下尽管回收率、零售商和回收商利润得到了提高，但制造商积极性较小，故该机制实施的可行性较小。

本章旨在探讨奖惩机制和补贴机制的有效性，并比较二者的优劣，有以下两个方面需要进一步说明和讨论：①补贴制造商和奖惩回收商为什么不进行建模讨论？作者建模发现，补贴制造商与奖惩制造商相似，不影响决策变量的求解结果，影响的是制造商的利润，只是对制造商的积极性产生影响。补贴比奖惩时政府提供的资金多，制造商的利润大，但回收率、全社会福利相同。奖惩回收商在文献[24]中以奖励机制的方式探讨过，其不如补贴回收商，因为目前我国 WEEE 的回收处理处于试点阶段，回收商多数还处在亏损状态，给予补贴合乎常理，而规定目标回收率，达不到目标便惩罚回收商的情况只有当 WEEE 回收产业发展到较大规模后才予以考虑。②补贴机制为什么根据回收率而不根据回收量呢？根据回收量补贴又如何？根据回收量补贴回收商易于操作，但效果如何有待进一步验证，本章一方面限于篇幅，另一方面为了与基于回收率的奖惩机制进行比较，故暂不探讨根据回收量补贴回收商的机制。可以看出，这也是一个值得研究的方向。

第9章 不同政府决策目标下逆向供应链的奖惩机制研究

本章的主要工作如下：在生产成本及环境污染的双重压力下，废旧电器电子产品的回收再利用逐渐得到政府、企业界和学术界的重视。本章将政府的三种决策目标作为考虑因素，研究逆向供应链的政府奖惩机制设计问题。首先建立一个无奖惩机制下逆向供应链决策的基准模型，然后建立三个考虑政府决策目标的逆向供应链奖惩机制模型，用逆向归纳法得出奖惩力度、回购价、零售价及回收率的均衡解。通过对比结果，研究表明：政府奖惩机制不仅能够提高废旧电器电子产品的回收率，还能降低新产品零售价，提高回购价。政府应根据制造商产品的市场容量大小制定奖惩力度而不是对所有制造商制定统一的奖惩力度；政府应综合考虑全社会福利和废旧产品回收带来的环境效益，才能较好地提高逆向供应链的回收率。

9.1 引　　言

近年来，废旧电器电子产品的回收再利用逐渐得到政府、企业界和学术界的重视。我国《废弃电器电子产品回收处理管理条例》（以下简称《条例》）从 2011 年 1 月 1 日开始实施，按照发达国家的经验和我国的实际情况，由于电视机、洗衣机、电冰箱、空调和电脑在所有废旧家电中所占的比例最大，处理技术相对成熟，因此将"四机一脑"列入首批回收目录。《条例》明确规定国家建立废弃电器电子产品处理基金，用于废弃电器电子产品回收处理费用的补贴，电器电子产品制造商应当按照规定履行缴纳义务；国家鼓励电器电子产品制造商自行或者委托零售商、回收商等回收电器电子产品。目前我国与《条例》配套的《废弃电器电子产品处理基金征收使用管理办法》已于 2012 年 7 月 1 日执行。另外，来自国外废旧电器电子产品立法的压力也不容忽视。早在 2003 年 2 月，欧盟通过了《报废电子电气设备指令》，要求电器电子设备生产商、进口商和经销商在 2005 年 8 月 13 日后负责回收处理进入欧盟市场的废弃电器电子产品。这对我国近几年电器电子产品的出口生产商产生了巨大影响。以 2005 年为例，我国近 25%的家电产品出口到欧盟国家，直接影响金额达 560 亿美元。

国内外有一些文献致力于逆向物流和逆向供应链的研究。汪翼等[48]研究制造商和分销商责任制，得到两者对供应链的绩效无影响，但通过回收可变费用影响收益在供应链成员间分配的结论。王文宾和达庆利[60]初步探讨了政府奖惩机制对逆向供应链决策的影响。聂佳佳等[78]讨论了零售商负责回收情况下政府针对零售商的奖惩机制对逆向供应链的影响。以上文献为本章的研究提供了重要借鉴，很少有文献考虑政府的决策目标，将政府作为一个博弈方进行建模研究，主要是针对政府补贴进行研究，初步探讨了政府奖惩机制的设计及其对废旧产品回收再利用的影响，然而却没有考虑政府的决策目标，着重探讨奖惩机制能够提高回收率的条件。作为社会主义国家，政府代表全社会的利益，考虑社会福利最大化正是政府的决策目标。考虑政府决策目标的情况下应设计怎样的奖惩机制才能有效引导逆向供应链？为探讨该问题，在上述文献的基础上，本章以逆向供应链为研究对象，以奖惩力度、回收率及价格变量为主要参数，探讨无奖惩机制下逆向供应链决策（基准情形）和三种政府决策目标的逆向供应链奖惩机制情形。比较并讨论四种情形下的博弈决策问题，探讨模型的管理意义，并进一步作仿真分析，最后总结全文并指出进一步的研究方向。

9.2 模型描述与基本假设

9.2.1 模型描述

考虑政府决策目标的逆向供应链的一般结构如图 9.1 所示。制造商、回收商和消费者构成逆向供应链，政府对制造商回收再制造 WEEE 提供奖惩机制，机制参数主要包括奖惩力度和目标回收率等。制造商生产一种电器电子产品，优先使

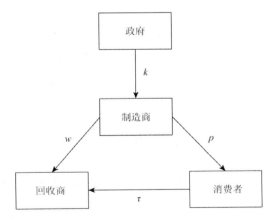

图 9.1 考虑政府决策目标的逆向供应链的一般结构

用 WEEE 生产，当 WEEE 的数量不足时用新材料生产。第三方回收商不仅回收 WEEE，还承担拆解、分拣等处理工作。政府的责任是引导逆向供应链成员积极回收再制造 WEEE，目标是全社会福利最大化。奖惩机制针对逆向供应链，如果逆向供应链的实际回收率低于目标回收率，制造商受到政府的经济惩罚，反之，制造商得到政府的经济奖励。

9.2.2　符号说明

c_n：制造商采用新材料生产新产品的单位成本；

c_r：制造商使用 WEEE 生产新产品的单位成本；

c_z：新产品的单位成本，由于新产品包含新制造产品和再制造产品，故 $c_z = \tau c_r + (1-\tau)c_n = c_n - \tau(c_n - c_r)$；

c：回收商的单位回收成本；

p：新产品的零售价，是制造商的决策变量之一；

w：制造商支付给回收商的单位 WEEE 回购价；

$D(p)$：$D(p) = \phi - p$，新产品的需求函数，其中 ϕ 为市场潜在需求；

τ：回收的 WEEE 占新产品市场需求的比例，是回收商的决策变量，$\tau \in [0,1]$；

τ_0：政府规定的最低回收率（目标回收率），当 $\tau > \tau_0$ 时，政府将给予制造商奖励，当 $\tau < \tau_0$ 时，政府将处罚制造商；

k：政府对制造商单位回收率的奖惩力度，为使模型有意义，需 $k > 0$。

9.2.3　基本假设

（1）设制造商生产一件新产品的单位成本大于使用回收产品进行再制造的单位成本，即 $c_n > c_r$，这表示制造商进行再制造可以节约成本，有利可图，不妨设 $\Delta = c_n - c_r$，则 $c_z = c_n - \tau\Delta$。

（2）τ 与制造商的再制造投资相关，设投资成本 $I = b\tau^2$，b 为回收 WEEE 的难度系数。回收投资成本为回收率的凸函数，这表明随着回收率的增加，回收投资成本急剧增加，也就是说过分地追求高回收率对制造商来说是不经济的。

（3）制造商优先利用回收的 WEEE 零部件生产，不足的部分用新材料生产新产品。这个假设是合理的，因为政府的奖惩机制引入后，奖励惩罚两种策略并用，会对制造商的生产决策产生影响。

（4）再制造的产品和新制造产品质量相同。除了特别研究两种产品市场细分的文献，一般文献均做该假设。

（5）制造商是逆向供应链的 Stackelberg 博弈领导者，这一假设与《条例》的指导思想一致。

9.2.4　无奖惩机制下逆向供应链决策（基准情形）

根据 9.2.2 节的变量定义和 9.2.3 节的基本假设，基准情形下制造商的决策目标函数为

$$\max_{p,w} \ \pi_{\mathrm{m}} = (1-\tau)(\phi-p)(p-c_{\mathrm{n}}) + \tau(\phi-p)(p-w-c_{\mathrm{r}}) = (\phi-p)(p-c_{\mathrm{n}} + \tau\Delta - \tau w)$$

（9.1）

式（9.1）中制造商的利润包含使用新材料生产和使用回收产品生产两种情况的利润。回收商的决策为

$$\max_{\tau} \ \pi_{\mathrm{r}} = \tau(\phi-p)(w-c) - b\tau^2$$ （9.2）

因为该情形下制造商是逆向供应链的 Stackelberg 博弈领导者，故决策顺序为制造商先决策，回收商根据制造商的决策结果决策。具体决策顺序为：制造商首先决定零售价，然后根据零售价决定回购价，最后回收商根据回购价决定回收率。由逆向归纳法可得

$$w^{\mathrm{s}} = \frac{\Delta + c}{2}$$ （9.3）

$$p^{\mathrm{s}} = \frac{4b(\phi + c_{\mathrm{n}}) - \phi(\Delta - c)^2}{8b - (\Delta - c)^2}$$ （9.4）

$$\tau^{\mathrm{s}} = \frac{(\phi - c_{\mathrm{n}})(\Delta - c)}{8b - (\Delta - c)^2}$$ （9.5）

9.3　奖惩机制下不同政府决策目标的逆向供应链决策

9.3.1　政府目标为逆向供应链成员企业的利润与实施奖惩机制成本之差的情形（情形 1）

奖惩机制模型的主要不同之处是政府作为博弈方，本节考虑政府的决策目标函数，该情况下制造商的决策目标函数为

$$\max_{p,w} \ \pi_{\mathrm{m}} = (\phi-p)(p-c_{\mathrm{n}} + \tau\Delta - \tau w) + k(\tau - \tau_0)$$ （9.6）

回收商的决策目标函数为

$$\max_{\tau} \ \pi_{\mathrm{r}} = \tau(\phi-p)(w-c) - b\tau^2$$ （9.7）

政府的目标函数为逆向供应链上企业成员的利润与奖惩机制的成本之差的最

大化，逆向供应链上企业成员的利润包括制造商的利润、回收商的利润，而奖惩机制的成本是指政府实施奖惩机制的固定投入及机制的奖惩额度，故政府的决策目标为

$$\max_{k} \ \pi_g = \pi_m + \pi_r - k(\tau - \tau_0) - \alpha k^2$$
$$= (\phi - p)[p - c_n + \tau(\Delta - c)] - b\tau^2 - \alpha k^2 \qquad (9.8)$$

其中，$k(\tau - \tau_0) + \alpha k^2$ 为奖惩机制的成本；α 为政府为实施奖惩机制的固定投入成本系数（这种假设在企业成本投入中很常见，类似地，政府为了实施奖惩机制，需要付出监管成本等）。

该情形下共有 k、p、w、τ 四个决策变量，决策顺序为政府先对 k 进行决策，接着制造商决定零售价 p，然后制造商决定回购价 w，最后回收商根据 w 对回收率 τ 进行决策。这个问题可以看成一个两阶段动态博弈问题，包括政府与制造商、制造商与回收商的博弈。根据逆向归纳法的思想，先求制造商与回收商的博弈，再求政府与制造商的博弈。由制造商与回收商的博弈可得

$$w^p = \frac{2b(\Delta + c)(\phi - c_n) + 4bk + c(\Delta - c)k}{4b(\phi - c_n) + (\Delta - c)k} \qquad (9.9)$$

$$p^p = \frac{4b(\phi + c_n) - \phi(\Delta - c)^2 - (\Delta - c)k}{8b - (\Delta - c)^2} \qquad (9.10)$$

$$\tau^p = \frac{(\phi - c_n)(\Delta - c) + 2k}{8b - (\Delta - c)^2} \qquad (9.11)$$

将式（9.9）～式（9.11）代入政府的目标函数式（9.8）得

$$\pi_g^p = \frac{[4b + (\Delta - c)^2](\phi - c_n) + 3(\Delta - c)k - b[(\phi - c_n)(\Delta - c) + 2k]^2}{[8b - (\Delta - c)^2]^2} - \alpha k^2 \qquad (9.12)$$

将式（9.12）乘以常数不影响函数的凹凸性，因此考虑将式（9.12）乘以 $[8b - (\Delta - c)^2]^2$ 并对 k 求二阶导数得 $\mathrm{d}^2 \pi_g^p / \mathrm{d}k^2 = -8b - 2\alpha[8b - (\Delta - c)^2]^2 < 0$，因此 π_g^p 有最大值，对 k 取一阶导数可得政府的奖惩力度为

$$k^p = \frac{2b(\Delta - c)(\phi - c_n)}{4b - (\Delta - c)^2 + \alpha[8b - (\Delta - c)^2]^2} \qquad (9.13)$$

将 k^p 代入式（9.9）～式（9.11）得

$$w^p = \frac{2b(\Delta + c)(\phi - c_n)\{4b - (\Delta - c)^2 + \alpha[8b - (\Delta - c)^2]^2\} + 2b[4b + c(\Delta - c)](\Delta - c)(\phi - c_n)}{4b(\phi - c_n)\{4b - (\Delta - c)^2 + \alpha[8b - (\Delta - c)^2]^2\} + 2b(\Delta - c)^2(\phi - c_n)}$$
$$(9.14)$$

$$p^p = \frac{4b(\phi + c_n) - \phi(\Delta - c)^2}{8b - (\Delta - c)^2} - \frac{2b(\Delta - c)^2(\phi - c_n)}{[8b - (\Delta - c)^2]\{4b - (\Delta - c)^2 + \alpha[8b - (\Delta - c)^2]^2\}} \qquad (9.15)$$

$$\tau^p = \frac{(\phi - c_n)(\Delta - c)}{8b - (\Delta - c)^2} + \frac{4b(\Delta - c)(\phi - c_n)}{[8b - (\Delta - c)^2]\{4b - (\Delta - c)^2 + \alpha[8b - (\Delta - c)^2]^2\}} \qquad (9.16)$$

9.3.2　政府目标函数为全社会福利的情形（情形 2）

该情形下，制造商和回收商的决策目标总和与情形 2 相同，而政府的目标函数为全社会福利最大化。这是因为光考虑企业的利益设计的奖惩机制不一定能代表全社会的经济利益。全社会的福利是收益与成本之差，收益包括制造商的利润、回收商的利润、消费者剩余，成本是指政府实施奖惩机制的固定投入及机制的奖惩额度，故政府的决策目标为

$$\max_{k}\ \pi_{g} = \pi_{m} + \pi_{r} - k(\tau - \tau_{0}) - \alpha k^{2} + (\phi - p)^{2}/2$$

$$= (\phi - p)\left[\frac{(\phi + p)}{2} - c_{n} + \tau(\Delta - c)\right] - b\tau^{2} - \alpha k^{2} \tag{9.17}$$

其中，$(\phi - p)^{2}/2$ 为消费者剩余。

该情形下的决策顺序与情形 2 相同，由逆向归纳法可得

$$w^{w} = \frac{2b(\Delta + c)(\phi - c_{n}) + 4bk + c(\Delta - c)k}{4b(\phi - c_{n}) + (\Delta - c)k} \tag{9.18}$$

$$p^{w} = \frac{4b(\phi + c_{n}) - \phi(\Delta - c)^{2} - (\Delta - c)k}{8b - (\Delta - c)^{2}} \tag{9.19}$$

$$\tau^{w} = \frac{(\phi - c_{n})(\Delta - c) + 2k}{8b - (\Delta - c)^{2}} \tag{9.20}$$

将式（9.18）～式（9.20）代入政府的目标函数式（9.17）得

$$\pi_{g}^{w} = \frac{3[4b(\phi - c_{n}) + (\Delta - c)k][4b(\phi - c_{n}) + (\Delta - c)k] - 2b[(\phi - c_{n})(\Delta - c) + 2k]^{2}}{2[8b - (\Delta - c)^{2}]^{2}} - \alpha k^{2} \tag{9.21}$$

将式（9.21）乘以常数不影响函数的凹凸性，因此考虑将式（9.21）乘以 $2[8b - (\Delta - c)^{2}]^{2}$ 并对 k 求二阶导数得 $\mathrm{d}^{2}\pi_{g}^{w}/\mathrm{d}k^{2} = -8\alpha[8b - (\Delta - c)^{2}]^{2} < 0$，因此 π_{g}^{w} 有最大值，对 k 取一阶导数可得政府的奖惩力度为

$$k^{w} = \frac{\phi - c_{n}}{2}\frac{8b(\Delta - c)}{4b - (\Delta - c)^{2} + \alpha[8b - (\Delta - c)^{2}]^{2}} \tag{9.22}$$

将 k^{w} 代入式（9.18）～式（9.20）得

$$w^{w} = \frac{8b(\Delta + c)\{4b - (\Delta - c)^{2} + \alpha[8b - (\Delta - c)^{2}]\} + 8b(\Delta - c)[4b + c(\Delta - c)]}{8b\{4b - (\Delta - c)^{2} + \alpha[8b - (\Delta - c)^{2}]^{2}\} + 8b(\Delta - c)^{2}} \tag{9.23}$$

$$p^{w} = \frac{4b(\phi + c_{n}) - \phi(\Delta - c)^{2}}{8b - (\Delta - c)^{2}} - \frac{(\phi - c_{n})(\Delta - c)}{2[8b - (\Delta - c)^{2}]}\frac{8b(\Delta - c)}{4b - (\Delta - c)^{2} + \alpha[8b - (\Delta - c)^{2}]^{2}} \tag{9.24}$$

$$\tau^{w} = \frac{(\phi - c_{n})(\Delta - c)}{8b - (\Delta - c)^{2}} + \frac{8b(\phi - c_{n})(\Delta - c)}{[8b - (\Delta - c)^{2}]\{4b - (\Delta - c)^{2} + \alpha[8b - (\Delta - c)^{2}]^{2}\}} \tag{9.25}$$

9.3.3 政府目标函数为全社会福利与环境效益之和的情形（情形 3）

该情形下，制造商和回收商的决策目标总和与情形 2 相同，而政府的目标函数为全社会福利与环境效益之和的最大化，这是因为光考虑全社会福利设计的奖惩机制仅代表全社会的经济利益，而没有考虑环境影响，本节我们进一步考虑环境效益设计奖惩机制。全社会福利与情形 3 的假设相同，环境效益为回收 WEEE 带来的环境收益，故政府的决策目标为

$$\max_k \ \pi_g = \pi_m + \pi_r - k(\tau - \tau_0) - \alpha k^2 + \beta\tau(\phi - p) + (\phi - p)^2 / 2$$

$$= (\phi - p)[(\phi + p)/2 - c_n + \tau(\beta + \Delta - c)] - b\tau^2 - \alpha k^2 \quad （9.26）$$

其中，$\beta\tau(\phi - p)$ 为回收 WEEE 带来的环境效益；β 为回收 WEEE 带来的环境效益系数。

该情形下的决策思想和顺序与情形 2 相同，根据情形 2 的决策顺序可得

$$w^c = \frac{2b(\Delta + c)(\phi - c_n) + 4bk + c(\Delta - c)k}{4b(\phi - c_n) + (\Delta - c)k} \quad （9.27）$$

$$p^c = \frac{4b(\phi + c_n) - \phi(\Delta - c)^2 - (\Delta - c)k}{8b - (\Delta - c)^2} \quad （9.28）$$

$$\tau^c = \frac{(\phi - c_n)(\Delta - c) + 2k}{8b - (\Delta - c)^2} \quad （9.29）$$

将式（9.27）～式（9.29）代入政府的目标函数式（9.26）得

$$\pi_g^c = \frac{[4b(\phi - c_n) + (\Delta - c)k]\{3[4b(\phi - c_n) + (\Delta - c)k] + 2\beta[(\phi - c_n)(\Delta - c) + 2k]\} - 2b[(\phi - c_n)(\Delta - c) + 2k]^2}{2[8b - (\Delta - c)^2]^2} - \alpha k^2 \quad （9.30）$$

将式（9.30）乘以常数不影响函数的凹凸性，因此考虑将式（9.30）乘以 $2[8b - (\Delta - c)^2]^2$ 并对 k 求二阶导数得 $\mathrm{d}^2\pi_g^c / \mathrm{d}k^2 = -8\alpha[8b - (\Delta - c)^2]^2 < 0$，因此 π_g^c 有最大值，对 k 取一阶导数可得政府的奖惩力度为

$$k^c = \frac{\phi - c_n}{2} \frac{8b(\Delta - c) + \beta[8b + (\Delta - c)^2]}{4b - (\Delta - c)^2 - 2\beta(\Delta - c) + \alpha[8b - (\Delta - c)^2]^2} \quad （9.31）$$

将 k^c 代入式（9.27）～式（9.29）得

$$w^c = \frac{8b(\Delta + c)\{4b - (\Delta - c)^2 - 2\beta(\Delta - c) + \alpha[8b - (\Delta - c)^2]\} + [4b + c(\Delta - c)]\{8b(\Delta - c) + \beta[8b + (\Delta - c)^2]\}}{8b\{4b - (\Delta - c)^2 - 2\beta(\Delta - c) + \alpha[8b - (\Delta - c)^2]^2\}} \quad （9.32）$$

$$p^c = \frac{4b(\phi + c_n) - \phi(\Delta - c)^2}{8b - (\Delta - c)^2} - \frac{(\phi - c_n)(\Delta - c)}{2[8b - (\Delta - c)^2]} \frac{(\Delta - c)\{8b(\Delta - c) + \beta[8b + (\Delta - c)^2]\} + 8b(\Delta - c) + \beta[8b + (\Delta - c)^2]}{4b - (\Delta - c)^2 - 2\beta(\Delta - c) + \alpha[8b - (\Delta - c)^2]^2}$$

$$（9.33）$$

$$\tau^{\mathrm{c}} = \frac{(\phi - c_{\mathrm{n}})(\Delta - c)}{8b - (\Delta - c)^2} + \frac{(\phi - c_{\mathrm{n}})\{8b(\Delta - c) + \beta[8b + (\Delta - c)^2]\}}{[8b - (\Delta - c)^2]\{4b - (\Delta - c)^2 - 2\beta(\Delta - c) + \alpha[8b - (\Delta - c)^2]^2\}}$$

$$\text{（9.34）}$$

9.4　模型比较与管理意义分析

首先，在分析比较之前，需要界定一下参数的关系。由式（9.16）、式（9.25）和式（9.34）知，要使模型的解有意义，需满足 $0 < \tau^{\mathrm{p}} \leqslant 1$，$0 < \tau^{\mathrm{w}} \leqslant 1$，$0 < \tau^{\mathrm{c}} \leqslant 1$，于是得到式（9.35）～式（9.37），以及根据假设 $k^{\mathrm{p}} > 0$，$k^{\mathrm{w}} > 0$，$k^{\mathrm{c}} > 0$ 可得式（9.38）、式（9.39）。

$$8b - (\Delta - c)^2 > 0 \tag{9.35}$$

$$0 \leqslant \frac{(\Delta - c)(\phi - c_{\mathrm{n}})\{1 + \alpha[8b - (\Delta - c)^2]\}}{4b - (\Delta - c)^2 + \alpha[8b - (\Delta - c)^2]^2}$$

$$\leqslant \frac{\{12b - (\Delta - c)^2 + \alpha[8b - (\Delta - c)^2]^2\}(\phi - c_{\mathrm{n}})(\Delta - c)}{[8b - (\Delta - c)^2]\{4b - (\Delta - c)^2 + \alpha[8b - (\Delta - c)^2]^2\}} \leqslant 1 \tag{9.36}$$

$$0 < \beta \leqslant \frac{4b - (\Delta - c)^2 + \alpha[8b - (\Delta - c)^2 - (\phi - c_{\mathrm{n}})(\Delta - c)] - (\phi - c_{\mathrm{n}})(\Delta - c)}{\phi - c_{\mathrm{n}} + 2(\Delta - c)}$$

$$- \frac{4b - (\Delta - c)^2 + \alpha[8b - (\Delta - c)^2]^2}{[8b - (\Delta - c)^2][\phi - c_{\mathrm{n}} + 2(\Delta - c)]} \tag{9.37}$$

为表示方便，不妨设 $\beta^{\max} = \dfrac{4b - (\Delta - c)^2 + \alpha[8b - (\Delta - c)^2 - (\phi - c_{\mathrm{n}})(\Delta - c)] - (\phi - c_{\mathrm{n}})(\Delta - c)}{\phi - c_{\mathrm{n}} + 2(\Delta - c)}$

$$- \frac{4b - (\Delta - c)^2 + \alpha[8b - (\Delta - c)^2]^2}{[8b - (\Delta - c)^2][\phi - c_{\mathrm{n}} + 2(\Delta - c)]}$$

$$4b - (\Delta - c)^2 + \alpha[8b - (\Delta - c)^2] > 0 \tag{9.38}$$

$$4b - (\Delta - c)^2 - 2\beta(\Delta - c) + \alpha[8b - (\Delta - c)^2]^2 > 0 \tag{9.39}$$

在满足式（9.38）、式（9.39）的前提下，可以得到以下命题 9.1～命题 9.4。

命题 9.1　$k^{\mathrm{p}} < k^{\mathrm{w}} < k^{\mathrm{c}}$。

证明　$k^{\mathrm{w}} - k^{\mathrm{p}} = \dfrac{\phi - c_{\mathrm{n}}}{2} \dfrac{4b(\Delta - c)}{4b - (\Delta - c)^2 + \alpha[8b - (\Delta - c)^2]^2}$，

$$k^{\mathrm{c}} - k^{\mathrm{w}} = \frac{\phi - c_{\mathrm{n}}}{2} \left\{ \frac{\beta[8b + (\Delta - c)^2]\{4b - (\Delta - c)^2 + \alpha[8b - (\Delta - c)^2]^2\} + 16b\beta(\Delta - c)}{\{4b - (\Delta - c)^2 - 2\beta(\Delta - c) + \alpha[8b - (\Delta - c)^2]^2\}} \\ \times \{4b - (\Delta - c)^2 + \alpha[8b - (\Delta - c)^2]^2\} \right\}$$

由于 $\Delta - c > 0$，结合式（9.38）、式（9.39）可知，$k^{\mathrm{w}} - k^{\mathrm{p}} > 0$，$k^{\mathrm{c}} - k^{\mathrm{w}} > 0$，故命题 9.1 得证。

命题 9.1 说明，随着政府考虑消费者及环境效益等因素，奖惩力度需要依次加大。

命题 9.2　$p^{\mathrm{c}} < p^{\mathrm{w}} < p^{\mathrm{p}} < p^{\mathrm{s}}$。

证明　$p^{\mathrm{w}} - p^{\mathrm{c}} = \dfrac{-(\Delta - c)}{8b - (\Delta - c)^2}(k^{\mathrm{w}} - k^{\mathrm{c}})$，$p^{\mathrm{p}} - p^{\mathrm{w}} = \dfrac{-(\Delta - c)}{8b - (\Delta - c)^2}(k^{\mathrm{p}} - k^{\mathrm{w}})$，$p^{\mathrm{s}} -$

$p^{\mathrm{p}} = \dfrac{(\Delta - c)k^{\mathrm{p}}}{8b - (\Delta - c)^2}$，由命题 9.1 可知：$k^{\mathrm{p}} < k^{\mathrm{w}} < k^{\mathrm{c}}$，结合式（9.35）以及 $\Delta - c > 0$

可以得到：$p^{\mathrm{w}} - p^{\mathrm{c}} > 0$，$p^{\mathrm{p}} - p^{\mathrm{w}} > 0$；$k > 0$，故 $p^{\mathrm{s}} - p^{\mathrm{p}} > 0$，所以命题 9.2 得证。

命题 9.2 表明，考虑政府决策目标的奖惩机制下新产品的零售价比无奖惩机制情况会降低，对消费者有利，这进一步显示出政府奖惩机制的有效性；在三种政府目标函数中，政府综合考虑全社会福利和 WEEE 环境效益时新产品的零售价最低，这说明政府综合考虑全社会福利和 WEEE 环境效益是三种模型中最优的，最能降低制造商的零售价格，增加新产品的市场需求，从而增强制造商的新产品市场竞争力。

命题 9.3　$\tau^{\mathrm{s}} < \tau^{\mathrm{p}} < \tau^{\mathrm{w}} < \tau^{\mathrm{c}}$。

证明　$\tau^{\mathrm{p}} - \tau^{\mathrm{s}} = \dfrac{2k^{\mathrm{p}}}{[8b - (\Delta - c)^2]}$，$\tau^{\mathrm{w}} - \tau^{\mathrm{p}} = \dfrac{2(k^{\mathrm{s}} - k^{\mathrm{p}})}{[8b - (\Delta - c)^2]}$，$\tau^{\mathrm{c}} - \tau^{\mathrm{w}} = \dfrac{2(k^{\mathrm{c}} - k^{\mathrm{s}})}{[8b - (\Delta - c)^2]}$，

由 $k > 0$ 可知 $\tau^{\mathrm{p}} - \tau^{\mathrm{s}} > 0$，根据命题 9.1 可知 $k^{\mathrm{p}} < k^{\mathrm{w}} < k^{\mathrm{c}}$，结合式（9.35）可以得到：$\tau^{\mathrm{w}} - \tau^{\mathrm{p}} > 0$，$\tau^{\mathrm{c}} - \tau^{\mathrm{w}} > 0$，故命题 9.3 得证。

命题 9.3 表明，考虑政府决策目标的奖惩机制下 WEEE 的回收率比无奖惩机制的（基准情形）回收率高，可见，政府奖惩机制的实施对提高 WEEE 的回收率是有效的；在三种政府目标函数中，政府综合考虑全社会福利和 WEEE 环境效益时的回收率最高，这说明政府综合考虑全社会福利和 WEEE 环境效益是三种决策情形中最优的，最能提高逆向供应链的 WEEE 回收率。

命题 9.4　从奖惩力度 k^{c} 的表达式可以得到以下管理洞见：

（1）奖惩力度 k^{c} 随着 ϕ 的增加而提高，二者正相关；

（2）奖惩力度 k^{c} 随着 β 的增加而提高，二者正相关；

（3）奖惩力度 k^{c} 随着 b 的增加而降低，二者负相关；

（4）奖惩力度 k^{c} 随着 α 的增加而降低，二者负相关。

除（2），其他证明较易，主要是对其求偏导并对求解结果判断正负获得，考虑到篇幅，证明略。（2）的证明如下：

证明　k^{c} 表达式前半部分乘数 $\dfrac{\phi - c_{\mathrm{n}}}{2}$ 是正常数，k^{c} 随 β 的变化趋势与正

常数无关，因此只需证明 $\dfrac{8b(\Delta - c) + \beta[8b + (\Delta - c)^2]}{4b - (\Delta - c)^2 - 2\beta(\Delta - c) + \alpha[8b - (\Delta - c)^2]^2}$ 随 β

的变化趋势即可。由 $\mathrm{d}\left\{ \dfrac{8b(\Delta - c) + \beta[8b + (\Delta - c)^2]}{4b - (\Delta - c)^2 - 2\beta(\Delta - c) + \alpha[8b - (\Delta - c)^2]^2} \right\} \Big/ \mathrm{d}\beta =$

$$\frac{32b^2+(\varDelta-c)^2[12b-(\varDelta-c)^2]+\alpha[8b+(\varDelta-c)^2][8b-(\varDelta-c)^2]^2}{\{4b-(\varDelta-c)^2-2\beta(\varDelta-c)+\alpha[8b-(\varDelta-c)^2]^2\}^2}$$ 知，$\mathrm{d}k^c/\mathrm{d}\beta$ 的符号

取决于 $32b^2+(\varDelta-c)^2[12b-(\varDelta-c)^2]+\alpha[8b+(\varDelta-c)^2][8b-(\varDelta-c)^2]^2$ 的符号。而由 $4b-(\varDelta-c)^2>0$ 可知 $32b^2+(\varDelta-c)^2[12b-(\varDelta-c)^2]+\alpha[8b+(\varDelta-c)^2][8b-(\varDelta-c)^2]^2>0$，故（2）得证。

命题 9.4 的管理意义分析如下：

（1）表明市场容量越大，奖惩力度越大，因此，具体实施奖惩机制时政府应根据制造商产品的市场容量大小制定奖惩力度，而不是无论大小制造商皆采用"一刀切"的做法。

（2）表明单位废旧产品的回收带来的环境效益越大者，奖惩力度应该越大，以促进其回收。这与政府关注环境效益的目标是相吻合的。

（3）回收 WEEE 的难度系数越大，也就是说固定投资越大，奖惩力度越低，这是因为企业在回收方面投入的越大，政府补贴（奖励）企业回收的力度不需要太大就可以获得较高的回收率。因此，机制的力度相应降低，故二者负相关。

（4）这一点与（3）相似，但不完全相同，政府的奖惩机制固定投入成本大的话会影响逆向供应链成员企业和消费者，从全社会福利最大化的角度考虑，希望固定成本小一些，因此，对于固定投资成本大的情况，奖惩力度较低。

9.5　算例分析

本节首先通过算例分析比较同一组参数下四种情形的均衡解；然后针对情形 3，讨论单位回收成本、奖惩机制成本系数、环境效益系数的变化对回购价、零售价及回收率的影响。假设某家电产品的有关参数为：$c_n=92$，$\varDelta=60$，$c=10$，$b=400$，$\phi=100$，$\beta=200$，$\alpha=0.2$，$\tau_0=0.2$。所得结果如表 9.1 和图 9.2～图 9.4 所示。

表 9.1　四种情形的求解结果

变量	基本情形	考虑政府决策目标		
		情形 1	情形 2	情形 3
w	35	35.01	35.18	36.46
p	81.71	81.48	81.24	76.90
τ	57.1%	58.1%	59.0%	76.4%
k	—	3.30	6.59	67.44
π_m	72.89	74.38	75.65	104.69
π_r	130.67	134.95	139.37	233.56
π	203.56	209.33	215.02	338.17
π_g	—	205.91	379.66	3188.00

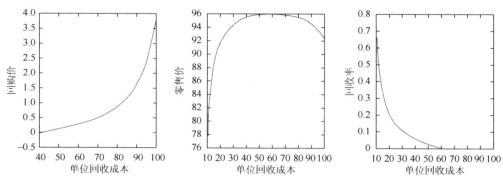

图 9.2　回购价、零售价及回收率随单位回收成本的变化趋势

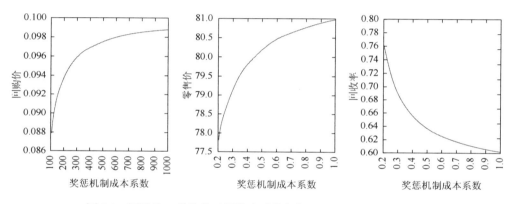

图 9.3　回购价、零售价及回收率随奖惩机制成本系数的变化趋势

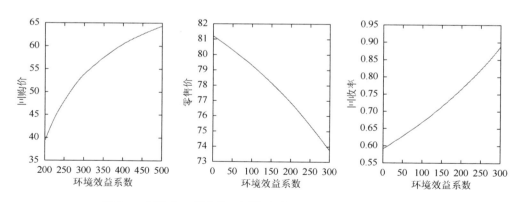

图 9.4　回购价、零售价及回收率随环境效益系数的变化趋势

　　从表 9.1 可以看出，与无政府奖惩机制的基准情形相比，考虑政府决策目标的奖惩机制情形下废旧产品的回购价提高，零售价降低，废旧产品的回

收率提高，制造商、回收商及逆向供应链的利润均增加。这说明了政府奖惩机制的有效性；而且在三种政府目标函数的模型中，综合考虑了全社会福利和环境效益的政府目标函数情形，在回购价、零售价、回收率以及制造商和零售商的利润方面都明显优于情形 1 和情形 2，这说明综合考虑全社会福利和环境效益的政府目标函数的模型是最为合理的，也是政府在制定奖惩机制时最应参考的情形。

如图 9.2 所示，随着单位回收成本的增加，回购价提高，当回收成本超过一定值时，回收率变为零，然后零售价降低；只要回收率不为零，随着回收成本的增加，零售价提高，回收率降低。这一现象说明单位回收成本会增加新产品零售价，进而影响产品的市场需求。

从图 9.3 可以看到，随着政府奖惩机制成本系数的增加，回购价和零售价均提高，而回收率降低。可见，政府实施奖惩机制的成本会转移到逆向供应链，进而影响回收率等关键参数，奖惩机制成本高虽然能够提高回购价，但会降低回收率的提高，增加新产品零售价，从而影响新产品的市场需求量。

从图 9.4 可知，随着环境效益系数的增加，回购价提高，零售价降低，回收率提高。可见，环境效益越大，对回收越有利，且新产品价格降低，对消费者也有利。因此，环境效益大的产品要比环境效益小的产品回收难度小（回收率相对大）。

从图 9.5 可知，制造商的利润和政府目标函数的值都随着目标回收率的增加而降低，而目标回收率的变动不会引起回收商利润的变化，由此可知，通过制定较高的目标回收率来激励制造商和回收商从事废旧电器电子产品的回收再制造是不适宜的。

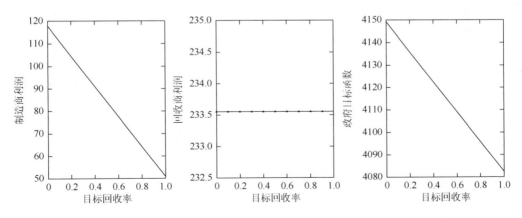

图 9.5　制造商利润、回收商利润及政府目标函数随目标回收率的变化趋势

9.6　结　　语

本章在模型描述、符号说明与基本假设的基础上，首先建立了一个无奖惩机制下逆向供应链决策的基准模型，然后建立了三个考虑政府决策目标的逆向供应链奖惩机制模型，接下来对模型的求解结果进行比较并做了管理意义的分析，最后用算例验证了模型的结论并仿真讨论了单位回收成本、奖惩机制成本系数、环境效益系数的变化对回购价、零售价及回收率的影响。通过建模求解，得到了奖惩力度、回购价、零售价及回收率的均衡解，并证明了政府奖惩机制不仅能够提高废旧产品回收率，还能降低新产品零售价、提高回购价，对全社会福利的提高具有有效性。通过对三种政府不同的决策目标的博弈模型进行比较发现，政府综合考虑全社会福利和环境效益是三种决策情形中最优的，该情形最能提高逆向供应链的 WEEE 回收率。

本章还可以从以下几个方面进行扩展：①多个制造商竞争的环境下该奖惩机制得到的结论是否仍然成立。②随机需求环境下政府奖惩机制的设计问题。

第10章 制造商竞争环境下废旧产品回收的奖惩机制研究

本章的主要工作如下：研究两个制造商竞争情况下基于政府奖惩机制的制造商的废旧产品回收决策问题。具体研究分两种情况：一种情况是两个制造商中只有一个回收再制造废旧产品，另一种情况是两个制造商都回收再制造废旧产品。研究表明：奖惩机制下回收再制造废旧产品的制造商的回收率提高；无论制造商是否回收再制造废旧产品，其新产品销售价均比无奖惩机制时低，奖惩机制对消费者有利；制造商竞争有利于奖惩机制引导制造商提高废旧产品的回收率；回收率随着再制造率的提高而提高；无论另一个制造商回收再制造废旧产品与否，实施回收再制造的制造商的利润随奖惩力度的提高而增加，随政府规定的目标回收率的提高而降低，且奖惩力度越大，降低幅度越明显。

10.1 引　　言

随着循环经济、低碳经济和节能减排等理念的提出，废旧电器电子产品的回收再制造逐渐受到政府的重视。2003 年，欧盟出台了《废旧电器电子产品条例》。其实我国在相关方面的立法也很多，早在 1995 年，我国就颁布了《中华人民共和国固体废物污染环境防治法》。近年来又出台了一些法律法规：2004 年的《废旧家电及电子产品回收处理管理条例》；2008 年的《中华人民共和国循环经济促进法》；2009 年的《家电以旧换新实施办法》；同年，国务院第 551 号令公布并于2011 年施行的《废弃电器电子产品回收处理管理条例》，将废旧电视、冰箱、洗衣机、空调、电脑五类产品列入首批回收处理产品目录。该条例鼓励电子类产品制造商积极承担回收再制造废旧产品的责任。

在现有的文献中，国内外很多学者用到了许多不同的机制；Huang 等[108]运用市场竞争机制建立并比较了零售商和第三方回收商的双渠道回收闭环供应链模型，得到双回收渠道优于单回收渠道；唐秋生等[109]运用批量折扣协调机制对MeRCRM 型闭环供应链进行研究，得到通过设计适当的数量折扣可以达到有效协调渠道冲突、消除闭环供应链中的"双重边际化"现象；郭军华等[110]运用分担机制分析模型得到零售商及消费者均进行延伸责任的分担，并且制造商和零售商利润均有所增加，从而保证 EPR 的有效实施。本章设计的激励机制考虑了奖励与惩罚两种激励措施，奖励与惩罚相结合的机制起到经济杠杆的作用，促进企业在回收领域展开竞争，可以引导他们走向积极回收的良性轨道。

不少学者从供应链的视角研究废旧电器电子产品的回收再制造。Savaskan 等[67]研究了闭环供应链的回收模式的选择问题。在此基础上，Choi[111]研究了市场不同权力结构下两个制造商共用一个零售商的决策问题。

废旧产品回收再制造是一个涉及政府、企业和消费者的社会性问题，政府的引导作用非常重要。以上文献一般假设制造商具有回收再制造的积极性，实际问题中制造商并不总是具有回收再制造废旧产品的积极性，需要政府给予必要的引导。已有部分文献探讨了政府引导废旧产品回收再制造的问题。汪翼等[48]研究制造商和分销商责任制，得到两者对供应链的绩效无影响，但通过回收可变费用影响收益在供应链成员之间分配的结论。Mitra 和 Webster[37]探讨了政府的再制造补贴对制造商和再制造商利润的影响，通过比较只补贴再制造商、只补贴制造商及补贴制造商和再制造商三种情形，得到结论：补贴由制造商和再制造商分享最好。

以上文献为本章的研究提供了重要借鉴，特别是政府引导企业进行废旧产品回收再制造的文献。这些文献实质是围绕 EPR 原则，研究废旧产品回收再制造的责任分担问题，可以看出，制造商在废旧产品回收再制造方面是关键角色之一。对于政府这个关键角色，大部分文献研究政府针对制造商给予补贴或立法约束下定价类契约机制实现高效回收再制造废旧产品的条件。而政府根据制造商的绩效（如回收率、回收量等）提供激励机制，引导他们积极回收再制造废旧产品的研究尚不多见。奖励与惩罚相结合的激励机制，简称奖惩机制，政府通过合理设置机制参数，可以兼顾废旧产品回收再制造的系统效率与社会公平。

但有些文献没有考虑制造商竞争的环境下，闭环供应链中利益相关者的决策问题，本章从上述角度出发，设计和定义了闭环供应链中的制造商在正向和逆向供应链分别进行竞争，在正向供应链中体现为产品价格竞争，在逆向供应链中体现为回收率的竞争。具体分析如下：现实问题中，制造商在考虑回收再制造废旧产品时一般考虑竞争对手的回收再制造决策情况，并据此决策。本章探讨多个制造商竞争环境下基于政府奖惩机制的废旧产品回收再制造决策问题。这里的竞争不单纯是正向供应链的产品价格竞争，还有逆向供应链中的废旧产品回收率竞争，是一种复合竞争。根据制造商是否回收再制造可将制造商竞争分为三种情况：两个制造商均不回收再制造；只有一个制造商回收再制造；两个制造商均回收再制造。由于第一种情况与废旧产品回收再制造无关，故不讨论。本章讨论只有一个制造商回收再制造和两个制造商均回收再制造情形下制造商的竞争决策。对于每种情形，根据有无政府奖惩机制分别建模，并比较决策结果。最后总结竞争环境下的制造商回收再制造的决策规律。

10.2　模型假设与变量定义

假设两个制造商处于双寡头垄断的市场环境中分别对其回收再制造问题决策。他们根据利益最大化原则决定废旧产品的回收率及新产品销售价格。制造商可以完全用原材料生产新产品，也可以使用回收产品的部分零部件生产。回收废旧产品需要的固定投资包括回收网络的建设投资及广告费用等。假设 I、τ 分别为制造商对废旧产品回收的固定投资及相应的回收率，设 $\tau = c\sqrt{I}$，其中 c 为规模系数。等价地，$I = h\tau^2$，其中，$h = 1/c^2$，h 为制造商从消费者处回收废旧产品的难度系数。假设制造商回收与处理（包括分拣，清洗等）废旧产品的单位可变成本为 c_s，用处理过的回收产品再制造为新产品的单位费用为 c_r，而用新零部件生产产品的单位费用为 c_n，假设再制造产品和新制造产品同质。记 $\Delta = c_n - c_s - c_r$ 表示再制造的成本优势。λ 表示废旧产品的再制造率。

不回收再制造的制造商和回收再制造废旧产品的制造商生产的产品在市场上具有替代性，价格分别为 p_n 和 p_y。两制造商生产的产品的需求曲线分别为 $D_i(p_i, p_j) = \phi_i - p_i + \varepsilon p_j$，$i \neq j$，$i, j = n, y$。其中 ϕ_i 表示 i 制造商的市场规模，ε 为产品的替代系数，$0 < \varepsilon < 1$。

10.3　只有一个制造商回收再制造情况下两制造商的竞争决策

10.3.1　无奖惩机制且只有一个制造商回收再制造情况下两制造商的竞争决策

不回收再制造废旧产品的制造商利润为

$$\max_{p_n} \ \pi_n = (\phi_n - p_n + \varepsilon p_y)(p_n - c_n) \tag{10.1}$$

回收再制造废旧产品的制造商利润由两部分构成，一部分是用回收的废旧产品零部件或材料生产获得的利润，另一部分是用新材料生产获得的利润，它们的比例取决于回收率和再制造率。因此，回收再制造废旧产品的制造商利润为

$$\max_{p_y, \tau} \ \pi_y = (1 - \lambda\tau)(\phi_y - p_y + \varepsilon p_n)(p_y - c_n) + \lambda\tau(\phi_y - p_y + \varepsilon p_n)(p_y - c_s - c_r) - h\tau^2$$

$$= (\phi_y - p_y + \varepsilon p_n)(p_y - c_n + \lambda\tau\Delta) - h\tau^2 \tag{10.2}$$

命题 10.1 当 $4h - (\lambda\Delta)^2 > 0$ 时，式（10.2）给出的利润函数是严格凹函数，有唯一最大值。

证明 式（10.2）的黑塞矩阵为 $\begin{bmatrix} -2 & -\lambda\Delta \\ -\lambda\Delta & -2h \end{bmatrix}$，一阶顺序主子式 $-2 < 0$，二阶顺序主子式 $4h - (\lambda\Delta)^2 > 0$ 时，满足式（10.2）的利润函数为严格凹函数的条件，故有唯一的最大值。

两个制造商进行价格竞争，由一阶条件 $\partial \pi_n / \partial p_n = 0$，$\partial \pi_y / \partial p_y = 0$，$\partial \pi_y / \partial \tau = 0$ 分别得

$$2p_n - c_n - \phi_n - \varepsilon p_y = 0 \tag{10.3}$$

$$2p_y - \phi_y - \varepsilon p_n - c_n + \lambda\tau\Delta = 0 \tag{10.4}$$

$$\lambda\Delta(\phi_y - p_y + \varepsilon p_n) - 2h\tau = 0 \tag{10.5}$$

为表示方便，下文中令 $X = \dfrac{(\lambda\Delta)^2}{2h}$，联立式（10.3）～式（10.5）得

$$p_n^* = \frac{(2-X)(\phi_n + c_n) + \varepsilon(1-X)\phi_y + \varepsilon c_n}{4 - \varepsilon^2 + X(\varepsilon^2 - 2)} \tag{10.6}$$

$$p_y^* = \frac{\varepsilon(1-X)(\phi_n + c_n) + 2(1-X)\phi_y + 2c_n}{4 - \varepsilon^2 + X(\varepsilon^2 - 2)} \tag{10.7}$$

$$\tau^* = \frac{\lambda\Delta[2\phi_y + \varepsilon(\phi_n + c_n) + (\varepsilon^2 - 2)c_n]}{2h[4 - \varepsilon^2 + X(\varepsilon^2 - 2)]} \tag{10.8}$$

10.3.2 有奖惩机制且只有一个制造商回收再制造情况下制造商的竞争决策

本章沿用文献[52]中的政府奖惩机制的设计方法，该机制旨在政府根据实际回收率与目标回收率的差额采取一定力度的奖惩措施。奖惩机制为该差额与单位奖惩力度的乘积。设 τ_0 为政府规定的目标回收率，k 表示单位奖惩力度（为了公平起见，奖励和惩罚力度相同，力度不同的情况亦可作为扩展研究探讨），奖惩额度 $S(\tau)$ 是回收率的函数，$S(\tau) = k(\tau - \tau_0), k > 0$。

不回收再制造废旧产品和回收再制造废旧产品的制造商利润分别为

$$\max_{p_n} \pi_n = (\phi_n - p_n + \varepsilon p_y)(p_n - c_n) - k\tau_0 \tag{10.9}$$

$$\max_{p_y, \tau} \pi_y = (\phi_y - p_y + \varepsilon p_n)(p_y - c_n + \lambda\tau\Delta) - h\tau^2 + k(\tau - \tau_0) \tag{10.10}$$

与 10.3.1 节相似，两制造商进行新产品价格和废旧产品回收率的竞争，分别由 $\partial \pi_n / \partial p_n = 0$，$\partial \pi_y / \partial p_y = 0$，$\partial \pi_y / \partial \tau = 0$ 联立得

$$p_n^k = \frac{(2-X)(\phi_n + c_n) + \varepsilon[(1-X)\phi_y + c_n - \lambda\Delta k/2h]}{4-\varepsilon^2 + X(\varepsilon^2-2)} \qquad (10.11)$$

$$p_y^k = \frac{\varepsilon(1-X)(\phi_n + c_n) + 2(1-X)\phi_y + 2c_n - \lambda\Delta k/h}{4-\varepsilon^2 + X(\varepsilon^2-2)} \qquad (10.12)$$

$$\tau^k = \frac{\lambda\Delta}{2h}\left[\frac{2\phi_y + \varepsilon(\phi_n + c_n) + (\varepsilon^2-2)c_n + \lambda\Delta(2-\varepsilon^2)k/2h}{4-\varepsilon^2 + X(\varepsilon^2-2)}\right] + \frac{k}{2h} \qquad (10.13)$$

命题 10.2　奖惩机制下回收再制造废旧产品的制造商回收率增加。

证明　由 $\tau^k - \tau^* = \frac{1}{2h}\left[\frac{(4-\varepsilon^2)k}{4-\varepsilon^2 + X(\varepsilon^2-2)}\right]$，若 $4-\varepsilon^2 + X(\varepsilon^2-2) > 0$ 即 $X = \frac{(\lambda\Delta)^2}{2h}$，

而 $4h-(\lambda\Delta)^2 > 0$，即 $(\lambda\Delta)^2 < 4h$，故 $X < 2$，由 $0 < \varepsilon < 1$ 知，$\varepsilon^2 - 2 < 0$，故 $4-\varepsilon^2 + X(\varepsilon^2-2) > 4-\varepsilon^2 + 2(\varepsilon^2-2) = \varepsilon^2 > 0$，故 $\tau^k > \tau^*$。

命题 10.3　$p_n^k < p_n^*$；$p_y^k < p_y^*$。

证明　$p_n^k - p_n^* = \frac{-\varepsilon\lambda\Delta k}{2h[4-\varepsilon^2 + X(\varepsilon^2-2)]} < 0$ 和 $p_y^k - p_y^* = \frac{-\lambda\Delta k}{h[4-\varepsilon^2 + X(\varepsilon^2-2)]} < 0$，

故命题 10.3 成立。

命题 10.3 表明，政府奖惩机制下无论制造商是否回收再制造废旧产品，两个竞争制造商的新产品销售价均比无奖惩机制时低。由命题 10.3 可知，奖惩机制对消费者有利。

10.4　两个制造商皆回收再制造的竞争决策

10.4.1　无奖惩机制下两个制造商皆回收再制造的竞争决策

记高再制造成本优势的制造商变量的下标为 h，低再制造成本优势制造商变量的下标为 1。记 $\Delta_h = c_n - c_{s_h} - c_{r_h}$，$\Delta_l = c_n - c_{s_l} - c_{r_l}$，再制造成本优势 $\Delta_h > \Delta_l$。假设两制造商用新材料制造产品的单位成本相同，均为 c_n。因本章主要探讨奖惩机制和竞争环境下制造商的回收再制造决策，主要研究结论不受该假设的影响，另一方面，该假设简化了数学计算的复杂性。

高再制造成本优势的制造商与低再制造成本优势的制造商生产的产品具有替代性，价格分别记为 p_h 和 p_l。类似地，两个制造商新产品的需求曲线[8, 9]分别为 $D_h(p_h, p_l) = \phi_h - p_h + \varepsilon p_l$，$D_l(p_h, p_l) = \phi_l - p_l + \varepsilon p_h$。其中 ϕ_h、ϕ_l 分别表示两制造商的市场规模，ε 为产品的替代系数，$0 < \varepsilon < 1$。

无政府奖惩机制下高再制造成本优势制造商与低再制造成本优势制造商的利润目标函数分别为

$$\max_{p_{\mathrm{h}}, \tau_{\mathrm{h}}} \; \pi_{\mathrm{h}} = (\phi_{\mathrm{h}} - p_{\mathrm{h}} + \varepsilon p_{\mathrm{l}})(p_{\mathrm{h}} - c_{\mathrm{n}} + \lambda \tau_{\mathrm{h}} \Delta_{\mathrm{h}}) - h\tau_{\mathrm{h}}^2 \qquad (10.14)$$

$$\max_{p_{\mathrm{l}}, \tau_{\mathrm{l}}} \; \pi_{\mathrm{l}} = (\phi_{\mathrm{l}} - p_{\mathrm{l}} + \varepsilon p_{\mathrm{h}})(p_{\mathrm{l}} - c_{\mathrm{n}} + \lambda \tau_{\mathrm{l}} \Delta_{\mathrm{l}}) - h\tau_{\mathrm{l}}^2 \qquad (10.15)$$

命题 10.4　当 $4h - (\lambda\Delta_{\mathrm{h}})^2 > 0$ 时，式（10.14）和式（10.15）给出的利润函数是严格凹函数，有唯一最大值。

证明　式（10.14）的黑塞矩阵为 $\begin{bmatrix} -2 & -\lambda\Delta \\ -\lambda\Delta_{\mathrm{h}} & -2h \end{bmatrix}$，式（10.15）的黑塞矩阵为 $\begin{bmatrix} -2 & -\lambda\Delta \\ -\lambda\Delta_{\mathrm{l}} & -2h \end{bmatrix}$，一阶顺序主子式 $-2 < 0$，二阶顺序主子式 $4h - (\lambda\Delta_{\mathrm{h}})^2 > 0$ 且 $4h - (\lambda\Delta_{\mathrm{l}})^2 > 0$ 时，满足式（10.14）和式（10.15）的利润函数为严格凹函数的条件，又因 $\Delta_{\mathrm{h}} > \Delta_{\mathrm{l}}$，故当 $4h - (\lambda\Delta_{\mathrm{h}})^2 > 0$ 时，满足两式的严格凹性，式（10.14）和式（10.15）给出的利润函数均有唯一最大值。

由一阶条件 $\partial\pi_{\mathrm{h}}/\partial p = 0$，$\partial\pi_{\mathrm{h}}/\partial\tau_{\mathrm{h}} = 0$，$\partial\pi_{\mathrm{l}}/\partial p_{\mathrm{l}} = 0$，$\partial\pi_{\mathrm{l}}/\partial\tau_{\mathrm{l}} = 0$ 分别得

$$-2p_{\mathrm{h}} + c_{\mathrm{n}} - \lambda\Delta_{\mathrm{h}}\tau_{\mathrm{h}} + \phi_{\mathrm{h}} + \varepsilon p_{\mathrm{l}} = 0 \qquad (10.16)$$

$$\lambda\Delta_{\mathrm{h}}(\phi_{\mathrm{h}} - p_{\mathrm{h}} + \varepsilon p_{\mathrm{l}}) - 2h\tau_{\mathrm{h}} = 0 \qquad (10.17)$$

$$\phi_{\mathrm{l}} - 2p_{\mathrm{l}} + \varepsilon p_{\mathrm{h}} + c_{\mathrm{n}} - \lambda\Delta_{\mathrm{l}}\tau_{\mathrm{l}} = 0 \qquad (10.18)$$

$$\lambda\Delta_{\mathrm{l}}(\phi_{\mathrm{l}} - p_{\mathrm{l}} + \varepsilon p_{\mathrm{h}}) - 2h\tau_{\mathrm{l}} = 0 \qquad (10.19)$$

联立式（10.16）～式（10.19），运用计算机设计程序易得 p_{h}、p_{l}、τ_{h}、τ_{l} 的解。考虑到其表达式烦琐，此处不再写出。

10.4.2　奖惩机制下两个制造商皆回收再制造的竞争决策

奖惩机制下高再制造成本优势制造商与低再制造成本优势制造商的利润目标函数分别为

$$\max_{p_{\mathrm{h}}, \tau_{\mathrm{h}}} \; \pi_{\mathrm{h}} = (\phi_{\mathrm{h}} - p_{\mathrm{h}} + \varepsilon p_{\mathrm{l}})(p_{\mathrm{h}} - c_{\mathrm{n}} + \lambda \tau_{\mathrm{h}} \Delta_{\mathrm{h}}) - h\tau_{\mathrm{h}}^2 + k(\tau_{\mathrm{h}} - \tau_0) \qquad (10.20)$$

$$\max_{p_{\mathrm{l}}, \tau_{\mathrm{l}}} \; \pi_{\mathrm{l}} = (\phi_{\mathrm{l}} - p_{\mathrm{l}} + \varepsilon p_{\mathrm{h}})(p_{\mathrm{l}} - c_{\mathrm{n}} + \lambda \tau_{\mathrm{l}} \Delta_{\mathrm{l}}) - h\tau_{\mathrm{l}}^2 + k(\tau_{\mathrm{l}} - \tau_0) \qquad (10.21)$$

与 10.4.1 节相似，当 $4h - (\lambda\Delta_{\mathrm{h}})^2 > 0$ 时，式（10.20）和式（10.21）给出的利润函数是严格凹函数，有唯一最大值。

由一阶条件 $\partial\pi_{\mathrm{h}}/\partial p_{\mathrm{h}} = 0$，$\partial\pi_{\mathrm{h}}/\partial\tau_{\mathrm{h}} = 0$，$\partial\pi_{\mathrm{l}}/\partial p_{\mathrm{l}} = 0$，$\partial\pi_{\mathrm{l}}/\partial\tau_{\mathrm{l}} = 0$ 分别得

$$-2p_{\mathrm{h}} + c_{\mathrm{n}} - \lambda\Delta_{\mathrm{h}}\tau_{\mathrm{h}} + \phi_{\mathrm{h}} + \varepsilon p_{\mathrm{l}} = 0 \qquad (10.22)$$

$$\lambda\Delta_{\mathrm{h}}(\phi_{\mathrm{h}} - p_{\mathrm{h}} + \varepsilon p_{\mathrm{l}}) - 2h\tau_{\mathrm{h}} + k = 0 \qquad (10.23)$$

$$\phi_{\mathrm{l}} - 2p_{\mathrm{l}} + \varepsilon p_{\mathrm{h}} + c_{\mathrm{n}} - \lambda\Delta_{\mathrm{l}}\tau_{\mathrm{l}} = 0 \qquad (10.24)$$

$$\lambda\Delta_{\mathrm{l}}(\phi_{\mathrm{l}} - p_{\mathrm{l}} + \varepsilon p_{\mathrm{h}}) - 2h\tau_{\mathrm{l}} + k = 0 \qquad (10.25)$$

联立式（10.22）～式（10.25），构成四元一次方程组，运用计算机设计程序易得 p_h、p_l、τ_h、τ_l 的解。与 10.4.1 节类似，解的表达式烦琐，不再列出。10.4.1 节中与该节利润、价格和回收率变量的解随奖惩力度、目标回收率及产品的替代系数（反映了竞争的程度）的变化规律将在算例部分做进一步地仿真分析。

10.5　算 例 分 析

本节首先通过算例分析比较同一组参数下只有一个制造商回收再制造情况的竞争决策；然后考察两个制造商皆回收再制造情况的竞争决策。假设某电器电子产品制造商的有关参数为：$\Delta=2$，$\phi_n=\phi_y=300$，$c_n=20$，$\lambda=0.5$，$\Delta_h=2$，$\Delta_l=1$，$\phi_h=300$，$\phi_l=200$，$\varepsilon=0.2$，$k=20$，$\tau_0=0.5$，$h=100$。将参数值代入式（10.6）～式（10.8）和式（10.11）～式（10.13）得：$p_n^*=177.7468$，$p_y^*=177.3873$，$\tau^*=0.7909$，$\pi_y^*=24955.2376$；$p_n^k=177.7418$，$p_y^k=177.3367$，$\tau^k=0.8911$，$\pi_y^k=24963.8990$。该结果进一步验证了命题 10.2 和命题 10.3 的正确性。并由 $\pi_y^k>\pi_y^*$ 可知，奖惩机制下回收再制造废旧产品的制造商的利润增加。制造商的利润随奖惩力度和目标回收率的变化情况如图 10.1～图 10.6 所示。

从图 10.1～图 10.3 可以看出，当两个制造商均回收再制造废旧产品时，其回收率随奖惩力度、产品替代系数及再制造率的变化趋势保持一致。随着奖惩力度的增加，两制造商的回收率均提高，且高成本优势制造商的回收率高于低成本优势制造商的回收率。这一方面说明奖惩机制的有效性，另一方面说明高成本优势制造商更容易接受政府奖惩机制。产品替代系数反映了两个制造商的竞争程度，

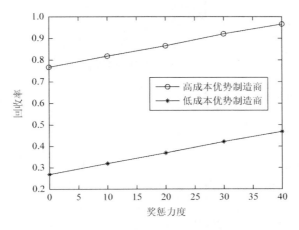

图 10.1　回收率随奖惩力度的变化趋势

替代系数越大，说明竞争程度越高，图 10.2 表明回收率随着制造商竞争程度的增加而提高，由此可见制造商竞争更利于政府奖惩机制引导制造商提高废旧产品回收率。图 10.3 显示回收率随再制造率的增加而提高，同样的再制造率时高成本优势制造商的回收率大于低成本优势制造商的回收率，且再制造率越大，两者之间的回收率差别越大。

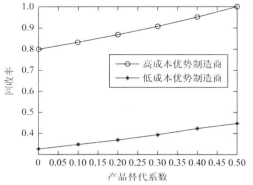 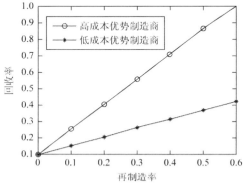

图 10.2　回收率随产品替代系数的变化趋势　　　图 10.3　回收率随再制造率的变化趋势

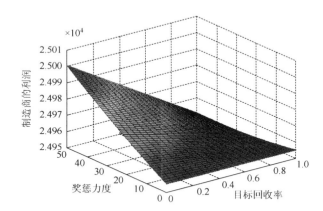

图 10.4　实施回收再制造的制造商的利润随奖惩力度和目标回收率的变化趋势

由图 10.4 可知，实施回收再制造的制造商利润随奖惩力度的增加而提高，随目标回收率的增加而降低，且奖惩力度越大，降低幅度越明显。图 10.5 和图 10.6 表明，随着奖惩力度的增加，高再制造成本优势和低再制造成本优势的制造商利润均提高，随着目标回收率的增加，高再制造成本优势和低再制造成本优势的制造商利润均降低。

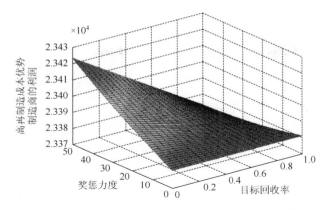

图 10.5 高再制造成本优势制造商的利润随奖惩力度和目标回收率的变化趋势

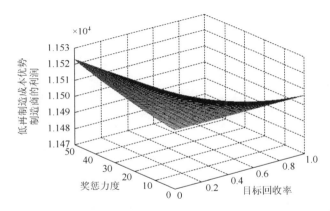

图 10.6 低再制造成本优势制造商的利润随奖惩力度和目标回收率的变化趋势

10.6 结　　语

本章研究了两个制造商竞争情况下基于政府奖惩机制的制造商回收再制造决策问题，讨论了只有一个制造商回收再制造和两个制造商均回收再制造的情况，每种情况又分别比较了有无奖惩机制的决策。与文献[27]和文献[106]相同的结论为：回收率随奖惩力度的增加而提高，制造商的利润随奖惩力度的增加而提高。与文献[104]主张适中的目标回收率水平不同，本章研究发现竞争环境下随着目标回收率的增加，高再制造成本优势和低再制造成本优势制造商的利润均降低。综上，本章的主要结论如下：

（1）奖惩机制下回收再制造废旧产品的制造商回收率和利润均提高；奖惩机制下无论制造商是否回收再制造废旧产品，他们的新产品销售价均比无奖惩机制时低，奖惩机制对消费者有利。

（2）随着奖惩力度的增加，两制造商的回收率均提高；制造商竞争有利于政府奖惩机制引导制造商提高废旧产品的回收率；回收率随再制造率的增加而提高，再制造率相同时高再制造成本优势制造商的回收率大于低再制造成本优势制造商的回收率。

（3）无论另外一个制造商回收再制造废旧产品与否，实施回收再制造的制造商利润随奖惩力度的增加而提高，随目标回收率的增加而降低，且奖惩力度越大，降低幅度越明显。

在两个制造商构成的双寡头竞争的基础上，本章的研究易扩展到多个制造商竞争情况，作者将进一步探讨。另外，以上结论成立的条件是政府与制造商之间信息完全对称，关于信息不对称的情况，上述结论不一定适用。进一步研究方向为信息不对称下基于奖惩机制的废旧产品回收再制造决策问题。

第 11 章　制造商竞争环境下逆向供应链的政府奖惩机制研究

本章的主要工作如下：主要探讨制造商竞争环境下的逆向供应链奖惩机制，建立了五个决策模型，分别是逆向供应链集中式决策模型、以逆向供应链和不回收再制造的制造商的总利润为目标决策模型、逆向供应链分散式决策模型、政府对制造商实施奖惩机制以及政府对回收商实施奖惩机制下逆向供应链的决策模型。研究表明：竞争对回收率提高有益，竞争越激烈回收率越高；积极回收再制造的制造商的新产品零售价较低，具有价格竞争优势；奖惩制造商和奖惩回收商均能起到提高回收率的作用，奖惩力度越大，回收率越高，新产品零售价越低；奖惩制造商比奖惩回收商更能调动制造商和回收商的积极性；奖惩制造商时的回购价高于奖惩回收商时的回购价；在实施奖惩机制时，回收再制造的制造商利润高于不回收再制造的制造商的利润；不回收再制造的制造商的利润随奖惩力度的增大而降低。

11.1　引　　言

近年来国内外有一些文献致力于逆向物流与逆向/闭环供应链的研究。达庆利等[71]论述了逆向物流系统结构研究的现状并展望了未来的研究方向。Savaskan 等[67]分析了逆向供应链的结构选择问题。再制造逆向供应链问题涉及不少利益相关者，要顺利实现 WEEE 的回收再制造，必须保证他们的利益协调。已有部分文献研究了再制造逆向供应链的协调问题。政府是逆向供应链的利益相关者之一。王文宾和达庆利[60]初步探讨了政府针对制造商和回收商的逆向供应链奖励与奖惩机制，发现政府给予制造商比给予回收商奖惩机制更能调动制造商和回收商的积极性。

政府奖惩机制的许多优点已经在已有文献中得到了验证[52-60]。然而，鲜有考虑制造商竞争环境下奖惩机制的研究。本章考虑由两个制造商、一个回收商和消费者构成的逆向供应链，制造商竞争环境下逆向供应链的政府奖惩机制如何设计才能有效引导制造商和回收商提高废旧产品的回收率？为探讨该问题，本章以回收率、目标回收率、奖惩力度等为主要参数，建立各种情况下制造商与回收商的博弈模型，即：无竞争下逆向供应链集中式决策；制造商竞争，以逆向供应链和制造商的总利润最大化为目标决策；制造商竞争，逆向供应链分散式决策；政府对制造商实施奖惩机制的逆向供应链决策；政府对回收商实施奖惩机制的逆向供应链决策五种情形的模型，得到各种情形下逆向供应链的定价和回收率决策，特别是通过比较回收率、新产品零售价的大小，探讨政府奖惩机制的规律，以期通过政府奖惩机制提高废旧产品的回收率。

11.2　问　题　描　述

考虑区域内有少数几个电器电子产品制造商，市场结构为寡头垄断。为不失一般性，不妨将寡头制造商数目设为两个[①]，政府实施奖惩机制，假设一个制造商不回收再制造 WEEE，另一个制造商回收再制造 WEEE。为了表示方便，制造商 n (no) 为不回收再制造的制造商（这种类型的制造商对政府奖惩机制持消极态度，宁可被处罚也不回收再制造 WEEE），制造商 y (yes) 表示从事回收再制造的制造商。本章试图探讨政府奖惩机制引入后，两制造商竞争会受到什么影响，从而讨论如何设计奖惩机制才能更好地引导制造商积极回收再制造 WEEE。根据计国君和黄位旺[43]的研究结论"单独回收比集体回收责任下制造商更倾向于再制造"，假设制造商只回收市场中自己品牌的 WEEE。

奖惩机制下逆向供应链的一般结构如图 11.1 所示。政府给予制造商或回收商奖惩机制，机制主要包括奖惩力度、目标回收率等参数。制造商 y 和制造商 n 生产同一种电器电子产品，制造商 y 优先使用 WEEE 生产，当 WEEE 的数量不足时用新材料生产，制造商 n 不回收再制造 WEEE，完全采用新材料生产新产品。消费者分别以价格 p_y 和 p_n 购买制造商 y 和制造商 n 的新产品，大型第三方回收商从消费者那里回收 WEEE 的回收率为 τ，回收商不仅回收 WEEE，还承担拆解、分拣等处理工作，具有回收处理功能。制造商 y 以回购价 w 从回收商处回购 WEEE。政府的责任是引导逆向供应链成员积极回收再制造 WEEE，制造商是 WEEE 的主

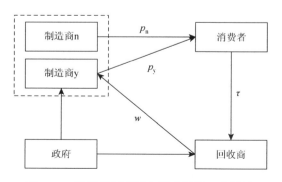

图 11.1　奖惩机制下逆向供应链的一般结构

---

① 多寡头的情形研究思路与两个寡头相似，通过对本章的模型进行扩展易得。

要责任者，主导逆向供应链。消费者既是新产品的购买者，又是 WEEE 的供应者。奖惩机制是政府给予制造商或回收商的，政府规定目标回收率，如果逆向供应链的回收率低于目标回收率，则制造商或回收商受到政府的经济惩罚，反之，得到政府的经济奖励。

11.2.1　符号说明

c_n：制造商采用新材料生产新产品的单位成本；

c_r：制造商使用 WEEE 生产新产品的单位成本；

Δ：制造商使用 WEEE 比使用新材料生产节约的单位成本（$\Delta = c_n - c_r$）；

p_n：制造商 n 的新产品零售价；

p_y：制造商 y 的新产品零售价；

w：制造商支付给回收商的单位 WEEE 回购价；

q_n：制造商 n 的新产品需求函数，$q_n = \phi - p_n + \varepsilon p_y$，其中 ϕ 为市场的潜在需求，ε 为产品替代系数，$0 < \varepsilon < 1$；

q_y：制造商 y 的新产品需求函数，$q_y = \phi - p_y + \varepsilon p_n$，其中 ϕ 为市场的潜在需求；

τ：回收的 WEEE 占新产品市场需求的比例，简称回收率，为回收商的决策变量，$\tau \in [0,1]$。τ 越大，说明制造商使用回收的 WEEE 进行再制造的产品越多；

τ_0：政府规定的最低回收率（目标回收率），当 $\tau > \tau_0$ 时，政府将给予制造商或回收商奖励，当 $\tau < \tau_0$ 时，政府将处罚制造商或回收商；

k：政府对制造商或回收商单位回收率的奖惩力度；

c：回收商的单位回收成本；

c_z：新产品的单位成本，由于新产品包含新制造产品和再制造产品，故 $c_z = \tau c_r + (1-\tau)c_n = c_n - \tau(c_n - c_r) = c_n - \Delta \tau$；

I：回收 WEEE 的固定投资；

b：回收 WEEE 的难度系数。

11.2.2　基本假设

（1）回收 WEEE 需要的固定投资为 I（包括回收网络的建设投资等），假设 $I = b\tau^2$，b 为回收 WEEE 的难度系数。

（2）回收的 WEEE 全部可用于再制造，用回收的 WEEE 再制造新产品的单位成本为 c_r，而用新材料制造新产品的单位成本为 c_n，且新产品同质，记 $\Delta = c_n - c_r$，故新产品的单位成本 $c_z = c_n(1-\tau) + c_r\tau = c_n - \Delta\tau$。为保证所建的逆向供应链模型有意义，需满足 $\Delta > c$，因为只有当回收产品的单位再制造成本低于用新材料制造的单位成本时制造商才有积极性回购 WEEE。

（3）制造商 n 和制造商 y 的潜在市场需求均为 ϕ。这个假设是为了避免不必要的数学计算，该假设不影响主要研究结论。

（4）制造商是逆向供应链的 Stackelberg 博弈领导者，回收再制造对新产品市场容量的影响忽略不计。

11.3 模 型 建 立

11.3.1 无竞争，逆向供应链集中式决策（基础情形，情形 1）

一方面为了与竞争情形下逆向供应链的决策进行比较，另一方面，一个制造商在一定区域内无竞争者（即完全垄断）的情况在我国的确存在[①]，故本节首先研究这种情形下逆向供应链的决策。作为基础情形，这是一种制造商回收再制造的集中式决策模式。文献[59]已对该情形做过探讨，考虑到论文的篇幅，此处不做详细解释。制造商的利润函数为 $\pi_m = (\phi - p)(p - \tau w - c_n + \tau\Delta)$，回收商的利润最大化目标函数为 $\pi_c = \tau(\phi - p)(w - c) - b\tau^2$。故该情形下逆向供应链集中式决策的目标函数[90]为

$$\max_{p_y, \tau} \ \pi = (\phi - p_y)[p_y - c_n + \tau(\Delta - c)] - b\tau^2 \tag{11.1}$$

根据式（11.1）的黑塞矩阵的负定与函数 π 为凹函数的等价关系易知 $4b - (\Delta - c)^2 > 0$ 成立才能确保式（11.1）有最优解。为保证回收率非负，需满足 $\Delta - c > 0$[85]。由 $\partial\pi/\partial p_y = 0$，$\partial\pi/\partial\tau = 0$ 联立得

$$p_y^0 = \frac{\phi[2b - (\Delta - c)^2] + 2bc_n}{4b - (\Delta - c)^2} \tag{11.2}$$

$$\tau^0 = \frac{(\phi - c_n)(\Delta - c)}{4b - (\Delta - c)^2} \tag{11.3}$$

11.3.2 制造商竞争，以逆向供应链和制造商 n 的总利润最大化为目标决策（基准情形，情形 2）

由于制造商是逆向供应链的 Stackelberg 博弈领导者，制造商 y 除了具有新产

品定价权，在与回收商的博弈中也处于主导地位，WEEE 的回购价由制造商 y 决定，因此，制造商 y 的决策变量为 p_y 和 w，其利润为销售新产品获得的收益与回购 WEEE 再制造新产品而节约的成本之和减回购 WEEE 的成本，故其利润最大化目标函数为

$$\max_{p_y, w} \pi_{my} = (\phi - p_y + \varepsilon p_n)(p_y - c_n) + (\phi - p_y + \varepsilon p_n)\tau\Delta - (\phi - p_y + \varepsilon p_n)\tau w$$

$$= (\phi - p_y + \varepsilon p_n)(p_y - c_n + \tau\Delta - \tau w) \qquad (11.4)$$

制造商 n 具有对其新产品的定价权，决策变量为 p_n，利润为销售收入，利润最大化目标函数为

$$\max_{p_n} \pi_{mn} = (\phi - p_n + \varepsilon p_y)(p_n - c_n) \qquad (11.5)$$

回收商根据制造商 y 的回购价决定 WEEE 的实际回收率，决策变量为 τ，利润最大化目标函数为

$$\max_{\tau} \pi_c = \tau(\phi - p_y + \varepsilon p_n)(w - c) - b\tau^2 \qquad (11.6)$$

该情形下制造商 y 与制造商 n 竞争，但以逆向供应链和制造商 n 的总利润最大化为目标。该情形下逆向供应链的成员企业包括制造商 y 和回收商，他们与制造商 n 虽然是竞争关系，但以企业集体的总利润最大化为目标。这是一个理想化的"超组织"，在现实中难以找到原型，之所以研究，是因为把它看成一个与其他情形比较的基准，也可以理解为有一个虚拟第三方（如政府或行业协会等）协调他们，让其追求总体利润最大化。两制造商及回收商均以逆向供应链与制造商 n 的总利润最大化为目标，其决策问题可以描述为

$$\max_{p_y, p_n, \tau} \pi = \pi_{my} + \pi_{mn} + \pi_c$$

$$= (\phi - p_y + \varepsilon p_n)[p_y - c_n + \tau(\Delta - c)] - b\tau^2 + (\phi - p_n + \varepsilon p_y)(p_n - c_n) \qquad (11.7)$$

π 关于决策变量 p_y、p_n 和 τ 的黑塞矩阵为

$$\begin{bmatrix} -2 & 2\varepsilon & \varepsilon(\Delta - c) \\ 2\varepsilon & -2 & -(\Delta - c) \\ \varepsilon(\Delta - c) & -(\Delta - c) & -2b \end{bmatrix}$$，该矩阵的一阶顺序主子式 $-2 < 0$，二阶顺序主子

式是 $4(1 - \varepsilon^2)$，由于 $0 < \varepsilon < 1$，故 $4(1 - \varepsilon^2) > 0$，三阶顺序主子式为 $-\dfrac{4\varepsilon(1 - \varepsilon^2)}{\Delta - c}[4b - (\Delta - c)^2]$，当 $4b - (\Delta - c)^2 > 0$ 时，三阶顺序主子式为负。故当 $4b - (\Delta - c)^2 > 0$ 时，根据式（11.7）的黑塞矩阵负定与函数 π 为凹函数的等价关系易可知式（11.7）有最优解。由 $\partial\pi / \partial p_n = 0$，$\partial\pi / \partial p_y = 0$，$\partial\pi / \partial\tau = 0$ 得

$$\varepsilon[p_y - c_n + \tau(\Delta - c)] + \phi - 2p_n + \varepsilon p_y + c_n = 0 \qquad (11.8)$$

$$\phi - 2p_y + (1 - \varepsilon)c_n - \tau(\Delta - c) + 2\varepsilon p_n = 0 \qquad (11.9)$$

$$(\phi - p_y + \varepsilon p_n)(\Delta - c) - 2b\tau = 0 \tag{11.10}$$

联立式（11.8）～式（11.10），求解该方程组得

$$p_n^1 = \frac{\phi + (1-\varepsilon)c_n}{2(1-\varepsilon)} \tag{11.11}$$

$$p_y^1 = \frac{(2-\varepsilon)\phi + \varepsilon(1-\varepsilon)c_n}{2(1-\varepsilon)} - \frac{2b[\phi - (1-\varepsilon)c_n]}{4b - (\Delta - c)^2}$$

$$= \frac{[4b - (2-\varepsilon)(\Delta - c)^2]\phi + (1-\varepsilon)[4b - \varepsilon(\Delta - c)^2]c_n}{2(1-\varepsilon)[4b - (\Delta - c)^2]} \tag{11.12}$$

$$\tau^1 = \frac{[\phi - (1-\varepsilon)c_n](\Delta - c)}{4b - (\Delta - c)^2} \tag{11.13}$$

11.3.3　制造商竞争，逆向供应链分散式决策（情形3）

该情形下制造商 y、制造商 n 及回收商不再和 11.3.2 节那样以逆向供应链和制造商 n 的总利润最大化为目标，而是各自根据利润最大化决策。制造商 y、制造商 n 及回收商的利润最大化目标函数分别如式（11.4）～式（11.6）所示。由逆向归纳法对模型进行求解，求解思路分为两个阶段：第一阶段，求解回收商的回收率决策，将回收率决策的表达式代入制造商的利润函数；第二阶段，求解两制造商同时进行竞争的博弈模型。

首先由 $\partial \pi_r / \partial \tau = 0$ 得

$$\tau = (\phi - p_y + \varepsilon p_n)(w - c) / 2b \tag{11.14}$$

将式（11.14）代入式（11.4），由 $\partial \pi_{my} / \partial p_y = 0$ 和 $\partial \pi_{my} / \partial w = 0$ 得

$$b(\phi - 2p_y + c_n + \varepsilon p_n) + (\phi - p_y + \varepsilon p_n)(w - c)(w - \Delta) = 0 \tag{11.15}$$

$$w = (\Delta + c) / 2 \tag{11.16}$$

由 $\partial \pi_{mn} / \partial p_n = 0$ 得

$$\phi - 2p_n + \varepsilon p_y + c_n = 0 \tag{11.17}$$

联立式（11.15）～式（11.17）得逆向供应链（成员包括制造商 y 和回收商）和制造商 n 的决策为

$$p_n^* = \frac{[8b + 4b\varepsilon - (\Delta - c)^2](\phi + c_n) - \varepsilon\phi(\Delta - c)^2}{16b - 4b\varepsilon^2 - (2 - \varepsilon^2)(\Delta - c)^2} \tag{11.18}$$

$$p_y^* = \frac{[8b - \varepsilon(\Delta - c)^2](\phi + c_n) + 2\phi[2b\varepsilon - (\Delta - c)^2]}{16b - 4b\varepsilon^2 - (2 - \varepsilon^2)(\Delta - c)^2} \tag{11.19}$$

$$w^* = \frac{\Delta + c}{2} \tag{11.20}$$

$$\tau^* = \frac{2b(\Delta - c)[(\varepsilon^2 + 2)\phi + (\varepsilon^2 + 2\varepsilon - 2)c_n]}{16b - 4b\varepsilon^2 - (2 - \varepsilon^2)(\Delta - c)^2} \tag{11.21}$$

11.3.4　政府对制造商实施奖惩机制的逆向供应链决策（情形 4）

基于生产者延伸责任制的思想，该情况下政府给予制造商奖惩机制，以引导其领导回收商回收较多的 WEEE。机制的设计方法与文献[90]一致。制造商 y 的目标函数除了式（11.4），还包括政府奖惩机制引入后的奖励或惩罚额度，根据 11.2.1 节中的符号说明，k 为政府对制造商或回收商单位回收率的奖惩力度，τ_0 为政府规定的最低回收率（目标回收率），故 $k(\tau - \tau_0)$ 表示奖励或惩罚额度，当 $\tau > \tau_0$ 时，政府将给予制造商的奖励额度与 $\tau - \tau_0$ 成正比，当 $\tau < \tau_0$ 时，$\tau - \tau_0$ 为负，政府处罚制造商的罚款额度也采用同样的力度 k 以确保公平性和易操作性，故奖励或罚款额度均为 $k(\tau - \tau_0)$。制造商 n 因为不回收 WEEE，其回收率为零，故根据政府奖惩机制的额度计算公式 $k(\tau - \tau_0)$，其要被罚款的额度为 $k\tau_0$。因此，制造商 y、制造商 n 及回收商的利润最大化目标函数分别为

$$\max_{p_y, w} \pi_{my} = (\phi - p_y + \varepsilon p_n)(p_y - c_n + \tau\Delta - \tau w) + k(\tau - \tau_0) \tag{11.22}$$

$$\max_{p_n} \pi_{mn} = (\phi - p_n + \varepsilon p_y)(p_n - c_n) - k\tau_0 \tag{11.23}$$

$$\max_{\tau} \pi_c = \tau(\phi - p_y + \varepsilon p_n)(w - c) - b\tau^2 \tag{11.24}$$

与 11.3.3 节同样的求解顺序解得

$$p_y^m = \frac{[8b + 4b\varepsilon - \varepsilon(\Delta - c)^2](\phi + c_n) - 2\phi(\Delta - c)^2 - 2(\Delta - c)k}{16b - 4b\varepsilon^2 - (2 - \varepsilon^2)(\Delta - c)^2} \tag{11.25}$$

$$p_n^m = \frac{(\phi + c_n)[8b + 4b\varepsilon - (\Delta - c)^2] - \varepsilon\phi(\Delta - c)^2 - \varepsilon k(\Delta - c)}{16b - 4b\varepsilon^2 - (2 - \varepsilon^2)(\Delta - c)^2} \tag{11.26}$$

$$w^m = \frac{\Delta + c}{2} + \frac{k[16b - 4b\varepsilon^2 - (2 - \varepsilon^2)(\Delta - c)^2]}{2[(8b + 4b\varepsilon)(\phi - c_n + \varepsilon c_n) + k(2 - \varepsilon^2)(\Delta - c)]} \tag{11.27}$$

$$\tau^m = \frac{(2 + \varepsilon)(\phi - c_n + \varepsilon c_n)(\Delta - c) + k(4 - \varepsilon^2)}{16b - 4b\varepsilon^2 - (2 - \varepsilon^2)(\Delta - c)^2} \tag{11.28}$$

11.3.5　政府对回收商实施奖惩机制的逆向供应链决策（情形 5）

制造商是 WEEE 回收的主要责任者，政府对制造商实施奖惩机制是间接地引导回收商提高 WEEE 的回收率，最直接的方法是政府对回收商实施奖惩机制。除了对制造商实施奖惩机制，不妨探讨一下政府给予回收商奖惩机制对 WEEE 的回收率提高是否有效，与其他情形相比对制造商 y、制造商 n 及回收商的决策产生的影响又有何不同。故本节探讨政府给予回收商奖惩机制，以期引导回收商回收

较多的 WEEE。奖惩机制的设计与 11.3.4 节情形 4 相同，只是针对回收商而不是制造商。制造商 y、制造商 n 和回收商的利润最大化目标函数分别为

$$\max_{p_y,w} \pi_{my} = (\phi - p_y + \varepsilon p_n)(p_y - c_n + \tau\Delta - \tau w) \tag{11.29}$$

$$\max_{p_n} \pi_{mn} = (\phi - p_n + \varepsilon p_y)(p_n - c_n) \tag{11.30}$$

$$\max_{\tau} \pi_c = \tau(\phi - p_y + \varepsilon p_n)(w - c) - b\tau^2 + k(\tau - \tau_0) \tag{11.31}$$

与 11.3.3 节情形 3 同样的求解顺序解得

$$p_y^c = \frac{[8b + 4b\varepsilon - \varepsilon(\Delta-c)^2](\phi+c_n) - 2\phi(\Delta-c)^2 - 2(\Delta-c)k}{16b - 4b\varepsilon^2 - (2-\varepsilon^2)(\Delta-c)^2} \tag{11.32}$$

$$p_n^c = \frac{[8b + 4b\varepsilon - (\Delta-c)^2](\phi+c_n) - \varepsilon\phi(\Delta-c)^2 - \varepsilon k(\Delta-c)}{16b - 4b\varepsilon^2 - (2-\varepsilon^2)(\Delta-c)^2} \tag{11.33}$$

$$w^c = \frac{\Delta+c}{2} - \frac{k[16b - 4b\varepsilon^2 - (2-\varepsilon^2)(\Delta-c)^2]}{2[(8b+4b\varepsilon)(\phi-c_n+\varepsilon c_n) + k(2-\varepsilon^2)(\Delta-c)]} \tag{11.34}$$

$$\tau^c = \frac{(2+\varepsilon)(\phi-c_n+\varepsilon c_n)(\Delta-c) + k(4-\varepsilon^2)}{16b - 4b\varepsilon^2 - (2-\varepsilon^2)(\Delta-c)^2} \tag{11.35}$$

11.4　五种情形下逆向供应链的决策比较及分析

命题 11.1　$\tau^1 > \tau^0$。

证明　$\tau^1 - \tau^0 = \dfrac{\varepsilon c_n(\Delta-c)}{4b-(\Delta-c)^2} > 0$，故命题 11.1 得证。

从命题 11.1 可以看出，制造商竞争环境下，以逆向供应链和制造商 n 的总利润最大化为目标（类似于有虚拟第三方协调的集中式决策）情形下制造商 y 的回收率比无竞争集中式决策情形的回收率大。这说明竞争对提高回收率有利。从两回收率的差可以看出，随着产品替代系数的增加，两回收率的差值越大，这说明竞争越激烈回收率越高，这是因为制造商为了通过回收再制造节约成本，获得竞争优势。

命题 11.2　$p_n^m < p_n^*$。

证明　$p_n^m - p_n^* = -\dfrac{\varepsilon k(\Delta-c)}{16b - 4b\varepsilon^2 - (2-\varepsilon^2)(\Delta-c)^2} < 0$，由于 $16b - 4b\varepsilon^2 - (2-\varepsilon^2)(\Delta-c)^2 = 4b(4-\varepsilon^2) - (\Delta-c)^2(2-\varepsilon^2)$，因为 $4b-(\Delta-c)^2 > 0$ 故分母 $16b - 4b\varepsilon^2 - (2-\varepsilon^2)(\Delta-c)^2 > 0$，命题 11.2 得证。

命题 11.2 表明，对制造商 n 而言，奖惩制造商情形下的新产品零售价低于

逆向供应链分散式决策情形下的零售价。可见从新产品零售价来看，奖惩制造商可以降低零售价，有利于扩大市场份额，同时也有利于消费者以较低的价格获取产品。

命题 11.3　$p_n^c = p_n^m$；$p_n^c < p_n^*$。

证明　由 $p_n^c - p_n^m = 0$ 可知 $p_n^c = p_n^m$ 成立；$p_n^c - p_n^* = \dfrac{-\varepsilon k(\Delta - c)}{16b - 4b\varepsilon^2 - (2 - \varepsilon^2)(\Delta - c)^2}$，因 $16b - 4b\varepsilon^2 - (2 - \varepsilon^2)(\Delta - c)^2 > 0$（命题 11.2 已证明），故大小取决于分子的符号，当 $\Delta - c > 0$，$p_n^c < p_n^*$。

命题 11.3 表明，对制造商 n 而言，奖惩回收商时，新产品的零售价与奖惩制造商情形的零售价相同；同时，奖惩回收商或制造商时新产品的零售价低于无奖惩机制情形的零售价。

命题 11.4　$p_y^c = p_y^m$；$p_y^c < p_y^*$。

证明　由 p_y^c 和 p_y^m 的表达式可知二者相等。由 $p_y^c - p_y^* = \dfrac{-2k(\Delta - c)}{16b - 4b\varepsilon^2 - (2 - \varepsilon^2)(\Delta - c)^2}$，因 $16b - 4b\varepsilon^2 - (2 - \varepsilon^2)(\Delta - c)^2 > 0$，故二者的大小关系取决于分子的符号，故命题 11.4 易证。

命题 11.4 说明，对制造商 y 而言，无论奖惩机制给予制造商还是回收商，新产品的零售价相同；奖惩机制下新产品零售价小于无奖惩机制下新产品零售价。

命题 11.5　$w^c < w^* < w^m$。

证明　$w^m - w^* = \dfrac{k[16b - 4b\varepsilon^2 - (2 - \varepsilon^2)(\Delta - c)^2]}{2[(8b + 4b\varepsilon)(\phi - c_n + \varepsilon c_n) + k(2 - \varepsilon^2)(\Delta - c)]} > 0$，$w^m - w^c = \dfrac{k[16b - 4b\varepsilon^2 - (2 - \varepsilon^2)(\Delta - c)^2]}{[(8b + 4b\varepsilon)(\phi - c_n + \varepsilon c_n) + k(2 - \varepsilon^2)(\Delta - c)]} > 0$，$w^c - w^* = -\dfrac{k[16b - 4b\varepsilon^2 - (2 - \varepsilon^2)(\Delta - c)^2]}{2[(8b + 4b\varepsilon)(\phi - c_n + \varepsilon c_n) + k(2 - \varepsilon^2)(\Delta - c)]} < 0$。由此可知，命题 11.5 得证。

从命题 11.5 可以看出，奖惩回收商情形的回购价小于逆向供应链分散式决策（情形 3）情形的回购价，且它们均小于奖惩制造商情形的回购价。这一现象表明，奖惩制造商情形下制造商通过提高回购价实现回收率的提高，而当对回收商进行奖惩时，制造商会降低回购价。政府奖惩机制作用于不同的行为主体（制造商或回收商）直接导致了回购价的不同。

命题 11.6　$\tau^m = \tau^c$，$\tau^m > \tau^*$。

证明　$\tau^m - \tau^* = \dfrac{k(4 - \varepsilon^2)}{16b - 4b\varepsilon^2 - (2 - \varepsilon^2)(\Delta - c)^2}$，根据命题 11.2 的证明过程，分母 $16b - 4b\varepsilon^2 - (2 - \varepsilon^2)(\Delta - c)^2 > 0$，又由于 $0 < \varepsilon < 1$，故 $k(4 - \varepsilon^2) > 3k > 0$，因此 $\tau^m > \tau^*$ 得证；由式（11.28）和式（11.35）可知 $\tau^m = \tau^c$。故命题 11.6 得证。

从命题 11.6 看出，无论奖惩制造商还是回收商，回收率相同，均比无奖惩机制时提高。然而奖惩机制作用于不同的行为主体（制造商或回收商）时，他们的利润将发生怎样的变化，我们将在 11.5 节进行进一步的仿真分析。

11.5 算 例 分 析

本节首先比较五种情形下的决策结果，然后通过算例探讨奖惩制造商和回收商的机制下 WEEE 的回收率随奖惩力度和产品替代系数的变化情况。设某产品的有关参数为：$\phi=3$，$b=1$，$c_n=1$，$\Delta=0.7$，$c=0.2$，$\tau_0=0.5$，$\varepsilon=0.5$，$k=1$。

从表 11.1 可以得到以下启示：

表 11.1　情形 1～5 的决策结果

情形	p_n	p_y	w	τ
情形 1：无竞争，集中式决策	—	1.933	—	0.267
情形 2：竞争，以逆向供应链和制造商 n 的总利润最大化为目标决策	3.500	3.417	—	0.333
情形 3：竞争，分散式决策	2.652	2.609	0.450	0.215
情形 4：竞争，奖惩制造商决策	2.635	2.541	0.731	0.472
情形 5：竞争，奖惩回收商决策	2.635	2.541	0.169	0.472

（1）与情形 1 相比，情形 2 中制造商 y 的零售价提高，回收率提高。这说明竞争对提高回收率有利，但以逆向供应链和制造商 n 的总利润最大化为目标决策的结果是新产品零售价提高，这对消费者不利，因此没必要以逆向供应链和制造商 n 的总利润最大化为目标进行决策。

情形 3 与情形 2 相比，两制造商的新产品零售价降低，制造商 y 的回收率降低。这说明竞争且分散式决策比以逆向供应链和制造商 n 的总利润最大化为目标决策对消费者更有利。

情形 4 与情形 3 相比，两制造商的新产品零售价均降低，制造商 y 的回收率提高。这表明政府奖惩制造商能够提高 WEEE 的回收率。

情形 5 与情形 3 相比，两制造商的新产品零售价均降低，制造商 y 的回收率提高。这表明政府奖惩回收商能够提高 WEEE 的回收率。

情形 5 与情形 4 相比，两制造商的新产品零售价不变，制造商 y 的回收率也未变，WEEE 的回购价降低。该现象说明政府奖惩回收商能够降低回购价。诚然，该结论在奖惩力度 $k=1$ 时成立，对于奖惩力度变化以后的情况将在图 11.4 中给出验证。

制造商 y 与制造商 n 相比，情形 2～情形 5 的新产品零售价均较低。这说明制造商 y 比制造商 n 具有价格竞争优势。

（2）从回收率的角度看。制造商竞争环境下，无论奖惩制造商还是回收商，WEEE 的回收率均比无奖惩机制下的回收率高，可见，奖惩制造商和回收商均能起到提高回收率的作用。

（3）从新产品零售价、WEEE 回购价的角度分析。

情形 3 比情形 1 的新产品价格高，这是由于分散式决策的双重边际效应所致。与无奖惩机制的分散式决策相比，奖惩机制下新产品的零售价降低。制造商 y 的新产品零售价比制造商 n 的新产品零售价低，更具有价格竞争优势。奖惩制造商情况下 WEEE 的回购价比无奖惩机制下提高，奖惩回收商情况下 WEEE 的回购价比无奖惩机制下降低，而两种情况下回收率相同，进一步说明，无论奖惩制造商还是奖惩回收商 WEEE 的回收率均比无奖惩机制下的回收率高。

从图 11.2 可以看出，无论是奖惩制造商还是奖惩回收商，其回收率均随奖惩力度的增加而提高，实施奖惩机制可以有效地引导 WEEE 的回收。

从图 11.3 可以看出，在竞争环境中对制造商或者回收商实施奖惩机制后，其回收率随替代系数的增加而提高，这表明竞争越激烈，回收率越高，奖惩机制越有效。

从图 11.4 可以看出，奖惩制造商情形下回购价随奖惩力度的增加而提高，奖惩回收商情形下回购价随奖惩力度的增加而降低。

从图 11.5 可以看出，奖惩制造商情形下新产品的零售价随奖惩力度的增加而降低，但是制造商 y 的新产品零售价低于制造商 n 的新产品零售价，故其更具价格竞争优势。

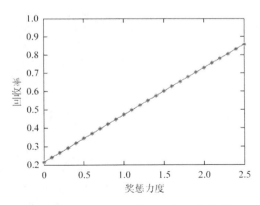

图 11.2　回收率随奖惩力度的变化趋势

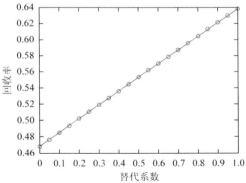

图 11.3　回收率随替代系数的变化趋势

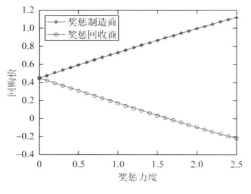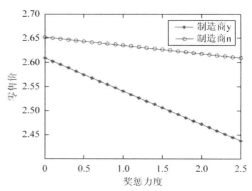

图 11.4　回购价随奖惩力度的变化趋势　　　图 11.5　零售价随奖惩力度的变化趋势

从图 11.6 可以看出，奖惩制造商情形下制造商 y 的利润随奖惩力度的增大先减少后增加，制造商 n 的利润随奖惩力度的增大而减少；奖惩回收商情形下制造商 y 的利润随奖惩力度的增大而增加，制造商 n 的利润随奖惩力度的增大而减少；两种情形下制造商 y 的利润均高于制造商 n 的利润。

从图 11.7 可以看出，奖惩制造商情形下回收商的利润随奖惩力度的增大而增加；奖惩回收商情形下回收商的利润随奖惩力度的增大先减少后增加，但奖惩力度较小时回收商的利润为负。可见相对奖惩制造商来说，奖惩回收商不利于调动回收商的积极性。

综合图 11.6 和图 11.7，可以看出，奖惩制造商且奖惩力度较大时，制造商 y 和回收商的利润均增加，这样便调动了两者的积极性，制造商 n 在奖惩机制下利润减少，故奖惩机制起到了惩罚的作用，出于自身利润的考虑，长远看来奖惩机制能够引导制造商 n 回收再制造 WEEE。

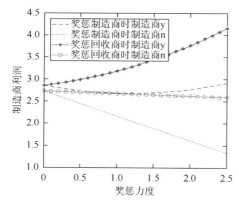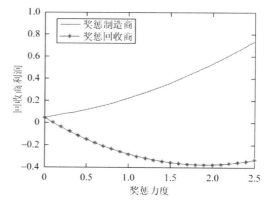

图 11.6　制造商利润随奖惩力度的变化趋势　　　图 11.7　回收商利润随奖惩力度的变化趋势

11.6　结　　语

本章考虑制造商竞争环境下基于政府奖惩机制的逆向供应链决策，分别建立了五种情形的模型，通过对决策结果的比较和讨论，发现逆向供应链与正向供应链不同，不是以企业集体（包括逆向供应链和制造商 n ）利润最大化为目标决策时效率（逆向供应链以回收率体现其效率）最高，故没必要以逆向供应链和制造商 n 的总利润最大化为目标进行决策。通过比较分析得到以下主要结论：

（1）竞争有利于 WEEE 回收率的提高，竞争越激烈 WEEE 的回收率越高；奖惩制造商和奖惩回收商均能起到提高回收率的作用；与制造商 n 相比，制造商 y 的新产品零售价较低，具有价格竞争优势。

（2）奖惩制造商与奖惩回收商时新产品的零售价及回收率均相同，说明无论奖惩制造商还是奖惩回收商都能有效引导回收，但奖惩制造商比奖惩回收商更能调动制造商和回收商的积极性。

（3）奖惩制造商与奖惩回收商时制造商 y 的利润均高于制造商 n 的利润。

可见，制造商竞争对逆向供应链奖惩机制的影响较大，本章研究发现：制造商竞争环境下政府对制造商实施力度较大的奖惩机制是较好的选择，这样不仅回收率较高，新产品的零售价也较低。显然，本章没有考虑信息不对称情形，信息不对称情况下制造商竞争对逆向供应链奖惩机制的影响是进一步研究方向之一。

第12章 碳排放约束下制造商竞争的逆向供应链政府奖惩机制研究

本章的主要工作如下：主要探讨碳排放约束下制造商竞争的逆向供应链奖惩机制，建立了五个决策模型，分别针对逆向供应链集中系统、带碳排放约束的逆向供应链集中系统、制造商竞争逆向供应链分散系统、碳排放奖惩机制下制造商竞争逆向供应链分散系统以及带有政府对制造商实施碳排放和回收率奖惩机制的逆向供应链系统。研究表明：竞争对回收率提高有益，竞争越激烈回收率越高；积极回收再制造的制造商的新产品零售价较低，具有价格竞争优势；回收废旧产品的制造商的单位碳排放量越小，与之竞争的不回收废旧产品的制造商的单位碳排放量越大，越有利于其回收率的提高；政府对制造商的回收率实施奖惩机制是必要的；碳排放约束不利于逆向供应链集中系统回收率的提高，且提高了制造商竞争逆向供应链分散系统的新产品价格。

12.1 引   言

许多因素正在促进逆向物流和逆向供应链的发展。这些因素包括：资源与环境问题日益凸显；消费者环保意识增强；产品废弃周期的缩短导致很多潜在价值较大的废旧产品；政府法律法规的限制等。基于上述原因，逆向供应链引起了企业界、学术界及政界的广泛关注。

政府是逆向供应链的利益相关者之一。王文宾等[58]初步探讨了政府针对制造商和回收商的逆向供应链奖惩机制，发现政府给予制造商比给予回收商奖惩机制更能调动制造商和回收商的积极性。王文宾和达庆利[59]以奖惩力度和目标回收率为主要参数，探讨了政府的奖惩机制对制造商回收再制造决策的影响。聂佳佳等[78]讨论了零售商负责回收情况下政府针对零售商的奖惩机制对逆向供应链的影响。王文宾和达庆利[70]比较了基于回收率和基于回收量的奖惩机制，讨论了两种机制的适用性，并比较了机制的优劣。朱庆华和窦一杰[96]建立了绿色供应链管理中考虑产品绿色度和政府补贴分析的三阶段博弈模型。Chen 和 Chang[105]研究了第三方负责再制造和再销售情况下的闭环供应链决策问题。

已有文献鲜有考虑制造商竞争环境下奖惩机制的研究。现实中制造商处于激烈的市场竞争环境中，而较少处于完全垄断的市场环境中，特别是电器电子行业，在残酷的竞争环境下制造商的利润率只有 3%～5%。由于利润率较低，不少企业担心回收再制造增加成本负担，因而不愿主动回收废旧产品。因此，竞争环境与完全垄断环境下政府奖惩机制的设计会有所不同，制造商竞争环境下逆向供应链的政府奖惩机制值得探索。

　　另一方面，低碳经济要求制造商生产新产品的碳排放量不能太高，高碳排放量不仅浪费能源资源，而且污染空气，也影响人类健康。政府应该加大对企业碳排放的约束力度。借鉴 WEEE 回收所采用的奖惩机制思想，碳排放约束机制可以通过奖惩机制思想实施。碳税是政府对企业的常用做法，如果对碳排放量少的企业给予退税奖励，对碳排放量大的企业加重税，那么就能有效引导制造商走向低碳发展轨道，生产低碳产品，如果没有这种机制，容易造成劣币驱逐良币的结果。空气污染跟固体污染同样需要给予重视，近年来中国不少城市的雾霾天气和空气质量破坏的事实说明，碳排放约束是必要的。而用这个视角审视闭环供应链的研究尚为鲜见。

　　本章考虑由两个制造商、一个回收商和消费者构成的逆向供应链，基于碳排放约束的制造商竞争环境下逆向供应链的政府奖惩机制如何设计才能有效引导制造商提高废旧产品的回收率？为探讨该问题，本章以回收率、目标回收率、奖惩力度等为主要参数，建立各种情况下制造商与回收商的博弈模型，得到各种情形下逆向供应链的定价和回收率决策，特别是通过比较回收率、新产品零售价的大小，探讨政府奖惩机制的规律，以期通过政府奖惩机制提高废旧产品的回收率。

12.2　问　题　描　述

　　考虑区域内有少数几个电器电子产品制造商，市场结构为寡头垄断。为不失一般性，不妨将寡头制造商数目设为两个，政府实施奖惩机制，假设一个制造商不回收再制造 WEEE，另一个制造商回收再制造 WEEE。为了表示方便，制造商 n (no) 为不回收再制造的制造商（这种类型的制造商对政府奖惩机制持消极态度，宁可被处罚也不回收再制造 WEEE），制造商 y (yes) 表示从事回收再制造的制造商。本章试图探讨政府奖惩机制引入后，两制造商竞争会受到什么影响，从而讨论如何设计奖惩机制才能更好地引导制造商积极回收再制造 WEEE。根据计国君和黄位旺[43]的研究结论"单独回收比集体回收责任下制造商更倾向于再制造"，假设制造商只回收市场中自己品牌的 WEEE。

　　奖惩机制下逆向供应链的一般结构如图 12.1 所示。政府给予制造商或回收商奖惩机制，机制主要包括奖惩力度、目标回收率等参数。制造商 y 和制造商 n 生产同一种电器电子产品，制造商 y 优先使用 WEEE 生产，当 WEEE 的数量不足时用新材料生产，制造商 n 不回收再制造 WEEE，完全采用新材料生产新产品。消

费者分别以价格 p_y 和 p_n 购买制造商 y 和制造商 n 的新产品,大型第三方回收商从消费者那里回收 WEEE 的回收率为 τ ,回收商不仅回收 WEEE,还承担拆解、分拣等处理工作,具有回收处理功能。制造商 y 以回购价 w 从回收商处回购 WEEE。政府的责任是引导逆向供应链回收再制造 WEEE,制造商是 WEEE 的主要责任者,主导逆向供应链。消费者既是新产品的购买者,又是 WEEE 的供应者。回收率奖惩机制是政府给予制造商的,政府规定目标回收率,如果逆向供应链的回收率低于目标回收率,则制造商受到政府的经济惩罚,反之,得到政府的经济奖励。碳排放奖惩机制是指政府规定的每个制造商总的碳排放量上限,当制造商生产新产品产生的碳排放量超过上限时,政府将处罚制造商;反之,政府将给予制造商奖励。

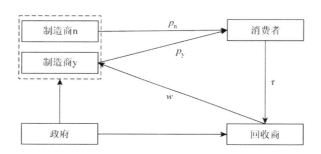

图 12.1　奖惩机制下逆向供应链的一般结构

12.2.1　符号说明

c_n : 制造商采用新材料生产新产品的单位成本;

c_r : 制造商使用 WEEE 生产新产品的单位成本;

Δ : 制造商使用 WEEE 比使用新材料生产节约的单位成本($\Delta = c_n - c_r$);

p_n : 制造商 n 的新产品零售价;

p_y : 制造商 y 的新产品零售价;

w : 制造商支付给回收商的单位 WEEE 回购价;

q_n : 制造商 n 的新产品需求函数, $q_n = \phi - p_n + \varepsilon p_y$,其中 ϕ 为市场的潜在需求, ε 为产品替代系数, $0 < \varepsilon < 1$ [111];

q_y : 制造商 y 的新产品需求函数, $q_y = \phi - p_y + \varepsilon p_n$,其中 ϕ 为市场的潜在需求;

τ : 回收的 WEEE 占新产品市场需求的比例,简称回收率,为回收商的决策变量, $\tau \in [0,1]$ 。 τ 越大,说明制造商使用回收的 WEEE 进行再制造的产品越多;

τ_0：政府规定的最低回收率（目标回收率），当 $\tau > \tau_0$ 时，政府将给予制造商或回收商奖励，当 $\tau < \tau_0$ 时，政府将处罚制造商或回收商；

k：政府对制造商或回收商单位回收率的奖惩力度；

c：回收商的单位回收成本；

c_z：新产品的单位成本，由于新产品包含新制造产品和再制造产品，故 $c_z = \tau c_r + (1-\tau)c_n = c_n - \tau(c_n - c_r) = c_n - \Delta\tau$；

I：回收 WEEE 的固定投资；

b：回收 WEEE 的难度系数；

e_i：生产单位新产品的碳排放量，$i = n, y$；

e_0：政府规定的每个制造商总的最高碳排放量（碳排放量上限），当制造商生产新产品产生的碳排放量超过上限时，政府将处罚制造商；反之，政府将给予制造商奖励，这个奖励可以通过退税方式实现；

f：政府对制造商碳排放量的单位奖惩力度。

12.2.2　基本假设

（1）回收 WEEE 需要的固定投资为 I（包括回收网络的建设投资等），假设 $I = b\tau^2$，b 为回收废旧产品的难度系数[69]。

（2）回收的产品全部可用于再制造，用回收的 WEEE 再制造新产品的单位成本为 c_r，而用新材料制造新产品的单位成本为 c_n，且新产品同质[62]，记 $\Delta = c_n - c_r$，故新产品的单位成本 $c_z = c_n(1-\tau) + c_r\tau = c_n - \Delta\tau$。为保证所建的逆向供应链模型有意义，需满足 $\Delta > c$，因为只有当回收产品的单位再制造成本低于用新材料制造的单位成本时制造商才有积极性回收 WEEE。

（3）制造商 n 和制造商 y 的潜在市场需求均为 ϕ。这个假设是为了避免不必要的数学计算，该假设不影响主要研究结论。

（4）制造商是逆向供应链的 Stackelberg 博弈领导者，回收再制造对新产品市场容量的影响忽略不计[48]。

12.3　模　型　描　述

根据 12.2.1 节的符号说明与 12.2.2 节的基本假设，制造商 y 和制造商 n 的碳排放奖惩额度 $M_i = -f[q_i e_i - e_0]$，$(i = n, y)$。

12.3.1　模型 I：逆向供应链集中系统

一方面为了与竞争情形下逆向供应链的决策进行比较，另一方面，一个制造商在一定区域内无竞争者（即完全垄断）的情况在我国的确存在，故本节首先研究这种情形下逆向供应链的决策。作为基础情形，这是一种制造商回收再制造的集中式决策模式。王文宾和达庆利在文献[60]中已对该情形做过探讨，考虑到本书的篇幅，此处不做详细解释。制造商的利润函数为 $\pi_{my} = (\phi - p_y)(p_y - \tau w - c_n + \tau\Delta)$，回收商的利润最大化目标函数为 $\pi_c = \tau(\phi - p_y)(w - c) - b\tau^2$。故该情形下逆向供应链集中式决策的目标函数为

$$\max_{p_y,\tau} \ \pi_{my} = (\phi - p_y)[p_y - c_n + \tau(\Delta - c)] - b\tau^2 \tag{12.1}$$

根据式（12.1）的黑塞矩阵的负定与函数 π_{my} 为凹函数的等价关系易知 $4b - (\Delta - c)^2 > 0$ 成立才能确保式（12.1）有最优解。为保证回收率非负，需满足 $\Delta - c > 0$。由 $\partial \pi_{my} / \partial p_y = 0$，$\partial \pi_{my} / \partial \tau = 0$ 联立得

$$p_y^0 = \frac{\phi[2b - (\Delta - c)^2] + 2bc_n}{4b - (\Delta - c)^2} \tag{12.2}$$

$$\tau^0 = \frac{(\phi - c_n)(\Delta - c)}{4b - (\Delta - c)^2} \tag{12.3}$$

12.3.2　模型Ⅱ：带碳排放约束的逆向供应链集中系统

这是一种制造商回收再制造的集中式决策模式。王文宾和达庆利在文献[60]中已对该情形做过探讨，考虑到本书的篇幅，此处不做详细解释。与文献[60]不同的是，制造商的利润函数里增加了碳排放约束项。制造商的利润函数为 $\pi_{my} = (\phi - p_y)(p_y - \tau w - c_n + \tau\Delta) - f[(\phi - p_y)e_y - e_0]$，回收商的利润最大化目标函数为 $\pi_c = \tau(\phi - p_y)(w - c) - b\tau^2$。故该情形下逆向供应链集中式决策的目标函数为

$$\max_{p_y,\tau} \ \pi_{my} = (\phi - p_y)[p_y - c_n + \tau(\Delta - c)] - b\tau^2 - fe_y(\phi - p_y) + fe_0 \tag{12.4}$$

根据式（12.4）的黑塞矩阵的负定与函数 π_{my} 为凹函数的等价关系易知 $4b - (\Delta - c)^2 > 0$ 成立才能确保式（12.44）有最优解。为保证回收率非负，需满足 $\Delta - c > 0$。由 $\partial \pi_{my} / \partial p_y = 0$，$\partial \pi_{my} / \partial \tau = 0$ 联立得

$$p_y^c = \frac{\phi[2b - (\Delta - c)^2] + 2bc_n + 2bfe_y}{4b - (\Delta - c)^2} \tag{12.5}$$

$$\tau^c = \frac{(\phi - c_n - fe_y)(\Delta - c)}{4b - (\Delta - c)^2} \tag{12.6}$$

12.3.3　模型Ⅲ：制造商竞争逆向供应链分散系统

由于制造商是逆向供应链的 Stackelberg 博弈领导者，制造商 y 除了具有新产

品定价权，在与回收商的博弈中也处于主导地位，WEEE 的回购价由制造商 y 决定，因此，制造商 y 的决策变量为 p_y 和 w，其利润为销售新产品获得的收益与回购 WEEE 再制造新产品而节约的成本之和减回购 WEEE 的成本，故其利润最大化目标函数为

$$\max_{p_y,w} \pi_{my} = (\phi - p_y + \varepsilon p_n)(p_y - c_n) + (\phi - p_y + \varepsilon p_n)\tau\Delta - (\phi - p_y + \varepsilon p_n)\tau w$$
$$= (\phi - p_y + \varepsilon p_n)(p_y - c_n + \tau\Delta - \tau w) \qquad (12.7)$$

制造商 n 具有对其新产品的定价权，决策变量为 p_n，利润为销售收入，利润最大化目标函数为

$$\max_{p_n} \pi_{mn} = (\phi - p_n + \varepsilon p_y)(p_n - c_n) \qquad (12.8)$$

回收商根据制造商 y 的回购价决定 WEEE 的实际回收率，决策变量为 τ，利润最大化目标函数为

$$\max_{\tau} \pi_c = \tau(\phi - p_y + \varepsilon p_n)(w - c) - b\tau^2 \qquad (12.9)$$

这个博弈问题是由静态博弈和动态博弈构成的多阶段博弈，决策顺序为：首先制造商 y 和制造商 n 的静态定价博弈，接下来制造商 y 决定 WEEE 的回购价 w，最后，回收商根据回购价决定回收率 τ。根据逆向归纳法的思想求解可得

$$p_y^1 = \frac{(2+\varepsilon)[4b - (\Delta - c)^2]\phi + \{8b + \varepsilon[4b - (\Delta - c)^2]\}c_n}{16b - 2(\Delta - c)^2 - \varepsilon^2[4b - (\Delta - c)^2]} \qquad (12.10)$$

$$p_n^1 = \frac{\{8b - (\Delta - c)^2 + \varepsilon[4b - (\Delta - c)^2]\}\phi + [8b - (\Delta - c)^2 + 4b\varepsilon]c_n}{16b - 2(\Delta - c)^2 - \varepsilon^2[4b - (\Delta - c)^2]} \qquad (12.11)$$

$$w^1 = \frac{\Delta + c}{2} \qquad (12.12)$$

$$\tau^1 = \frac{[(2+\varepsilon)\phi + (\varepsilon^2 + \varepsilon - 2)c_n](\Delta - c)}{16b - 2(\Delta - c)^2 - \varepsilon^2[4b - (\Delta - c)^2]} \qquad (12.13)$$

12.3.4　模型Ⅳ：碳排放奖惩机制下制造商竞争逆向供应链分散系统

制造商 y、制造商 n 及回收商的利润最大化目标函数分别如式（12.14）～式（12.16）所示。由逆向归纳法对模型进行求解，求解思路与 12.3.2 节相同。

$$\max_{p_y,w} \pi_{my} = (\phi - p_y + \varepsilon p_n)(p_y - c_n + \tau\Delta - \tau w) - f[(\phi - p_y + \varepsilon p_n)e_y - e_0] \qquad (12.14)$$

$$\max_{p_n} \pi_{mn} = (\phi - p_n + \varepsilon p_y)(p_n - c_n) - f[(\phi - p_n + \varepsilon p_y)e_n - e_0] \qquad (12.15)$$

$$\max_{\tau} \pi_c = \tau(\phi - p_y + \varepsilon p_n)(w - c) - b\tau^2 \qquad (12.16)$$

根据逆向归纳法的思想求解可得

$$p_y^* = \frac{(2+\varepsilon)[4b-(\Delta-c)^2]\phi + \{8b+\varepsilon[4b-(\Delta-c)^2]\}c_n + \varepsilon[4b-(\Delta-c)^2]fe_n + 8bfe_y}{16b-2(\Delta-c)^2 - \varepsilon^2[4b-(\Delta-c)^2]}$$

（12.17）

$$p_n^* = \frac{\{8b-(\Delta-c)^2 + \varepsilon[4b-(\Delta-c)^2]\}\phi + [8b-(\Delta-c)^2 + 4b\varepsilon]c_n + [8b-(\Delta-c)^2]fe_n + 4b\varepsilon fe_y}{16b-2(\Delta-c)^2 - \varepsilon^2[4b-(\Delta-c)^2]}$$

（12.18）

$$w^* = \frac{\Delta+c}{2}$$ （12.19）

$$\tau^* = \frac{[(2+\varepsilon)\phi + (\varepsilon^2+\varepsilon-2)c_n + \varepsilon fe_n + (\varepsilon^2-2)fe_y](\Delta-c)}{16b-2(\Delta-c)^2 - \varepsilon^2[4b-(\Delta-c)^2]}$$ （12.20）

12.3.5　模型Ⅴ：带有政府对制造商实施碳排放和回收率奖惩机制的逆向供应链系统

k 为政府对制造商或回收商单位回收率的奖惩力度，τ_0 为政府规定的最低回收率（目标回收率），故 $k(\tau-\tau_0)$ 表示奖励或惩罚额度，当 $\tau > \tau_0$ 时，政府将给予制造商的奖励额度与 $\tau-\tau_0$ 成正比，当 $\tau < \tau_0$ 时，$\tau-\tau_0$ 为负，政府处罚制造商的罚款额度也采用同样的力度 k 以确保公平性和易操作性，故奖励或罚款额度均为 $k(\tau-\tau_0)$。制造商 n 因为不回收 WEEE，其回收率为零，故根据政府奖惩机制的额度计算公式 $k(\tau-\tau_0)$，其要被罚款的额度为 $k\tau_0$。因此，制造商 y、制造商 n 及回收商的利润最大化目标函数分别为

$$\max_{p_y,w} \ \pi_{my} = (\phi-p_y+\varepsilon p_n)(p_y-c_n+\tau\Delta-\tau w) - f[(\phi-p_y+\varepsilon p_n)e_y-e_0] + k(\tau-\tau_0)$$

（12.21）

$$\max_{p_n} \ \pi_{mn} = (\phi-p_n+\varepsilon p_y)(p_n-c_n) - f[(\phi-p_n+\varepsilon p_y)e_n-e_0] - k\tau_0 \quad （12.22）$$

$$\max_{\tau} \ \pi_c = \tau(\phi-p_y+\varepsilon p_n)(w-c) - b\tau^2$$ （12.23）

与模型Ⅲ同样的求解顺序解得

$$p_y^m = \frac{(2+\varepsilon)[4b-(\Delta-c)^2]\phi + \{8b+\varepsilon[4b-(\Delta-c)^2]\}c_n - (\Delta-c)^2\varepsilon fe_n + 4b(\varepsilon fe_n+2fe_y) - 2(\Delta-c)k}{16b-4b\varepsilon^2 - (2-\varepsilon^2)(\Delta-c)^2}$$

（12.24）

$$p_n^m = \frac{\{4b+(1+\varepsilon)[4b-(\Delta-c)^2]\}\phi + [8b+4b\varepsilon-(\Delta-c)^2]c_n + [8b-(\Delta-c)^2]fe_n + 4b\varepsilon fe_y - \varepsilon(\Delta-c)k}{16b-4b\varepsilon^2 - (2-\varepsilon^2)(\Delta-c)^2}$$

（12.25）

$$w^m = \frac{\Delta + c}{2} + \frac{k[16b - 4b\varepsilon^2 - (2 - \varepsilon^2)(\Delta - c)^2]}{2[4b(2 + \varepsilon)\phi - 4b(2 - \varepsilon - \varepsilon^2)c_n + 4b\varepsilon fe_n - (8b - 4b\varepsilon^2)fe_y + (2 - \varepsilon^2)(\Delta - c)k]}$$

（12.26）

$$\tau^m = \frac{[(2 + \varepsilon)\phi - (2 - \varepsilon - \varepsilon^2)c_n + \varepsilon fe_n - (2 - \varepsilon^2)fe_y](\Delta - c) + (4 - \varepsilon^2)k}{16b - 4b\varepsilon^2 - (2 - \varepsilon^2)(\Delta - c)^2}$$ （12.27）

从式（12.27）可以观察得到性质 12.1 如下：

性质 12.1　碳排放约束（奖惩机制）对制造商 y 回收率的影响与产品替代系数、碳排放奖惩力度、两制造商的单位碳排放量等因素有关，制造商 n 的单位碳排放量越大，制造商 y 的单位碳排放量越小，越有利于制造商 y 回收率的提高。

12.4　五种情形下逆向供应链的决策结果比较及管理规律分析

命题 12.1　单位碳排放量越多，逆向供应链集中系统的回收率越低；碳排放奖惩力度越大，逆向供应链集中系统的回收率越低；带碳排放约束的逆向供应链集中系统比无碳排放约束的逆向供应链集中系统的新产品价格提高。

证明　模型 I 和模型 II 的求解结果 $\tau^c - \tau^0 = \frac{-fe_y(\Delta - c)}{4b - (\Delta - c)^2}$，而 $4b - (\Delta - c)^2 > 0$，

$\Delta - c > 0$，故 $\tau^c - \tau^0 < 0$，可以看出，$-fe_y$ 是影响回收率的关键因素，故可以得到命题 12.1 的前半部分结论；由 $p_y^c - p_y^0 = \frac{2bfe_y}{4b - (\Delta - c)^2} > 0$，故可以得到命题 12.1 的后半部分结论。因此命题 12.1 得证。

从命题 12.1 可以看出，碳排放约束对逆向供应链集中系统回收率的提高不利，还会导致新产品价格的提高，这也是对制造商和消费者不利的因素。

命题 12.2　$\tau^m > \tau^*$；当 $\varepsilon e_n > (2 - \varepsilon^2)e_y$ 时，$\tau^* > \tau^1$，而当 $\varepsilon e_n \leqslant (2 - \varepsilon^2)e_y$ 时，$\tau^* \leqslant \tau^1$。

证明　$\tau^m - \tau^* = \frac{(4 - \varepsilon^2)k}{16b - 4b\varepsilon^2 - (2 - \varepsilon^2)(\Delta - c)^2}$，由于 $0 < \varepsilon < 1$，且 $16b - 4b\varepsilon^2 - (2 - \varepsilon^2)(\Delta - c)^2 = 4b(4 - \varepsilon^2) - (\Delta - c)^2(2 - \varepsilon^2)$，因为 $4b - (\Delta - c)^2 > 0$ 故

分母 $16b - 4b\varepsilon^2 - (2 - \varepsilon^2)(\Delta - c)^2 > 0$，故 $\tau^m - \tau^* > 0$；$\tau^* - \tau^1 = \frac{[\varepsilon e_n - (2 - \varepsilon^2)e_y](\Delta - c)}{16b - 4b\varepsilon^2 - (2 - \varepsilon^2)(\Delta - c)^2}$，故其符号取决于 $\varepsilon e_n - (2 - \varepsilon^2)e_y$ 的符号，因此命题 12.2 得证。

命题 12.2 表明，带有政府对制造商实施碳排放和回收率奖惩机制的逆向供应

链系统的回收率高于碳排放奖惩机制下制造商竞争逆向供应链分散系统，说明政府的回收率奖惩机制是必要的。碳排放奖惩机制下制造商竞争逆向供应链分散系统与制造商竞争逆向供应链分散系统的回收率大小关系取决于制造商之间的产品替代系数、制造商 n 和制造商 y 生产单位新产品的碳排放量等因素，具有不确定性。

命题 12.3 $p_y^* > p_y^1$；$p_y^* > p_y^m$；$p_n^* > p_n^1$；$p_n^* > p_n^m$。

证明 由 $p_y^* - p_y^1 = \dfrac{\varepsilon[4b - (\Delta - c)^2]fe_n + 8bfe_y}{16b - 2(\Delta - c)^2 - \varepsilon^2[4b - (\Delta - c)^2]} > 0$ 和 $p_y^* - p_y^m = \dfrac{2(\Delta - c)k}{16b - 4b\varepsilon^2 - (2 - \varepsilon^2)(\Delta - c)^2} > 0$ 可以证得前半部分，命题 12.3 的后半部分与前半部分的证明类似，不再赘述。

命题 12.3 表明，碳排放奖惩机制下制造商竞争逆向供应链分散系统比制造商竞争逆向供应链分散系统的新产品价格提高，碳排放奖惩机制下制造商竞争逆向供应链分散系统比带有政府对制造商实施碳排放和回收率奖惩机制的逆向供应链系统新产品价格高。碳排放约束提高了制造商竞争逆向供应链分散系统的新产品价格。

命题 12.4 $w^1 = w^*$，当 $\varepsilon e_n > (2 - \varepsilon^2)e_y$ 时，$w^m > w^*$，而当 $\varepsilon e_n \leqslant (2 - \varepsilon^2)e_y$ 时，$w^m \leqslant w^*$。

证明 $w^m - w^* = \dfrac{k[16b - 4b\varepsilon^2 - (2 - \varepsilon^2)(\Delta - c)^2]}{2[4b(2 + \varepsilon)\phi - 4b(2 - \varepsilon - \varepsilon^2)c_n + 4b\varepsilon fe_n - (8b - 4b\varepsilon^2)fe_y + (2 - \varepsilon^2)(\Delta - c)k]}$，由 $16b - 4b\varepsilon^2 - (2 - \varepsilon^2)(\Delta - c)^2 > 0$，故该式的符号取决于分母。而分母中 $(2 - \varepsilon^2)(\Delta - c)k > 0$，$4b(2 + \varepsilon)\phi - 4b(2 - \varepsilon - \varepsilon^2)c_n = 4b(2 + \varepsilon)[\phi - (1 - \varepsilon)c_n]$，由于 $0 < \varepsilon < 1$，故 $\phi - (1 - \varepsilon)c_n > \phi - c_n > \phi - p_n > 0$。这是因为新产品价格一定比单位成本高，否则制造商将退出市场，而市场容量一定比单位产品价格大，否则将无一件产品卖出，制造商亦退出市场。由此可知，命题 12.4 得证。

从命题 12.4 可以看出，碳排放约束不影响制造商竞争逆向供应链分散系统的回购价，而政府对制造商的碳排放和回收率奖惩机制下的回购价与无回收率奖惩机制的回购价不同，它们的大小关系取决于多个因素，当满足一定条件时，带有政府对制造商实施碳排放和回收率奖惩机制的逆向供应链系统高于碳排放奖惩机制下制造商竞争逆向供应链分散系统的回购价。

12.5　算 例 分 析

设某产品的有关参数为：$\phi = 3$，$b = 1$，$c_n = 1$，$\Delta = 0.7$，$c = 0.2$，$\tau_0 = 0.5$，

$\varepsilon = 0.5$，$k = 1$，$f = 0.5$，$e_n = 0.2$，$e_y = 0.05$。通过算例探讨奖惩机制下 WEEE 的回收率随奖惩力度和产品替代系数的变化情况。

从图 12.2 可以看出，回收率随针对回收率提高的奖惩力度（不包括碳排放奖惩力度）的增加而提高，实施奖惩机制可以有效地引导 WEEE 的回收。

从图 12.3 可以看出，在竞争环境中对制造商或者回收商实施奖惩机制后，其回收率随替代系数的增加而提高，这表明竞争越激烈，回收率越高，奖惩机制越有效。

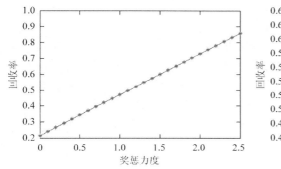

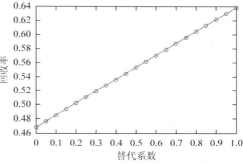

图 12.2　回收率随奖惩力度的变化趋势　　图 12.3　回收率随替代系数的变化趋势

12.6　结　　语

本章考虑碳排放约束下制造商竞争的基于政府奖惩机制的逆向供应链决策，分别建立了五种情形的模型，通过对决策结果的比较和讨论，得到以下主要结论：

（1）竞争有利于 WEEE 回收率的提高，竞争越激烈 WEEE 的回收率越高；碳排放约束下政府实施针对回收率的奖惩机制能够提高 WEEE 的回收率。

（2）制造商 n 的单位碳排放量越大，制造商 y 的单位碳排放量越小，越有利于制造商 y 回收率的提高。

（3）碳排放约束对逆向供应链集中系统回收率的提高不利，而碳排放约束不影响制造商竞争逆向供应链分散系统的回购价，碳排放约束提高了制造商竞争逆向供应链分散系统的新产品价格。

可见，碳排放约束和制造商竞争对逆向供应链奖惩机制的影响较大，碳排放约束对 WEEE 回收率有影响，影响取决于具体情况。本章将碳排放和一般回收率均利用奖惩机制进行引导，并分析了二者之间的交互作用（例如，碳排放的引入对回收率产生了明显影响），较以往的相关研究有所突破。不可否认的是，本章的研究没有考虑信息不对称情形，信息不对称情况下制造商竞争对逆向供应链奖惩机制的影响是进一步研究方向之一。

第13章　考虑制造商竞争的闭环供应链奖惩机制模型研究

本章的主要工作如下：本章分别建立闭环供应链集中式决策，闭环供应链分散式决策以及奖惩机制下考虑制造商竞争的闭环供应链决策模型。通过对三种情况下决策变量的求解与比较，分别得到闭环供应链的回购价、批发价、零售价及回收率。研究表明：与无奖惩机制的分散式决策情形相比，政府奖惩机制能有效引导制造商降低新产品价格、提高回收率、增加企业的利润，同时有利于增加消费者的利益；奖惩机制下主动回收废旧产品的制造商利润增加，不回收废旧产品的制造商利润降低，机制有效引导了制造商的回收积极性，同时回收商和零售商利润的增加也提高了他们参与闭环供应链的积极性。

13.1　引　　言

随着经济社会的发展，环境和资源问题日益凸显。环境的破坏和可用资源的日益减少严重影响人们的生活质量，人们开始思考保护环境和节约资源的问题。随着电器电子产品在各国城乡的广泛使用，废弃电器电子产品的回收处理工作已提上议事日程，并引起世界各国的广泛关注。许多国家加大了废旧产品回收再利用的立法力度。欧美等发达国家和地区纷纷颁布一系列环保法规，例如，1991 年德国颁布的《包装条例》，欧盟颁布的一系列关于废旧电器电子产品回收处理的条例等。我国拥有巨大的电器电子产品消费市场，同时也拥有大量淘汰的电器电子产品。这些淘汰的电器电子产品又被称为"城市矿山"，具有巨大的经济社会效益潜力。国务院于 2009 年 2 月颁布了《废弃电器电子产品回收处理管理条例》，明确规定于 2011 年 1 月 1 日起实施。这是我国首次以法律文件的形式激励、规范和约束废旧电器电子产品的回收，表明我国政府对于回收废旧电器电子产品的重视。

近年来，国内外有一些文献已经致力于逆向物流与闭环供应链的研究。赵晓敏等介绍了闭环供应链管理的概念，并对我国电子制造业实施闭环供应链管理提出了一些建议[65]。Ferguson 和 Toktay 探讨了再制造产品与新制造产品的竞争对再制造商回收再制造 WEEE 及定价策略的影响[50]。Inderfurth 等研究了再制造产品和新制造产品差异定价，以及在新制造产品可以作为再制造产品的替代品的条件下，进行制造、再制造过程的协调问题使得整个供应链的利润最大化问题[112, 113]。熊中楷等在构建了政府奖励条件下基于再制造的闭环供应链模式的基础上，通过建立数学模型对三种模式进行了具体的研究和比较，并分析了政府奖励对不同模式的影响[114]。Gu 等以回收价、批发价和零售价为决策变量比较了制造商回收、零售商回收和第三方回收三种回收模式下闭环供应链定价和成员间的利润分配情况，发现制造商回收在三种回收模式中最佳[74]。王文宾和达庆利设计了一种奖励和惩罚措施相结合的奖惩机制，并研究了奖惩机制下电子类产品制造商回收再制造决策问题，初步探讨了政府的奖惩机制对制造商以及逆向供应链回收再制造决策的影响[59]，在此基础上，王文宾和达庆利又对奖惩机制下闭环供应链的决策与协调进行了研究[70]。

　　以上这些文献有重要的借鉴意义，但是没有考虑制造商竞争情形下基于政府奖惩机制的闭环供应链决策，本章以闭环供应链为研究对象，基于 Savaskan 等[67]、Ferrer 和 Swaminathan[7]的研究假设，分析了集中式决策、分散式决策以及奖惩机制下考虑制造商竞争的闭环供应链决策问题，得到各种情形下闭环供应链的定价和回收率的决策，并进行比较，探讨制造商竞争环境下闭环供应链的决策和政府奖惩机制的有效性。

13.2　模型描述与基本假设

　　考虑政府引导下由主动回收废旧产品的制造商 y、不回收废旧产品的制造商 n、零售商、回收商及消费者构成的闭环供应链如图 13.1 所示。回收商的单位回收成本为 c，并根据利益最大化原则决定废旧产品的回收率 τ；制造商 y 以回购价 b 从回收商处回购废旧产品，他可以完全用新材料生产新产品，也可以使用回收产品生产，但优先以回收产品为原材料进行生产。制造商 y 生产的新产品以批发价 w_y 卖给零售商，零售商再以零售价 p_y 销售给消费者；制造商 n 生产的新产品以批发价 w_n 卖给零售商，零售商再以零售价 p_n 销售给消费者。政府提供给制造商力度为 k 的奖惩机制。回收废旧产品需要的固定投资为 I（包括回收网络的建设投资等），假设 $I = h\tau^2 / 2$，h 为回收废旧产品的难度系数；假设回收的产品全部可用于再制造，用回收产品再制造新产品的单位成本为 c_r，而用新材料制造新产品的单位成本为 c_n，且新产品同质。记 $\Delta = c_n - c_r$，故新产品的单位成本 $c_z = c_n(1-\tau) + c_r\tau = c_n - \Delta\tau$。为保证所建的闭环供应链模型有意义，需满足 $\Delta > c$，原因是只有当回收产品的单位再制造成本低于用新材料制造的单位成本时制造商才有积极性回购废旧产品。与 Ferrer 等的文献相同，假设制造商 y 的新产品的需求函数为 $q_y = \theta - p_y + \varepsilon p_n$，制造商 n 的新产品需求函数为 $q_n = \theta - p_n + \varepsilon p_y$，其中 θ 为基本市场规模，ε 为两制造商生产的新产品的替代系数，$0 \leqslant \varepsilon \leqslant 1$。假设回收再制造对于市场容量的影响忽略不计。为不失一般性，假设制造商是闭环供应链的 Stackelberg 博弈领导者。

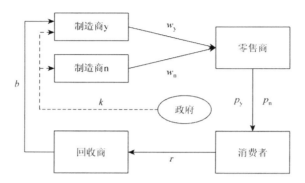

图 13.1　政府引导下由制造商 y、制造商 n、零售商、回收商及消费者构成的闭环供应链

13.3　闭环供应链的回收再制造决策模型

由于制造商 y 的批发价与制造新产品的单位成本及与从回收商处回收废旧产品的回购价之差为制造商所获的单位利润，与新产品需求函数的积为制造商 y 的利润，故制造商 y 的决策为

$$\max_{w_y, b} \pi_{my} = (w_y - c_z)(\theta - p_y + \varepsilon p_n) - b\tau(\theta - p_y + \varepsilon p_n)$$
$$= [w_y - c_n + (\Delta - b)\tau](\theta - p_y + \varepsilon p_n) \quad (13.1)$$

制造商 n 由于不参与回收环节，其制造的新产品均是用新零部件制造的，所以其利润是批发价减去用新零部件制造新产品的单位成本，然后与其需求函数的积，制造商 n 的决策为

$$\max_{w_n} \pi_{mn} = (w_n - c_n)(\theta - p_n + \varepsilon p_y) \quad (13.2)$$

零售商因为要从两个制造商那里获取产品，根据两制造商给的不同批发价来决定其零售价，其利润是零售价与批发价之差与需求函数的积，故零售商的决策为

$$\max_{p_y, p_n} \pi_r = (p_y - w_y)(\theta - p_y + \varepsilon p_n) + (p_n - w_n)(\theta - p_n + \varepsilon p_y) \quad (13.3)$$

回收商的利润是制造商给予的回购价减回收成本，与制造商 y 的需求函数的积，再减去回收废旧产品需要的固定投资，故回收商的决策为

$$\max_{\tau} \pi_c = (b - c)\tau(\theta - p_y + \varepsilon p_n) - h\tau^2 / 2 \quad (13.4)$$

13.3.1　闭环供应链的集中式决策（情形 1）

该情形下闭环供应链是一个理想化的"超组织"，两制造商、零售商及回收商均以闭环供应链利润最大化为目标，其决策问题可以描述为

$$\max_{\tau,p} \quad \pi = \pi_{\mathrm{my}} + \pi_{\mathrm{mn}} + \pi_{\mathrm{r}} + \pi_{\mathrm{c}}$$

$$= [p_{\mathrm{y}} - c_{\mathrm{n}} + (\Delta - c)\tau](\theta - p_{\mathrm{y}} + \varepsilon p_{\mathrm{n}}) + (p_{\mathrm{n}} - c_{\mathrm{n}})(\theta - p_{\mathrm{n}} + \varepsilon p_{\mathrm{y}}) - h\tau^2 / 2 \quad (13.5)$$

命题 13.1　当 $2h - (\Delta - c)^2 > 0$ 时，式（13.5）给出的函数是严格凹的，有唯一解为

$$p_{\mathrm{n}}^{\mathrm{I}} = \frac{\theta}{2(1-\varepsilon)} + \frac{c_{\mathrm{n}}}{2} \quad (13.6)$$

$$p_{\mathrm{y}}^{\mathrm{I}} = \frac{[2h + (\varepsilon - 2)(\Delta - c)^2]\theta}{2(1-\varepsilon)[2h - (\Delta - c)^2]} + \frac{[2h - \varepsilon(\Delta - c)^2]c_{\mathrm{n}}}{2[2h - (\Delta - c)^2]} \quad (13.7)$$

$$\tau^{\mathrm{I}} = \frac{(\Delta - c)[\theta - (1-\varepsilon)c_{\mathrm{n}}]}{2h - (\Delta - c)^2} \quad (13.8)$$

此时，闭环供应链的总利润为

$$\pi^{\mathrm{I}} = \frac{[(1+\varepsilon)(\Delta - c)^4 - 2h(3+\varepsilon)(\Delta - c)^2 + 8h^2][\theta - (1-\varepsilon)c_{\mathrm{n}}]^2}{4(1-\varepsilon)[2h - (\Delta - c)^2]^2} \quad (13.9)$$

证明　式（13.5）的黑塞矩阵为 $\begin{bmatrix} -2 & 2\varepsilon & c-\Delta \\ 2\varepsilon & -2 & \varepsilon(\Delta - c) \\ c-\Delta & \varepsilon(\Delta - c) & -h \end{bmatrix}$，由黑塞矩阵负定

与目标函数为凹函数的等价关系易得 $2h - (\Delta - c)^2 > 0$ 成立，求偏导易解得 $p_{\mathrm{n}}^{\mathrm{I}}$、$p_{\mathrm{y}}^{\mathrm{I}}$、$\tau^{\mathrm{I}}$。证毕。

13.3.2　闭环供应链分散式决策情形（情形 2）

该情形下制造商 y、制造商 n、零售商和回收商的利润如式（13.1）～式（13.4）所示。由于制造商是 Stackelberg 博弈领导者，故决策顺序为制造商 y 与制造商 n 分别根据自己的利润最大化做出决策，然后回收商和零售商根据制造商的决策结果分别单独决策。为计算方便，不妨设 $w_{\mathrm{y}} = \alpha p_{\mathrm{y}} (0 < \alpha < 1)$，$w_{\mathrm{n}} = \beta p_{\mathrm{n}} (0 < \beta < 1)$。由逆向归纳法可得

$$b^* = \frac{\Delta + c}{2} \quad (13.10)$$

$$p_{\mathrm{y}}^* = \frac{\beta\theta(2+\varepsilon)[2h\alpha - (\Delta - c)^2] + [2h\alpha\varepsilon + 4h\beta - \varepsilon(\Delta - c)^2]c_{\mathrm{n}}}{\beta[2h\alpha(4-\varepsilon^2) - (\Delta - c)^2(2-\varepsilon^2)]} \quad (13.11)$$

$$p_n^* = \frac{\beta\theta[2h\alpha(2+\varepsilon) - (\Delta-c)^2(1+\varepsilon)] + [2h\beta\varepsilon + 4h\alpha - (\Delta-c)^2]c_n}{\beta[2h\alpha(4-\varepsilon^2) - (\Delta-c)^2(2-\varepsilon^2)]} \quad (13.12)$$

$$\tau^* = \frac{[\alpha\beta\theta(2+\varepsilon) + (\beta\varepsilon^2 + \alpha\varepsilon - 2\beta)c_n](\Delta-c)}{\beta[2h\alpha(4-\varepsilon^2) - (\Delta-c)^2(2-\varepsilon^2)]} \quad (13.13)$$

$$\pi_{my}^* = \frac{h[\alpha\beta\theta(2+\varepsilon) + (\beta\varepsilon^2 + \alpha\varepsilon - 2\beta)c_n]^2[4h\alpha - (\Delta-c)^2]}{\beta^2[2h\alpha(4-\varepsilon^2) - (\Delta-c)^2(2-\varepsilon^2)]^2} \quad (13.14)$$

$$\pi_{mn}^* = \frac{\{\beta\theta[2h\alpha(2+\varepsilon) - (1+\varepsilon)(\Delta-c)^2] + [2h(\alpha\varepsilon^2 + \beta\varepsilon - 2\alpha) + (1-\varepsilon^2)(\Delta-c)^2]c_n\}^2}{\beta[2h\alpha(4-\varepsilon^2) - (\Delta-c)^2(2-\varepsilon^2)]^2}$$

$$(13.15)$$

$$\pi_r^* = \frac{(1-\alpha)\{\beta\theta(2+\varepsilon)[2h\alpha - (\Delta-c)^2] + [2h\alpha\varepsilon + 4h\beta - \varepsilon(\Delta-c)^2]c_n\}}{\beta[2h\alpha(4-\varepsilon^2) - (\Delta-c)^2(2-\varepsilon^2)]}$$

$$\times \frac{2h[\alpha\beta\theta(2+\varepsilon) + (\beta\varepsilon^2 + \alpha\varepsilon - 2\beta)c_n]}{\beta[2h\alpha(4-\varepsilon^2) - (\Delta-c)^2(2-\varepsilon^2)]}$$

$$+ \frac{(1-\beta)\{\beta\theta[2h\alpha(2+\varepsilon) - (\Delta-c)^2(1+\varepsilon)] + [2h(\alpha\varepsilon^2 + \beta\varepsilon - 2\alpha) + (\Delta-c)^2(1-\varepsilon^2)]c_n\}}{\beta[2h\alpha(4-\varepsilon^2) - (\Delta-c)^2(2-\varepsilon^2)]}$$

$$\times \frac{\beta\theta[2h\alpha(2+\varepsilon) - (1+\varepsilon)(\Delta-c)^2] + [2h\beta\varepsilon + 4h\alpha - (\Delta-c)^2)]c_n}{\beta[2h\alpha(4-\varepsilon^2) - (\Delta-c)^2(2-\varepsilon^2)]} \quad (13.16)$$

$$\pi_c^* = \frac{h[\alpha\beta\theta(2+\varepsilon) + (\beta\varepsilon^2 + \alpha\varepsilon - 2\beta)c_n]^2(\Delta-c)^2}{2\beta^2[2h\alpha(4-\varepsilon^2) - (\Delta-c)^2(2-\varepsilon^2)]^2} \quad (13.17)$$

13.3.3　奖惩机制下闭环供应链的决策（情形 3）

奖惩机制是政府为了确保闭环供应链达到一定的回收率水平而设计。设 τ_0 为政府规定制造商要达到的目标回收率，$k(k>0)$ 为奖惩力度。奖惩机制旨在奖励超过目标回收率的制造商，惩罚未达到目标回收率的制造商。此时制造商 y 的决策为

$$\max_{w,b} \quad \pi_{my} = [w_y - c_n + (\Delta-b)\tau](\theta - p_y + \varepsilon p_n) + k(\tau - \tau_0) \quad (13.18)$$

制造商 n 的决策为

$$\max_{w_n} \quad \pi_{mn} = (w_n - c_n)(\theta - p_n + \varepsilon p_y) - k\tau_0 \quad (13.19)$$

零售商和回收商的决策分别与式（13.3）和式（13.4）相同。用 13.3.2 节同样的方法可得

$$p_y^{**} = \frac{\beta\theta(2+\varepsilon)[2h\alpha - (\Delta-c)^2] + [2h\alpha\varepsilon + 4h\beta - \varepsilon(\Delta-c)^2]c_n - 2k\beta(\Delta-c)}{\beta[2h\alpha(4-\varepsilon^2) - (\Delta-c)^2(2-\varepsilon^2)]} \quad (13.20)$$

$$p_{\mathrm{n}}^{**} = \frac{\beta\theta[2h\alpha(2+\varepsilon)-(\Delta-c)^2(1+\varepsilon)]+[2h\beta\varepsilon+4h\alpha-(\Delta-c)^2]c_{\mathrm{n}}-\varepsilon k\beta(\Delta-c)}{\beta[2h\alpha(4-\varepsilon^2)-(\Delta-c)^2(2-\varepsilon^2)]}$$

$$(13.21)$$

$$\tau^{**} = \frac{[\alpha\beta\theta(2+\varepsilon)+(\beta\varepsilon^2+\alpha\varepsilon-2\beta)c_{\mathrm{n}}](\Delta-c)+k\alpha\beta(4-\varepsilon^2)}{\beta[2h\alpha(4-\varepsilon^2)-(\Delta-c)^2(2-\varepsilon^2)]} \quad (13.22)$$

$$b^{**} = \frac{\Delta+c}{2} + \frac{k\beta[2h\alpha(4-\varepsilon^2)-(\Delta-c)^2(2-\varepsilon^2)]}{4h\alpha\beta\theta(2+\varepsilon)+4hc_{\mathrm{n}}(\beta\varepsilon^2+\alpha\varepsilon-2\beta)+2k\beta(2-\varepsilon^2)(\Delta-c)} \quad (13.23)$$

$$\pi_{\mathrm{my}}^{**} = \frac{[\alpha\beta\theta(2+\varepsilon)+(\beta\varepsilon^2+\alpha\varepsilon-2\beta)c_{\mathrm{n}}][4h\alpha-(\Delta-c)^2]-\varepsilon^2 k\alpha\beta(\Delta-c)}{2\beta[2h\alpha(4-\varepsilon^2)-(\Delta-c)^2(2-\varepsilon^2)]}$$
$$\times \frac{2h[\alpha\beta\theta(2+\varepsilon)+(\beta\varepsilon^2+\alpha\varepsilon-2\beta)c_{\mathrm{n}}]+k\beta(2-\varepsilon^2)(\Delta-c)}{\beta[2h\alpha(4-\varepsilon^2)-(\Delta-c)^2(2-\varepsilon^2)]}$$
$$+ \frac{k(\Delta-c)[\alpha\beta\theta(2+\varepsilon)+(\beta\varepsilon^2+\alpha\varepsilon-2\beta)c_{\mathrm{n}}]+k^2\alpha\beta(4-\varepsilon^2)}{2\beta[2h\alpha(4-\varepsilon^2)-(\Delta-c)^2(2-\varepsilon^2)]} - k\tau_0 \quad (13.24)$$

$$\pi_{\mathrm{mn}}^{**} = \frac{\{\beta\theta[2h\alpha(2+\varepsilon)-(1+\varepsilon)(\Delta-c)^2]+[2h(\alpha\varepsilon^2+\beta\varepsilon-2\alpha)+(1-\varepsilon^2)(\Delta-c)^2]c_{\mathrm{n}}-\varepsilon k\beta(\Delta-c)\}^2}{\beta[2h\alpha(4-\varepsilon^2)-(\Delta-c)^2(2-\varepsilon^2)]^2} - k\tau_0 \quad (13.25)$$

$$\pi_{\mathrm{r}}^{**} = \frac{(1-\alpha)\{\beta\theta(2+\varepsilon)[2h\alpha-(\Delta-c)^2]+[2h\alpha\varepsilon+4h\beta-\varepsilon(\Delta-c)^2]c_{\mathrm{n}}-2k\beta(\Delta-c)\}}{\beta[2h\alpha(4-\varepsilon^2)-(\Delta-c)^2(2-\varepsilon^2)]}$$
$$\times \frac{2h[\alpha\beta\theta(2+\varepsilon)+(\beta\varepsilon^2+\alpha\varepsilon-2\beta)c_{\mathrm{n}}]+k\beta(2-\varepsilon^2)(\Delta-c)}{\beta[2h\alpha(4-\varepsilon^2)-(\Delta-c)^2(2-\varepsilon^2)]}$$
$$+ \frac{(1-\beta)\{\beta\theta[2h\alpha(2+\varepsilon)-(1+\varepsilon)(\Delta-c)^2]+[2h\beta\varepsilon+4h\alpha-(\Delta-c)^2]c_{\mathrm{n}}-\varepsilon k\beta(\Delta-c)\}}{\beta[2h\alpha(4-\varepsilon^2)-(\Delta-c)^2(2-\varepsilon^2)]}$$
$$\times \frac{\beta\theta[2h\alpha(2+\varepsilon)-(1+\varepsilon)(\Delta-c)^2]+[2h(\alpha\varepsilon^2+\beta\varepsilon-2\alpha)+(1-\varepsilon^2)(\Delta-c)^2]c_{\mathrm{n}}-\varepsilon k\beta(\Delta-c)}{\beta[2h\alpha(4-\varepsilon^2)-(\Delta-c)^2(2-\varepsilon^2)]}$$
$$(13.26)$$

$$\pi_{\mathrm{c}}^{**} = \frac{h\{[\alpha\beta\theta(2+\varepsilon)+(\beta\varepsilon^2+\alpha\varepsilon-2\beta)c_{\mathrm{n}}](\Delta-c)+k\alpha\beta(4-\varepsilon^2)\}^2}{2\beta^2[2h\alpha(4-\varepsilon^2)-(\Delta-c)^2(2-\varepsilon^2)]^2} \quad (13.27)$$

13.4　三种情形下闭环供应链回收再制造决策的比较分析

为保证所求的解有意义，须分别满足 $0\leqslant\tau^{\mathrm{I}}\leqslant1$，$0\leqslant\tau^*\leqslant1$ 和 $0\leqslant\tau^{**}\leqslant1$，即

$$[\theta-(1-\varepsilon)c_{\mathrm{n}}](\Delta-c)\leqslant2h-(\Delta-c)^2 \quad (13.28)$$

$$[\alpha\beta\theta(2+\varepsilon)+(\beta\varepsilon^2+\alpha\varepsilon-2\beta)c_n](\Delta-c)\leqslant\beta[2h\alpha(4-\varepsilon^2)-(\Delta-c)^2(2-\varepsilon^2)]-k\alpha\beta(4-\varepsilon^2)$$

（13.29）

命题 13.2　$p_y^{**}<p_y^*$，$w_y^{**}<w_y^*$；$p_n^{**}<p_n^*$，$w_n^{**}<w_n^*$。

证明　由 $p_y^{**}-p_y^*=\dfrac{-2k(\Delta-c)}{2h\alpha(4-\varepsilon^2)-(\Delta-c)^2(2-\varepsilon^2)}<0$，知 $p_y^{**}<p_y^*$；

又 $w_y^{**}-w_y^*=\alpha(p_y^{**}-p_y^*)<0$，可得 $w_y^{**}<w_y^*$。

由 $p_n^{**}-p_n^*=\dfrac{-k(\Delta-c)}{\beta[2h\alpha(4-\varepsilon^2)-(\Delta-c)^2(2-\varepsilon^2)]}<0$，知 $p_n^{**}<p_n^*$；

又 $w_n^{**}-w_n^*=\beta(p_n^{**}-p_n^*)<0$，可得 $w_n^{**}<w_n^*$。

由命题 13.2 可知，与分散式决策相比，基于目标回收率的奖惩机制导致两个制造商新产品的批发价与零售价均降低。这表明，奖惩机制能起到引导制造商和零售商降低新产品价格的作用。可以看出，新产品零售价的降低使得消费者亦能从该奖惩机制中获得利益。

命题 13.3　$\tau^{**}>\tau^*$。

证明　由 $\tau^{**}-\tau^*=\dfrac{k\alpha(4-\varepsilon^2)}{4h\alpha+(2-\varepsilon^2)[2h-(\Delta-c)^2]}>0$，知 $\tau^{**}>\tau^*$。

由命题 13.3 可知，与分散式决策相比，奖惩机制下废旧产品的回收率提高。这说明，奖惩机制能有效引导主动回收的制造商提高回收率。

综合命题 13.2 和命题 13.3，奖惩机制能有效引导主动回收的制造商提高回收率，并起到了引导制造商和零售商降低新产品价格的作用，新产品零售价的降低使得消费者亦能从该奖惩机制中获得利益。

13.5　算　例　分　析

设某电器电子产品的有关参数为：$c_n=60$，$\Delta=50$，$c=30$，$\theta=100$，$h=1200$，$k=1400$，$\tau_0=0.4$，$\varepsilon=0.5$，$\alpha=\beta=0.5$。情形 3 需满足 $k\leqslant1493$ 才有意义。所得结果如表 13.1 及图 13.2～图 13.4 所示。

表 13.1　三种情形下各变量的均衡结果

情形	b	w_y	w_n	p_y	p_n	τ	π_{my}	π_{mn}	π_r	π_c	π
情形 1	—	—	—	123	130	0.7	—	—	—	—	5145
情形 2	40	70.53	72.63	141.05	145.26	0.263	415.51	319.11	4062.05	41.55	4838.22
情形 3	55.74	63.16	70.79	126.32	141.58	0.954	672.46	−327.17	4336.43	546.00	5643.23

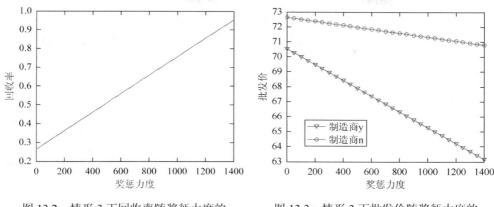

图 13.2　情形 3 下回收率随奖惩力度的　　　图 13.3　情形 3 下批发价随奖惩力度的
　　　　变化趋势　　　　　　　　　　　　　　　　变化趋势

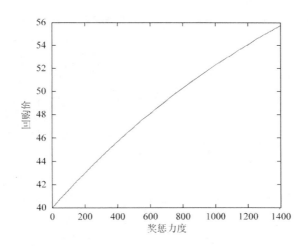

图 13.4　情形 3 下制造商 y 的回购价随奖惩力度的变化趋势

　　由表 13.1 可以看出，与集中式决策相比，分散式决策下产品回收率降低，可见分散式决策情形闭环供应链的效率较低，因此需要协调，可以考虑通过政府引导实现效率提高。奖惩机制下，制造商 y 的批发价、零售价均低于制造商 n 的，这种价格优势对制造商 y 有利，进一步说明政府的奖惩机制能够有效地保护制造商 y 的利益，削弱制造商 n 的利益，从而促使制造商 n 为了获得较大的利润向主动回收转变。

　　由图 13.2 可以看出，奖惩机制下随着政府奖惩力度的增大，制造商 y 的回收率呈直线上升趋势，这说明政府的奖惩机制有效地引导了制造商 y 提高废旧电子产品的回收率。

由图 13.3 可以看出，奖惩机制下随着政府的奖惩力度的增大，制造商 y 和制造商 n 的批发价都下降，而且制造商 y 的批发价在同等条件下低于制造商 n 的批发价且下降的力度大于制造商 n，这说明在政府的奖惩机制作用下，制造商 y 比制造商 n 更具有价格优势，从而其新产品更具有市场竞争力；另外，由政府奖惩机制下的两个制造商的批发价都低于无奖惩机制下的批发价可以看出政府的奖惩机制能够有效调节价格，使得制造商均受益。

由图 13.4 可以看出，奖惩机制下，制造商 y 的回购价随奖惩力度的增加而增加。这说明，政府给予制造商 y 以较高的奖惩额度能够鼓励制造商 y 愿意以相对较高的回购价进行产品的回收。

由图 13.5 可以看出，奖惩机制下随着政府的奖惩力度的增大，制造商 y、零售商及回收商的利润均增加，而制造商 n 的利润下降，甚至会出现利润为负的情况，这样下去会导致制造商 n 面临倒闭的危险，这就达到了政府引导制造商主动回收的目的。这进一步说明政府的奖惩机制能够有效引导制造商回收废旧产品。

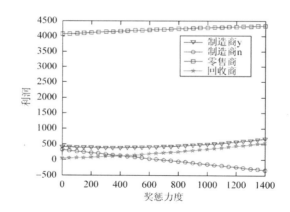

图 13.5 情形 3 下制造商 y、制造商 n、零售商、回收商的利润随奖惩力度的变化趋势

由图 13.6 可以看出，随着产品替代系数的增加，无论是制造商 y 还是制造商 n，他们的利润均在增加，且制造商 y 利润增加的程度大于制造商 n 的利润增加程度。这说明，产品替代系数越大，两制造商生产产品差异越小，相似度越高，从而导致其竞争越激烈。但是，由于制造商 y 积极参与了废旧产品的回收工作，其利润比制造商 n 的高，随着产品替代系数的逐步加大，制造商 y 的竞争力就有了明显的提高，与制造商 n 的利润差增大，比制造商 n 的利润提高的更多。

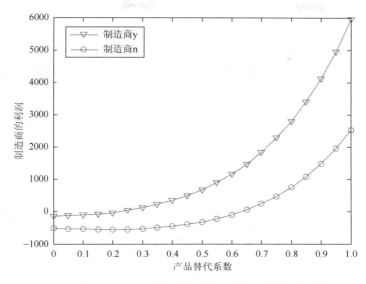

图 13.6　情形 3 下制造商的利润随产品替代系数的变化趋势

13.6　结　　语

本章着眼于政府引导下闭环供应链的决策问题,考虑了集中式决策、无奖惩机制的分散式决策以及奖惩机制下制造商竞争环境下的闭环供应链决策。通过比较分析了回收率、批发价以及两制造商、零售商、回收商的利润随奖惩力度的变化趋势,得到以下结论:与无奖惩机制下的分散式决策相比,政府的奖惩机制能有效地引导制造商降低新产品价格和提高回收率,同时有利于增加消费者的利益;奖惩机制使得主动回收的制造商的批发价低于不回收的制造商的价格,从而使消费者更愿意购买价格相对较低的产品,这有利于主动回收的制造商利润增加,而使不回收的制造商利润降低,从而促使其为了获得更多的利润而积极回收,再加上回收商、零售商的利润也随着奖惩力度的提高而增加,这就更能激发起他们的积极性,因此政府奖惩机制起到了有效协调闭环供应链的成员企业积极回收再制造废旧产品的作用。诚然,本研究结论只限于在两个制造商寡头垄断的市场结构中成立,对于多寡头垄断具有一定的参考价值,但对于完全竞争的市场环境(价格外生),研究结论不一定成立,需要进一步研究。此外,多个零售商的竞争对奖惩机制及闭环供应链的决策产生什么影响也值得进一步研究。

第 14 章　回收商竞争环境下逆向供应链协调的激励机制设计研究

本章的主要工作如下：由于回收努力程度难以用契约量化，本章利用委托代理理论研究回收商竞争努力程度情况下逆向供应链的激励机制设计问题。分别讨论信息对称与信息不对称情形的逆向供应链激励机制设计方法，并比较两种情形下激励机制的不同。结果表明，信息不对称情形下回收商不但获得固定收入，而且在获得收益提成的同时承担一定风险；两种情形下回收商的期望效用均为其保留收入水平，而信息不对称情形下制造商的效用降低；制造商设计激励机制时要考虑代理成本的影响因素并做代理成本与监督成本的权衡；回收商竞争程度的增加导致回收商努力程度提高，而制造商期望效用增加，代理成本减少；制造商希望回收商回收难度大；适当的竞争对回收商有利等。

14.1　引　　言

面对日趋激烈的竞争，电器电子产品的竞争已经从生产、销售、维修等延伸到了退役环节。废旧电器电子产品的回收逐渐成为企业的另一场品牌秀和另一个竞争战场。一些知名企业，如戴尔、联想等纷纷推出废旧电脑回收服务。而有些生产企业为集中精力搞好主业，把原来属于自己处理的逆向物流活动，委托给专业物流服务企业，即第三方物流。据中国政府网的消息，国务院总理温家宝 2011 年 9 月主持召开国务院常务会议，指出建立废旧商品回收体系已刻不容缓。特别指出：尤其要加强报废汽车、废弃电器电子产品等重点废旧商品的回收工作；培育大型废旧商品回收企业，促进废旧商品回收、分拣和处理集约化、规模化发展。可以预见，不久的将来大型第三方回收商是废旧产品回收的主要方式。这样一来，由生产商（制造商）和第三方回收商（以下简称回收商）构成了逆向供应链。

逆向供应链是近年来供应链研究的热点之一。文献[71]论述了逆向物流系统结构研究的现状与展望。文献[16]探讨了双寡头垄断市场中回收废旧产品对寡头竞争优势的影响。文献[69]分析了由一个制造商与一个零售商构成的逆向供应链决策结构的效率问题。文献[58]用 Stackelberg 博弈的方法探讨了由一个制造商与一个零售商构成的逆向供应链的利润分配问题。文献[107]研究了如何实现废旧产品的供给和产品需求的匹配以达到系统利润最大化的目标。Mukhopadhyay 等[115]

讨论了逆向物流中的最优回收策略与产品模块化设计的关系。文献[109]以广义随机 Petri 网为工具评价了逆向供应链的性能。文献[110]研究了供应链通过产品退货实现协调的方法。

另外，国内外一些文献研究了供应链的激励机制问题。文献[81]建立了一个制造商与一个零售商构成的供应链的渠道协调模型，分析了回购契约与价格补贴机制的有效性。文献[62]分别建立了零售商回收与第三方回收商回收废旧产品情形的闭环供应链决策模型，通过对两种情形决策变量的求解与比较，讨论了回收努力程度的区别。文献[69]应用委托代理理论研究了供应链中的生产营销激励问题。文献[60]以逆向供应链为研究对象，以奖惩力度和目标回收率为主要参数，初步探讨了逆向供应链系统外部主体——政府的奖惩机制对制造商回收再制造决策的影响。刘兵和张世英[116]应用委托代理理论讨论了企业内部的激励机制设计。Iyer 等[117]建立了汽车生产商的技术规格与生产的委托代理模型。文献[29]探讨了不对称信息情形下激励机制对于制造商生产决策的影响。文献[25]研究了由制造商、维修中心和零售商构成的逆向供应链模型的定价与激励机制。

从以上文献可以看出，逆向供应链的多数研究是关于结构、回收策略、退货、信息等因素对其效率的影响，而用委托代理理论设计逆向供应链激励机制的研究鲜见报道。本章在委托代理理论的分析框架下假设逆向供应链的收益与回收量成正比且回收量对于回收努力程度敏感，分别分析信息对称情形与信息不对称情形下由两个回收商与一个制造商构成的逆向供应链的激励机制设计问题。通过比较两种情形的不同，讨论代理成本的影响因素及与监督成本的关系，并分析回收商竞争对于回收商与制造商的影响。

14.2　模型描述

14.2.1　模型背景

考虑由两个回收商与一个制造商构成的逆向供应链，制造商委托回收商回收其废旧产品（图 14.1）。这个问题中制造商是委托人，而回收商是代理人，制造商

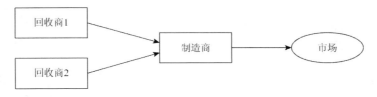

图 14.1　由两个回收商与一个制造商构成的逆向供应链

设计激励机制引导回收商提高回收努力程度。假设回收量对于回收努力程度敏感。制造商如何设计激励机制以使两个回收商都努力工作，以实现自己的利益最大化，是本章研究的主要问题。

14.2.2　基本假设

为了研究方便，在不影响结论准确性的前提下做如下假设。

（1）假设回收商的回收量可表示为如下形式：$Q_i = A + f(e_i, e_j) + r\varepsilon$，$i, j \in \{1, 2\}$ 且 $i \neq j$。其中 $e_i, e_j (0 \leqslant e_i \leqslant 1, 0 \leqslant e_j \leqslant 1)$ 分别为回收商 i, j 的努力程度变量；ε 均值为 0，方差为 σ^2 的正态分布变量，是外生不确定因素；r 为不确定因素对回收量的影响系数；A 表示不依赖于回收努力的初始回收量。逆向供应链的收益与回收量成正比，表示为 mQ，其中 m 为单位回收量的收益。

（2）回收商之间具有竞争关系，他们的回收量中对回收努力敏感的部分不仅与自己的努力程度有关，也与另一个回收商的努力程度有关。假设 $f(e_i, e_j) = ke_i + t(e_i - e_j)$，$i, j \in \{1, 2\}$ 且 $i \neq j$，$k > 0$，$t > 0$。式中 k 为努力程度对回收量的影响系数，t 为竞争程度参数。由于 $\dfrac{\partial f(e_i, e_j)}{\partial e_i} > 0$ 且 $\dfrac{\partial f(e_i, e_j)}{\partial e_j} < 0$，该函数反映了回收商的回收量随着该回收商回收努力程度的增加而增加，并随着另外一个回收商的回收努力程度的增加而减少。

（3）制造商是风险中性的，而回收商是风险规避的[99]，这是因为回收商面对回收量的不确定性风险。回收商的效用函数具有不变绝对风险规避特征，$E(x)$ 表示 x 的数学期望，则 $E(\pi_{a_i}) = -e^{-\rho \pi_{a_i}}$，其中 ρ 为回收商的绝对风险规避度，π_{a_i} 为回收商 i 的收入。

（4）制造商根据回收商的回收努力程度设计的激励机制为 $s(e_i) = \alpha_i + \beta m Q_i = \alpha_i + \beta m[A + f(e_i, e_j) + r\varepsilon] = \alpha_i + \beta m[A + ke_i + t(e_i - e_j) + r\varepsilon]$，其中 α_i 为回收商 i 的固定收入，β 为收益提成，同时也是风险分担比例。

（5）回收商 i，j 的努力成本分别为 $\dfrac{1}{2} ce_i^2$ 与 $\dfrac{1}{2} ce_j^2$，其中 c 为努力成本系数，它反映了回收商的回收难度；回收商的回收量的不确定性导致的风险成本为 $\dfrac{1}{2} \rho \beta^2 m^2 \text{var}(Q_i) = \dfrac{1}{2} \rho \beta^2 m^2 \text{var}(Q_j)$，即 $\dfrac{1}{2} \rho \beta^2 m^2 r^2 \sigma^2$。

14.2.3　参数定义

π_{a_i}，π_{a_j}：回收商 i，j 的随机收入；

π_p：制造商的随机收入；

$E\pi_{a_i}$，$E\pi_{a_j}$：回收商 i，j 的确定性等价收入（期望效用）；

$E\pi_p$：制造商的期望效用；

ΔE_{π_p}：代理成本；

$\overline{w}$：回收商 i，j 的保留收入水平。

14.3　逆向供应链的激励机制设计

由以上假设及参数说明，可分别得到回收商 i 和制造商的随机收入与期望效用表达式。回收商 i 的随机收入为

$$\pi_{a_i} = \alpha_i + \beta m Q_i - \frac{1}{2}ce_i^2 - \frac{1}{2}\rho\beta^2 m^2 r^2 \sigma^2$$

$$= \alpha_i + \beta m[A + ke_i + t(e_i - e_j) + r\varepsilon] - \frac{1}{2}ce_i^2 - \frac{1}{2}\rho\beta^2 m^2 r^2 \sigma^2, \quad i,j \in \{1,2\} \text{且} i \neq j \tag{14.1}$$

故回收商 i 的确定性等价收入为

$$E\pi_{a_i} = \alpha_i + \beta m[A + ke_i + t(e_i - e_j)] - \frac{1}{2}ce_i^2 - \frac{1}{2}\rho\beta^2 m^2 r^2 \sigma^2, \quad i,j \in \{1,2\} \text{且} i \neq j \tag{14.2}$$

制造商的随机收入为两回收商创造的利润与其收入之差，又因制造商是风险中性的，故制造商的收入为

$$\pi_p = -\alpha_i + (1-\beta)mQ_i - \alpha_j + (1-\beta)mQ_j = -\alpha_i - \alpha_j + (1-\beta)m[2A + k(e_i + e_j) + 2r\varepsilon] \tag{14.3}$$

故制造商的期望效用为

$$E\pi_p = -\alpha_i - \alpha_j + (1-\beta)m[2A + k(e_i + e_j)]。 \tag{14.4}$$

14.3.1　信息对称情形下的逆向供应链激励机制设计

该情形下制造商的问题为在满足回收商参与约束的前提下最大化自己的效用。

$$\max_{e_i,e_j,\beta} E\pi_p = -\alpha_i - \alpha_j + (1-\beta)m[2A + k(e_i + e_j)] \tag{14.5}$$

s.t.

$$\alpha_i + \beta m[A + ke_i + t(e_i - e_j)] - \frac{1}{2}ce_i^2 - \frac{1}{2}\rho\beta^2 m^2 r^2 \sigma^2 \geqslant \overline{w} \tag{14.6}$$

$$\alpha_j + \beta m[A + ke_j + t(e_j - e_i)] - \frac{1}{2}ce_j^2 - \frac{1}{2}\rho\beta^2 m^2 r^2 \sigma^2 \geqslant \overline{w} \tag{14.7}$$

在最优条件下个人理性约束式（14.6）与式（14.7）中的等号成立。将式（14.6）与式（14.7）代入目标函数得

$$\max_{e_i,e_j,\beta} E\pi_p = -2\bar{w} + m[2A + k(e_i+e_j)] - \frac{1}{2}ce_i^2 - \frac{1}{2}ce_j^2 - \rho\beta^2 m^2 r^2 \sigma^2 \quad (14.8)$$

由于 $\dfrac{\partial^2 E\pi_p}{\partial e} < 0$，$\dfrac{\partial^2 E\pi_p}{\partial \beta} < 0$ 成立，故式（14.8）是关于 e_i, e_j, β 的联合凹函数。

由一阶条件 $\dfrac{\partial E\pi_p}{\partial e_i} = 0$，$\dfrac{\partial E\pi_p}{\partial e_j} = 0$，$\dfrac{\partial E\pi_p}{\partial \beta} = 0$ 得 $e_i^* = e_j^* = \dfrac{mk}{c}$，$\beta^* = 0$。

故 $\alpha_i^* = \alpha_j^* = \bar{w} + \dfrac{1}{2}ce_i^{*2} = \bar{w} + \dfrac{m^2 k^2}{2c}$。

激励机制下转移支付的数学期望为

$$Es(e_i^*) = Es(e_j^*) = \alpha_i^* = \bar{w} + \frac{m^2 k^2}{2c}$$

将以上结果代入式（14.5）得制造商的期望效用为

$$E\pi_p^* = 2mA + \frac{m^2 k^2}{c} - 2\bar{w}$$

由求解结果可知，信息对称情形下回收商获得的固定收入为保留收入水平与努力成本之和，不获得任何提成，同时不承担任何风险；两个回收商的回收努力程度及固定收入与他们之间的竞争程度无关；制造商的期望效用随回收努力成本系数的增加而减少，而随努力程度对回收量影响系数、单位回收量收益、不依赖于回收努力的初始回收量的增加而增加。

14.3.2　信息不对称情形下的逆向供应链激励机制设计

因信息不对称，回收商 i 根据自己的确定性等价收入最大化选择努力程度，即

$$\max_{e_i} E\pi_{a_i} = \alpha_i + \beta m[A + ke_i + t(e_i - e_j)] - \frac{1}{2}ce_i^2 - \frac{1}{2}\rho\beta^2 m^2 r^2 \sigma^2 \quad (14.9)$$

由一阶条件 $\dfrac{\partial E\pi_{a_i}}{\partial e_i} = 0$ 得

$$e_i = \frac{\beta m(k+t)}{c} \quad (14.10)$$

同样地，回收商 j 亦根据自己的确定性等价收入最大化选择回收努力程度：

$$e_j = \frac{\beta m(k+t)}{c} \quad (14.11)$$

式（14.10）与式（14.11）为回收商的激励相容约束。制造商的问题为在满足两回收商的参与约束与激励相容约束的前提下最大化自己的效用，即

$$\max_{e_i,e_j,\beta} \ E\pi_{\mathrm{p}} = -\alpha_i - \alpha_j + (1-\beta)m[2A+k(e_i+e_j)] \tag{14.12}$$

s.t.

$$\alpha_i + \beta m[A+ke_i+t(e_i-e_j)] - \frac{1}{2}ce_i^2 - \frac{1}{2}\rho\beta^2 m^2 r^2 \sigma^2 \geqslant \overline{w} \tag{14.13}$$

$$\alpha_j + \beta m[A+ke_j+t(e_j-e_i)] - \frac{1}{2}ce_j^2 - \frac{1}{2}\rho\beta^2 m^2 r^2 \sigma^2 \geqslant \overline{w} \tag{14.14}$$

$$e_i = \frac{\beta m(k+t)}{c} \tag{14.15}$$

$$e_j = \frac{\beta m(k+t)}{c} \tag{14.16}$$

同样地,在最优条件下式(14.13)与式(14.14)中的等号成立。将式(14.13)～式(14.16)代入目标函数得

$$\max_{e_i,e_j,\beta} \ E\pi_{\mathrm{p}} = -2\overline{w} + 2mA + \frac{2\beta m^2 k(k+t)}{c} - \frac{\beta^2 m^2 (k+t)^2}{c} - \rho\beta^2 m^2 r^2 \sigma^2 \tag{14.17}$$

由于 $\dfrac{\partial^2 E\pi_{\mathrm{p}}}{\partial e_i} < 0$, $\dfrac{\partial^2 E\pi_{\mathrm{p}}}{\partial e_j} < 0$, $\dfrac{\partial^2 E\pi_{\mathrm{p}}}{\partial \beta} < 0$ 成立,故式(14.17)是关于 e_i, e_j, β

的联合凹函数。由一阶条件 $\dfrac{\mathrm{d}E\pi_{\mathrm{p}}}{\mathrm{d}\beta} = 0$ 得

$$\beta^{**} = \frac{k(k+t)}{(k+t)^2 + \rho cr^2\sigma^2}$$

$$e_i^{**} = e_j^{**} = \frac{mk(k+t)^2}{c[(k+t)^2 + \rho cr^2\sigma^2]} = \frac{(k+t)^2}{(k+t)^2 + \rho cr^2\sigma^2}e_i^* = \frac{m(k+t)}{c}\beta^{**} = (e_i^* + \frac{mt}{c})\beta^{**}$$

$$\alpha_i^{**} = \alpha_j^{**} = \overline{w} + \frac{mk(k+t)}{(k+t)^2 + \rho cr^2\sigma^2}\left\{\frac{mk(k+t)[(k+t)^2 + \rho cr^2\sigma^2 - 2k(k+t)]}{2c[(k+t)^2 + \rho cr^2\sigma^2]} - A\right\}$$

激励机制下转移支付的数学期望为

$$Es(e_i^*) = Es(e_j^*) = \overline{w} + \frac{m^2 k^2 (k+t)^2}{2c[(k+t)^2 + \rho cr^2\sigma^2]}$$

将以上结果代入式(14.12)得制造商的期望效用为

$$E\pi_{\mathrm{p}}^{**} = 2mA + \frac{m^2 k^2 (k+t)^2}{c[(k+t)^2 + \rho cr^2\sigma^2]} - 2\overline{w}$$

非对称信息下,由求解结果可得以下结论。

(1)回收商的收益提成 β^{**} 随着努力程度对回收量的影响系数的增加而增加;而随着回收商的绝对风险规避度、努力成本系数、不确定因素对回收量的影响系数及不确定因素的方差的增加而减少。收益提成与回收商的保留收入水平无关。由 $\dfrac{\partial \beta^{**}}{\partial t} = \dfrac{k[\rho cr^2\sigma^2 - (k+t)^2]}{[(k+t)^2 + \rho cr^2\sigma^2]^2}$,故当 $t < r\sigma\sqrt{\rho c} - k$ 时, $\dfrac{\partial \beta^{**}}{\partial t} > 0$,当 $t > r\sigma\sqrt{\rho c} - k$

时，$\dfrac{\partial \beta^{**}}{\partial t} < 0$，当 $t = r\sigma\sqrt{\rho c} - k$ 时，$\dfrac{\partial \beta^{**}}{\partial t} = 0$。这说明在回收商竞争程度较小时，收益提成随着竞争程度的增加而增加；当回收商竞争程度较大时，收益提成随着竞争程度的增加而减少；当回收商的竞争程度为 $t = r\sigma\sqrt{\rho c} - k$ 时，收益提成最大，这说明适当的竞争对回收商有利。

（2）回收商的固定收入 α^{**} 随努力成本系数的增加而减少、努力程度对回收量影响系数、不依赖于回收努力的初始回收量的增加而减少；随着单位回收量收益与回收商保留收入水平的增加而增加。

（3）回收努力程度 e^{**} 为信息对称情形下回收努力程度的 $\dfrac{(k+t)^2}{(k+t)^2 + \rho c r^2 \sigma^2}$ 倍。

这说明回收商的努力程度随着努力程度对回收量的影响系数、单位回收量的收益及回收商竞争程度的增加而增加；随着回收商的绝对风险规避度、努力成本系数、不确定因素对回收量的影响系数以及不确定因素的方差的增加而减少。

（4）激励机制下转移支付的数学期望 $Es(e_i^{**})$ 随努力程度对回收量的影响系数、单位回收量的收益及回收商竞争程度的增加而增加；随着回收商的绝对风险规避度、努力成本系数、不确定因素对回收量的影响系数以及不确定因素的方差的增加而减少。

（5）单位回收量收益越多，努力程度对回收量影响系数越大，不依赖于回收努力的初始回收量越多，回收商竞争程度越激烈，制造商的期望效用越大；回收商的绝对风险规避度越大，努力成本系数越大，不确定因素对回收量的影响系数以及不确定因素的方差越大，制造商的期望效用越小。

14.3.3 信息不对称与信息对称情形的比较

通过比较信息对称与信息不对称情形下的均衡结果可得以下结论：

（1）信息不对称情形下，回收商不再只获得固定收入，而是在获得收益提成的同时承担同等比例的风险，所得的收益提成为制造商对回收商的风险补偿。

（2）对于回收商来讲，两种情形下期望效用相同，且是其保留收入水平，即 $E\pi_{a_i}^* = E\pi_{a_j}^{**} = \overline{w}$。由 $E\pi_p^{**} - E\pi_p^* = \dfrac{m^2 k^2 (k+t)^2}{c[(k+t)^2 + \rho c r^2 \sigma^2]} - \dfrac{m^2 k^2}{c} = \dfrac{m^2 k^2}{c} \times$

$\left[\dfrac{(k+t)^2}{(k+t)^2 + \rho c r^2 \sigma^2} - 1 \right] = -\dfrac{\rho m^2 r^2 \sigma^2 k^2}{(k+t)^2 + \rho c r^2 \sigma^2} < 0$ 知，对于制造商来讲，信息不对称情形下的期望效用小于信息对称情形。因此与对称情形相比，制造商的境况变差。这是因为在信息不对称情况下制造商要支付风险规避的回收商更多的费用进行补

偿。另外，随着两回收商竞争程度的增加，两种情形下制造商的期望效用差距减少，这说明信息不对称情形下回收商的竞争导致了制造商期望效用的增加。

14.4　代理成本与监督成本的权衡及影响因素分析

委托人成功实施契约需要的费用称为代理成本，即信息对称情形下委托人效用与信息不对称情形下委托人效用之差。代理成本因信息不对称所致，其大小反映信息价值的多少，可表示为

$$\Delta E\pi_p = E\pi_p^* - E\pi_p^{**} = \frac{\rho m^2 r^2 \sigma^2 k^2}{(k+t)^2 + \rho c r^2 \sigma^2} \qquad (14.18)$$

在 14.3.2 节中，制造商（委托人）不能观察到回收商（代理人）的回收努力程度，因此只有设计激励机制引导回收商提高努力程度。但是，该问题可以换一个视角考虑。不妨认为回收商的努力程度可以观察，只不过观察需要成本，这个成本为监督成本。制造商只需要比较监督成本与代理成本的大小便可做出决定。如果监督成本高于代理成本，则制造商放弃监督回收商，按照信息不对称情形设计激励机制，反之，按照信息对称情形设计激励机制。

由式（14.14）可得以下结论：

（1）若回收商风险中性（风险规避度为零），则代理成本为零。而实际上，回收商面对回收量不确定性的风险很难做到风险中性，代理成本 $\Delta E\pi_p > 0$，故代理成本随着风险规避度的增加而增加。

（2）代理成本随着单位回收量的收益、不确定因素对回收量的影响系数、不确定因素的方差、绝对风险规避度以及努力程度对回收量影响系数的增加而增加，这说明回收的废旧产品单位收益越高、回收量不确定性越大、回收商风险规避度越高、回收努力对回收量的影响越大，代理成本越高，故制造商需要花费较多的监督成本。

（3）回收商的努力成本系数越大，代理成本越低。这说明制造商希望回收商回收废旧产品难度大些。

（4）信息不对称情形下制造商可能放弃设计激励机制。可以看出，如果代理成本过高，而没有外界作用（如政府补贴）促使制造商主导逆向供应链，那么激励代理人努力就可能不是委托人的最优选择。

14.5　算 例 分 析

假设制造商委托回收商回收的某一产品的有关参数的初始值为：$A = 20$，

$k = 100$，$r = 2$，$\sigma^2 = 100$，$m = 2$，$\rho = 0.5$，$c = 200$，$\overline{w} = 30$，$t = 0$。根据所建模型得到的解如表 14.1 所示。表 14.2 给出了关于非对称信息情形的回收商不同保留收入水平下的最优结果。

表 14.1 信息对称与信息不对称情形下的最优结果

决策情形	α	β	e	$Es(e)$	$E\pi_p$	$E\pi_a$	$\Delta E\pi_p$
信息对称	130	0	1	130	220	30	0
信息不对称	34	0.2	0.2	50	60	30	160

表 14.2 非对称信息情形的回收商不同保留收入水平下的最优结果

$\overline{w}$	α	β	e	$Es(e)$	$E\pi_p$	$E\pi_a$	$\Delta E\pi_p$
20	24	0.2	0.2	40	80	20	160
30	34	0.2	0.2	50	60	30	160
40	44	0.2	0.2	60	40	40	160
50	54	0.2	0.2	70	20	50	160
60	64	0.2	0.2	80	0	60	160

　　表 14.1 与表 14.2 进一步验证了本章所得结论的正确性。由表 14.1 可以看出，当回收不确定性风险较大时，制造商的期望效用比信息对称情形下的期望效用降低较多。由表 14.2 可知，当回收商的保留收入水平增加到一定程度，制造商的期望效用可降低到零（第 6 行第 6 列），这说明当回收风险较大且回收商保留收入水平提高到一定程度，制造商可能会放弃设计激励机制。从表 14.3 可以看出，当 $t = r\sigma\sqrt{\rho c} - k = 100$ 时，β 取得最大值；随着回收商竞争程度的增加，回收商努力程度提高，期望转移支付增加；制造商期望效用增加，代理成本减少。

表 14.3 非对称信息情形回收商的不同竞争程度下的最优结果

t	α	β	e	$Es(e)$	$E\pi_p$	$E\pi_a$	$\Delta E\pi_p$
0	34	0.20	0.20	50	60	30	160
100	45	0.25	0.50	80	120	30	100
200	58	0.23	0.69	99	158	30	62

注：因回收商 i,j 的变量最优结果相等，故在所有表中省去参数下标。

14.6 结　　语

　　如何激励回收商提高回收努力程度是逆向供应链管理中的一个有意义的问

题。本章在委托代理理论的分析框架下研究了逆向供应链的激励机制设计问题。由于努力水平的不可契约化，提高回收商的努力水平只能通过设计激励机制来实现。本章分别讨论了信息对称与信息不对称情形下的逆向供应链激励机制设计方法，比较了两种情形的不同，讨论了代理成本的影响因素及代理成本与监督成本的权衡，并分析了回收商竞争对于回收商和制造商的影响。本章的结果易扩展为含有较多回收商的逆向供应链激励机制设计的情形。

第15章 双重信息不对称下闭环供应链的激励机制研究

本章的主要工作如下：针对废旧电子产品市场中再制造商、回收商和消费者构成的闭环供应链，研究再制造商处理回收商回收能力隐匿的逆向选择问题和努力水平隐匿的道德风险问题。运用激励理论研究在双重信息不对称下，再制造商如何设计激励机制引导回收商努力回收废旧电子产品的问题。根据委托代理理论，运用信息甄别原理，考虑回收商回收的所有产品中只有部分产品满足再制造的条件，构建委托代理框架下闭环供应链的激励机制模型，并对模型进行分析求解，讨论各相关因素对努力程度的影响，并通过数值仿真进一步验证相关因素对甄别契约参数和双方期望利润的影响。研究结果表明：低回收能力回收商获得的再制造产品数量的提成系数向下扭曲，只有如实汇报能力类型才能获得保留利润；高回收能力的回收商既获得保留利润，又获得额外的信息租金；再制造商签约高回收能力者获得的利润高于签约低回收能力者，随着市场中高回收能力者比例的增加，签约高回收能力者使再制造商获得更多利润。

15.1 引　　言

随着电子信息技术的飞速发展，电子产品更新换代的速度日益加快，废弃电子产品逐渐增多。据国家统计局统计，截至 2013 年，我国"四机一脑"（电视机、冰箱、空调、洗衣机、电脑）年废弃量约 1 亿台，手机淘汰量约 7000 万部。废旧电子产品所造成的资源浪费与环境问题越来越突出。据 2012 年电子垃圾处理行业报告显示，2012 年我国电子垃圾数量达 1110 万 t，占全球数量的 22.7%，我国已成为世界上最大的电子垃圾生产国，然而，面对如此庞大的废弃规模，我国的回收处理情况却不尽人意。据《中国青年报》报道，与我国每年两亿台的主要电器电子产品报废数量相比，经正规渠道进行拆解的数量仅占总数量的 1/10。为了节约资源、发展循环经济，实现电子产业的可持续发展，我国于 2011 年 1 月 1 日起开始施行《废旧电器电子产品回收处理管理条例》，为回收废旧电器电子产品提供法律保障。2015 年"两会"期间，中华全国工商业联合会环境服务业商会提交《关于废旧家电拆解补贴资质的提案》，建议严格监管源头电子垃圾的总量，同时加强电子垃圾处理的制度设计，并完善废旧家电拆解补贴资质，建立一套电子垃圾科学回收的信息化系统，提高废旧电器电子产品处理信息透明度，营造公平市场环境。

在废旧电子产品闭环供应链中，供应链中各成员作为独立的利益群体，其局部利益和行为可能会与系统目标发生矛盾，各成员间信息不对称降低了闭环供应链系统性能，影响了整体效率，因此在信息不对称情况下，如何设计相应的契约，以协调整体系统、提高各成员效率是至关重要的。委托代理理论经常用于激励机制的设计，众多学者运用该理论进行了相应的研究。周雄伟等[118]基于 Bertrand 博弈模型构建了双寡头市场质量差异化产品定价模型，研究表明双寡头市场的纳什博弈均衡解为两企业均使用虚假信息，进一步从契约的角度对企业使用虚假信息的问题进行合理规避。Iyer 等[117]研究了产品的信息为不对称信息时，供应商和购买方在产品替代和互补两种情况下企业之间的竞争问题。Biswas 等[119]研究了供应链结构和市场信息共享与否的情况下，供应商如何选择合同协调供应链的问题，研究发现线性的关税和数量折扣契约可以协调供应链的结构。肖群和马士华[120]研究了在 MTO 和 MTS 两种模式下，信息不对称和信息共享下产品定价、废旧品回收率和零售商利润的区别。Lai 等[121]，程平和陈艳[122]利用委托代理理论和利润共享契约的设计，期望实现对外包方的激励，不同的是，前者注重节约外包成本，而后者是以发包方利润最大化为目标。

Mukhopadhyay 和 Setoputro[123]考虑了在促销成本信息不对称的情况下，供应商设计了包含特许经营费和零售价格的契约菜单，揭示了销售商的促销成本信息，并对两种契约下的最优努力水平和信息租金进行了分析比较。Liu 等[124]研究了在零售商类型信息不对称的情况下，两种成本信息不同的制造商如何设计契约与零售商合作的问题。谢文明等[125]研究了如何保证可靠的预测信息在供应商和分销商组成的供应链中进行共享的问题，将直销市场引入供应链，提出两阶段决策制定机制，验证了信息不对称条件下带有直销市场的两阶段决策机制的有效性。王文宾等[126]考虑了固定成本的回收业务中信息不对称问题在闭环供应链中的影响，研究了政府奖惩机制，并将奖惩机制与无奖惩机制进行比较。楼高翔等[127]在消费者低碳偏好信息不对称的情况下，研究了在允许排放权交易的前提下，制造商投资减排技术的供应链激励机制设计问题。Shen 和 Willems[128]研究了在销售商的销售成本信息不对称的情况下，制造商如何设计关于回购价格和批发价格的契约菜单。李善良和朱道立[129]及 Chen[130]的研究表明甄别契约可以更加有效地透露真实信息，并达到对外包方激励的目的。Costantino 和 Gravio[131]构建了具有不完全信息的供应链多阶段双边讨价还价模型，在该供应链中，供应商与顾客之间的关系通过一个实体的第三方代理人来间接管理。Etro[132]指出最优的甄别契约对努力程度具有促进作用。曹柬等[133]研究了采购环节原料绿色度的隐藏问题，考虑了制造商对激励契约的设计，分析了一次性转移支付和线性分成支付的次优契约的优劣情况。

上述文献主要研究的是"单一的"信息不对称，研究内容或只存在道德风险的问题，或只针对逆向选择问题。然而，在现实闭环供应链中，信息不对称既存在于签约前，即逆向选择问题，又存在于签约后，即道德风险问题。针对以上文献研究的局限性，少数学者针对双重信息不对称开始了新的探索。田厚平和刘长贤[134]分析了企业在未知销售人员的能力和努力程度时，如何分辨其对企业的价值，并给出了基于混合激励模型的双目标线性契约，通过模型的求解和描述得到最优契约。Zhang 和 Luo[135]研究了双边不对称信息下信用交易供应链的协调问题，研究得出结论：制造商运用信用交易可以提高销售商的订货量；当制造商和销售商同时拥有私人信息时，建立双边拍卖模型可以得到最佳信用期限。Peter 和 Ballebye[136]分析了两阶段供应链中由于供应链结构的差异和信息的不对称，导致供应链成员企业中存在的逆向选择和道德风险问题。徐红等[137]研究了在回收商的回收能力和回收努力均无法观测的情况下，考虑回收商投入一定的资金，构建了激励机制模型。Yu 和 Jin[138]在面临模糊市场需求及零售商拥有市场价格私人信息下，建立了供应商的最优返回策略模型，从而能够激励零售商提供最优的订货量以提高供应链整体绩效。刘克宁和宋华明[139]考虑了在创新产品研发过程中，接包方能力水平和成本信息的不对称的情况下，创新企业如何设计包含固定支付和利润共享系数两个参数的外包甄别契约，以激励接包方做出最优努力。王文宾等[140]从竞争因素、定价策略、政府引导因素以及信息不对称等方面综述了闭环供应链管理的研究进展，认为信息是影响闭环供应链管理的重要因素，闭环供应链管理的研究对于节约煤炭等能源资源具有重要的应用价值。

　　本章运用委托代理理论，在以往研究的基础上，考虑由再制造商、消费者和回收商组成的闭环供应链；研究了回收商回收的产品只有部分可以再制造，即回收的产品存在一部分可以用来再制造；回收商的回收能力和回收努力都是回收商的私人信息，再制造商无法获得，即本章研究的是双重信息不对称问题。针对上述问题，再制造商设计相应的契约，诱使回收商透露其真实的回收能力，契约中除给予回收商一定的固定支付，还给予回收商在可再制造产品数量的分成，以激励回收商做出最优努力，回收更多产品。本章通过分析不同回收能力的回收商在市场中所扮演的角色，为双重信息不对称下废旧电子产品闭环供应链的再制造商对回收商的激励问题提供决策依据。

15.2　问题描述及符号说明

15.2.1　问题描述

　　本章考虑由再制造商、回收商和消费者组成的闭环供应链，如图 15.1 所示。图 15.1 中的虚线表示逆向物流，实线表示正向物流。在此闭环供应链中，再制造商委托回收商回收市场中的废旧电子产品，且通过回收价格 b 从消费者手中回收后，再制造商以 d 的回购价从回收商处回购并进行再生产，其中再生产产品的单位生产成本为 c_r，最后再制造产品以售价 p 进行销售。在此闭环供应链中，再制造商和回收商之间存在委托代理关系，再制造商作为委托人，回收商为代理人。当再制造商无法获得回收商回收能力的真实信息时，再制造

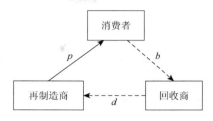

图 15.1　由再制造商、回收商和消费者组成的闭环供应链

商如何设计激励机制，使回收商如实汇报自己的回收能力信息，同时又能促进回收商在签订契约后努力工作，从而提高回收量，如何设计契约是本章着重研究的问题。

15.2.2　符号说明及利润函数的构建

（1）再制造商（委托人）和回收商（代理人）在闭环供应链中作为独立的利益主体，他们的动机都是追求自身的利益最大化。根据现有的文献假设，再制造商是风险中性的，而回收商具有风险规避的特征。

（2）回收商的真实回收能力水平 r_i 是私人信息，再制造商观察不到，仅知道市场中回收商有两种类型，分别为低回收能力回收商和高回收能力回收商，即 r_i 取值为 r_H、r_L，且满足 $r_H > r_L$，再制造商知道市场中高回收能力的回收商占的比例为 v，低回收能力的回收商占的比例为 $1-v$。

（3）回收商在市场中进行回收，其回收的废旧电子产品数量可表示为 $Q = r_i e_{ij} + \theta + \varepsilon$，其中 r_i 为回收商的真实回收能力水平，e_{ij} 为回收商的回收努力程度，θ 为回收努力程度为零时的回收量，反映了市场的回收条件，ε 为市场随机因素。其中 $i, j \sim (H, L)$，e_{ij} 表示回收商的真实努力程度为 i，汇报给再制造商的努力程度为 j；假设 θ 足够大，可以保证 $Q \geqslant 0$，这样假设的现实意义为：当市场中回收条件不好，或者随机性因素太多时，没必要进行回收；ε 服从正态分布 $\varepsilon \sim N(0, \sigma^2)$，于是 $Q \sim N(r_i e_{ij} + \theta, \sigma^2)$。

（4）回收商的回收努力成本为 $c(e_{ij})$，回收成本与其回收努力程度密切相关，且满足边际递增，即 $c'(e_{ij}) > 0, c''(e_{ij}) > 0$，设 $c(e_{ij}) = k e_{ij}^2 / 2$ [13]，其中 $k(k > 0)$ 表示成本系数。

（5）假设回收后并进行再制造的电子产品与新产品无质量差异，且再制造的产品能够全部卖出。但在现实生活中回收的电子产品可能因为各种质量问题，导致只有部分回收产品可以进行再制造，故本章假设回收的电子产品有一个再制造率 τ，再制造率的假设使得本章的模型更加贴近现实生活。

（6）回收商的努力程度为其私人信息，再制造商无法观察，即回收商的努力程度在再制造商和回收商之间具有非对称性，是非对称信息。但再制造商可以观察到回收商回收的废旧电子产品数量，并根据回收数量提供给回收商线性报酬，具体表示为：$T = T_j + \tau\beta_j Q$，$j \sim (H, L)$，其中 T_j 表示回收商汇报能力类型为 r_j 时获得的固定报酬；β_j 为回收商汇报能力类型为 r_j 时，可进行再制造的回收数量分享比例；τQ 为回收商回收产品中可进行再制造的数量。

风险中性的再制造商为供应链的委托人，即委托回收商在市场中回收废旧电子产品。再制造商为了确保有足够的废旧产品进行再制造，与市场中的回收商签订契约，当再制造商与真实的回收能力为 r_i 的回收商签订契约时，再制造商的期望利润为

$$\pi_{mr_i} = (A - \tau\beta_j)(r_i e_{ij} + \theta + \varepsilon) - T_j$$，其中 $A = (p - c_r)\tau - d$，且 i 表示回收商的真实信息，j 表示回收商汇报给再制造商的信息，$i, j \sim (H, L)$。又因为假设再制造商是风险中性的，故再制造商的期望效用和期望利润相等，再制造商的期望利润为

$$E(\pi_{mr_i}) = (A - \tau\beta_j)(r_i e_{ij} + \theta) - T_j \tag{15.1}$$

假设回收商为风险规避的，其效用函数采用负指数函数 $U_R(\pi_{tij}) = -e^{\rho\pi_{tij}}$，其中 ρ 代表风险系数（$\rho > 0$、$\rho = 0$、$\rho < 0$ 分别表示回收商是风险规避、风险中性和风险偏好）。当回收商的真实回收能力水平为 r_i，汇报给再制造商的回收能力水平为 r_j 时，回收商的利润是

$$\pi_{v_i r_j} = (B + \tau\beta_j)(r_i e_{ij} + \theta + \varepsilon) + T_j - \frac{ke_{ij}^2}{2}$$

其中，$B = d - b$，i、j 取值为 H 和 L，根据确定性等价收入方法，求得回收商的期望效用 $E(\pi_{v_i r_j})$，即

$$E(\pi_{v_i r_j}) = (B + \tau\beta_j)(r_i e_{ij} + \theta) + T_j - \frac{ke_{ij}^2}{2} - \frac{\rho\sigma^2(\tau\beta_j)^2}{2} \tag{15.2}$$

15.3　闭环供应链激励机制模型

在现实的闭环供应链运作中，信息不对称包括两种情况，即签约前回收商隐瞒其回收能力的"逆向选择"问题，和签约后回收商保留回收努力的"道德风险"问题。在合约签订前，由于回收商的回收能力水平是其私人信息，再制造商观察不到，这是典型的"逆向选择"问题；在合约签订后，回收商根据自身利润最大化选择最优的努力水平，因为再制造商对回收商的真实努力水平不可量化，此时

信息不对称体现的是"道德风险"问题。再制造商面临着在逆向选择与道德风险并存的情况下，如何设计契约，诱导回收商汇报其真实的回收能力并在签约后提高回收努力程度的问题。

本章针对该激励问题提供如下解决思路：当再制造商面临不同能力类型的回收商时，如果能够设计出分离契约，为不同类型的回收商提供不同的契约，使得每种能力类型的回收商都能够选择再制造商为此类型准备的契约，那么这种契约具有"自我选择"的特征，能够实现信息甄别、诱导回收商努力回收的目的。契约设计本质上涉及的是 Stackelberg 博弈过程，再制造商先设计契约 $\{(T_j, \beta_j)\}$ 供汇报能力类型为 r_j 的回收商进行选择，不同的回收商根据自己的真实回收能力 r_i 签订契约，签约后选择相应的努力水平 e_{ij} 使自身利润最大化，再制造商对回收来的产品进行再制造并销售，最后根据可再制造的产品数量给予回收商一定的提成。整个回收渠道的决策时序，如图 15.2 所示。本章选择回收商的回收能力 r_i，r_j 作为逆向选择情况下的不对称信息变量，回收商的努力程度 e_{ij} 作为道德风险情况下的不对称信息变量。

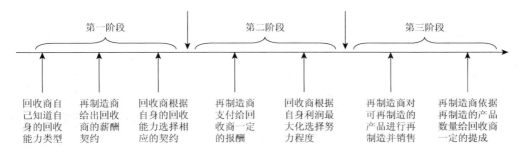

图 15.2　回收渠道决策时序

委托人再制造商面临不同回收能力类型的代理人回收商时，再制造商为了使回收商如实汇报自己的回收能力水平 r_i，再制造商设计的最优契约必须要满足回收商的参与约束（IR）。同时，回收商的回收努力程度 e_{ij} 是回收商的私人信息，为了诱使回收商能采取最优努力水平，再制造商设计的契约也要满足回收商的激励相容约束（IC），即使回收商获得期望利润最大化。再制造商提供契约 $\{(T_L, \beta_L), (T_H, \beta_H)\}$，使得低回收能力者能够自觉选择再制造商为其设计的契约 (T_L, β_L)，并使得高回收能力者也能够自觉选择契约 (T_H, β_H)，即契约是"自我选择"的，不同回收能力类型的回收商没有冒充其他类型的动机。这样，在签约时通过回收商对契约的不同选择，再制造商可以实现对回收能力信息类型的甄别和激励回收商努力回收的目的。该契约可以通过求解如下模型得到：

$$\max_{T_{\mathrm{L}}, \beta_{\mathrm{L}}, T_{\mathrm{H}}, \beta_{\mathrm{H}}} E(\pi_{mr}) = v\{[A - \tau\beta_{\mathrm{H}}](r_{\mathrm{H}}e_{\mathrm{HH}} + \theta) - T_{\mathrm{H}}\} + (1 - v)\{[A - \tau\beta_{\mathrm{L}}](r_{\mathrm{L}}e_{\mathrm{LL}} + \theta) - T_{\mathrm{L}}\}$$

（15.3）

$$\text{s.t.} \quad \max_{e_{\mathrm{HH}}} E(\pi_{v_{\mathrm{H}}r_{\mathrm{H}}}) = (B + \tau\beta_{\mathrm{H}})(r_{\mathrm{H}}e_{\mathrm{HH}} + \theta) + T_{\mathrm{H}} - \frac{ke_{\mathrm{HH}}^2}{2} - \frac{\rho\sigma^2(\tau\beta_{\mathrm{H}})^2}{2} \geqslant \max_{e_{\mathrm{HL}}} E(\pi_{v_{\mathrm{H}}r_{\mathrm{L}}})$$

$$= (B + \tau\beta_{\mathrm{L}})(r_{\mathrm{H}}e_{\mathrm{HL}} + \theta) + T_{\mathrm{L}} - \frac{ke_{\mathrm{HL}}^2}{2} - \frac{\rho\sigma^2(\tau\beta_{\mathrm{L}})^2}{2}$$

（15.4）

$$\max_{e_{\mathrm{LL}}} E(\pi_{v_{\mathrm{L}}r_{\mathrm{L}}}) = (B + \tau\beta_{\mathrm{L}})(r_{\mathrm{L}}e_{\mathrm{LL}} + \theta) + T_{\mathrm{L}} - \frac{ke_{\mathrm{LL}}^2}{2} - \frac{\rho\sigma^2(\tau\beta_{\mathrm{L}})^2}{2} \geqslant \max_{e_{\mathrm{LH}}} E(\pi_{v_{\mathrm{L}}r_{\mathrm{H}}})$$

$$= (B + \tau\beta_{\mathrm{H}})(r_{\mathrm{L}}e_{\mathrm{LH}} + \theta) + T_{\mathrm{H}} - \frac{ke_{\mathrm{LH}}^2}{2} - \frac{\rho\sigma^2(\tau\beta_{\mathrm{H}})^2}{2}$$

（15.5）

$$E(\pi_{v_{\mathrm{H}}r_{\mathrm{H}}}) \geqslant \pi_0$$

（15.6）

$$E(\pi_{v_{\mathrm{L}}r_{\mathrm{L}}}) \geqslant \pi_0$$

（15.7）

上述模型中，式（15.3）是再制造商的期望利润目标函数；π_0 为代理人回收商的保留利润水平，如果回收商的确定性等价收入小于 π_0，回收商将不接受契约，故约束式（15.6）和式（15.7）为回收商的参与约束；约束式（15.4）和式（15.5）是回收商的激励相容约束，式（15.4）表明高回收能力者如实选择契约 $(T_{\mathrm{H}}, \beta_{\mathrm{H}})$ 的利润至少不少于其伪装成低回收能力者选择契约 $(T_{\mathrm{L}}, \beta_{\mathrm{L}})$ 带来的利润，这样高回收能力者将会如实汇报自己的回收能力信息。同理，式（15.5）使得低回收能力者如实选择契约 $(T_{\mathrm{L}}, \beta_{\mathrm{L}})$，而不是将自己伪装成高回收能力者去选择契约 $(T_{\mathrm{H}}, \beta_{\mathrm{H}})$。在上述约束条件下，再制造商通过契约 $(T_{\mathrm{L}}, \beta_{\mathrm{L}})$、$(T_{\mathrm{H}}, \beta_{\mathrm{H}})$ 的适当配置来维护自己的利益，进而实现对回收商回收能力水平的甄别。

在具有不对称信息的环境下，不同回收能力的回收商根据所选择的甄别契约来确定实现自身利润最大化下所付出的努力水平，在第二阶段回收商会选择期望利润最大化下的回收努力程度。由 $\partial E(\pi_{v_{\mathrm{H}}r_{\mathrm{H}}})/\partial e_{\mathrm{HH}}^* = (B + \tau\beta_{\mathrm{H}})r_{\mathrm{H}} - ke_{\mathrm{HH}}^* = 0$ 和 $\partial E(\pi_{v_{\mathrm{L}}r_{\mathrm{L}}})/\partial e_{\mathrm{LL}}^* = (B + \tau\beta_{\mathrm{L}})r_{\mathrm{L}} - ke_{\mathrm{LL}}^* = 0$ 可得，真实回收能力水平为 r_{H} 和 r_{L} 的回收商应选择的努力水平 e_{HH}^* 和 e_{LL}^* 分别为

$$e_{\mathrm{HH}}^* = \frac{(B + \tau\beta_{\mathrm{H}}^*)r_{\mathrm{H}}}{k}$$

（15.8）

$$e_{\mathrm{LL}}^* = \frac{(B + \tau\beta_{\mathrm{L}}^*)r_{\mathrm{L}}}{k}$$

（15.9）

同时可证，真实回收能力为 r_{H}，却谎报能力类型为 r_{L} 的回收商选择契约 $(T_{\mathrm{L}}, \beta_{\mathrm{L}})$ 时，为了实现自身期望利润最大化，需要付出的最优努力程度为

$$e_{\mathrm{HL}}^* = \frac{(B + \tau\beta_{\mathrm{L}}^*)r_{\mathrm{H}}}{k}$$

（15.10）

同理，真实回收能力为 r_L，谎报能力类型为 r_H 的回收商选择契约 (T_H, β_H) 时的最优努力程度为

$$e_{LH}^* = \frac{(B + \tau \beta_H^*) r_L}{k} \tag{15.11}$$

该模型中，目标函数（15.3）是典型的二层规划问题，将式（15.8）～式（15.11）带入目标函数求解，得如下命题。

命题 15.1　在双重信息不对称下，最优契约 (T_L, β_L)、(T_H, β_H) 如下：

$$\beta_H^* = \frac{A r_H^2}{\tau(r_H^2 + k\rho\sigma^2)} \tag{15.12}$$

$$\beta_L^* = \frac{[(1-v)A + vB]r_L^2 - vB r_H^2}{\tau[(1-2v)r_L^2 + v r_H^2 + (1-v)k\rho\sigma^2]} \tag{15.13}$$

$$T_H^* = \frac{r_H^2[(B + \tau\beta_L^*)^2 - (B + \tau\beta_H^*)^2]}{2k}$$

$$+ \theta\tau(\beta_L^* - \beta_H^*) + \frac{\rho\sigma^2\tau^2(\beta_H^{*2} - \beta_L^{*2})}{2} + T_L^* \tag{15.14}$$

$$T_L^* = \pi_0 - \frac{r_L^2(B + \tau\beta_L^*)^2}{2k} - \theta(B + \tau\beta_L^*) + \frac{\rho\sigma^2\tau^2\beta_L^{*2}}{2} \tag{15.15}$$

命题 15.2　每种类型的回收商都会如实汇报自己的回收能力信息。如实汇报自己能力类型的低回收能力者只能得到保留利润，高回收能力的回收商不仅得到了保留利润，而且还得到了额外的信息租金，并且随着市场中高回收能力者比例 v 的增加，信息租金将减少。

证明　回收能力高的回收商如实汇报其回收能力与谎报其为低回收能力者的利润相同，即

$$E(\pi_{v_H r_H}) = E(\pi_{v_H r_L}) = \pi_0 + \frac{(B + \tau\beta_L^*)^2(r_H^2 - r_L^2)}{2k} \tag{15.16}$$

回收能力低的回收商，如实汇报自己的回收能力可以获得保留利润，即

$$E(\pi_{v_L r_L}) = \pi_0 \tag{15.17}$$

低回收能力者若谎报自己是高回收能力者，获得的利润将小于保留利润，即

$$E(\pi_{v_L r_H}) = \pi_0 - \frac{\tau(r_H^2 - r_L^2)(2B + \tau\beta_H^* + \tau\beta_L^*)(\beta_H^* - \beta_L^*)}{2k}$$

由于 $\beta_H^* - \beta_L^* = \dfrac{(r_H^2 - r_L^2)\{(A + B)v r_L^2 + [A(1-v) + Bv]k\rho\sigma^2\}}{\tau[(1-2v)r_L^2 + v r_H^2 + (1-v)k\rho\sigma^2](r_H^2 + k\rho\sigma^2)} > 0$，故

$$E(\pi_{v_L r_H}) < \pi_0 = E(\pi_{v_L r_L}) \tag{15.18}$$

因而，不管回收商是何种能力类型，选择与自己相应的类型才可获得最大利润，故该激励契约具有"自我选择"的特征。

$$\frac{\mathrm{d}E(\pi_{v_\mathrm{H}r_\mathrm{H}})}{\mathrm{d}v} = \frac{\mathrm{d}E(\pi_{v_\mathrm{H}r_\mathrm{H}})}{\mathrm{d}\beta_\mathrm{L}^*} \times \frac{\mathrm{d}\beta_\mathrm{L}^*}{\mathrm{d}v} = \frac{\tau(B+\tau\beta_\mathrm{L}^*)(r_\mathrm{H}^2 - r_\mathrm{L}^2)}{k} \times \frac{\mathrm{d}\beta_\mathrm{L}^*}{\mathrm{d}v}，\quad \text{又因：}$$

$$\frac{\mathrm{d}\beta_\mathrm{H}^*}{\mathrm{d}v} = 0 \tag{15.19}$$

$$\frac{\mathrm{d}\beta_\mathrm{L}^*}{\mathrm{d}v} = -\frac{(r_\mathrm{H}^2 - r_\mathrm{L}^2)[(A+B)r_\mathrm{L}^2 + Bk\rho\sigma^2]}{[(1-2v)r_\mathrm{L}^2 + vr_\mathrm{H}^2 + (1-v)k\rho\sigma^2]^2} < 0 \tag{15.20}$$

故 $\dfrac{\mathrm{d}E(\pi_{v_\mathrm{H}r_\mathrm{H}})}{\mathrm{d}v} < 0$。因此，高回收能力者的期望利润随着 v 的增加而减少。

命题 15.3　在双重信息不对称下，当再制造商与高回收能力的回收商签订契约时，再制造商获得的期望利润为

$$E(\pi_{mr_\mathrm{H}}) = \left[\frac{(B+\tau\beta_\mathrm{H}^*)r_\mathrm{H}^2}{k} + \theta\right](A - \tau\beta_\mathrm{H}^*) - T_\mathrm{H}^* \tag{15.21}$$

当再制造商与低回收能力的回收商签订契约时，再制造商获得的期望利润为

$$E(\pi_{mr_\mathrm{L}}) = [(B+\tau\beta_\mathrm{L}^*)r_\mathrm{L}^2 / k + \theta](A - \tau\beta_\mathrm{L}^*) - T_\mathrm{L}^* \tag{15.22}$$

$$\mathrm{d}E(\pi_{mr_\mathrm{H}}) / \mathrm{d}v > 0 \tag{15.23}$$

$$\mathrm{d}E(\pi_{mr_\mathrm{L}}) / \mathrm{d}v > 0 \tag{15.24}$$

证明　当再制造商签约高回收能力者时，由式（15.21），结合式（15.12）、式（15.14），对 v 求导，化简可得 $\dfrac{\mathrm{d}E(\pi_{mr_\mathrm{H}})}{\mathrm{d}v} = \dfrac{\mathrm{d}E(\pi_{mr_\mathrm{H}})}{\mathrm{d}\beta_\mathrm{L}^*} \times \dfrac{\mathrm{d}\beta_\mathrm{L}^*}{\mathrm{d}v} = -\dfrac{\tau(B+\tau\beta_\mathrm{L}^*)(r_\mathrm{H}^2 - r_\mathrm{L}^2)}{k} \times \dfrac{\mathrm{d}\beta_\mathrm{L}^*}{\mathrm{d}v}$，又因 $\dfrac{\mathrm{d}\beta_\mathrm{L}^*}{\mathrm{d}v} < 0$，有式（15.23）。

当再制造商签约低回收能力的回收商时，由式（15.22），结合式（15.13）、式（15.15），对 v 求导，得 $\dfrac{\mathrm{d}E(\pi_{mr_\mathrm{L}})}{\mathrm{d}v} = \dfrac{\mathrm{d}E(\pi_{mr_\mathrm{L}})}{\mathrm{d}\beta_\mathrm{L}^*} \times \dfrac{\mathrm{d}\beta_\mathrm{L}^*}{\mathrm{d}v} = \dfrac{\tau(r_\mathrm{H}^2 - r_\mathrm{L}^2)\left[(A+B)r_\mathrm{L}^2 \dfrac{v}{k} + Bv\rho\sigma^2\right]}{(1-2v)r_\mathrm{L}^2 + vr_\mathrm{H}^2 + (1-v)k\rho\sigma^2} \times \dfrac{\mathrm{d}\beta_\mathrm{L}^*}{\mathrm{d}v}$，结合式（15.20），可以得到式（15.24）。

15.4　信息甄别契约性质分析

根据式（15.8）、式（15.9），对回收能力和回收量的分成进行求导，即 $\partial e_\mathrm{HH}^* / \partial r_\mathrm{H} = (B+\tau\beta_\mathrm{H})/k > 0$，　$\partial e_\mathrm{HH}^* / \partial \beta_\mathrm{H} = \tau T_\mathrm{H} / k > 0$　，　$\partial e_\mathrm{LL}^* / \partial r_\mathrm{L} = (B+\tau\beta_\mathrm{L})/k > 0$，$\partial e_\mathrm{LL}^* / \partial \beta_\mathrm{L} = \tau T_\mathrm{L}/k > 0$，得出：

性质 15.1　回收能力强的回收商愿意付出更多努力，若增加对可再制造回收产品数量的分成，可以激励回收商付出更多的努力水平。

根据式（15.12）、式（15.13），知 $\partial\beta_H^*/\partial r_H > 0, \partial\beta_H^*/\partial k < 0, \partial\beta_H^*/\partial\rho < 0, \partial\beta_H^*/\partial\sigma^2 < 0$，$\partial\beta_L^*/\partial r_L > 0, \partial\beta_L^*/\partial k < 0, \partial\beta_L^*/\partial\rho < 0, \partial\beta_L^*/\partial\sigma^2 < 0$，得出：

性质 15.2　无论哪种回收能力类型的回收商，其能力水平越高，则 β_H^*、β_L^* 越高。随着市场不确定性 σ^2、风险规避程度 ρ 以及努力的成本系数 k 的增大，回收商愿意承担的风险就会相应减小，β_H^*、β_L^* 减小，即降低对回收商的激励程度。

根据式（15.12）、式（15.13）知 $\partial\beta_H^*/\partial r_L = 0$，$\partial\beta_L^*/\partial r_H = -2(1-v)vr_H[Bk\rho\sigma^2 + (A+B)r_L^2]/\{\tau[(1-2v)r_L^2 + vr_H^2 + (1-v)k\rho\sigma^2]^2\} < 0$，得出：

性质 15.3　r_L 类型的回收商的能力水平对 r_H 类型的回收商的共享系数 β_H^* 没有影响，但是 r_H 类型的回收商对 r_L 类型的回收商的共享系数造成影响，并且能力差距越大，β_L^* 越小。

性质 15.4　风险规避度对契约参数的影响：

（1）当 $\rho \to \infty$ 时，即回收商没有承担风险的能力时，$\beta_H^* = 0$，$\beta_L^* = 0$，此时回收商没有获得关于回收数量的分享利润。

（2）当 $\rho \to 0$ 时，即回收商为风险中性时，$\beta_H^* = A/\tau$，$\beta_L^* = A/\tau - (A+B)v \times (r_H^2 - r_L^2)/\{\tau[(1-2v)r_L^2 + vr_H^2]\} < A/\tau$，当 r_H 和 r_L 能力类型的回收商的能力差距越大，或者高回收能力类型回收商所占比例 v 越大时，β_L^* 越小，即低回收能力回收商获得的回收数量共享系数越小。

（3）ρ 越大，β_H^*、β_L^* 越小，说明风险规避程度会抵消回收数量共享契约的激励作用。

根据式（15.18）、式（15.19），得出：

性质 15.5　高回收能力者的提成不受市场中高回收能力者比例的影响，但是低回收能力者的提成随着市场中高回收能力者比例的增大而减少。

根据式（15.16）～式（15.18），得出：

性质 15.6　该激励契约具有"自我选择"的特征，即回收商选择与自己相应能力的类型时获得的利润最大，契约能够实现信息甄别的目的。

性质 15.7　如实汇报自己能力类型的低回收能力者，仅获得保留利润；低回收能力者伪装成高回收能力者获得的利润小于其保留利润，并且随着市场中高回收能力者比例的增加，谎报能力的低回收能力者获得的利润越来越少；高回收能力者不管汇报何种回收能力类型，均能获得除保留利润外的信息租金，随着市场中高回收能力者的比例增加，信息租金将减少。

根据式（15.20）～式（15.24）得 $\dfrac{dE(\pi_{mr})}{dv} = E(\pi_{mr_H}) - E(\pi_{mr_L}) + \dfrac{dE(\pi_{mr_L})}{dv} - v\dfrac{d\beta_L^*}{dv} \times$

$$\left\{ \frac{\tau(B+\tau\beta_L^*)(r_H^2-r_L^2)}{k} + \frac{\tau(r_H^2-r_L^2)\left[(A+B)r_L^2\dfrac{v}{k}+Bv\rho\sigma^2\right]}{(1-2v)r_L^2+vr_H^2+(1-v)k\rho\sigma^2} \right\} > 0 \text{，有如下性质：}$$

性质 15.8 再制造商的利润与市场上各种回收能力类型者所占的比重有密切关系。

性质 15.9 随着市场上高回收能力者所占比重的增加，签约高回收能力者对再制造商越来越有利，而与低回收能力者签约使再制造商的利润降低，处于不利地位。

15.5 算 例 分 析

上文研究了再制造商在闭环供应链中的激励机制，面对不同能力的回收商，再制造商实行不同的激励政策，为了更加明确地分析契约的性质，结合实际运作情况和研究的经验设置了如下的数值假设。

市场中有高、低两种回收能力的回收商，为了便于计算，假设低回收能力回收商的回收能力为 $r_L=2$，高回收能力回收商的回收能力为 $r_H=5$，模型中的其他参数分别假设为 $k=2,\rho=3,\sigma^2=9,\pi_0=13,A=2,B=1,\theta=2,\tau=0.75$。市场中高回收能力者所占的比例 v 作为市场共同信息，且在（0，1）之间取值。

以市场中高回收能力回收商所占的比例 v 为横轴，以回收数量分享比例 β 为纵轴，做出回收数量分享比例与市场中高、低回收能力回收商所占比例的关系图，如图 15.3 所示。在回收商的回收能力和回收努力信息均不对称的情况下，随着市场中高回收能力者的比例增加，高回收能力者得到的数量分享保持不变，体现了经济学中"高端不扭曲"现象；而低回收能力者得到的数量分享比例随着高回收能力者比例的增加却越来越少，其竞争力越来越差，该图的走势验证了性质 15.5 的正确性。

为了获得回收商的固定利润与市场中高、低回收能力回收商所占比例之间的关系，以回收商获得的固定利润 T 为纵轴，以市场中高回收能力者所占的比例 v 为横轴作图，如图 15.4 所示。根据图中的趋势，可以看出，随着市场中高回收能力者所占比重的增多，其固定利润呈减少趋势，表明高回收能力者所占的比例越大，回收商之间的竞争越激烈，可获得的固定利润越少；市场中低回收能力者减少，再制造商若想雇佣低回收能力者，就必须增加对低回收能力者的固定利润，即低回收能力者的固定利润随着高回收能力者比例的增加呈递增趋势。

为了进一步验证市场中高、低回收能力回收商所占比例和回收商的期望利润之间的关系，分别以它们为横、纵坐标轴，做出图形，如图 15.5 所示。从图中可以看出，高回收能力的回收商如实汇报能力类型或谎报其为低回收能力类型，获

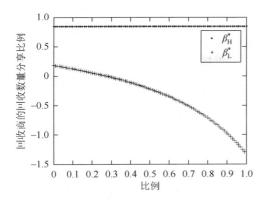

图 15.3   回收商的回收数量分享比例与市场中高、低回收能力回收商所占比例的关系图

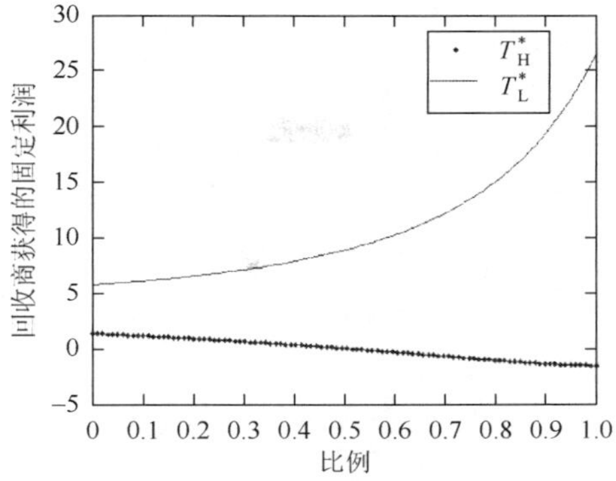

图 15.4   回收商获得的固定利润与市场中高、低回收能力回收商所占比例的关系图

得的期望利润是相同的，即除了保留利润，还获得一定的信息租金；低回收能力者只有如实汇报自己的能力类型，才能获得保留利润，否则，获得的利润将小于保留利润。因此，低回收能力回收商没有谎报自己能力类型的动机，高回收能力者也不必谎报自己是低回收能力者。本章的契约能够实现信息甄别和自我选择的目的。与上文性质 15.6 和性质 15.7 描述的一致。

再制造商的期望利润和市场中高、低回收能力回收商所占比例之间的关系，如图 15.6 所示。根据图 15.6 可以看出，当再制造商签约高回收能力的回收商时获得的期望利润要高于签约低回收能力者，随着市场中高回收能力者比例的增加，再制造商获得的期望利润也随之增加，而此时雇佣低回收能力者将使再制造商无利可图，且在上述参数假设前提下，市场中高回收能力者所占比例超过 85.5%时，

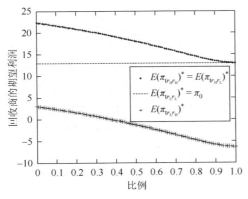

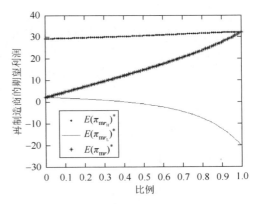

图 15.5   回收商的期望利润与市场中高、低回收能力回收商所占比例的关系图

图 15.6   再制造商的期望利润与市场中高、低回收能力回收商所占比例的关系图

再制造商将只签约高回收能力者,此时再制造商才能获得更多利润,图 15.6 验证了性质 15.8 和性质 15.9 的正确性。

15.6　结　　语

本章从再制造商的立场出发,研究了由再制造商、消费者和回收商三者构成的闭环供应链。基于委托代理理论,考虑在回收商的真实回收能力和回收努力信息均未知时,即在双重信息不对称下,再制造商如何设计契约激励回收商透露真实的回收能力并在签约后提高努力程度的问题,本章的契约使得回收商可以获得固定利润和可进行再制造的回收产品数量的分成。通过以上研究,得到的主要结论如下:

(1)对于高回收能力回收商,当选择高风险契约,其提成与低回收能力者在市场中的比例和低回收能力者的能力水平无关,提成越多,越能激励回收商付出更多努力;对于低回收能力回收商,当选择低风险契约,其提成随着市场中高回收能力者比重的增大而减少,能力差距越大,提成越少。市场的不确定性越大,努力成本系数越大,回收商越是规避风险,对回收商的激励越是减少。

(2)在本章契约模型中,高回收能力回收商选择高风险契约,而低回收能力回收商会试图规避风险,无论何种回收商均会如实汇报能力信息,这使得再制造商能够甄别回收商的能力水平,具有"自我选择"特征,降低了逆向选择的风险。

(3)在此闭环供应链中,再制造商的利润与市场中各类型的回收商的比例有密切关系,签约高回收能力回收商可增加再制造商的利润,且回收能力越高,签约后回收商投入努力越多,再制造商的利润越大,这样,在一定程度上降低了道德风险。

本章的契约将回收商的回收能力假设为离散类型:高回收能力、低回收能力,然而在现实生活中,能力类型大多是连续的,对连续型回收能力进行研究是在本章基础上进行的下一步探索。此外,本章的研究对象是再制造商、消费者和回收商组成的闭环供应链,在未来的研究中可以考虑由多再制造商、多回收商和消费者组成的闭环供应链。在现有文献的基础上进行深入探索,探讨回收商的回收能力为连续变量时,再制造商设计契约激励回收商付出最优努力程度是接下来研究的方向之一。

第16章　不对称信息下第三方回收的逆向供应链
奖惩机制研究

本章的主要工作如下：考虑废旧电器电子产品回收再制造在环境保护和资源循环利用中的重要性，探讨第三方回收商负责废旧电器电子产品回收的逆向供应链中回收商的固定成本信息不对称问题；根据委托代理理论，运用信息甄别契约，研究无奖惩机制和政府对回收商实施奖惩机制的两个模型。结果表明：政府对回收商实施奖惩机制后回收率和回收商的利润都随奖惩力度的增大而增加，均比无奖惩机制时高；在政府奖惩机制的作用下，固定成本高的回收商比固定成本低的回收商的回收率增加幅度大；若奖惩力度较小，制造商的回购价会提高，若奖惩力度较大，制造商的回购价会降低；回收率的提高表明了不对称信息下政府奖惩机制引导废旧产品回收的有效性。

16.1　引　　言

随着经济的发展，人们对电子产品的需求呈现出多样性，这在推动科学技术发展的同时，也加快了电子产品更新换代的速度。在电子产品生产、消费及废弃的过程中，资源短缺和环境污染的问题越来越突出。为了实现电子产业可持续发展，欧盟提出了生产者延伸责任制将生产者的责任延伸到产品生命周期的回收、循环使用及最终处置；日本要求生产商负责回收汽车和电子产品；加拿大的许多省份制定了回收电池、包装和电子产品的法律；美国的许多州也通过了对电子废物回收的法律。我国于 2011 年实施了《废弃电器电子产品回收处理管理条例》，为废弃电子产品的回收处理提供了法律保障。在这些法律法规的约束下，目前一些企业已经开始对自己的产品进行回收。例如，2011 年戴尔股份有限公司在全球范围内回收超过 1.5 亿磅的电子产品；惠普公司 2010 年回收量达到 12.1 万吨，其中 3 万吨设备再利用。企业回收废弃电子产品不仅能帮助其树立良好的形象，同时可以带来经济效益。这一现象促使逆向供应链管理成为研究的热点。

Gobbi 探索了产品剩余价值的影响和在逆向供应链配置中回收产品随时间的价值损失[141]。Savaskan 等研究了闭环供应链中制造商自己回收废旧电子产品、委托零售商回收及委托第三方回收商回收三种回收方式[67]。包晓英和蒲云依据回收商的回收努力行为无法观测设计了激励契约[142]。顾巧论和陈秋双应用激励机制解决了制造商和回收商之间废旧产品回收的定价问题[143]。韩小花和薛声家在零售商回收固定投资的规模参数信息不对称下，研究了闭环供应链的合作机制[144]。Hong 和 Yeh 将零售商回收与第三方回收进行了比较，发现零售商回收并不总是最优的，当第三方属于非营利组织进行回收时优于零售商回收[145]。Atasu 等考虑了环境和经济因素，建立了政府、制造商及消费者的博弈模型，政府补贴制造商引导其回收再制造废旧电器电子产品，讨论了立法有效率的条件，发现合适的回收立法应满足条件：制造商负责其废旧产品，热衷于生态设计的制造商应获得更多环境收益[11]。

　　上述文献主要是利用补贴或激励机制达到供应链的协调。还有一些文献中利用博弈论的方法研究协作问题，张国鹏等利用博弈论研究网络中资源分配问题，提出了协作中继策略[146]。王帮俊和吉峰运用演化博弈分析方法研究了煤炭产业链的内部及相关产业链之间的演化机理[147]。随着研究的不断深入，目前一些学者开始研究政府利用激励机制引导回收的问题。王文宾和达庆利对基于回收率与回收量的奖惩机制下闭环供应链的决策进行了比较[70]。王文宾和达庆利研究了政府分别对回收商实行奖励、惩罚及奖惩机制，有效地协调了逆向供应链[60]。杨丰梅等利用奖惩契约协调非集成模式下的供应链的产品订购和回收问题[148]。这些文献从信息对称的角度进行奖惩机制研究，但是实际情况是供应链的成员很难达到信息完全共享。

　　本章根据文献[69]提供的三种回收方式选择制造商委托第三方回收商负责废旧产品回收的方式，研究由制造商和回收商构成的逆向供应链在信息不对称下的奖惩机制问题。制造商利用废旧产品生产再制造产品的成本低于用新材料生产新制造产品的成本[69]，这种成本优势可以为制造商带来较多的利润，促使制造商委托回收商供应大量的废旧产品进行再制造。但是回收商对固定成本的投入直接影响了回收规模和废旧产品的回收能力，制造商只有获知回收商的固定成本才能知道回收商的废旧产品回收能力，才能根据废旧产品的回收能力提供合理的回购价鼓励回收商回收。在第三方回收商的固定成本信息不对称的情形下，制造商利用信息甄别的方式对回收商进行固定成本信息甄别。政府为了减少这些废旧电子产品对环境的污染，加强资源的再利用，提供了奖惩机制引导回收商回收，讨论无奖惩机制、政府对回收商实施奖惩机制两种情形，得到两种情形下的回收率和回购价，经过比较阐明实施奖惩机制对引导回收商提高废旧产品回收率的有效性。

16.2　模型描述与基本假设

　　由一个制造商和一个第三方回收商组成的逆向供应链如图 16.1 所示。制造商委托第三方回收商回收废旧电器电子产品,回收商通过回收价 r 从消费者手中回收废旧电器电子产品，制造商从回收商那里以回购价 b 回购这些废旧产品进行再制造，其中新制造产品的生产成本为 c_n，再制造产品的生产成本为 c_r，并且存在成本优势即 $c_r < c_n$，最后以价格 p 销售给消费者。回收商投入的固定成本属于回收商的私人信息，它包括回收商投入的回收网络建设资金、为回收活动所做的宣传及广告活动支出等。借鉴文献[20]的表示方法，回收率 $\tau = C\sqrt{I}$，I 为回收商的固定成本，C 为回收商的回收规模系数，τ 为回收商回收废旧产品的回收率。废旧产品的回收率随回收商投入的固定成本的增加而增加，它反映了回收商回收废旧产品的能力高低。因此，获知回收商的固定成本信息，便可知其回收能力高低。与其类似，设 $h = 1/C^2$，那么 $I = h\tau^2$，h 为回收废旧产品的难度系数。根据公式 $\tau = C\sqrt{I}$，固定成本信息的不对称体现在回收规模系数 C 的不对称，这里将回收规模系数分为两种：H 型回收规模系数（即回收规模系数高）用 C_H 表示，L 型回收规模系数（即回收规模系数低）用 C_L 表示，与其对应的 H 型回收难度系数用 h_H 表示，L 型回收难度系数用 h_L 表示，H 型固定成本为 I_H，L 型固定成本为 I_L。制造商不知道回收商的固定成本的真实信息，但知道其概率分布，其中 H 型固定成本的概率 $P(I_H) = v$，L 型固定成本的概率 $P(I_L) = 1-v$。回收商所提供的固定成本信息并不完全真实，为了获取较多利润可能提供虚假信息。在这种回收固定成本信息不对称情况下制造商可以利用信息甄别的方式，设计甄别契约，并结合约束条件，使回收商做出理性选择，从而甄别出回收商的真实固定成本信息。政府为了引导回收，规定了目标回收率 τ_0 和奖惩力度 k 且 $k > 0$，对回收商实施奖惩机制。当回收商的回收率 τ 大于目标回收率时，政府给予回收商 $k(\tau - \tau_0)$ 的奖励；当回收率 τ 小于目标回收率时，政府给予回收商 $k(\tau - \tau_0)$ 的惩罚。

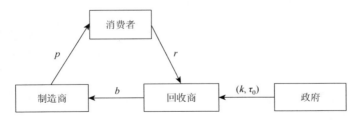

图 16.1　由一个制造商和一个第三方回收商组成的逆向供应链

16.2.1　符号说明

c_n：制造商采用新材料生产新产品的单位成本；

c_r：制造商使用 WEEE 生产新产品的单位成本；

p：产品的销售价格；

D：$D = \phi - p$，产品的市场需求函数，其中 ϕ 为市场潜在需求；

r：回收商从消费者手中回收废旧产品的回收价；

h_H：H 型回收规模系数时回收商回收废旧产品的难度系数[18]；

h_L：L 型回收规模系数时回收商回收废旧产品的难度系数[18]；

k：政府设定的奖惩力度；

τ_0：政府设定的目标回收率；

v：市场中回收商的固定成本为高类型的概率，这是市场中的公共信息；

π_0：回收商的保留利润即回收商不接受甄别契约时的最大利润。

16.2.2　基本假设

假设 16.1　制造商和回收商都是风险中性的，这个假设不失一般性。

假设 16.2　$h_H < h_L$，规模系数越高，则 $C_H > C_L$，又 $h = 1 / C^2$，所以 $h_H < h_L$ 表示回收商的固定成本越高，规模越大，回收难度系数越低[20]。

假设 16.3　制造商生产再制造产品的成本低于生产新制造产品的成本即 $c_r < c_n$，这种成本优势大于回收商的回收价即 $c_n - c_r > r$ [80]，制造商有利可图才会进行再制造。

假设 16.4　回收产品供应充足，所有回收产品可以完全再使用，再制造产品与新制造产品同质可以完全销售。

16.3　模　型　建　立

回收商的固定成本信息是其私人信息，制造商为了利用成本优势获取较多的利润在固定成本信息甄别过程中，依据高固定成本、高回购价的原则，设计了由回购价和回收率组成的甄别契约 $\{(b_H, \tau_H), (b_L, \tau_L)\}$。契约的第一部分 (b_H, τ_H) 表示回收商在固定成本高时会产生高的废旧产品回收率 τ_H，制造商根据回收商的高回收率提供高的回购价 b_H；契约的第二部分 (b_L, τ_L) 表示回收商在固定成本低时会产生低的废旧产品回收率 τ_L，制造商依据回收商的低回收率提供低的回购价 b_L。制造商在设计出甄别契约后，会利用参与约束使回收商接受该契约；同时为了避免虚假信息的出现，使用了激励相容约束。政府为了鼓励废旧产品的回收，在模型中引入了政府奖惩机制，政府对回收商实施奖惩机制 $k(\tau - \tau_0)$。本书将政府对回收商实施奖惩机制与无奖惩机制情形分别进行讨论，计算出每种机制下的回收率和回购价，观察各种机制下回收率、回购价与奖惩力度 k 的关系；并将政府对回收商实施奖惩机制与无奖惩机制下的回收率和回购价分别进行相应比较，发现实施奖惩机制对引导废旧产品回收的有效性。

16.3.1　无政府奖惩机制的逆向供应链决策（情形 1）

该情形下制造商委托回收商回收废旧电器电子产品，回收商负责废旧电子产品的回收，制造商为了获取回收商的真实固定成本信息，会利用上述的甄别契约进行固定成本信息甄别，而政府不参与其中，契约设计的规划问题为

$$\max_{b_H,b_L} \pi_m = v[(p-c_n)(1-\tau_H)(\phi-p)+(p-c_r-b_H)\tau_H(\phi-p)]$$

$$+ (1-v)[(p-c_n)(1-\tau_L)(\phi-p)+(p-c_r-b_L)\tau_L(\phi-p)] \quad (16.1)$$

s.t.

$$(b_H-r)\tau_H(\phi-p)-h_H\tau_H^2 \geqslant \pi_0 \quad (16.2)$$

$$(b_L-r)\tau_L(\phi-p)-h_L\tau_L^2 \geqslant \pi_0 \quad (16.3)$$

$$(b_H-r)\tau_H(\phi-p)-h_H\tau_H^2 \geqslant (b_L-r)\tau_L(\phi-p)-h_H\tau_L^2 \quad (16.4)$$

$$(b_L-r)\tau_L(\phi-p)-h_L\tau_L^2 \geqslant (b_H-r)\tau_H(\phi-p)-h_L\tau_H^2 \quad (16.5)$$

其中式（16.2）和式（16.3）为参与约束，使得回收商接受契约后的利润不低于保留利润 π_0，可以保证回收商选择接受契约。式（16.4）和式（16.5）为激励相容约束，可以确保回收商根据自己的实际固定成本选择相应的契约，避免提供虚假信息。根据假设 16.2，将式（16.4）和式（16.5）进行比较发现 $(b_L-r)\tau_L(\phi-p)-h_H\tau_L^2 > (b_L-r)\tau_L(\phi-p)-h_L\tau_L^2$，式（16.3）和式（16.4）则是紧约束，可以略去式（16.2）和式（16.5），由拉格朗日乘数法得

$$\tau_H^* = \frac{(\phi-p)(c_n-c_r-r)}{2h_H} \quad (16.6)$$

$$\tau_L^* = \frac{(1-v)(\phi-p)(c_n-c_r-r)}{2(h_L-vh_H)} \quad (16.7)$$

$$b_H^* = \frac{c_n-c_r-r}{2} + \frac{(1-v)^2(c_n-c_r-r)(h_L-h_H)h_H}{2(h_L-vh_H)^2}$$

$$+ \frac{2\pi_0 h_H}{(\phi-p)^2(c_n-c_r-r)} + r \quad (16.8)$$

$$b_L^* = \frac{(1-v)(c_n-c_r-r)h_L}{2(h_L-vh_H)} + \frac{2\pi_0(h_L-vh_H)}{(1-v)(\phi-p)^2(c_n-c_r-r)} + r \quad (16.9)$$

16.3.2 政府对回收商实施奖惩机制的逆向供应链决策（情形 2）

在家电以旧换新活动中政府就采取发放补贴的措施积极参与到废旧家电回收过程中，基于这一事实在情形 1 的基础上加入了政府这个角色，政府为了引导回收商回收废旧产品，与回收商协商确定了由目标回收率 τ_0 和奖惩力度 k 构成的奖惩机制，回收商的利润函数表达式在情形 1 的基础上添加奖惩额度表达式 $k(\tau_H - \tau_0)$、$k(\tau_L - \tau_0)$，契约设计的规划问题表示为

$$\max_{b_H, b_L} \pi_m = v[(p - c_n)(1 - \tau_H)(\phi - p) + (p - c_r - b_H)\tau_H(\phi - p)]$$
$$+ (1 - v)[(p - c_n)(1 - \tau_L)(\phi - p) + (p - c_r - b_L)\tau_L(\phi - p)] \quad (16.10)$$

s.t.

$$(b_H - r)\tau_H(\phi - p) - h_H \tau_H^2 + k(\tau_H - \tau_0) \geqslant \pi_0 \quad (16.11)$$

$$(b_L - r)\tau_L(\phi - p) - h_L \tau_L^2 + k(\tau_L - \tau_0) \geqslant \pi_0 \quad (16.12)$$

$$(b_H - r)\tau_H(\phi - p) - h_H \tau_H^2 + k(\tau_H - \tau_0) \geqslant (b_L - r)\tau_L(\phi - p) - h_H \tau_L^2 + k(\tau_L - \tau_0) \quad (16.13)$$

$$(b_L - r)\tau_L(\phi - p) - h_L \tau_L^2 + k(\tau_L - \tau_0) \geqslant (b_H - r)\tau_H(\phi - p) - h_H \tau_H^2 + k(\tau_H - \tau_0) \quad (16.14)$$

式（16.11）和式（16.12）是参与约束，式（16.13）和式（16.14）是激励相容约束，并且 $(b_L - r)\tau_L(\phi - p) - h_H \tau_L^2 + k(\tau_L - \tau_0) > (b_L - r)\tau_L(\phi - p) - h_L \tau_L^2 + k(\tau_L - \tau_0)$，则式（16.12）和式（16.13）是紧约束，可以略去式（16.11）和式（16.14），利用拉格朗日乘数法得

$$\tau_H^{**} = \frac{(\phi - p)(c_n - c_r - r) + k}{2h_H} \quad (16.15)$$

$$\tau_L^{**} = \frac{(1 - v)[(\phi - p)(c_n - c_r - r) + k]}{2(h_L - vh_H)} \quad (16.16)$$

$$b_H^{**} = \frac{c_n - c_r - r}{2} - \frac{k}{2(\phi - p)} + \frac{(1 - v)^2[(\phi - p)(c_n - c_r - r) + k](h_L - h_H)h_H}{2(\phi - p)(h_L - vh_H)^2}$$
$$+ \frac{2h_H(k\tau_0 + \pi_0)}{(\phi - p)[(\phi - p)(c_n - c_r - r) + k]} + r \quad (16.17)$$

$$b_L^{**} = \frac{(1 - v)[(\phi - p)(c_n - c_r - r) + k]h_L}{2(\phi - p)(h_L - vh_H)} - \frac{k}{\phi - p}$$
$$+ \frac{2(k\tau_0 + \pi_0)(h_L - vh_H)}{(1 - v)(\phi - p)[(\phi - p)(c_n - c_r - r) + k]} + r \quad (16.18)$$

16.4　两种情形下逆向供应链的决策比较及分析

命题 16.1　政府对回收商实施奖惩机制下的回收率高于无政府奖惩机制下的回收率。

证明　由 $\tau_H^{**} - \tau_H^* = \dfrac{k}{2h_H} > 0$ ， $\tau_L^{**} - \tau_L^* = \dfrac{(1-v)k}{2(h_L - vh_H)} > 0$ 可知，政府对回收商实施奖惩机制后回收商的回收率提高了，并且回收率的增加量与奖惩力度 k 正相关，奖惩力度越大，回收率提高得越多。所以政府实施奖惩机制具有激励作用，促进了废旧产品的回收。

命题 16.2　政府对回收商实施奖惩机制下回收商的回收率与奖惩力度成正比，并且该奖惩机制使得固定成本高的回收商的回收率提高得更快。

证明　由 $\dfrac{\mathrm{d}\tau_H^{**}}{\mathrm{d}k} = \dfrac{1}{2h_H} > 0$ ， $\dfrac{\mathrm{d}\tau_L^{**}}{\mathrm{d}k} = \dfrac{1-v}{2(h_L - vh_H)} > 0$ 可以证出政府对回收商实施奖惩机制下的回收率与奖惩力度的边际是递增的，该奖惩机制下的回收率随奖惩力度的增大而增加。又 $\dfrac{\mathrm{d}\tau_H^{**}}{\mathrm{d}k} \bigg/ \dfrac{\mathrm{d}\tau_L^{**}}{\mathrm{d}k} = \dfrac{h_L/h_H - v}{1-v}$ ，根据假设 16.2 的 $h_H < h_L$ ，可以得出 $\dfrac{\mathrm{d}\tau_H^{**}}{\mathrm{d}k} \bigg/ \dfrac{\mathrm{d}\tau_L^{**}}{\mathrm{d}k} > 1$ ，所以固定成本高的回收商在政府实施奖惩机制的作用下回收率提高得更快。

命题 16.3　政府对回收商实施奖惩机制与无奖惩机制时回购价的比较满足下列条件。

（1）当满足如下四个条件中的一个时，政府对固定成本低的回收商实施奖惩机制下的回购价大于无奖惩机制下的回购价，四个条件为：① $\Delta_1 = 0$ 且 $\tau_L^{**} < \tau_0$ ；② $\Delta_1 > 0$ 且 $\tau_L^{**} \leqslant \tau_0$ ；③ $\Delta_1 > 0$ ， $\tau_L^{**} > \tau_0$ 且 $|\Delta_1| > |\Delta_2|$ ；④ $\Delta_1 < 0$ ， $\tau_L^{**} < \tau_0$ 且 $|\Delta_1| < |\Delta_2|$ 。其中 $\Delta_1 = (\tau_L^{**} - \tau_L^*)\left(h_L - \dfrac{\pi_0}{\tau_L^* \tau_L^{**}}\right)$ ， $\Delta_2 = k\left(1 - \dfrac{\tau_0}{\tau_L^{**}}\right)$ 。

（2）当满足如下三个条件中的一个时，政府对固定成本低的回收商实施奖惩机制下的回购价等于无奖惩机制下的回购价，三个条件为：① $\Delta_1 = 0$ 且 $\tau_L^{**} = \tau_0$ ；② $\Delta_1 > 0$ ， $\tau_L^{**} > \tau_0$ 且 $|\Delta_1| = |\Delta_2|$ ；③ $\Delta_1 < 0$ ， $\tau_L^{**} < \tau_0$ 且 $|\Delta_1| = |\Delta_2|$ 。

（3）当满足如下四个条件中的一个时，政府对固定成本低的回收商实施奖惩机制下的回购价小于无奖惩机制下的回购价，四个条件为：① $\Delta_1 = 0$ 且 $\tau_L^{**} > \tau_0$ ；② $\Delta_1 > 0$ ， $\tau_L^{**} > \tau_0$ 且 $|\Delta_1| < |\Delta_2|$ ；③ $\Delta_1 < 0$ 且 $\tau_L^{**} \geqslant \tau_0$ ；④ $\Delta_1 < 0$ ， $\tau_L^{**} < \tau_0$ 且 $|\Delta_1| > |\Delta_2|$ 。

（4）当满足如下四个条件中的一个时，政府对固定成本高的回收商实施奖惩

机制下的回购价大于无奖惩机制下的回购价，四个条件为：①$\Delta_3 = 0$ 且 $\tau_0 / \tau_H^{**} >$ 1/2；②$\Delta_3 > 0$ 且 $\tau_0 / \tau_H^{**} \geq 1/2$；③$\Delta_3 > 0$，$\tau_0 / \tau_H^{**} < 1/2$ 且 $|\Delta_3| > |\Delta_4|$；④$\Delta_3 < 0$，$\tau_0 / \tau_H^{**} > 1/2$ 且 $|\Delta_3| < |\Delta_4|$。其中 $\Delta_3 = \dfrac{(h_L - h_H)\tau_L^{*2}}{\tau_H^{*2}} - \dfrac{\pi_0}{\tau_H^* \tau_H^{**}}$，$\Delta_4 = h_H\left(1 - \dfrac{2\tau_0}{\tau_H^{**}}\right)$。

（5）当满足如下三个条件中的一个时，政府对固定成本高的回收商实施奖惩机制下的回购价等于无奖惩机制下的回购价，三个条件为：①$\Delta_3 = 0$ 且 $\tau_0 / \tau_H^{**} = 1/2$；②$\Delta_3 > 0$，$\tau_0 / \tau_H^{**} < 1/2$ 且 $|\Delta_3| = |\Delta_4|$；③$\Delta_3 < 0$，$\tau_0 / \tau_H^{**} > 1/2$ 且 $|\Delta_3| = |\Delta_4|$。

（6）当满足如下四个条件中的一个时，政府对固定成本高的回收商实施奖惩机制下的回购价小于无奖惩机制下的回购价，四个条件为：①$\Delta_3 = 0$ 且 $\tau_0 / \tau_H^{**} < 1/2$；②$\Delta_3 > 0$，$\tau_0 / \tau_H^{**} < 1/2$ 且 $|\Delta_3| < |\Delta_4|$；③$\Delta_3 < 0$ 且 $\tau_0 / \tau_H^{**} \leq 1/2$；④$\Delta_3 < 0$，$\tau_0 / \tau_H^{**} > 1/2$ 且 $|\Delta_3| > |\Delta_4|$。

证明　固定成本低的回收商在政府实施奖惩机制与无奖惩机制下回购价的比较：

$$b_L^{**} - b_L^* = \frac{1}{\phi - p}\left[(\tau_L^{**} - \tau_L^*)\left(h_L - \frac{\pi_0}{\tau_L^* \tau_L^{**}}\right) - k\left(1 - \frac{\tau_0}{\tau_L^{**}}\right)\right],$$

不妨设 $\Delta_1 = (\tau_L^{**} - \tau_L^*) \times \left(h_L - \dfrac{\pi_0}{\tau_L^* \tau_L^{**}}\right)$，$\Delta_2 = k\left(1 - \dfrac{\tau_0}{\tau_L^{**}}\right)$，当 $\Delta_1 = 0$ 时，若 $\tau_L^{**} > \tau_0$，则 $b_L^{**} < b_L^*$；若 $\tau_L^{**} = \tau_0$，则 $b_L^{**} = b_L^*$；若 $\tau_L^{**} < \tau_0$，则 $b_L^{**} > b_L^*$。当 $\Delta_1 > 0$ 时，若 $\tau_L^{**} \leq \tau_0$，则 $b_L^{**} > b_L^*$；若 $\tau_L^{**} > \tau_0$ 时，$|\Delta_1| > |\Delta_2|$ 则 $b_L^{**} > b_L^*$，$|\Delta_1| = |\Delta_2|$ 则 $b_L^{**} = b_L^*$，$|\Delta_1| < |\Delta_2|$ 则 $b_L^{**} < b_L^*$。当 $\Delta_1 < 0$ 时，若 $\tau_L^{**} \geq \tau_0$，则 $b_L^{**} < b_L^*$；若 $\tau_L^{**} < \tau_0$，$|\Delta_1| > |\Delta_2|$ 则 $b_L^{**} < b_L^*$，$|\Delta_1| = |\Delta_2|$ 则 $b_L^{**} = b_L^*$，$|\Delta_1| < |\Delta_2|$ 则 $b_L^{**} > b_L^*$。

固定成本高的回收商在政府实施奖惩机制与无奖惩机制下回购价的比较：

$$b_H^{**} - b_H^* = \frac{k}{2h_H(\phi - p)}\left[\frac{(h_L - h_H)\tau_L^{*2}}{\tau_H^{*2}} - \frac{\pi_0}{\tau_H^* \tau_H^{**}} - h_H\left(1 - \frac{2\tau_0}{\tau_H^{**}}\right)\right],$$

不妨设 $\Delta_3 = \dfrac{(h_L - h_H)\tau_L^{*2}}{\tau_H^{*2}} - \dfrac{\pi_0}{\tau_H^* \tau_H^{**}}$，$\Delta_4 = h_H\left(1 - \dfrac{2\tau_0}{\tau_H^{**}}\right)$，当 $\Delta_3 = 0$ 时，若 $\tau_0 / \tau_H^{**} <$ 1/2，则 $b_H^{**} < b_H^*$；若 $\tau_0 / \tau_H^{**} = 1/2$，则 $b_H^{**} = b_H^*$；若 $\tau_0 / \tau_H^{**} > 1/2$，则 $b_H^{**} > b_H^*$。当 $\Delta_3 > 0$ 时，若 $\tau_0 / \tau_H^{**} \geq 1/2$，则 $b_H^{**} > b_H^*$；若 $\tau_0 / \tau_H^{**} < 1/2$，$|\Delta_3| > |\Delta_4|$ 则 $b_H^{**} > b_H^*$，$|\Delta_3| = |\Delta_4|$ 则 $b_H^{**} = b_H^*$，$|\Delta_3| < |\Delta_4|$ 则 $b_H^{**} < b_H^*$。当 $\Delta_3 < 0$ 时，若 $\tau_0 / \tau_H^{**} \leq 1/2$，则 $b_H^{**} < b_H^*$；若 $\tau_0 / \tau_H^{**} > 1/2$，$|\Delta_3| > |\Delta_4|$ 则 $b_H^{**} < b_H^*$，$|\Delta_3| = |\Delta_4|$ 则 $b_H^{**} = b_H^*$，$|\Delta_3| < |\Delta_4|$ 则 $b_H^{**} > b_H^*$。

从上述分析中可以发现政府对回收商实施奖惩机制下的回购价与无奖惩机制下的回购价大小受回收难度和奖惩力度的影响。当回收难度较大，奖惩力度较小时实施奖惩机制下的回购价高于无奖惩机制下的回购价,奖惩力度逐渐增大时实施奖惩机制下的回购价会逐渐降低甚至会小于无奖惩机制下的回购价;当回收难度小,奖惩力度较大时实施奖惩机制下的回购价小于无奖惩机制下的回购价,奖惩力度逐渐减小时实施奖惩机制下的回购价会逐渐增加甚至大于无奖惩机制下的回购价。政府奖惩力度的大小不仅影响着回收率,也影响着回购价。制造商会依据奖惩力度的大小适当调节回购价,促进回收商提高回收率,为再制造的顺利进行提供保障。

命题 16.4　政府对回收商实施奖惩机制下回收商的利润高于无政府奖惩机制下的利润。

证明　$\pi_h^{**} - \pi_h^* = \dfrac{v(1-v)^2 k(h_L - h_H)[2(\phi - p)(c_n - c_r - r) + k]}{4(h_L - vh_H)^2} > 0$,可知政府对回收商实施奖惩机制后回收商的利润增加,且利润之间的差距随奖惩力度的增加而增大。政府对回收商实施奖惩机制为回收商带来了较多的利润,进而激励其回收废旧产品,提高回收率。

16.5　算　例　分　析

在对两种情形比较之后,这里进一步通过算例分析奖惩机制对逆向供应链的回收率和回购价的影响。设模型中的有关参数为:$\phi = 100$,$p = 50$,$c_n = 30$,$c_r = 15$,$r = 5$,$h_H = 550$,$h_L = 600$,$v = 0.5$,$\pi_0 = 60$,$k \in (100, 500)$,$\tau_0 = 0.55$ 。各种情形下的决策结果如表 16.1 所示。

表 16.1　各种情形下的决策结果

k	τ_H^*	τ_L^*	b_H^*	b_L^*	π_h^*	π_m^*	τ_H^{**}	τ_L^{**}	b_H^{**}	b_L^{**}	π_h^{**}	π_m^{**}
100	0.45	0.38	12.97	12.74	63.70	948.74	0.55	0.46	13.61	13.52	65.33	1036.50
200	0.45	0.38	12.97	12.74	63.70	948.74	0.64	0.54	13.80	13.78	67.25	1035.59
300	0.45	0.38	12.97	12.74	63.70	948.74	0.73	0.62	13.71	13.70	69.74	1043.53
400	0.45	0.38	12.97	12.74	63.70	948.74	0.82	0.69	13.43	13.40	71.98	1059.86
500	0.45	0.38	12.97	12.74	63.70	948.74	0.91	0.77	13.02	12.94	74.79	1084.58

对表 16.1 分析可以看出以下几点:

(1)对于固定成本高的回收商在政府实施奖惩机制下,其回收率 τ_H^{**} 随着奖惩力度的增大而增加,从 0.55 增大到 0.91,无奖惩机制时的回收率始终是

0.45；固定成本低的回收商在政府实施奖惩机制下，其回收率 τ_L^{**} 随着奖惩力度的增大也从 0.46 增加到 0.77，无奖惩机制时的回收率保持 0.38 不变，如图 16.2 所示。政府实施的奖惩机制促进了回收商对废旧产品的回收，回收率有了显著提高。

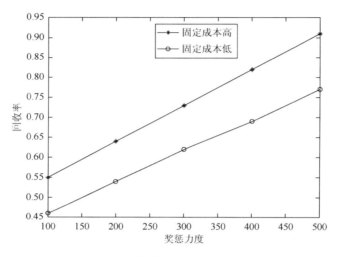

图 16.2　回收率与奖惩力度的关系

（2）政府对固定成本高的回收商实施奖惩机制下的回收率以 0.09 的幅度递增，对固定成本低的回收商实施奖惩机制下的回收率以 0.08 的幅度递增。固定成本高的回收商在政府奖惩机制的作用下充分发挥自身的规模优势，加大回收力度，提高废旧产品的回收率。

（3）政府对固定成本高的回收商实施奖惩机制时，制造商提供的回购价随着奖惩力度的增加先从 13.61 增加到 13.80，然后降低到 13.02；对固定成本低的回收商实施奖惩机制时，回购价也随奖惩力度的增加由 13.52 增加到 13.78，然后降低到 12.94，如图 16.3 所示。在政府实施奖惩机制的过程中，前期奖惩力度较小时，制造商通过提高回购价鼓励回收商回收，后期随着奖惩力度的增大，政府激励作用越来越大，制造商则逐渐降低了回购价，降低自身成本。

（4）政府实施奖惩机制下回收商的利润随奖惩力度的增大从 65.33 增加到 74.79，如图 16.4 所示。政府的参与为回收商带来了利润，这也促使回收商努力回收废旧产品提高回收率，享受政府的奖励。在政府对回收商实施奖惩机制时，制造商前期通过提高回购价来鼓励回收商回收，自身利润逐渐减少；后期奖惩力度越来越大，激励作用明显时，又逐渐降低了回购价，降低成本，使得利润逐渐增加，如图 16.5 所示。

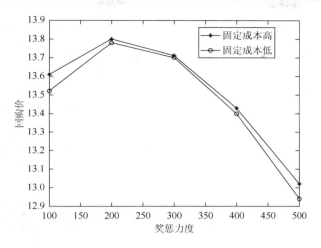

图 16.3　回购价与奖惩力度的关系

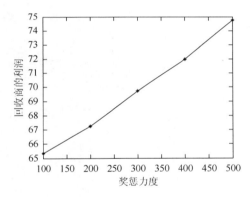

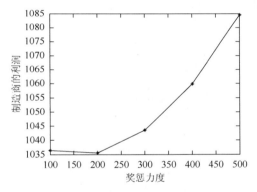

图 16.4　回收商的利润与奖惩力度的关系　　图 16.5　制造商的利润与奖惩力度的关系

16.6　结　　语

　　本章研究了制造商委托第三方回收商回收废旧电器电子产品的逆向供应链的决策问题，回收商的固定成本是不对称信息，而其固定成本反映了回收废旧产品的能力。制造商为了利用成本优势获取较多利润设计了由制造商提供的回购价与回收商的回收率组成的甄别契约进行固定成本信息甄别。为了减少环境污染，避免资源浪费，政府对回收商实施奖惩机制鼓励废旧电子产品的回收，通过与无奖惩机制进行比较，得出如下结论：

（1）政府对回收商实施奖惩机制时回收率随奖惩力度的增大而增加，并高于无奖惩机制时的回收率；

（2）与固定成本低的回收商相比固定成本高的回收商在政府奖惩机制的作用下回收率增加的幅度较大；

（3）政府对回收商实施奖惩机制时，若奖惩力度较小制造商的回购价会提高，若奖惩力度较大制造商的回购价会降低；

（4）政府对回收商实施奖惩机制时回收商的利润随奖惩力度的增大而增加，明显高于无奖惩机制下的利润。回收率的提高说明政府奖惩机制在不对称信息下引导废旧产品回收的有效性。

本书的研究只限于第三方回收商进行回收，而实际中一些制造商拥有自己的销售渠道，他们可以利用自己的渠道进行电子产品回收。将零售商角色纳入供应链环节中构成闭环供应链，考虑零售商参与产品的销售和回收是进一步研究的方向之一。

第17章 不对称信息下零售商负责回收的闭环供应链奖惩机制研究

本章将构建由制造商委托零售商负责废旧电子产品回收的闭环供应链，由于供应链的成员之间存在信息不对称的问题，零售商在回收过程中可能隐藏一些私人信息，本章中主要是回收努力程度信息。具有信息优势的零售商可能利用私人信息获取更多的利益，而信息劣势的制造商应该选择什么方式使零售商提供真实信息，从而提高整个闭环供应链的效率？政府作为政策制定者，鼓励回收再利用，又将如何引导回收？这些问题都是本章中将要探讨解决的。

针对信息不对称问题，本章将利用委托代理理论和信息甄别的方式甄别闭环供应链中隐藏的私人信息。17.1 节符号说明和基本假设。17.2 节研究政府不参与的情况下制造商委托零售商回收，制造商设计甄别契约，零售商做出选择，建立模型并求解分析。17.3 节将引入政府角色，考虑到制造商生产再制造的成本，并且本期内委托回收的废旧电子产品数量可能高于产成品的市场需求量造成废旧电子产品的积压影响资本运作，政府将对制造商实施奖惩机制。当制造商委托回收的废旧电子产品数量达到目标回收量时受到政府的奖励，否则受到惩罚，建立模型并求解。17.4 节是在 17.2 节和 17.3 节的基础上对无奖惩机制、对制造商实施奖惩机制情形进行总结。

17.1 符号说明和基本假设

17.1.1 符号说明

本章将零售商的回收努力程度分为高低两种类型，下标带 H 的表示与高回收努力程度相关的参数，下标带 L 的表示与低回收努力程度相关的参数，具体的参数说明如下。

c_n：制造商采用新材料生产新产品的单位成本；

c_r：制造商使用 WEEE 生产新产品的单位成本；

Δ：再制造时节省的单位生产成本，$\Delta = c_n - c_r$；

e_i：零售商的回收努力程度，$i \in \{H, L\}$，e_H 为高回收努力程度，e_L 为低回收努力程度，且 $e_H > e_L$；

r_{ij}：表示零售商在 i 类型回收努力程度下选择 j 类型契约时从消费者手中回收废旧电子产品的回收价，$i \in \{H,L\}$，$j \in \{H,L\}$；

b_j：表示零售商选择 j 类型契约时废旧电子产品的回购价，$j \in \{H,L\}$；

w_j：表示零售商选择 j 类型契约时新制造产品与再制造产品的批发价，$j \in \{H,L\}$；

p_{ij}：表示 i 类型回收努力程度的零售商在选择 j 类型契约时将产成品销售给消费者的零售价，$i \in \{H,L\}$，$j \in \{H,L\}$；

T_{rj}：表示零售商选择 j 类型契约时制造商向零售商收取的特许经营费，$j \in \{H,L\}$，在实际中存在许多收取特许经营费的现象，如商店加盟、超市商品上架等；

v：表示零售商的回收努力程度为 H 类型的概率，市场中的参与者均可获取该信息；

Q_{ij}：表示 i 类型回收努力程度的零售商选择 j 类型契约时的废旧电子产品回收量，$i \in \{H,L\}$，$j \in \{H,L\}$；

$E(\pi_{mi})$：表示零售商选择 i 类型契约时制造商的期望利润，$j \in \{H,L\}$；

$E(\pi_{rij})$：表示零售商在 i 类型回收努力程度下选择 j 类型契约时的期望利润，$i \in \{H,L\}$，$j \in \{H,L\}$；

π_r^o：保留利润，无契约时零售商可获得的最大利润；

k：政府设计的奖惩机制中的奖惩力度；

Q_o：政府设计的奖惩机制中的目标回收量；

文中所有带*的符号表示在该情形下的最优决策结果。

17.1.2 基本假设

假设 17.1 再制造产品与新制造产品是无差异的。

再制造产品是用回收的废旧电子产品经过加工处理后再生产成的产品；新制造产品是用新原料生产的产品。二者的无差异不仅体现在性能、质量、外观、价格以及进入市场的方式上，还体现在消费者对二者的认可程度上，市场对两种产品的需求是相同的。

假设 17.2 $c_r < c_n$，并且所有回收的废旧电子产品再制造时的单位生产成本相同，都是 c_r。

回收的废旧电子产品由于使用程度不同，拆解处理工序不尽相同，其单个成本就难以确定。如果对所有回收的废旧电子产品独立核算成本，问题的复杂性和计算的难度增大。为了方便问题的分析和模型的建立，本章将再制造产品的单位生产成本统一成 c_r，假设 $c_r < c_n$。

假设 17.3　在生产的过程中先用回收的废旧电子产品进行再制造，生产的再制造产品仍不能满足市场需求时使用新原料生产新制造产品，市场需求全部得到满足不存在缺货现象，所有回收的废旧电子产品均可以再制造。

因为再制造产品的单位生产成本低于新制造产品的单位生产成本，首先生产再制造产品可以利用成本优势。所有市场需求能够得到满足是为了减少缺货带来的影响，而所有的回收废旧电子产品均可参与再制造是为了减少无使用价值回收品处理带来的影响，降低问题的复杂程度，方便模型的建立。

假设 17.4　制造商和零售商都是风险中性的，目标是要实现自身利益的最大化。

假设 17.5　再制造产品与新制造产品的市场需求函数为 $D = \phi - p_{ij} + \theta$ 。

本书的市场需求增加了干扰项具有随机性，其中 ϕ 表示再制造产品与新制造产品的市场总容量，p_{ij} 表示产品的市场零售价，θ 为随机变量，概率密度函数为 $f(\cdot)$，概率分布函数为 $F(\cdot)$。本书假设随机变量 θ 服从 $U(0,a)$ 的均匀分布 $(a>0)$，则概率密度函数表示为

$$f(x) = \begin{cases} \dfrac{1}{a}, & x \in (0,a) \\ 0, & \text{其他} \end{cases}$$

假设 17.6　零售商回收废旧电子产品的回收量函数为 $Q_{ij} = e_i + r_{ij}$ 。

在市场需求确定的情况下，回收量常被表示成回收率与市场需求的函数。但是在随机需求的环境下回收率是难以确定的，回收量的这种表示方式就不适用。由于回收量受代理回收方的回收努力程度和制定的回收价等因素影响，本章的回收量表达式选取了回收价和回收努力程度共同表达的形式。

17.2　决　策　模　型

17.2.1　无政府奖惩机制的闭环供应链模型

本节将要构造一个由制造商、零售商和消费者组成的闭环供应链，如图 17.1 所示。制造商作为市场主导者，委托零售商回收废旧电子产品。零售商在回收过程中可以选择 H 型回收努力程度，也可以选择 L 型回收努力程度，这属于零售商的私人信息。零售商以回收价 r_{ij} 从消费者手中回收废旧电子产品，制造商以回购价 b_j 从零售商手中回购废旧电子产品，经过加工制造后以批发价 w_j 批发给零售商，零售商最终以价格 p_{ij} 销售给消费者。由于零售商是受制造商的委托回收废旧电子产品，制造商将回购零售商回收的所有废旧电子产品，所以零售商不用承担

回收过多带来的风险。制造商为了鼓励零售商回收会根据回收努力程度的高低制定不同的回购价，但是零售商的回收努力程度是其私人信息，制造商不知道，这就出现了信息不对称的现象。拥有信息优势的零售商可能提供虚假信息从中牟利。信息劣势的制造商就需要寻找一种方式诱使零售商提供真实信息。本章采用信息甄别的方式，信息甄别过程如下：首先制造商根据市场中零售商选择高回收努力程度的概率设计一组契约；然后，零售商决定是否接受契约，如果接受又该选择哪一份契约；最后制造商根据零售商的选择判断出其回收努力程度的高低。契约的设计是甄别过程的关键。本节将不考虑政府的参与。

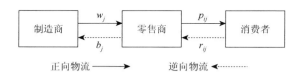

图 17.1　由制造商、零售商和消费者组成的闭环供应链

1. 模型建立求解

在零售商回收的闭环供应链中受零售商回收努力程度信息不对称的影响，制造商需要设计甄别契约来获知零售商的真实回收努力程度。从供应链结构图中可以看出制造商与零售商之间存在着逆向回购废旧电子产品与正向批发产成品的关系，所以甄别契约可设计成 $\{G_H(b_H, w_H, T_{rH}), G_L(b_L, w_L, T_{rL})\}$，包含了回购价、批发价和特许经营费。制造商在生产再制造过程中，当本期市场对产成品的需求低于废旧电子产品的回收量时，产成品的市场需求由再制造产品满足；当产成品的市场需求高于回收量时，产成品的市场需求由再制造产品和新制造产品满足。

根据假设中的随机需求函数、回收量函数，当零售商选择契约 G_H 时，制造商的期望利润函数表示为

$$
\begin{aligned}
E(\pi_{mH}) = &\int_0^{z_H} (\phi - p_{HH} + x)(w_H - c_r) f(x) \mathrm{d}x \\
&+ \int_{z_H}^a (\phi - p_{HH} + x - e_H - r_{HH})(w_H - c_n) f(x) \mathrm{d}x \\
&+ \int_{z_H}^a (e_H + r_{HH})(w_H - c_r) f(x) \mathrm{d}x - b_H(e_H + r_{HH}) + T_{rH}
\end{aligned}
\tag{17.1}
$$

其中，$z_H = e_H + r_{HH} - \phi + p_{HH}$，当 $0 < x \leqslant z_H$ 时，废旧电子产品的回收量高于产成品的市场需求量，用再制造产品满足市场需求；当 $z_H < x < a$ 时市场需求大于废旧电子产品的回收量，需要用再制造产品和新制造产品满足市场需求。

根据式（17.1）可以得出当零售商选择契约 G_L 时，制造商的期望利润函数表达式：

$$E(\pi_{mL}) = \int_0^{z_L} (\phi - p_{LL} + x)(w_L - c_r) f(x)dx$$

$$+ \int_{z_L}^a (\phi - p_{LL} + x - e_L - r_{LL})(w_L - c_n) f(x)dx$$

$$+ \int_{z_L}^a (e_L + r_{LL})(w_L - c_r) f(x)dx - b_L(e_L + r_{LL}) + T_{rL} \quad (17.2)$$

其中，$z_L = e_L + r_{LL} - \phi + p_{LL}$，当 $0 < x \leqslant z_L$ 时，废旧电子产品的回收量高于市场需求量，用再制造产品满足市场需求；当 $z_L < x < a$ 时，市场需求大于废旧电子产品的回收量，需要用再制造产品和新制造产品满足市场需求。

当零售商的回收努力程度为 H 类型，即高回收努力程度时选择契约 G_H 时的期望利润函数表达式为

$$E(\pi_{rHH}) = (b_H - r_{HH})(e_H + r_{HH}) - e_H^2 / 4$$

$$+ (p_{HH} - w_H) \int_0^a (\phi - p_{HH} + x) f(x)dx - T_{rH} \quad (17.3)$$

其中，$e_H^2 / 4$ 为回收努力成本。

当零售商的回收努力程度为 H 类型时也可能选择契约 G_L，此时的期望利润函数表达式为

$$E(\pi_{rHL}) = (b_L - r_{HL})(e_H + r_{HL}) - e_H^2 / 4$$

$$+ (p_{HL} - w_L) \int_0^a (\phi - p_{HL} + x) f(x)dx - T_{rL} \quad (17.4)$$

当零售商的回收努力程度为 L 类型，即低回收努力程度时选择契约 G_L 时的期望利润函数表达式为

$$E(\pi_{rLL}) = (b_L - r_{LL})(e_L + r_{LL}) - e_L^2 / 4$$

$$+ (p_{LL} - w_L) \int_0^a (\phi - p_{LL} + x) f(x)dx - T_{rL} \quad (17.5)$$

其中，$e_L^2 / 4$ 为回收努力成本。

当零售商的回收努力程度为 L 类型时也可能选择契约 G_H，此时的期望利润函数表达式为

$$E(\pi_{rLH}) = (b_H - r_{LH})(e_L + r_{LH}) - e_L^2 / 4$$

$$+ (p_{LH} - w_H) \int_0^a (\phi - p_{LH} + x) f(x)dx - T_{rH} \quad (17.6)$$

随机需求环境下零售商回收努力程度信息不对称时无政府奖惩机制的决策模型如下：

$$\max \quad E(\pi_m) = vE(\pi_{mH}) + (1-v)E(\pi_{mL}) \quad (17.7)$$

s.t.

$$p_{HH}^* = \arg\max E(\pi_{rHH}) \quad (17.8)$$

$$p_{LL}^* = \arg\max E(\pi_{rLL}) \quad (17.9)$$

$$r_{\mathrm{HH}}^{*} = \arg\max E(\pi_{\mathrm{rHH}}) \qquad (17.10)$$

$$r_{\mathrm{LL}}^{*} = \arg\max E(\pi_{\mathrm{rLL}}) \qquad (17.11)$$

$$E(\pi_{\mathrm{rHH}}) \geqslant \pi_{\mathrm{r}}^{\mathrm{o}} \qquad (17.12)$$

$$E(\pi_{\mathrm{rLL}}) \geqslant \pi_{\mathrm{r}}^{\mathrm{o}} \qquad (17.13)$$

$$E(\pi_{\mathrm{rHH}}) \geqslant E(\pi_{\mathrm{rHL}}) \qquad (17.14)$$

$$E(\pi_{\mathrm{rLL}}) \geqslant E(\pi_{\mathrm{rLH}}) \qquad (17.15)$$

式（17.12）和式（17.13）是参与约束，$\pi_{\mathrm{r}}^{\mathrm{o}}$ 称为保留利润，是零售商在不接受契约时所能获得的最大利润。参与约束使零售商在接受契约后获得的利润要高于不接受契约时的利润，从而确保信息甄别顺利进行。式（17.14）和式（17.15）是激励相容约束，目的是避免零售商提供虚假信息。式（17.14）表明零售商在回收努力程度为 H 类型，即高回收努力程度时选择契约 G_{H} 获取的期望利润要高于选择契约 G_{L} 获取的期望利润。式（17.15）表明零售商在回收努力程度为 L 类型，即低回收努力程度时选择契约 G_{L} 获取的期望利润要高于选择契约 G_{H} 获取的期望利润。通过这一约束，零售商在选择契约时为了使自身利益达到最大化，会做出正确的选择。式（17.7）中，$E(\pi_{\mathrm{mH}})$ 表示零售商在 H 型回收努力程度下选择 G_{H} 契约时制造商的利润，$E(\pi_{\mathrm{mL}})$ 表示零售商在 L 型回收努力程度下选择 G_{L} 契约时制造商的利润。

利用拉格朗日乘数法，求解上述规划模型的结果如下：

$$w_{\mathrm{H}}^{*} = \frac{4\Delta(\phi - e_{\mathrm{H}}) - 3\Delta^2 + (\Delta + 2a)(c_{\mathrm{r}} + 3c_{\mathrm{n}})}{8(\Delta + a)} \qquad (17.16)$$

$$w_{\mathrm{L}}^{*} = \frac{4\Delta\phi + (\Delta + 2a)(c_{\mathrm{r}} + 3c_{\mathrm{n}}) - 3\Delta^2}{8(\Delta + a)} - \frac{\Delta(e_{\mathrm{L}} - ve_{\mathrm{H}})}{2(1-v)(\Delta + a)} \qquad (17.17)$$

式（17.16）和式（17.17）是无奖惩机制模型下最优批发价的表达式。

$$b_{\mathrm{H}}^{*} = \frac{\Delta(\phi - e_{\mathrm{H}} - w_{\mathrm{H}}^{*} + 3a/2)}{\Delta + 2a} \qquad (17.18)$$

$$b_{\mathrm{L}}^{*} = \frac{\Delta(\phi + 3a/2 - w_{\mathrm{L}}^{*})}{\Delta + 2a} - \frac{[\Delta(1-v) - 2av]e_{\mathrm{L}} + 2ave_{\mathrm{H}}}{(1-v)(\Delta + 2a)} \qquad (17.19)$$

将 w_{H}^{*}、w_{L}^{*} 代入式（17.18）和式（17.19）得到无奖惩机制模型下最优回购价的表达式。

$$T_{\mathrm{rL}}^{*} = \frac{(b_{\mathrm{L}}^{*} + e_{\mathrm{L}})^2 - e_{\mathrm{L}}^2 + (\phi - w_{\mathrm{L}}^{*} + a/2)^2}{4} - \pi_{\mathrm{r}}^{\mathrm{o}} \qquad (17.20)$$

$$T_{\mathrm{rH}}^{*} = \frac{(b_{\mathrm{H}}^{*} + e_{\mathrm{H}})^2 + (\phi - w_{\mathrm{H}}^{*} + a/2)^2 - (b_{\mathrm{L}}^{*} + e_{\mathrm{H}})^2 - (\phi - w_{\mathrm{L}}^{*} + a/2)^2}{4} + T_{\mathrm{rL}}^{*} \qquad (17.21)$$

将 w_{H}^{*}、w_{L}^{*}、b_{H}^{*} 和 b_{L}^{*} 代入式（17.20）和式（17.21）得到无奖惩机制模型下最优特许经营费的表达式。

$$p_{\text{HH}}^* = \frac{\phi + w_{\text{H}}^* + a/2}{2} \tag{17.22}$$

$$p_{\text{LL}}^* = \frac{\phi + w_{\text{L}}^* + a/2}{2} \tag{17.23}$$

将 w_{H}^*、w_{L}^* 代入式（17.22）和式（17.23）得到无奖惩机制模型下零售商根据自身的实际回收努力程度制定的最优零售价的表达式。

$$r_{\text{HH}}^* = \frac{b_{\text{H}}^* - e_{\text{H}}}{2} \tag{17.24}$$

$$r_{\text{LL}}^* = \frac{b_{\text{L}}^* - e_{\text{L}}}{2} \tag{17.25}$$

将 b_{H}^*、b_{L}^* 代入式（17.24）和式（17.25）得到无奖惩机制模型下零售商根据自身的实际回收努力程度制定的最优回收价的表达式。

2. 模型数值仿真

为了使上述计算结果之间的关系更清楚地表述，本节将为表达式中的参数赋值，$c_{\text{n}} = 60$，$c_{\text{r}} = 45$，$a = 4$，$\phi = 120$，$e_{\text{H}} = 10$，$e_{\text{L}} = 7$，$\pi_{\text{r}}^o = 400$，$\Delta = c_{\text{n}} - c_{\text{r}}$，$v$ 分别取 {0.1、0.2、0.3、0.4、0.5、0.6、0.7、0.8、0.9}。当 v 取不同值时，模型最优决策结果如表 17.1 所示。

表 17.1　参数 v 对最优决策结果的影响

变量	v								
	0.1	0.2	0.3	0.4	0.5	0.6	0.7	0.8	0.9
w_{H}^*	73.026	73.026	73.026	73.026	73.026	73.026	73.026	73.026	73.026
w_{L}^*	74.342	74.420	74.507	74.605	74.718	74.848	75.000	75.179	75.395
b_{H}^*	28.026	28.026	28.026	28.026	28.026	28.026	28.026	28.026	28.026
b_{L}^*	29.009	28.890	28.757	28.605	28.432	28.233	28.000	27.725	27.395
T_{rH}^*	479.727	475.751	471.290	466.249	460.508	453.911	446.250	437.246	426.512
T_{rL}^*	492.593	492.771	492.971	493.198	493.458	493.757	494.106	494.519	495.014
r_{HH}^*	97.513	97.513	97.513	97.513	97.513	97.513	97.513	97.513	97.513
r_{LL}^*	98.171	98.210	98.253	98.303	98.359	98.424	98.500	98.590	98.697
p_{HH}^*	9.013	9.013	9.013	9.013	9.013	9.013	9.013	9.013	9.013
p_{LL}^*	11.004	10.945	10.878	10.803	10.716	10.616	10.500	10.362	10.197
Q_{HH}^*	19.013	19.013	19.013	19.013	19.013	19.013	19.013	19.013	19.013

变量	v								
	0.1	0.2	0.3	0.4	0.5	0.6	0.7	0.8	0.9
Q_{LL}^{*}	17.004	17.945	17.878	17.803	17.716	17.616	17.500	17.362	17.197
$E(\pi_{mH}^{*})$	541.270	541.448	541.648	541.875	542.134	542.434	542.783	543.196	543.691
$E(\pi_{mL}^{*})$	541.838	541.813	541.770	541.704	541.605	541.460	541.250	540.944	540.493
$E(\pi_{rHH}^{*})$	443.513	443.335	443.135	442.908	442.649	442.349	442.000	441.587	441.092
$E(\pi_{rL1}^{*})$	400.000	400.000	400.000	400.000	400.000	400.000	400.000	400.000	400.000

对表 17.1 进行分析可以得出如下结论：

（1）批发价 w_{H}^{*}、零售价 p_{HH}^{*} 不受概率 v 的影响，而批发价 w_{L}^{*} 随概率 v 的增大而增大，零售价 p_{LL}^{*} 随概率 v 的增大而减小。在式（17.16）中，w_{H}^{*} 对 v 求导得 $dw_{H}^{*}/dv=0$，所以市场中零售商为 H 型回收努力程度的概率不论如何变动，只要零售商选择 H 型回收努力程度，制造商就会提供一个固定的产成品批发价。在式（17.17）中，将 w_{L}^{*} 对 v 进行求导得 $dw_{L}^{*}/dv=\Delta(e_{H}-e_{L})/[2(\Delta+a)(1-v)^{2}]$，又 $e_{H}>e_{L}$，则 $dw_{L}^{*}/dv>0$，所以当零售商选择 L 型回收努力程度时，制造商提供的批发价 w_{L}^{*} 会较多地考虑市场中零售商为 H 型回收努力程度的概率因素，如果市场中为 H 型回收努力程度的概率越大，则制造商为 L 型回收努力程度的零售商提供的批发价越高。在同一个概率 v 下，制造商所提供的一组契约中 w_{H}^{*} 总是小于 w_{L}^{*}，所以零售商只要选择 H 型回收努力程度便可以获得较低的批发价。

（2）回购价 b_{H}^{*}、回收价 r_{HH}^{*}、回收量 Q_{HH}^{*} 不受概率 v 的影响，回购价 b_{L}^{*}、回收量 Q_{LL}^{*} 随概率 v 的增大而减小，回收价 r_{LL}^{*} 随概率 v 的增大而增大。在式（17.18）中，将 b_{H}^{*} 对 v 求导得 $db_{H}^{*}/dv=0$，所以不论市场中 H 型回收努力程度的概率如何变动，制造商对 H 型回收努力程度的零售商均提供统一固定的回购价。在式（17.19）中，b_{L}^{*} 对 v 求导得 $db_{L}^{*}/dv=-2a(e_{H}-e_{L})/[(\Delta+2a)(1-v)^{2}]$，$db_{L}^{*}/dv<0$，所以对于 L 型回收努力程度的零售商，当市场中零售商为 H 型回收努力程度的概率越大时，制造商提供的回购价就越低。

（3）制造商对 H 型回收努力程度的零售商收取的特许经营费 T_{rH}^{*} 随概率 v 的增大而减小，对 L 型回收努力程度的零售商收取的特许经营费 T_{rL}^{*} 随概率 v 的增大而增大。

（4）当零售商选择契约 G_{H} 时，制造商的期望利润 $E(\pi_{mH}^{*})$ 随概率 v 的增大而增大，零售商的期望利润 $E(\pi_{\text{rHH}}^{*})$ 随概率 v 的增大而减小；当零售商选择契约 G_{L} 时，制造商的期望利润 $E(\pi_{\text{mL}}^{*})$ 随概率 v 的增大而减小，零售商的期望利润 $E(\pi_{\text{rLL}}^{*})$ 为保留利润。制造商是市场的主导者，希望自己的期望利润最大，因此 L 型回收努力程度的零售商只能获得保留利润。

17.2.2　政府对制造商实施奖惩机制的闭环供应链模型

在 17.2.1 节模型的基础上，本节将考虑政府参与废旧电子产品回收的情况。在实际中，许多国家都制定了法律法规对废旧电子产品的回收处理作了明确说明，我国不仅出台了相关法规，还提出了"以旧换新"措施。政府的参与使得废旧电子产品的回收处理变得规范合理。目前，许多小作坊在加工处理废旧电子产品时，缺乏必要的环保措施，对环境造成了污染。政府的参与可以引导他们科学有效地回收。本节将讨论政府对制造商实施奖惩机制。在制造商主导的闭环供应链中，制造商委托零售商回收废旧电子产品，当对其实施奖惩机制后可以促进零售商的回收。制造商在回收再制造的过程中，会全部回购废旧电子产品，如果这些废旧产品在当期不能全部再制造就会产生积压，影响制造商的资本运作。制造商进行废旧电子产品的再制造也需要前期的投入，政府对其实施奖惩机制可以引导回收。政府对制造商实施奖惩机制的闭环供应链如图 17.2 所示。

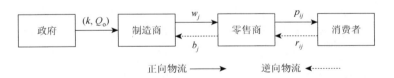

图 17.2　政府对制造商实施奖惩机制的闭环供应链结构

政府对制造商实施了奖惩机制后，零售商的回收努力程度会发生什么样的变化呢？本节将通过数学模型予以说明。制造商作为市场的主导者委托零售商回收废旧电子产品，零售商的回收努力程度是零售商的私人信息，因此出现了信息不对称的现象，利用二者之间的回购废旧电子产品和批发产成品的关系，制造商设计甄别契约 $\{G_{\text{H}}(b_{\text{H}}, w_{\text{H}}, T_{\text{rH}}), G_{\text{L}}(b_{\text{L}}, w_{\text{L}}, T_{\text{rL}})\}$。契约主要包含了回购价、批发价和特许经营费。政府设计奖惩机制 (k, Q_{o})，若制造商回收再制造的废旧电子产品数量超过目标回收量 Q_{o}，超出部分将受到政府的奖励；若回收再制造的废旧电子产品数量低于目标回收量，缺少部分将受到政府的惩罚，奖励和惩罚的力度均为 k。制造商在生产再制造过程中，依然优先使用废旧电子产品进行再制造，当再制造产品仍不能满足市场需求时使用新原料生产新制造产品。

当 H 型回收努力程度的零售商选择契约 G_H 时，制造商的期望利润函数表示为

$$
\begin{aligned}
E(\pi_{mH}) = & \int_0^{z_H} (\phi - p_{HH} + x)(w_H - c_r) f(x)\mathrm{d}x \\
& + \int_{z_H}^{a} (\phi - p_{HH} + x - e_H - r_{HH})(w_H - c_n) f(x)\mathrm{d}x \\
& + \int_{z_H}^{a} (e_H + r_{HH})(w_H - c_r) f(x)\mathrm{d}x - b_H(e_H + r_{HH}) \\
& + T_{rH} + k(Q_{HH} - Q_o)
\end{aligned}
\tag{17.26}
$$

其中，$z_H = e_H + r_{HH} - \phi + p_{HH}$，当 $0 < x \leqslant z_H$ 时，废旧电子产品的回收量高于产成品的市场需求量，用再制造产品满足市场需求；当 $z_H < x < a$ 时，市场需求大于废旧电子产品的回收量，需要用再制造产品和新制造产品满足市场需求。

当 L 型回收努力程度的零售商选择契约 G_L 时，制造商的期望利润函数表达式为

$$
\begin{aligned}
E(\pi_{mL}) = & \int_0^{z_L} (\phi - p_{LL} + x)(w_L - c_r) f(x)\mathrm{d}x \\
& + \int_{z_L}^{a} (\phi - p_{LL} + x - e_L - r_{LL})(w_L - c_n) f(x)\mathrm{d}x \\
& + \int_{z_L}^{a} (e_L + r_{LL})(w_L - c_r) f(x)\mathrm{d}x - b_L(e_L + r_{LL}) \\
& + T_{rL} + k(Q_{LL} - Q_o)
\end{aligned}
\tag{17.27}
$$

其中，$z_L = e_L + r_{LL} - \phi + p_{LL}$，当 $0 < x \leqslant z_L$ 时，废旧电子产品的回收量高于产成品的市场需求量，用再制造产品满足市场需求；当 $z_L < x < a$ 时，市场需求大于废旧电子产品的回收量，需要用再制造产品和新制造产品满足市场需求。

当 H 型回收努力程度的零售商选择契约 G_H 时的期望利润函数表达式为

$$
\begin{aligned}
E(\pi_{rHH}) = & (b_H - r_{HH})(e_H + r_{HH}) - e_H^2 / 4 \\
& + (p_{HH} - w_H) \int_0^{a} (\phi - p_{HH} + x) f(x)\mathrm{d}x - T_{rH}
\end{aligned}
\tag{17.28}
$$

当 H 型回收努力程度的零售商选择契约 G_L 时的期望利润函数表达式为

$$
\begin{aligned}
E(\pi_{rHL}) = & (b_L - r_{HL})(e_H + r_{HL}) - e_H^2 / 4 \\
& + (p_{HL} - w_L) \int_0^{a} (\phi - p_{HL} + x) f(x)\mathrm{d}x - T_{rL}
\end{aligned}
\tag{17.29}
$$

当 L 型回收努力程度的零售商选择契约 G_L 时的期望利润函数表达式为

$$
\begin{aligned}
E(\pi_{rLL}) = & (b_L - r_{LL})(e_L + r_{LL}) - e_L^2 / 4 \\
& + (p_{LL} - w_L) \int_0^{a} (\phi - p_{LL} + x) f(x)\mathrm{d}x - T_{rL}
\end{aligned}
\tag{17.30}
$$

当 L 型回收努力程度的零售商选择契约 G_H 时的期望利润函数表达式为

$$E(\pi_{\text{rLH}}) = (b_{\text{H}} - r_{\text{LH}})(e_{\text{L}} + r_{\text{LH}}) - e_{\text{L}}^2 / 4$$
$$+ (p_{\text{LH}} - w_{\text{H}}) \int_0^u (\phi - p_{\text{LH}} + x) f(x) \mathrm{d}x - T_{\text{rH}} \qquad (17.31)$$

随机需求环境下零售商回收努力程度信息不对称时政府对制造商实施奖惩机制的决策模型如下：

$$\max \quad E(\pi_{\text{m}}) = v E(\pi_{\text{mH}}) + (1-v) E(\pi_{\text{mL}}) \qquad (17.32)$$

s.t.

$$p_{\text{HH}}^{**} = \arg\max E(\pi_{\text{rHH}}) \qquad (17.33)$$

$$p_{\text{LL}}^{**} = \arg\max E(\pi_{\text{rLL}}) \qquad (17.34)$$

$$r_{\text{HH}}^{**} = \arg\max E(\pi_{\text{rHH}}) \qquad (17.35)$$

$$r_{\text{LL}}^{**} = \arg\max E(\pi_{\text{rLL}}) \qquad (17.36)$$

$$E(\pi_{\text{rHH}}) \geqslant \pi_{\text{r}}^{\circ} \qquad (17.37)$$

$$E(\pi_{\text{rLL}}) \geqslant \pi_{\text{r}}^{\circ} \qquad (17.38)$$

$$E(\pi_{\text{rHH}}) \geqslant E(\pi_{\text{rHL}}) \qquad (17.39)$$

$$E(\pi_{\text{rLL}}) \geqslant E(\pi_{\text{rLH}}) \qquad (17.40)$$

式（17.37）和式（17.38）是参与约束，π_{r}° 称为保留利润，是制造商不提供契约时零售商可以获得的最大利润，该约束意义在于零售商接受制造商提供的契约后期望利润要高于没有契约时的最大利润，从而确保零售商会接受契约。式（17.39）和式（17.40）是激励相容约束，表明零售商根据自己回收努力程度的实际类型选择同一类型契约时获取的利润要高于选择其他类型契约时获取的利润。H 型回收努力程度的零售商选择契约 G_{H} 时获取的期望利润要高于选择契约 G_{L} 时获取的期望利润；L 型回收努力程度的零售商选择契约 G_{L} 时获取的期望利润要高于选择契约 G_{H} 时获取的期望利润。通过激励相容约束可以让零售商说出自己的真实回收努力程度信息，避免虚假信息的出现。

利用拉格朗日乘数法，求解上述规划模型的结果如下：

$$w_{\text{H}}^{**} = \frac{4\Delta(\phi - e_{\text{H}} - k) - 3\Delta^2 + (\Delta + 2a)(c_{\text{r}} + 3c_{\text{n}})}{8(\Delta + a)} \qquad (17.41)$$

$$w_{\text{L}}^{**} = \frac{4\Delta(\phi - k) + (\Delta + 2a)(c_{\text{r}} + 3c_{\text{n}}) - 3\Delta^2}{8(\Delta + a)} - \frac{\Delta(e_{\text{L}} - v e_{\text{H}})}{2(1-v)(\Delta + a)} \qquad (17.42)$$

式（17.41）和式（17.42）是政府对制造商实施奖惩机制模型下最优批发价的表达式。

$$b_{\text{H}}^{**} = \frac{\Delta(\phi - e_{\text{H}} - w_{\text{H}}^{**} + 3a/2) + 2ak}{\Delta + 2a} \qquad (17.43)$$

$$b_{\text{L}}^{**} = \frac{\Delta(\phi + 3a/2 - w_{\text{L}}^{**}) + 2ak}{\Delta + 2a} - \frac{[\Delta(1-v) - 2av]e_{\text{L}} + 2av e_{\text{H}}}{(1-v)(\Delta + 2a)} \qquad (17.44)$$

将 w_H^{**}、w_L^{**} 代入式（17.43）和式（17.44）得到政府对制造商实施奖惩机制模型下最优回购价的表达式。

$$T_{rL}^{**} = \frac{(b_L^{**} + e_L)^2 - e_L^2 + (\phi - w_L^{**} + a/2)^2}{4} - \pi_r^o \qquad (17.45)$$

$$T_{rH}^{**} = \frac{(b_H^{**} + e_H)^2 + (\phi - w_H^{**} + a/2)^2 - (b_L^{**} + e_H)^2 - (\phi - w_L^{**} + a/2)^2}{4} + T_{rL}^{**} \quad (17.46)$$

将 w_H^{**}、w_L^{**}、b_H^{**} 和 b_L^{**} 代入式（17.45）和式（17.46）得到政府对制造商实施奖惩机制模型下最优特许经营费的表达式。

$$p_{HH}^{**} = \frac{\phi + w_H^{**} + a/2}{2} \qquad (17.47)$$

$$p_{LL}^{**} = \frac{\phi + w_L^{**} + a/2}{2} \qquad (17.48)$$

将 w_H^{**}、w_L^{**} 代入式（17.47）和式（17.48）得到政府对制造商实施奖惩机制模型下零售商根据自身的实际回收努力程度制定的最优零售价的表达式。

$$r_{HH}^{**} = \frac{b_H^{**} - e_H}{2} \qquad (17.49)$$

$$r_{LL}^{**} = \frac{b_L^{**} - e_L}{2} \qquad (17.50)$$

将 b_H^{**}、b_L^{**} 代入式（17.49）和式（17.50）得到政府对制造商实施奖惩机制模型下零售商根据自身的实际回收努力程度制定的最优回收价的表达式。

17.3 两种闭环供应链模型的比较分析

命题 17.1 政府奖惩力度 $0 < k < c_r$。

证明 由 $b_L^{**} < w_L^{**}$ 可推出 $k < c_r + v(e_H - e_L)/(1-v)$，由 $b_H^{**} < w_H^{**}$ 可推导出 $k < c_r$。因回收努力程度 $e_H > e_L$，所以 $v(e_H - e_L)/(1-v) > 0$，在两个约束范围中取较小范围，所以 $0 < k < c_r$。

命题 17.2 政府对制造商实施奖惩机制后批发价和零售价比无奖惩机制时低。

证明 将式（17.41）与式（17.16）进行比较，$w_H^{**} - w_H^* = -\Delta k/(2\Delta + 2a)$，$w_H^{**} - w_H^* < 0$；将式（17.42）与式（17.17）进行比较，$w_L^{**} - w_L^* = -\Delta k/(2\Delta + 2a)$，$w_L^{**} - w_L^* < 0$，所以政府对制造商实施奖惩机制后批发价将会降低。将式（17.47）与式（17.22）进行比较，$p_{HH}^{**} - p_{HH}^* = (w_H^{**} - w_H^*)/2$，$p_{HH}^{**} - p_{HH}^* < 0$；将式（17.48）与式（17.23）进行比较，$p_{LL}^{**} - p_{LL}^* = (w_L^{**} - w_L^*)/2$，$p_{HH}^{**} - p_{HH}^* < 0$，政府在对制造商实施奖惩机制后零售价也降低。

命题 17.3　政府对制造商实施奖惩机制后回购价、回收价和回收量比无奖惩机制时高。

证明　将式（17.43）与式（17.18）进行比较，$b_{\mathrm{H}}^{**} - b_{\mathrm{H}}^{*} = k(\Delta + 2a)/(2\Delta + 2a)$，$b_{\mathrm{H}}^{**} - b_{\mathrm{H}}^{*} > 0$；将式（17.44）与式（17.19）进行比较，$b_{\mathrm{L}}^{**} - b_{\mathrm{L}}^{*} = k(\Delta + 2a)/(2\Delta + 2a)$，$b_{\mathrm{L}}^{**} - b_{\mathrm{L}}^{*} > 0$，所以政府对制造商实施奖惩机制后回购价提高。将式（17.49）与式（17.24）进行比较，$r_{\mathrm{HH}}^{**} - r_{\mathrm{HH}}^{*} = (b_{\mathrm{H}}^{**} - b_{\mathrm{H}}^{*})/2$，$r_{\mathrm{HH}}^{**} - r_{\mathrm{HH}}^{*} > 0$；将式（17.50）与式（17.25）进行比较，$r_{\mathrm{LL}}^{**} - r_{\mathrm{LL}}^{*} = (b_{\mathrm{L}}^{**} - b_{\mathrm{L}}^{*})/2$，$r_{\mathrm{LL}}^{**} - r_{\mathrm{LL}}^{*} > 0$，政府对制造商实施奖惩机制后回收价提高。根据假设 17.6 中回收量的表达式，$Q_{\mathrm{HH}}^{**} - Q_{\mathrm{HH}}^{*} = r_{\mathrm{HH}}^{**} - r_{\mathrm{HH}}^{*}$，$Q_{\mathrm{HH}}^{**} - Q_{\mathrm{HH}}^{*} > 0$；$Q_{\mathrm{LL}}^{**} - Q_{\mathrm{LL}}^{*} = r_{\mathrm{LL}}^{**} - r_{\mathrm{LL}}^{*}$，$Q_{\mathrm{LL}}^{**} - Q_{\mathrm{LL}}^{*} > 0$，政府对制造商实施奖惩机制后回收量提高。

命题 17.4　政府对制造商实施奖惩机制后特许经营费比无奖惩机制的高。

证明　将式（17.45）与式（17.20）进行比较，$T_{\mathrm{rL}}^{**} - T_{\mathrm{rL}}^{*} = [(b_{\mathrm{L}}^{**} + e_{\mathrm{L}})^2 - (b_{\mathrm{L}}^{*} + e_{\mathrm{L}})^2 + (\phi - w_{\mathrm{L}}^{**} + a/2)^2 - (\phi - w_{\mathrm{L}}^{*} + a/2)^2]/4$，因 $b_{\mathrm{L}}^{**} > b_{\mathrm{L}}^{*}$，$w_{\mathrm{L}}^{**} < w_{\mathrm{L}}^{*}$，所以 $T_{\mathrm{rL}}^{**} - T_{\mathrm{rL}}^{*} > 0$；将式（17.46）与式（17.21）进行比较，$T_{\mathrm{rH}}^{**} - T_{\mathrm{rH}}^{*} = [k(\Delta + 2a)(b_{\mathrm{H}}^{**} + b_{\mathrm{H}}^{*} + 2e_{\mathrm{L}})/(2\Delta + 2a) + (\phi - w_{\mathrm{H}}^{**} + a/2)^2 - (\phi - w_{\mathrm{H}}^{*} + a/2)^2]/4$，因 $w_{\mathrm{H}}^{**} < w_{\mathrm{H}}^{*}$，所以 $T_{\mathrm{rH}}^{**} - T_{\mathrm{rH}}^{*} > 0$，政府对制造商实施奖惩机制后特许经营费提高。

17.4　算例分析

为了清楚地显示奖惩制造商对废旧电子产品回收的影响，本节将为表达式中的参数赋值，$c_{\mathrm{n}} = 60$，$c_{\mathrm{r}} = 45$，$a = 4$，$\phi = 120$，$e_{\mathrm{H}} = 10$，$e_{\mathrm{L}} = 7$，$\pi_{\mathrm{r}}^{\circ} = 400$，$\Delta = c_{\mathrm{n}} - c_{\mathrm{r}}$，$v$ 分别取{0.1、0.2、0.3、0.4、0.5、0.6、0.7、0.8、0.9}，k 分别取{10、20、30、40}，$Q_{\mathrm{o}} = 25$。代入数值后，最优决策结果如表 17.2 所示。

表 17.2　参数 k 和参数 v 对最优决策结果的影响

项目	k	v								
		0.1	0.2	0.3	0.4	0.5	0.6	0.7	0.8	0.9
w_{H}^{**}	10	69.079	69.079	69.079	69.079	69.079	69.079	69.079	69.079	69.079
	20	65.132	65.132	65.132	65.132	65.132	65.132	65.132	65.132	65.132
	30	61.184	61.184	61.184	61.184	61.184	61.184	61.184	61.184	61.184
	40	57.237	57.237	57.237	57.237	57.237	57.237	57.237	57.237	57.237
w_{L}^{**}	10	70.395	70.559	70.771	71.053	71.447	72.039	73.026	75.000	80.921
	20	66.447	66.612	66.823	67.105	67.500	68.092	69.079	71.053	76.974
	30	62.500	62.664	62.876	63.158	63.553	64.145	65.132	67.105	73.026
	40	58.553	58.717	58.929	59.211	59.605	60.197	61.184	63.158	69.079

续表

项目	k	v								
		0.1	0.2	0.3	0.4	0.5	0.6	0.7	0.8	0.9
b_{H}^{**}	10	34.079	34.079	34.079	34.079	34.079	34.079	34.079	34.079	34.079
	20	40.132	40.132	40.132	40.132	40.132	40.132	40.132	40.132	40.132
	30	46.184	46.184	46.184	46.184	46.184	46.184	46.184	46.184	46.184
	40	52.237	52.237	52.237	52.237	52.237	52.237	52.237	52.237	52.237
b_{L}^{**}	10	35.061	34.809	34.485	34.053	33.447	32.539	31.026	28.000	18.921
	20	41.114	40.862	40.538	40.105	39.500	38.592	37.079	34.053	24.974
	30	47.167	46.914	46.590	46.158	45.553	44.645	43.132	40.105	31.026
	40	53.219	52.967	52.643	52.211	51.605	50.697	49.184	46.158	37.079
T_{rH}^{**}	10	708.306	708.684	709.170	709.819	710.727	712.089	714.358	718.898	732.516
	20	950.127	950.505	950.992	951.640	952.548	953.910	956.180	960.719	974.338
	30	1218.056	1218.435	1218.921	1219.570	1220.477	1221.839	1224.109	1228.649	1242.267
	40	1512.094	1512.472	1512.958	1513.607	1514.515	1515.877	1518.146	1522.686	1536.304
T_{rL}^{**}	10	695.816	686.291	674.111	657.988	635.640	602.606	548.856	446.250	177.595
	20	938.014	927.401	913.823	895.834	870.875	833.925	773.648	657.988	350.171
	30	1206.319	1194.619	1179.642	1159.789	1132.218	1091.353	1024.548	895.834	548.856
	40	1500.733	1487.945	1471.569	1449.851	1419.670	1374.888	1301.556	1159.789	773.648
r_{HH}^{**}	10	12.039	12.039	12.039	12.039	12.039	12.039	12.039	12.039	12.039
	20	15.066	15.066	15.066	15.066	15.066	15.066	15.066	15.066	15.066
	30	18.092	18.092	18.092	18.092	18.092	18.092	18.092	18.092	18.092
	40	21.118	21.118	21.118	21.118	21.118	21.118	21.118	21.118	21.118
r_{LL}^{**}	10	14.031	13.905	13.742	13.526	13.224	12.770	12.013	10.50	5.961
	20	17.057	16.931	16.769	16.553	16.250	15.796	15.039	13.526	8.987
	30	20.083	19.957	19.795	19.579	19.276	18.822	18.066	16.553	12.013
	40	23.110	22.984	22.821	22.605	22.303	21.849	21.092	19.579	15.039
p_{HH}^{**}	10	95.539	95.539	95.539	95.539	95.539	95.539	95.539	95.539	95.539
	20	93.566	93.566	93.566	93.566	93.566	93.566	93.566	93.566	93.566
	30	91.592	91.592	91.592	91.592	91.592	91.592	91.592	91.592	91.592
	40	89.618	89.618	89.618	89.618	89.618	89.618	89.618	89.618	89.618

项目	k	v								
		0.1	0.2	0.3	0.4	0.5	0.6	0.7	0.8	0.9
p_{LL}^{**}	10	96.197	96.280	96.385	96.526	96.724	97.020	97.513	98.500	101.461
	20	94.224	94.306	94.412	94.553	94.750	95.046	95.539	96.526	99.487
	30	92.250	92.332	92.438	92.579	92.776	93.072	93.566	94.553	97.513
	40	90.276	90.359	90.464	90.605	90.803	91.099	91.592	92.579	95.539
Q_{HH}^{**}	10	22.039	22.039	22.039	22.039	22.039	22.039	22.039	22.039	22.039
	20	25.066	25.066	25.066	25.066	25.066	25.066	25.066	25.066	25.066
	30	28.092	28.092	28.092	28.092	28.092	28.092	28.092	28.092	28.092
	40	31.118	31.118	31.118	31.118	31.118	31.118	31.118	31.118	31.118
Q_{LL}^{**}	10	21.031	20.905	20.742	20.526	20.224	19.770	19.013	17.500	12.961
	20	24.057	23.931	23.769	23.553	23.250	22.796	22.039	20.526	15.987
	30	27.083	26.957	26.795	26.579	26.276	25.822	25.066	23.553	19.013
	40	30.110	29.984	29.821	29.605	29.303	28.849	28.092	26.579	22.039
$E(\pi_{mH}^{**})$	10	487.454	487.832	488.319	488.967	489.875	491.237	493.507	498.046	511.664
	20	463.901	464.280	464.766	465.414	466.322	467.684	469.954	474.493	488.112
	30	470.612	470.990	471.477	472.125	473.033	474.395	476.664	481.204	494.822
	40	507.586	507.964	508.450	509.099	510.007	511.368	513.638	518.178	531.796
$E(\pi_{mL}^{**})$	10	488.023	487.954	487.789	487.434	486.678	484.975	480.625	466.250	377.73
	20	464.470	464.402	464.237	463.882	463.125	461.423	457.072	442.697	354.178
	30	471.181	471.112	470.947	470.592	469.836	468.133	463.783	449.408	360.888
	40	508.154	508.086	507.921	507.566	506.809	505.107	500.757	486.382	397.862
$E(\pi_{rHH}^{**})$	10	452.592	452.214	451.727	451.079	450.171	448.809	446.539	442.000	428.382
	20	461.671	461.293	460.806	460.158	459.250	457.888	455.618	451.079	437.461
	30	470.750	470.372	469.885	469.237	468.329	466.967	464.697	460.158	446.539
	40	479.829	479.451	478.964	478.316	477.408	476.046	473.776	469.237	455.618
$E(\pi_{rLL}^{**})$	10	400.000	400.000	400.000	400.000	400.000	400.000	400.000	400.000	400.000
	20	400.000	400.000	400.000	400.000	400.000	400.000	400.000	400.000	400.000
	30	400.000	400.000	400.000	400.000	400.000	400.000	400.000	400.000	400.000
	40	400.000	400.000	400.000	400.000	400.000	400.000	400.000	400.000	400.000

对表 17.2 进行分析得出如下结论：

（1）批发价 w_H^{**} 和 w_L^{**}，零售价 p_{HH}^{**} 和 p_{LL}^{**}，随奖惩力度 k 的增大而减小，如图 17.3 和图 17.4 所示。从最优决策结果的表达式中也可以证明，在式（17.41）中，w_H^{**} 对 k 求导得 $\mathrm{d}w_H^{**}/\mathrm{d}k = -\Delta/(2\Delta+2a)$，$\mathrm{d}w_H^{**}/\mathrm{d}k < 0$，在式（17.42）中，$w_L^{**}$ 对 k 求偏导数得 $\partial w_L^{**}/\partial k = -\Delta/(2\Delta+2a)$，$\partial w_L^{**}/\partial k < 0$，在式（17.47）中，$\mathrm{d}p_{HH}^{**}/\mathrm{d}k = -\Delta/(2\Delta+2a)$，$\mathrm{d}p_{HH}^{**}/\mathrm{d}k < 0$，在式（17.48）中，$\partial p_{LL}^{**}/\partial k = -\Delta/(2\Delta+2a)$，$\partial p_{LL}^{**}/\partial k < 0$。再与表 17.1 比较可以发现，$w_H^{**} < w_H^{*}$，$w_L^{**} < w_L^{*}$，$p_{HH}^{**} < p_{HH}^{*}$，$p_{LL}^{**} < p_{LL}^{*}$。当政府对制造商实施奖惩机制后批发价和零售价都会随奖惩力度的增大而减小，并且比无奖惩机制下的低。零售价的降低对消费者有利，扩大了产品的市场需求。因此，实施奖惩机制降低了产品的零售价，让更多的消费者从中受益。

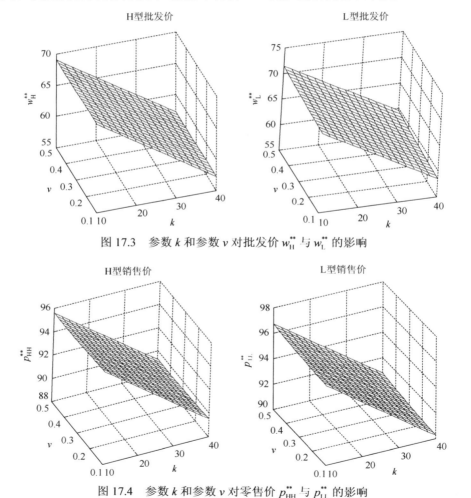

图 17.3　参数 k 和参数 v 对批发价 w_H^{**} 与 w_L^{**} 的影响

图 17.4　参数 k 和参数 v 对零售价 p_{HH}^{**} 与 p_{LL}^{**} 的影响

（2）回购价 b_H^{**} 和 b_L^{**}，回收价 r_{HH}^{**} 和 r_{LL}^{**}，回收量 Q_{HH}^{**} 和 Q_{LL}^{**} 都随奖惩力度 k 的增大而增大，如图 17.5、图 17.6 和图 17.7 所示。利用最优决策结果的表达式进行证明，在式（17.43）中，b_H^{**} 对 k 求导得 $db_H^{**}/dk=(\Delta+2a)/(2\Delta+2a)$，$db_H^{**}/dk>0$，在式（17.44）中，$b_L^{**}$ 对 k 求偏导数得 $\partial b_L^{**}/\partial k=(\Delta+2a)/(2\Delta+2a)$，$\partial b_L^{**}/\partial k>0$，所以回购价关于奖惩力度是递增的。从式（17.49）和式（17.50）可以看出，回收价是关于回购价的函数，在假设 17.6 中回收量是关于回收价的函数，所以在奖惩力度变化过程中，回收价和回收量与回购价同增同减。与表 17.1 对比发现，$b_H^{**}>b_H^{*}$，$b_L^{**}>b_L^{*}$，$r_{HH}^{**}>r_{HH}^{*}$，$r_{LL}^{**}>r_{LL}^{*}$，$Q_{HH}^{**}>Q_{HH}^{*}$，$Q_{LL}^{**}>Q_{LL}^{*}$。政府对制造商实施奖惩机制后，制造商的回购价、回收价和回收量均比无奖惩机制下的高。当政府对制造商实施奖惩机制时，制造商提高了废旧电子产品的回购价，零售商提高了回收价，从而促进了回收量的提高，有效地引导了废旧电子产品的回收。

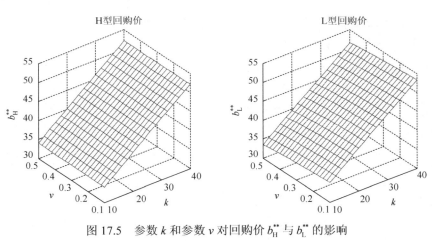

图 17.5　参数 k 和参数 v 对回购价 b_H^{**} 与 b_L^{**} 的影响

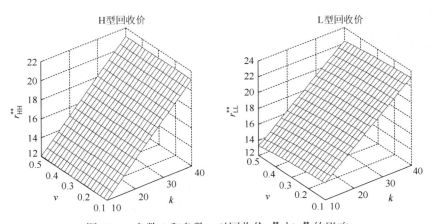

图 17.6　参数 k 和参数 v 对回收价 r_{HH}^{**} 与 r_{LL}^{**} 的影响

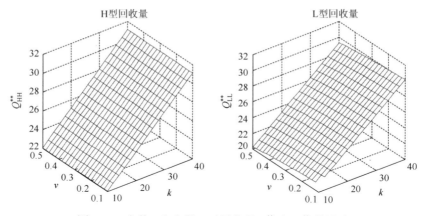

图 17.7　参数 k 和参数 v 对回收量 Q_{HH}^{**} 与 Q_{LL}^{**} 的影响

（3）特许经营费 T_{rH}^{**} 和 T_{rL}^{**} 随奖惩力度 k 的增大而增大，如图 17.8 所示。T_{rL}^{**} 对 k 求偏导数得 $\partial T_{rL}^{**} / \partial k = [(b_L^{**} + e_L)(\Delta + 2a) + \Delta(\phi - w_L^{**} + a/2)] / (4\Delta + 4a)$，$\partial T_{rL}^{**} / \partial k > 0$；$T_{rH}^{**}$ 对 k 求偏导数得 $\partial T_{rH}^{**} / \partial k = [(b_H^{**} + e_L)(\Delta + 2a) + \Delta(\phi - w_H^{**} + a/2)] / (4\Delta + 4a)$，$\partial T_{rH}^{**} / \partial k > 0$，特许经营费 T_{rH}^{**} 和 T_{rL}^{**} 关于 k 递增。与表 17.1 比较发现 $T_{rL}^{**} > T_{rL}^*$，$T_{rH}^{**} > T_{rH}^*$。政府对制造商实施奖惩机制后，其向零售商收取的特许经营费比无奖惩机制下的费用高。制造商在奖惩机制的作用下，提供较高的回购价，同时要实现自身利益的最大化，相应地提高了特许经营费。

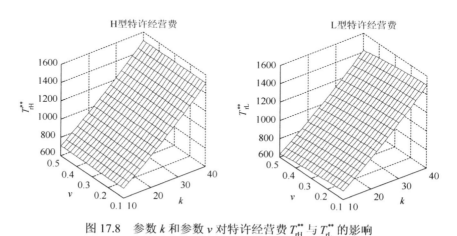

图 17.8　参数 k 和参数 v 对特许经营费 T_{rH}^{**} 与 T_{rL}^{**} 的影响

（4）制造商的期望利润 $E(\pi_{mH}^{**})$ 和 $E(\pi_{mL}^{**})$ 随奖惩力度的增大先减小后增大，如图 17.9 所示，零售商的期望利润 $E(\pi_{rHH}^{**})$ 随奖惩力度的增大而增大，$E(\pi_{rLL}^{**})$ 不受奖惩力度的影响，如图 17.10 所示。由于受奖惩机制的影响，当奖惩力度较小时回收量低于目标回收量受到惩罚，制造商期望利润减少，随着奖惩力度增大，当回收量大于目标回收量时受到奖励，制造商期望利润增加。由于制造商提供较高的回购价，H 型回收努力程度零售商的期望利润 $E(\pi_{rHH}^{**})$ 随奖惩力度的增大而增大；但是为了实现自身利益的最大化而不让 L 型回收努力程度零售商获得更多利润，只让其获得保留利润。与表 17.1 比较可以发现 $E(\pi_{mH}^{**}) < E(\pi_{mH}^{*})$，$E(\pi_{mL}^{**}) < E(\pi_{mL}^{*})$，$E(\pi_{rHH}^{**}) > E(\pi_{rHH}^{*})$，$E(\pi_{rLL}^{**}) = E(\pi_{rLL}^{*})$。在制造商主导的闭环供应链中，当政府实施奖惩机制时制造商的期望利润对奖惩力度较敏感，出现了先降低后增加的现象，在增加的过程中当奖惩力度达到一定值后制造商的期望利润会高于无奖惩机制时的期望利润。零售商是受制造商委托回收的，只要实施奖惩机制，H 型回收努力程度零售商的期望利润就会增大并高于无奖惩机制时的期望利润；L 型回收努力程度零售商期望利润不变，所以有无奖惩机制对 L 型回收努力程度零售商而言期望利润只能是保留利润。

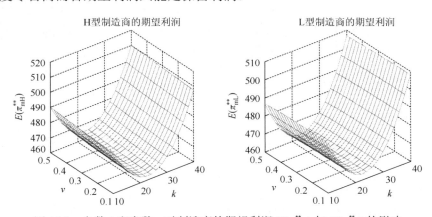

图 17.9　参数 k 和参数 v 对制造商的期望利润 $E(\pi_{mH}^{**})$ 与 $E(\pi_{mL}^{**})$ 的影响

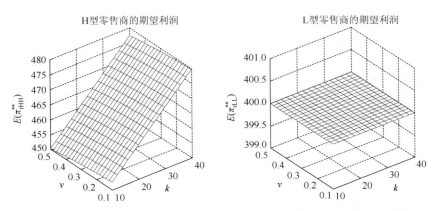

图 17.10　参数 k 和参数 v 对零售商的期望利润 $E(\pi_{rHH}^{**})$ 与 $E(\pi_{rLL}^{**})$ 的影响

17.5　结　　语

本章研究了零售商负责回收的闭环供应链，利用委托代理理论分别建立了无奖惩机制模型、政府对制造商实施奖惩机制模型，利用信息甄别的方式设计契约，通过模型求解得到了最优契约参数。通过数值仿真，将各个模型下的最优决策结果比较得出如下结论。

（1）最优决策结果对概率 v 的敏感度分析：

①H 型批发价、H 型零售价与概率 v 不相关，L 型批发价随概率 v 的增大而增大，L 型零售价随概率 v 的增大而减小，H 型批发价、H 型零售价均比 L 型的低。零售商高努力程度回收废旧电子产品对消费者更有利。

②H 型回购价、H 型回收价和 H 型回收量与概率 v 不相关，L 型回购价、L 型回收价和 L 型回收量随概率 v 的增大而减小，L 型回收价随概率 v 的增大而增大。H 型的回购价、H 型回收价均比 L 型的低，H 型回收量比 L 型的高。H 型回收努力程度的零售商能够以较低的回收价回收较多的废旧电子产品。

③H 型特许经营费随概率 v 的增大而减小，H 型制造商期望利润随概率 v 的增大而增大，L 型特许经营费随概率 v 的增大而增大，L 型制造商期望利润随概率 v 的增大而减小。H 型特许经营费比 L 型的低，低回收努力程度的零售商需要交较多的特许经营费。在概率 v 较小时，H 型制造商期望利润低于 L 型制造商期望利润，随着概率 v 的增大，H 型制造商期望利润增大并将超过 L 型制造商期望利润。

④H 型零售商期望利润随概率 v 的增大而减小，L 型零售商期望利润与概率 v 不相关。L 型零售商只能获得保留利润，H 型零售商则可以获得较多的期望利润。

（2）最优决策结果对奖惩力度 k 的敏感度分析：

①当政府对制造商实施奖惩机制时，H 型与 L 型的批发价、零售价均随奖惩力度的增大而减小。H 型的批发价低于 L 型的批发价，H 型的零售价低于 L 型的零售价，零售商用高努力程度回收对消费者更有利。

②政府对制造商实施奖惩机制时 H 型与 L 型的回购价、回收价和回收量，都随奖惩力度的增大而增大。H 型的回购价与回收价比 L 型的低，H 型的回购量比 L 型的高。高回收努力程度的零售商可以用较低的回收价回收较多的废旧电子产品，而制造商也只需提供较低的回购价。

③政府对制造商实施奖惩机制后 H 型与 L 型的特许经营费均随奖惩力度的增大而增大，H 型的特许经营费比 L 型的高。

④政府对制造商实施奖惩机制时，H 型零售商期望利润随奖惩力度的增大而

增大，L 型零售商期望利润是保留利润。制造商的期望利润随奖惩力度的增大先减小后增大。因奖惩力度小，回收量低于目标回收量受到惩罚，期望利润降低；随奖惩力度的增大，回收量超过目标回收量时受到奖励，期望利润增加。

政府实施奖惩机制与无奖惩机制相比，实施奖惩机制后批发价、零售价降低，回购价、回收价、回收量、特许经营费和 H 型回收努力程度零售商的期望利润提高。制造商的期望利润先比无奖惩机制时低，在奖惩力度增大的过程中会逐步超过它。然而，不管是否实施奖惩机制 L 型回收努力程度零售商只能获得保留利润。

第 18 章　零售商与第三方回收商竞争回收的闭环供应链奖惩机制研究

在第 17 章讨论了零售商负责回收的决策模型，是由制造商委托单一代理方负责废旧电子产品的回收。如果制造商委托零售商与第三方回收商共同回收废旧电子产品，采用双回收渠道竞争回收，那么对闭环供应链管理研究有哪些启示？本章将在第 16 章和第 17 章的基础上建立零售商与第三方回收商竞争回收废旧电子产品的闭环供应链决策模型。在回购过程中零售商与第三方回收商的回收努力程度信息是他们的私人信息，制造商是不知道的，但是知道概率分布，因此存在信息不对称的问题。18.1 节是符号说明和基本假设。18.2 节将在不考虑政府参与的前提下，应用委托代理理论和信息甄别方式建立模型，分析竞争替代程度对回收与销售过程中的价格、回收量及各个参与者的期望利润的影响。18.3 节将在 18.2 节的基础上添加政府对制造商实施奖惩机制，制造商作为闭环供应链的主导者，委托零售商与代理商负责回收，政府参与目的是通过引导作用提高废旧电子产品的回收量，实现资源的循环利用，减少环境的污染。18.4 节将零售商与第三方回收商分别单独回收模型与竞争回收模型进行比较。18.5 节是对本章内容的总结。

18.1　符号说明和基本假设

18.1.1　符号说明

本章将零售商和第三方回收商的回收努力程度分为高低两种类型，下标带 H 符号的表示与高回收努力程度相关的参数，下标带 L 符号的表示与低回收努力程度相关的参数，具体的参数说明如下。

c_n：制造商采用新材料生产新产品的单位成本；

c_r：制造商使用 WEEE 生产产品的单位成本；

Δ：再制造时节省的单位生产成本，$\Delta = c_n - c_r$；

ε：竞争替代系数，表示零售商与第三方回收商回收时的竞争替代程度，$\varepsilon \in (0,1)$；

e_i：零售商的回收努力程度，$i \in \{H,L\}$，e_H 为高回收努力程度，e_L 为低回收努力程度，且 $e_H > e_L$；

e_s：第三方回收商的回收努力程度，$s \in \{H,L\}$，e_H 为高回收努力程度，e_L 为低回收努力程度，且 $e_H > e_L$；

$\bar{r}_{rij}$：表示零售商在 i 类型回收努力程度下选择 j 类型契约时从消费者手中回收废旧电子产品的回收价，$i \in \{H,L\}$，$j \in \{H,L\}$；

$\bar{r}_{tsl}$：表示第三方回收商在 s 类型回收努力程度下选择 l 类型契约时从消费者手中回收废旧电子产品的回收价，$s \in \{H,L\}$，$l \in \{H,L\}$；

$\bar{b}_j$：表示零售商选择 j 类型契约时废旧电子产品的回购价，$j \in \{H,L\}$；

$\bar{b}_l$：表示第三方回收商选择 l 类型契约时废旧电子产品的回购价，$l \in \{H,L\}$；

$\bar{w}_j$：表示零售商选择 j 类型契约时新制造产品与再制造产品的批发价，$j \in \{H,L\}$；

$\bar{p}_{ij}$：表示 i 类型回收努力程度的零售商在选择 j 类型契约时将产成品销售给消费者的零售价，$i \in \{H,L\}$，$j \in \{H,L\}$；

$\bar{T}_{rj}$：表示零售商选择 j 类型契约时制造商向零售商收取的特许经营费，$j \in \{H,L\}$；

$\bar{T}_{tl}$：表示第三方回收商选择 l 类型契约时制造商向第三方回收商收取的特许经营费，$l \in \{H,L\}$；

v：表示零售商、第三方回收商的回收努力程度为 H 类型的概率。

$\bar{Q}_{rits}$：表示 i 类型回收努力程度的零售商选择 i 类型契约，s 类型回收努力程度的第三方回收商选择 s 类型契约时零售商的废旧电子产品回收量，$i \in \{H,L\}$，$s \in \{H,L\}$；

$\bar{Q}_{tsri}$：表示 s 类型回收努力程度的第三方回收商选择 s 类型契约，i 类型回收努力程度的零售商选择 i 类型契约时第三方回收商的废旧电子产品回收量，$s \in \{H,L\}$，$i \in \{H,L\}$；

$E(\bar{\pi}_{mij})$：表示第三方回收商选择 i 类型契约，零售商选择 j 类型契约时制造商的期望利润，$i \in \{H,L\}$，$j \in \{H,L\}$；

$E(\bar{\pi}_{rij})$：表示零售商在 i 类型回收努力程度下选择 j 类型契约时的期望利润，$i \in \{H,L\}$，$j \in \{H,L\}$；

$E(\bar{\pi}_{tsl})$：表示第三方回收商在 s 类型回收努力程度下选择 l 类型契约时的期望利润，$s \in \{H,L\}$，$l \in \{H,L\}$；

$\bar{\pi}_r^o$：零售商保留利润，是无契约时零售商可获得的最大利润；

$\bar{\pi}_t^o$：第三方回收商保留利润，是无契约时第三方回收商可获得的最大利润；

　　k：政府设计的奖惩机制中的奖惩力度；

　　$\bar{Q}_0$：政府设计的奖惩机制中的目标回收量；

文中带*的符号表示在该情形下的最优决策结果。

18.1.2　基本假设

　　假设 18.1　再制造产品与新制造产品是无差异的。

　　假设 18.2　$c_r < c_n$，并且所有回收的废旧电子产品再制造时的单位生产成本相同，都是 c_r。

　　假设 18.3　在生产的过程中先用回收的废旧电子产品进行再制造，生产的再制造产品仍不能满足市场需求时使用新原料生产新制造产品，市场需求全部得到满足不存在缺货现象，所有回收的废旧电子产品均可以再制造。

　　假设 18.4　制造商、零售商和第三方回收商都是风险中性的，目标是实现自身利益的最大化。

　　假设 18.5　再制造产品与新制造产品的市场需求函数为 $D = \phi - \bar{p}_{ij} + \theta$。

　　ϕ 表示再制造产品与新制造产品的市场总容量，$\bar{p}_{ij}$ 表示产品的市场零售价，θ 为随机变量，概率密度函数为 $f(\cdot)$，概率分布函数为 $F(\cdot)$。本书假设随机变量 θ 服从 $U(0,a)$ 的均匀分布 $(a > 0)$，则概率密度函数表示为

$$f(x) = \begin{cases} \dfrac{1}{a}, & x \in (0,a) \\ 0, & \text{其他} \end{cases}$$

　　假设 18.6　零售商回收废旧电子产品的回收量函数为 $\bar{Q}_{rij} = e_i + \bar{r}_{rij} - \varepsilon \bar{r}_{tsl}$，第三方回收商回收废旧电子产品的回收量函数为 $\bar{Q}_{tsl} = e_s + \bar{r}_{tsl} - \varepsilon \bar{r}_{rij}$。

18.2　决 策 模 型

18.2.1　无政府奖惩机制的闭环供应链模型

　　本节构建的闭环供应链主要由制造商、零售商、第三方回收商和消费者组成，如图 18.1 所示。整个闭环供应链由制造商主导，其委托零售商和第三方回收商共同回收废旧电子产品。第三方回收商以回收价 $\bar{r}_{tsl}$ 从消费者手中回收废旧电子产品，制造商以回购价 $\bar{b}_l$ 将废旧电子产品回购。零售商以回收价 $\bar{r}_{rij}$ 从消费者手中回收废旧电子产品，制造商以回购价 $\bar{b}_j$ 将废旧电子产品回购。制造商经过生产再制造以批发价 $\bar{w}_j$ 将新制造与再制造产品批发给零售商，零售商以零售

价 $\bar{p}_{ij}$ 在市场中销售。第三方回收商和零售商的回收努力程度信息是其私人信息，制造商是不知道的，因此回收努力程度信息成了不对称信息。利用信息甄别的方式将回收努力程度信息分为 H 型回收努力程度（高回收努力程度）和 L 型回收努力程度（低回收努力程度）两种，具体甄别过程如下：①制造商依据回收努力程度高低分布的概率，设计两组甄别契约供第三方回收商和零售商选择；②第三方回收商和零售商分别决定是否接受契约，如果接受契约又该选择哪一份契约；③制造商根据第三方回收商及零售商的选择对他们的回收努力程度进行判断。

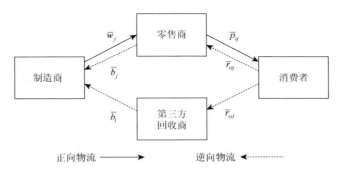

图 18.1　由制造商、零售商、第三方回收商和消费者组成的闭环供应链

1. 模型建立

本节所建立的闭环供应链中包含了两个代理回收方，制造商在对不同代理回收方进行信息甄别时需要设计不同的契约。制造商对零售商进行信息甄别时设计契约 $\{\bar{G}_{\mathrm{rH}}(\bar{b}_{\mathrm{H}}, \bar{w}_{\mathrm{H}}, \bar{T}_{\mathrm{rH}}), \bar{G}_{\mathrm{rL}}(\bar{b}_{\mathrm{L}}, \bar{w}_{\mathrm{L}}, \bar{T}_{\mathrm{rL}})\}$ 包含了回购价、批发价和特许经营费。制造商对第三方回收商进行信息甄别时设计契约 $\{\bar{G}_{\mathrm{tH}}(\bar{b}_{\mathrm{H}}, \bar{T}_{\mathrm{tH}}), \bar{G}_{\mathrm{tL}}(\bar{b}_{\mathrm{L}}, \bar{T}_{\mathrm{tL}})\}$ 包含了回购价和特许经营费。根据零售商和第三方回收商对契约的选择建立模型如下。

当 H 型回收努力程度的第三方回收商选择契约 $\bar{G}_{\mathrm{tH}}$，H 型回收努力程度的零售商选择契约 $\bar{G}_{\mathrm{rH}}$ 时，制造商的期望利润函数表示为

$$
\begin{aligned}
E(\bar{\pi}_{\mathrm{mHH}}) = & \int_0^{z_{\mathrm{HH}}} (\phi - \bar{p}_{\mathrm{HH}} + x)(\bar{w}_{\mathrm{H}} - c_{\mathrm{r}}) f(x)\mathrm{d}x \\
& + \int_{z_{\mathrm{HH}}}^a (\phi - \bar{p}_{\mathrm{HH}} + x)(\bar{w}_{\mathrm{H}} - c_{\mathrm{n}}) f(x)\mathrm{d}x \\
& + \Delta \int_{z_{\mathrm{HH}}}^a [e_{\mathrm{H}} + e_{\mathrm{H}} + (1-\varepsilon)(\bar{r}_{\mathrm{tHH}} + \bar{r}_{\mathrm{rHH}})] f(x)\mathrm{d}x \\
& - \bar{b}_{\mathrm{H}}(e_{\mathrm{H}} + \bar{r}_{\mathrm{tHH}} - \varepsilon\bar{r}_{\mathrm{rHH}}) - \bar{b}_{\mathrm{H}}(e_{\mathrm{H}} + \bar{r}_{\mathrm{rHH}} - \varepsilon\bar{r}_{\mathrm{tHH}}) + \bar{T}_{\mathrm{tH}} + \bar{T}_{\mathrm{rH}} \quad (18.1)
\end{aligned}
$$

其中，$z_{\mathrm{HH}} = e_{\mathrm{H}} + e_{\mathrm{H}} + (1-\varepsilon)(\bar{r}_{\mathrm{tHH}} + \bar{r}_{\mathrm{rHH}}) - \phi + \bar{p}_{\mathrm{HH}}$，当 $0 < x \leqslant z_{\mathrm{HH}}$ 时，废旧电子产品

的回收量高于产成品的市场需求量，用再制造产品满足市场需求；当 $z_{HH} < x < a$ 时，市场需求大于废旧电子产品的回收量，需要用再制造产品和新制造产品满足市场需求。

当 H 型回收努力程度的第三方回收商选择契约 $\bar{G}_{tH}$，L 型回收努力程度的零售商选择契约 $\bar{G}_{rL}$ 时，制造商的期望利润函数表示为

$$
\begin{aligned}
E(\bar{\pi}_{mHL}) = &\int_0^{z_{HL}} (\phi - \bar{p}_{LL} + x)(\bar{w}_L - c_r) f(x) dx \\
&+ \int_{z_{HL}}^a (\phi - \bar{p}_{LL} + x)(\bar{w}_L - c_n) f(x) dx \\
&+ \Delta \int_{z_{HL}}^a [e_H + e_L + (1-\varepsilon)(\bar{r}_{tHH} + \bar{r}_{rLL})] f(x) dx \\
&- \bar{b}_H(e_H + \bar{r}_{tHH} - \varepsilon \bar{r}_{rLL}) - \bar{b}_L(e_L + \bar{r}_{rLL} - \varepsilon \bar{r}_{tHH}) + \bar{T}_{tH} + \bar{T}_{rL}
\end{aligned} \quad (18.2)
$$

其中，$z_{HL} = e_H + e_L + (1-\varepsilon)(\bar{r}_{tHH} + \bar{r}_{rLL}) - \phi + \bar{p}_{LL}$，当 $0 < x \leqslant z_{HL}$ 时，废旧电子产品的回收量高于产成品的市场需求量，用再制造产品满足市场需求；当 $z_{HL} < x < a$ 时，市场需求大于废旧电子产品的回收量，需要用再制造产品和新制造产品满足市场需求。

当 L 型回收努力程度的第三方回收商选择契约 $\bar{G}_{tL}$，H 型回收努力程度的零售商选择契约 $\bar{G}_{rH}$ 时，制造商的期望利润函数表示为

$$
\begin{aligned}
E(\bar{\pi}_{mLH}) = &\int_0^{z_{LH}} (\phi - \bar{p}_{HH} + x)(\bar{w}_H - c_r) f(x) dx \\
&+ \int_{z_{LH}}^a (\phi - \bar{p}_{HH} + x)(\bar{w}_H - c_n) f(x) dx \\
&+ \Delta \int_{z_{LH}}^a [e_L + e_H + (1-\varepsilon)(\bar{r}_{tLL} + \bar{r}_{rHH})] f(x) dx \\
&- \bar{b}_L(e_L + \bar{r}_{tLL} - \varepsilon \bar{r}_{rHH}) - \bar{b}_H(e_H + \bar{r}_{rHH} - \varepsilon \bar{r}_{tLL}) + \bar{T}_{tL} + \bar{T}_{rH}
\end{aligned} \quad (18.3)
$$

其中，$z_{LH} = e_L + e_H + (1-\varepsilon)(\bar{r}_{tLL} + \bar{r}_{rHH}) - \phi + \bar{p}_{HH}$，当 $0 < x \leqslant z_{LH}$ 时，废旧电子产品的回收量高于产成品的市场需求量，用再制造产品满足市场需求；当 $z_{LH} < x < a$ 时，市场需求大于废旧电子产品的回收量，需要用再制造产品和新制造产品满足市场需求。

当 L 型回收努力程度的第三方回收商选择契约 $\bar{G}_{tL}$，L 型回收努力程度的零售商选择契约 $\bar{G}_{rL}$ 时，制造商的期望利润函数表示为

$$
\begin{aligned}
E(\bar{\pi}_{mLL}) = &\int_0^{z_{LL}} (\phi - \bar{p}_{LL} + x)(\bar{w}_L - c_r) f(x) dx \\
&+ \int_{z_{LL}}^a (\phi - \bar{p}_{LL} + x)(\bar{w}_L - c_n) f(x) dx \\
&+ \Delta \int_{z_{LL}}^a [e_L + e_L + (1-\varepsilon)(\bar{r}_{tLL} + \bar{r}_{rLL})] f(x) dx \\
&- \bar{b}_L(e_L + \bar{r}_{tLL} - \varepsilon \bar{r}_{rLL}) - \bar{b}_L(e_L + \bar{r}_{rLL} - \varepsilon \bar{r}_{tLL}) + \bar{T}_{tL} + \bar{T}_{rL}
\end{aligned} \quad (18.4)
$$

其中，$z_{LL} = e_L + e_L + (1-\varepsilon)(\bar{r}_{tLL} + \bar{r}_{rLL}) - \phi + \bar{p}_{LL}$，当 $0 < x \leqslant z_{LL}$ 时，废旧电子产品的回收量高于产成品的市场需求量，用再制造产品满足市场需求；当 $z_{LL} < x < a$ 时，市场需求大于废旧电子产品的回收量，需要用再制造产品和新制造产品满足市场需求。

当 H 型回收努力程度的第三方回收商选择契约 $\bar{G}_{tH}$ 时的期望利润函数表达式为

$$E(\bar{\pi}_{tHH}) = (\bar{b}_H - \bar{r}_{tHH})\{e_H + \bar{r}_{tHH} - \varepsilon[v\bar{r}_{tHH} + (1-v)\bar{r}_{tLL}]\} - e_H^2/4 - \bar{T}_{tH} \quad (18.5)$$

当 H 型回收努力程度的第三方回收商选择契约 $\bar{G}_{tL}$ 时的期望利润函数表达式为

$$E(\bar{\pi}_{tHL}) = (\bar{b}_L - \bar{r}_{tHL})\{e_H + \bar{r}_{tHL} - \varepsilon[v\bar{r}_{tHH} + (1-v)\bar{r}_{tLL}]\} - e_H^2/4 - \bar{T}_{tL} \quad (18.6)$$

当 L 型回收努力程度的第三方回收商选择契约 $\bar{G}_{tL}$ 时的期望利润函数表达式为

$$E(\bar{\pi}_{tLL}) = (\bar{b}_L - \bar{r}_{tLL})\{e_L + \bar{r}_{tLL} - \varepsilon[v\bar{r}_{tHH} + (1-v)\bar{r}_{tLL}]\} - e_L^2/4 - \bar{T}_{tL} \quad (18.7)$$

当 L 型回收努力程度的第三方回收商选择契约 $\bar{G}_{tH}$ 时的期望利润函数表达式为

$$E(\bar{\pi}_{tLH}) = (\bar{b}_H - \bar{r}_{tLH})\{e_L + \bar{r}_{tLH} - \varepsilon[v\bar{r}_{tHH} + (1-v)\bar{r}_{tLL}]\} - e_L^2/4 - \bar{T}_{tH} \quad (18.8)$$

当 H 型回收努力程度的零售商选择契约 $\bar{G}_{rH}$ 时的期望利润函数表达式为

$$E(\bar{\pi}_{rHH}) = (\bar{b}_H - \bar{r}_{rHH})\{e_H + \bar{r}_{rHH} - \varepsilon[v\bar{r}_{tHH} + (1-v)\bar{r}_{tLL}]\} - e_H^2/4$$
$$+ (\bar{p}_{HH} - \bar{w}_H)\int_0^a (\phi - \bar{p}_{HH} + x)f(x)\mathrm{d}x - \bar{T}_{rH} \quad (18.9)$$

当 H 型回收努力程度的零售商选择契约 $\bar{G}_{rL}$ 时的期望利润函数表达式为

$$E(\bar{\pi}_{rHL}) = (\bar{b}_L - \bar{r}_{rHL})\{e_H + \bar{r}_{rHL} - \varepsilon[v\bar{r}_{tHH} + (1-v)\bar{r}_{tLL}]\} - e_H^2/4$$
$$+ (\bar{p}_{HL} - \bar{w}_L)\int_0^a (\phi - \bar{p}_{HL} + x)f(x)\mathrm{d}x - \bar{T}_{rL} \quad (18.10)$$

当 L 型回收努力程度的零售商选择契约 $\bar{G}_{rL}$ 时的期望利润函数表达式为

$$E(\bar{\pi}_{rLL}) = (\bar{b}_L - \bar{r}_{rLL})\{e_L + \bar{r}_{rLL} - \varepsilon[v\bar{r}_{tHH} + (1-v)\bar{r}_{tLL}]\} - e_L^2/4$$
$$+ (\bar{p}_{LL} - \bar{w}_L)\int_0^a (\phi - \bar{p}_{LL} + x)f(x)\mathrm{d}x - \bar{T}_{rL} \quad (18.11)$$

当 L 型回收努力程度的零售商选择契约 $\bar{G}_{rH}$ 时的期望利润函数表达式为

$$E(\bar{\pi}_{rLH}) = (\bar{b}_H - \bar{r}_{rLH})\{e_L + \bar{r}_{rLH} - \varepsilon[v\bar{r}_{tHH} + (1-v)\bar{r}_{tLL}]\} - e_L^2/4$$
$$+ (\bar{p}_{LH} - \bar{w}_H)\int_0^a (\phi - \bar{p}_{LH} + x)f(x)\mathrm{d}x - \bar{T}_{rH} \quad (18.12)$$

随机需求环境下第三方回收商与零售商回收努力程度信息不对称时无政府奖惩机制的决策模型如下：

$$\max \quad E(\bar{\pi}_m) = v^2 E(\bar{\pi}_{mHH}) + v(1-v)E(\bar{\pi}_{mHL})$$
$$+ (1-v)vE(\bar{\pi}_{mLH}) + (1-v)^2 E(\bar{\pi}_{mLL}) \quad (18.13)$$

s.t.

$$\bar{r}_{tHH}^* = \arg\max E(\bar{\pi}_{tHH}) \quad (18.14)$$

$$\bar{r}_{tLL}^* = \arg\max E(\bar{\pi}_{tLL}) \quad (18.15)$$

$$\overline{r}_{\text{rHH}}^{*} = \arg\max E(\overline{\pi}_{\text{rHH}}) \tag{18.16}$$

$$\overline{r}_{\text{rLL}}^{*} = \arg\max E(\overline{\pi}_{\text{rLL}}) \tag{18.17}$$

$$\overline{p}_{\text{HH}}^{*} = \arg\max E(\overline{\pi}_{\text{rHH}}) \tag{18.18}$$

$$\overline{p}_{\text{LL}}^{*} = \arg\max E(\overline{\pi}_{\text{rLL}}) \tag{18.19}$$

$$E(\overline{\pi}_{\text{tHH}}) \geqslant \overline{\pi}_{\text{t}}^{\circ} \tag{18.20}$$

$$E(\overline{\pi}_{\text{tLL}}) \geqslant \overline{\pi}_{\text{t}}^{\circ} \tag{18.21}$$

$$E(\overline{\pi}_{\text{rHH}}) \geqslant \overline{\pi}_{\text{r}}^{\circ} \tag{18.22}$$

$$E(\overline{\pi}_{\text{rLL}}) \geqslant \overline{\pi}_{\text{r}}^{\circ} \tag{18.23}$$

$$E(\overline{\pi}_{\text{tHH}}) \geqslant E(\overline{\pi}_{\text{tHL}}) \tag{18.24}$$

$$E(\overline{\pi}_{\text{tLL}}) \geqslant E(\overline{\pi}_{\text{tLH}}) \tag{18.25}$$

$$E(\overline{\pi}_{\text{rHH}}) \geqslant E(\overline{\pi}_{\text{rHL}}) \tag{18.26}$$

$$E(\overline{\pi}_{\text{rLL}}) \geqslant E(\overline{\pi}_{\text{rLH}}) \tag{18.27}$$

式（18.20）～式（18.23）是参与约束，第三方回收商和零售商在接受契约后的期望利润不低于无契约时的最大利润，从而使第三方回收商和零售商选择接受契约。式（18.24）～式（18.27）是激励相容约束，第三方回收商和零售商只有选择与自己回收努力程度类型相同的契约才能获得最大利润，若选择不同类型的契约会造成利润减少，从而避免第三方回收商和零售商谎报信息。

因为模型中约束条件较多，算式复杂，难以计算解析解。这里将借助 MATLAB 软件进行数值仿真，通过为相关参数赋值，得出数值解，然后进行分析。

2. 模型数值仿真

为相关参数赋值如下：$c_{\text{n}} = 60$，$c_{\text{r}} = 45$，$a = 4$，$\phi = 120$，$e_{\text{H}} = 10$，$e_{\text{L}} = 7$，$\overline{\pi}_{\text{r}}^{\circ} = 300$，$\overline{\pi}_{\text{t}}^{\circ} = 60$，$\Delta = c_{\text{n}} - c_{\text{r}}$，$v$ 分别取 0.1、0.2、0.3、0.4、0.5，ε 分别取 0.1、0.2、0.3、0.4、0.5。当概率 v 和竞争替代系数 ε 分别取不同值时：

（1）在概率 v 增大的过程中，当 $\varepsilon < 0.5$ 时回购价 $\overline{b}_{\text{H}}^{*}$ 随概率 v 的增大而增大，当 $\varepsilon = 0.5$ 时回购价 $\overline{b}_{\text{H}}^{*}$ 随概率 v 的增大而减小；回购价 $\overline{b}_{\text{L}}^{*}$ 随概率 v 的增大而减小；$\overline{b}_{\text{H}}^{*}$ 和 $\overline{b}_{\text{L}}^{*}$ 都随着竞争替代系数 ε 的增大而减小，如图 18.2 所示。对于 H 型回收努力程度出现的概率 v 增大时制造商提供的回购价 $\overline{b}_{\text{H}}^{*}$ 并不是完全地随之增大，而在竞争替代系数 ε 达到 0.5 时出现了相反的情况，说明当回收竞争达到一定程度后，即使概率 v 增大，制造商仍会采取降低回购价的措施。

（2）批发价 $\overline{w}_{\text{H}}^{*}$、$\overline{w}_{\text{L}}^{*}$ 和零售价 $\overline{p}_{\text{H}}^{*}$、$\overline{p}_{\text{L}}^{*}$ 随概率 v 的增大而增大，随着竞争替代系数 ε 的增大而增大，如图 18.3 和图 18.4 所示。存在回收竞争的情况下，制造商通过提高批发价，同时降低了回购价使得自己获取较多利润。零售商相应地提高了产品的零售价。

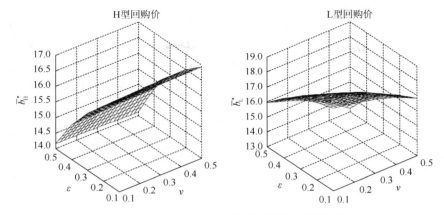

图 18.2　参数 ε 和参数 v 对回购价 $\overline{b}_{\mathrm{H}}^{*}$ 与 $\overline{b}_{\mathrm{L}}^{*}$ 的影响

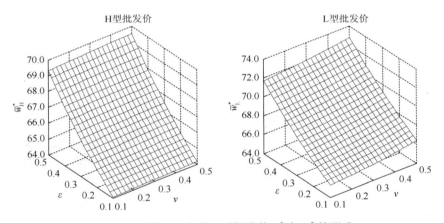

图 18.3　参数 ε 和参数 v 对批发价 $\overline{w}_{\mathrm{H}}^{*}$ 与 $\overline{w}_{\mathrm{L}}^{*}$ 的影响

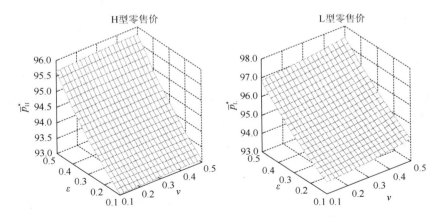

图 18.4　参数 ε 和参数 v 对零售价 $\overline{p}_{\mathrm{H}}^{*}$ 与 $\overline{p}_{\mathrm{L}}^{*}$ 的影响

（3）从计算结果可以发现第三方回收商和零售商提供的回收价是相同的，$\overline{r}_{tHH}^{*}=\overline{r}_{rHH}^{*}$、$\overline{r}_{tLL}^{*}=\overline{r}_{rLL}^{*}$。回收价随概率 v 的增大而减小，随着竞争替代系数 ε 的增大，先增大后减小，如图 18.5 所示，L 型回收价高于 H 型回收价。对 $\overline{r}_{tHH}^{*}$ 进行分析，当 $v=0.1$，$\varepsilon\leqslant 0.3$ 时 $\overline{r}_{tHH}^{*}$ 随 ε 递增，$\varepsilon>0.3$ 时 $\overline{r}_{tHH}^{*}$ 随 ε 递减；当 $v>0.1$，$\varepsilon\leqslant 0.2$ 时 $\overline{r}_{tHH}^{*}$ 随 ε 递增，$\varepsilon>0.2$ 时 $\overline{r}_{tHH}^{*}$ 随 ε 递减。对 $\overline{r}_{tLL}^{*}$ 进行分析，当 $v\leqslant 0.2$，$\varepsilon\leqslant 0.3$ 时 $\overline{r}_{tLL}^{*}$ 随 ε 递增，$\varepsilon>0.3$ 时 $\overline{r}_{tLL}^{*}$ 随 ε 递减；当 $0.2<v<0.5$，$\varepsilon\leqslant 0.2$ 时 $\overline{r}_{tLL}^{*}$ 随 ε 递增，$\varepsilon>0.2$ 时 $\overline{r}_{tLL}^{*}$ 随 ε 递减；当 $v=0.5$，$0.1\leqslant\varepsilon\leqslant 0.5$ 时 $\overline{r}_{tLL}^{*}$ 随 ε 递减。由对回购价的分析可知，当回收竞争程度加剧时回购价是降低的。在这种情况下，当市场中出现高回收努力程度的概率较小时，即使回购价降低第三方回收商和零售商仍通过提高回收价来提高回收量，但是迫于竞争不断加剧引起的回购价持续降低，第三方回收商和零售商最终采取降低回收价措施。当市场中出现高回收努力程度的概率较大时，第三方回收商和零售商则直接降低回收价。

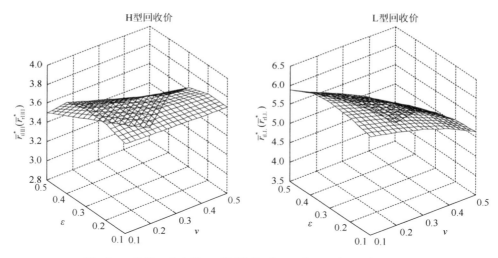

图 18.5　参数 ε 和参数 v 对回收价 $\overline{r}_{tHH}^{*}$、$\overline{r}_{rHH}^{*}$、$\overline{r}_{tLL}^{*}$ 及 $\overline{r}_{rLL}^{*}$ 的影响

（4）特许经营费 $\overline{T}_{tL}^{*}$、$\overline{T}_{rL}^{*}$ 随概率 v 的增大而减小，随着竞争替代系数 ε 的增大而减小；$\overline{T}_{tH}^{*}$、$\overline{T}_{rH}^{*}$ 随概率 v 的增大而增大，随着竞争替代系数 ε 的增大而减小，如图 18.6 和图 18.7 所示。在回收竞争的过程中，竞争越激烈，制造商制定的特许经营费越低。制造商向零售商收取的特许经营费比第三方回收商的高。

（5）当第三方回收商和零售商表现出相同的回收努力程度时的回收量 $\overline{Q}_{tHrH}^{*}=\overline{Q}_{rHtH}^{*}$、$\overline{Q}_{tLrL}^{*}=\overline{Q}_{rLtL}^{*}$，当第三方回收商和零售商表现出一高一低两种回收努力程度时的回收量 $\overline{Q}_{tHrL}^{*}=\overline{Q}_{rHtL}^{*}$、$\overline{Q}_{tLrH}^{*}=\overline{Q}_{rLtH}^{*}$，由本章基本假设 18.6 中的回收量

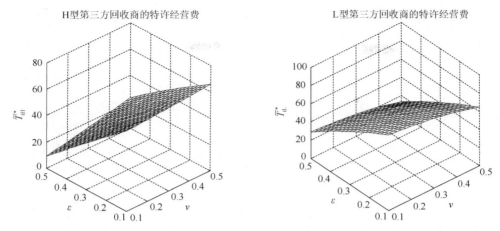

图 18.6　参数 ε 和参数 ν 对第三方回收商的特许经营费 $\overline{T}_{tH}^{*}$ 与 $\overline{T}_{tL}^{*}$ 的影响

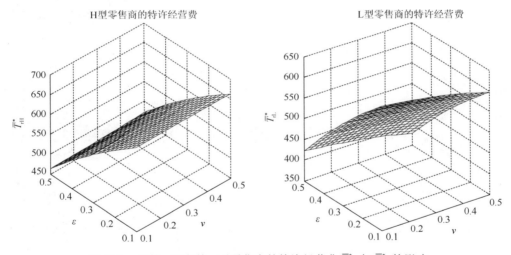

图 18.7　参数 ε 和参数 ν 对零售商的特许经营费 $\overline{T}_{rH}^{*}$ 与 $\overline{T}_{rL}^{*}$ 的影响

表达式及回收价之间的等量关系 $\overline{r}_{tHH}^{*} = \overline{r}_{rHH}^{*}$、$\overline{r}_{tLL}^{*} = \overline{r}_{rLL}^{*}$ 可以推出回收量之间的等量关系。对第三方回收商的回收量进行分析,当第三方回收商和零售商都选择高回收努力程度时的回收量 $\overline{Q}_{tHrH}^{*}$ 最大,当二者都选择低回收努力程度时的回收量 $\overline{Q}_{tLrL}^{*}$ 最小。当第三方回收商和零售商选择一高一低两种回收努力程度时,以第三方回收商选择高回收努力程度,零售商选择低回收努力程度进行分析,若 $\nu = 0.1$,$\varepsilon \leqslant 0.2$ 则 $\overline{Q}_{tHrL}^{*} > \overline{Q}_{rLtH}^{*}$ 表示第三方回收商的回收量比零售商的高,$\varepsilon > 0.2$ 则 $\overline{Q}_{tHrL}^{*} < \overline{Q}_{rLtH}^{*}$ 表示第三方回收商的回收量比零售商的低;若 $\nu = 0.2$,$\varepsilon \leqslant 0.3$ 则 $\overline{Q}_{tHrL}^{*} > \overline{Q}_{rLtH}^{*}$,$\varepsilon > 0.3$ 则 $\overline{Q}_{tHrL}^{*} < \overline{Q}_{rLtH}^{*}$;若 $\nu > 0.2$,则 $\overline{Q}_{tHrL}^{*} > \overline{Q}_{rLtH}^{*}$。从中

可以看出第三方回收商虽然选择了高回收努力程度，但其回收量却不总是比零售商的高。受市场中高回收努力程度出现概率 v 的影响，在 $v \leqslant 0.2$ 的情况下，当竞争程度较低时第三方回收商的回收价 $\bar{r}_{tHH}^{*}$ 虽然比零售商的回收价 $\bar{r}_{rLL}^{*}$ 低，但是凭借高回收努力程度还是可以回收较多的废旧电器电子产品；随着竞争程度的加剧，回收变得困难，高回收价的优势凸显，此时虽然零售商的回收努力程度低，但是利用高回收价 $\bar{r}_{rLL}^{*}$ 回收了更多的废旧电器电子产品。当 $v > 0.2$ 时，回收努力程度在回收过程中发挥主要作用，纵使竞争程度加剧及零售商提供较高的回收价，第三方回收商凭借高回收努力程度使得废旧电器电子产品的回收量高于零售商。二者的总回收量随着竞争替代系数 ε 的增大而减小，如图 18.8 所示，第三方回收商与零售商都选择高回收努力程度时的总回收量最大，选择一高一低回收努力程度时的总回收量次之，都选择低回收努力程度时的总回收量最小。

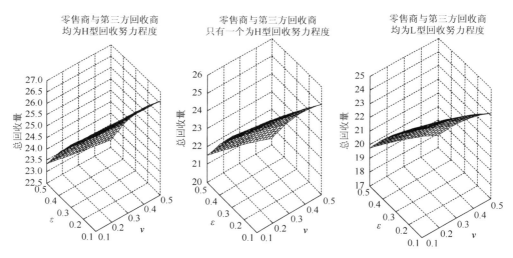

图 18.8　参数 ε 和参数 v 对总回收量的影响

（6）第三方回收商和零售商分别选择高回收努力程度或低回收努力程度时制造商的利润 $E(\bar{\pi}_{mHH}^{*})$、$E(\bar{\pi}_{mHL}^{*})$、$E(\bar{\pi}_{mLH}^{*})$ 及 $E(\bar{\pi}_{mLL}^{*})$ 随着竞争替代系数 ε 的增大而减小，$E(\bar{\pi}_{mHH}^{*})$、$E(\bar{\pi}_{mHL}^{*})$、$E(\bar{\pi}_{mLH}^{*})$ 随概率 v 的增大而增大，当 $v \leqslant 0.2$ 时 $E(\bar{\pi}_{mLL}^{*})$ 随概率 v 的增大而增大，$v > 0.2$ 时 $E(\bar{\pi}_{mLL}^{*})$ 随概率 v 的增大而减小，如图 18.9 所示。在回收竞争的过程中制造商虽然提高了批发价，并降低了回购价，但是由于回收量的减少还是使得制造商的期望利润呈减少趋势。然而，第三方回收商和零售商的期望利润 $E(\bar{\pi}_{tHH}^{*})$、$E(\bar{\pi}_{rHH}^{*})$ 随着竞争替代系数 ε 的增大而减小，随概率 v 的增大而减小；$E(\bar{\pi}_{tLL}^{*})$ 和 $E(\bar{\pi}_{rLL}^{*})$ 始终是保留利润。

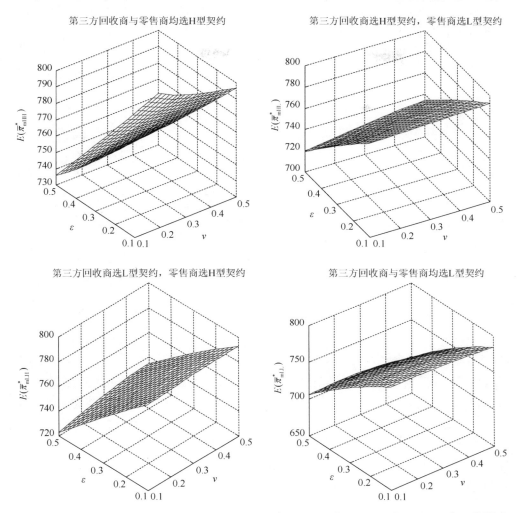

图 18.9　参数 ε 和参数 v 对制造商的期望利润 $E(\bar{\pi}_{mHH}^{*})$、$E(\bar{\pi}_{mHL}^{*})$、$E(\bar{\pi}_{mLH}^{*})$ 及 $E(\bar{\pi}_{mLL}^{*})$ 的影响

18.2.2　政府对制造商实施奖惩机制的闭环供应链模型

本节将在 18.2.1 节的基础上引入政府角色，虽然废旧电子产品的回收由制造商主导，但是政府也会采取一些措施对其进行引导，本节将继续采用奖惩机制，讨论政府对制造商实施奖惩机制的情形。如图 18.10 所示，制造商委托第三方回收商和零售商回收废旧电子产品，制造商再将这些废旧电子产品全部回购进行再制造。第三方回收商和零售商的回收努力程度信息是不对称信息。政府为制造商设定了一个目标回收量 $\bar{Q}$，当第三方回收商和零售商的总回收量超过目标回收量时对超出部分给予奖励，反之对不足部分给予惩罚，奖励和惩罚的力度都为 k。

信息甄别的过程与 18.2.1 节相似，先由制造商设计甄别契约，然后第三方回收商和零售商考虑是否接受，若是接受契约，制造商根据他们的选择分别判断回收努力程度信息。

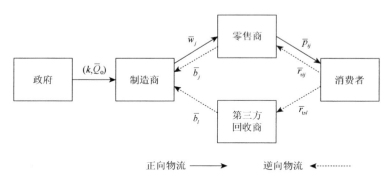

图 18.10　政府对制造商实施奖惩机制的闭环供应链结构

1. 模型建立

根据制造商与第三方回收商和零售商的关系，设计的甄别契约与 18.2.1 节中的契约形式相似对零售商设计的甄别契约 $\{\bar{G}_{rH}(\bar{b}_H, \bar{w}_H, \bar{T}_{rH}), \bar{G}_{rL}(\bar{b}_L, \bar{w}_L, \bar{T}_{rL})\}$ 包含了回购价、批发价和特许经营费。制造商对第三方回收商所设计的甄别契约 $\{\bar{G}_{tH}(\bar{b}_H, \bar{T}_{tH}), \bar{G}_{tL}(\bar{b}_L, \bar{T}_{tL})\}$ 包含了回购价和特许经营费。政府通过设定奖惩力度 k 和目标回收量 $\bar{Q}_o$，对制造商实施奖惩。根据零售商和第三方回收商对契约的选择建立模型如下。

当 H 型回收努力程度的第三方回收商选择契约 $\bar{G}_{tH}$，H 型回收努力程度的零售商选择契约 $\bar{G}_{rH}$ 时，制造商的期望利润函数表示为

$$
\begin{aligned}
E(\bar{\pi}_{mHH}) =& \int_0^{z_{HH}} (\phi - \bar{p}_{HH} + x)(\bar{w}_H - c_r) f(x) \mathrm{d}x \\
&+ \int_{z_{HH}}^a (\phi - \bar{p}_{HH} + x)(\bar{w}_H - c_n) f(x) \mathrm{d}x \\
&+ \Delta \int_{z_{HH}}^a [e_H + e_H + (1-\varepsilon)(\bar{r}_{tHH} + \bar{r}_{rHH})] f(x) \mathrm{d}x \\
&- \bar{b}_H(e_H + \bar{r}_{tHH} - \varepsilon \bar{r}_{tHH}) - \bar{b}_H(e_H + \bar{r}_{rHH} - \varepsilon \bar{r}_{rHH}) \\
&+ \bar{T}_{tH} + \bar{T}_{rH} + k[e_H + e_H + (1-\varepsilon)(\bar{r}_{tHH} + \bar{r}_{rHH}) - \bar{Q}_o]
\end{aligned}
\tag{18.28}
$$

其中，$z_{HH} = e_H + e_H + (1-\varepsilon)(\bar{r}_{tHH} + \bar{r}_{rHH}) - \phi + \bar{p}_{HH}$，当 $0 < x \leqslant z_{HH}$ 时，废旧电子产品的回收量高于产成品的市场需求量，用再制造产品满足市场需求；当 $z_{HH} < x < a$ 时，市场需求大于废旧电子产品的回收量，需要用再制造产品和新制造产品满足市场需求。

当 H 型回收努力程度的第三方回收商选择契约 $\overline{G}_{tH}$，L 型回收努力程度的零售商选择契约 $\overline{G}_{rL}$ 时，制造商的期望利润函数表示为

$$
\begin{aligned}
E(\overline{\pi}_{mHL}) = & \int_0^{z_{HL}} (\phi - \overline{p}_{LL} + x)(\overline{w}_L - c_r) f(x) dx \\
& + \int_{z_{HL}}^a (\phi - \overline{p}_{LL} + x)(\overline{w}_L - c_n) f(x) dx \\
& + \Delta \int_{z_{HL}}^a [e_H + e_L + (1-\varepsilon)(\overline{r}_{tHH} + \overline{r}_{rLL})] f(x) dx \\
& - \overline{b}_H (e_H + \overline{r}_{tHH} - \varepsilon \overline{r}_{rLL}) - \overline{b}_L (e_L + \overline{r}_{rLL} - \varepsilon \overline{r}_{tHH}) \\
& + \overline{T}_{tH} + \overline{T}_{rL} + k[e_H + e_L + (1-\varepsilon)(\overline{r}_{tHH} + \overline{r}_{rLL}) - \overline{Q}_o]
\end{aligned}
\tag{18.29}
$$

其中，$z_{HL} = e_H + e_L + (1-\varepsilon)(\overline{r}_{tHH} + \overline{r}_{rLL}) - \phi + \overline{p}_{LL}$，当 $0 < x \leqslant z_{HL}$ 时，废旧电子产品的回收量高于产成品的市场需求量，用再制造产品满足市场需求；当 $z_{HL} < x < a$ 时，市场需求大于废旧电子产品的回收量，需要用再制造产品和新制造产品满足市场需求。

当 L 型回收努力程度的第三方回收商选择契约 $\overline{G}_{tL}$，H 型回收努力程度的零售商选择契约 $\overline{G}_{rH}$ 时，制造商的期望利润函数表示为

$$
\begin{aligned}
E(\overline{\pi}_{mLH}) = & \int_0^{z_{LH}} (\phi - \overline{p}_{HH} + x)(\overline{w}_H - c_r) f(x) dx \\
& + \int_{z_{LH}}^a (\phi - \overline{p}_{HH} + x)(\overline{w}_H - c_n) f(x) dx \\
& + \Delta \int_{z_{LH}}^a [e_L + e_H + (1-\varepsilon)(\overline{r}_{tLL} + \overline{r}_{rHH})] f(x) dx \\
& - \overline{b}_L (e_L + \overline{r}_{tLL} - \varepsilon \overline{r}_{rHH}) - \overline{b}_H (e_H + \overline{r}_{rHH} - \varepsilon \overline{r}_{tLL}) \\
& + \overline{T}_{tL} + \overline{T}_{rH} + k[e_L + e_H + (1-\varepsilon)(\overline{r}_{tLL} + \overline{r}_{rHH}) - \overline{Q}_o]
\end{aligned}
\tag{18.30}
$$

其中，$z_{LH} = e_L + e_H + (1-\varepsilon)(\overline{r}_{tLL} + \overline{r}_{rHH}) - \phi + \overline{p}_{HH}$，当 $0 < x \leqslant z_{LH}$ 时，废旧电子产品的回收量高于产成品的市场需求量，用再制造产品满足市场需求；当 $z_{LH} < x < a$ 时，市场需求大于废旧电子产品的回收量，需要用再制造产品和新制造产品满足市场需求。

当 L 型回收努力程度的第三方回收商选择契约 $\overline{G}_{tL}$，L 型回收努力程度的零售商选择契约 $\overline{G}_{rL}$ 时，制造商的期望利润函数表示为

$$
\begin{aligned}
E(\overline{\pi}_{mLL}) = & \int_0^{z_{LL}} (\phi - \overline{p}_{LL} + x)(\overline{w}_L - c_r) f(x) dx \\
& + \int_{z_{LL}}^a (\phi - \overline{p}_{LL} + x)(\overline{w}_L - c_n) f(x) dx \\
& + \Delta \int_{z_{LL}}^a [e_L + e_L + (1-\varepsilon)(\overline{r}_{tLL} + \overline{r}_{rLL})] f(x) dx \\
& - \overline{b}_L (e_L + \overline{r}_{tLL} - \varepsilon \overline{r}_{rLL}) - \overline{b}_L (e_L + \overline{r}_{rLL} - \varepsilon \overline{r}_{tLL}) \\
& + \overline{T}_{tL} + \overline{T}_{rL} + k[e_L + e_L + (1-\varepsilon)(\overline{r}_{tLL} + \overline{r}_{rLL}) - \overline{Q}_o]
\end{aligned}
\tag{18.31}
$$

其中，$z_{LL} = e_L + e_L + (1-\varepsilon)(\bar{r}_{tLL} + \bar{r}_{rLL}) - \phi + \bar{p}_{LL}$，当 $0 < x \leqslant z_{LL}$ 时，废旧电子产品的回收量高于产成品的市场需求量，用再制造产品满足市场需求；当 $z_{LL} < x < a$ 时，市场需求大于废旧电子产品的回收量，需要用再制造产品和新制造产品满足市场需求。

当 H 型回收努力程度的第三方回收商选择契约 $\bar{G}_{tH}$ 时的期望利润函数表达式为

$$E(\bar{\pi}_{tHH}) = (\bar{b}_H - \bar{r}_{tHH})\{e_H + \bar{r}_{tHH} - \varepsilon[v\bar{r}_{tHH} + (1-v)\bar{r}_{tLL}]\} - e_H^2/4 - \bar{T}_{tH} \quad (18.32)$$

当 H 型回收努力程度的第三方回收商选择契约 $\bar{G}_{tL}$ 时的期望利润函数表达式为

$$E(\bar{\pi}_{tHL}) = (\bar{b}_L - \bar{r}_{tHL})\{e_H + \bar{r}_{tHL} - \varepsilon[v\bar{r}_{tHH} + (1-v)\bar{r}_{tLL}]\} - e_H^2/4 - \bar{T}_{tL} \quad (18.33)$$

当 L 型回收努力程度的第三方回收商选择契约 $\bar{G}_{tL}$ 时的期望利润函数表达式为

$$E(\bar{\pi}_{tLL}) = (\bar{b}_L - \bar{r}_{tLL})\{e_L + \bar{r}_{tLL} - \varepsilon[v\bar{r}_{tHH} + (1-v)\bar{r}_{tLL}]\} - e_L^2/4 - \bar{T}_{tL} \quad (18.34)$$

当 L 型回收努力程度的第三方回收商选择契约 $\bar{G}_{tH}$ 时的期望利润函数表达式为

$$E(\bar{\pi}_{tLH}) = (\bar{b}_H - \bar{r}_{tLH})\{e_L + \bar{r}_{tLH} - \varepsilon[v\bar{r}_{tHH} + (1-v)\bar{r}_{tLL}]\} - e_L^2/4 - \bar{T}_{tH} \quad (18.35)$$

当 H 型回收努力程度的零售商选择契约 $\bar{G}_{rH}$ 时的期望利润函数表达式为

$$E(\bar{\pi}_{rHH}) = (\bar{b}_H - \bar{r}_{rHH})\{e_H + \bar{r}_{rHH} - \varepsilon[v\bar{r}_{tHH} + (1-v)\bar{r}_{tLL}]\} - e_H^2/4$$
$$+ (\bar{p}_{HH} - \bar{w}_H)\int_0^a (\phi - \bar{p}_{HH} + x)f(x)\mathrm{d}x - \bar{T}_{rH} \quad (18.36)$$

当 H 型回收努力程度的零售商选择契约 $\bar{G}_{rL}$ 时的期望利润函数表达式为

$$E(\bar{\pi}_{rHL}) = (\bar{b}_L - \bar{r}_{rHL})\{e_H + \bar{r}_{rHL} - \varepsilon[v\bar{r}_{tHH} + (1-v)\bar{r}_{tLL}]\} - e_H^2/4$$
$$+ (\bar{p}_{HL} - \bar{w}_L)\int_0^a (\phi - \bar{p}_{HL} + x)f(x)\mathrm{d}x - \bar{T}_{rL} \quad (18.37)$$

当 L 型回收努力程度的零售商选择契约 $\bar{G}_{rL}$ 时的期望利润函数表达式为

$$E(\bar{\pi}_{rLL}) = (\bar{b}_L - \bar{r}_{rLL})\{e_L + \bar{r}_{rLL} - \varepsilon[v\bar{r}_{tHH} + (1-v)\bar{r}_{tLL}]\} - e_L^2/4$$
$$+ (\bar{p}_{LL} - \bar{w}_L)\int_0^a (\phi - \bar{p}_{LL} + x)f(x)\mathrm{d}x - \bar{T}_{rL} \quad (18.38)$$

当 L 型回收努力程度的零售商选择契约 $\bar{G}_{rH}$ 时的期望利润函数表达式为

$$E(\bar{\pi}_{rLH}) = (\bar{b}_H - \bar{r}_{rLH})\{e_L + \bar{r}_{rLH} - \varepsilon[v\bar{r}_{tHH} + (1-v)\bar{r}_{tLL}]\} - e_L^2/4$$
$$+ (\bar{p}_{LH} - \bar{w}_H)\int_0^a (\phi - \bar{p}_{LH} + x)f(x)\mathrm{d}x - \bar{T}_{rH} \quad (18.39)$$

随机需求环境下第三方回收商与零售商回收努力程度信息不对称时政府对制造商实施奖惩机制的决策模型如下：

$$\max \quad E(\bar{\pi}_m) = v^2 E(\bar{\pi}_{mHH}) + v(1-v)E(\bar{\pi}_{mHL})$$
$$+ (1-v)vE(\bar{\pi}_{mLH}) + (1-v)^2 E(\bar{\pi}_{mLL}) \quad (18.40)$$

s.t.

$$\bar{r}_{tHH}^{**} = \arg\max E(\bar{\pi}_{tHH}) \quad (18.41)$$

$$\overline{r}_{tLL}^{**} = \arg\max E(\overline{\pi}_{tLL}) \tag{18.42}$$

$$\overline{r}_{rHH}^{**} = \arg\max E(\overline{\pi}_{rHH}) \tag{18.43}$$

$$\overline{r}_{rLL}^{**} = \arg\max E(\overline{\pi}_{rLL}) \tag{18.44}$$

$$\overline{p}_{HH}^{**} = \arg\max E(\overline{\pi}_{rHH}) \tag{18.45}$$

$$\overline{p}_{LL}^{**} = \arg\max E(\overline{\pi}_{rLL}) \tag{18.46}$$

$$E(\overline{\pi}_{tHH}) \geqslant \overline{\pi}_{t}^{o} \tag{18.47}$$

$$E(\overline{\pi}_{tLL}) \geqslant \overline{\pi}_{t}^{o} \tag{18.48}$$

$$E(\overline{\pi}_{rHH}) \geqslant \overline{\pi}_{r}^{o} \tag{18.49}$$

$$E(\overline{\pi}_{rLL}) \geqslant \overline{\pi}_{r}^{o} \tag{18.50}$$

$$E(\overline{\pi}_{tHH}) \geqslant E(\overline{\pi}_{tHL}) \tag{18.51}$$

$$E(\overline{\pi}_{tLL}) \geqslant E(\overline{\pi}_{tLH}) \tag{18.52}$$

$$E(\overline{\pi}_{rHH}) \geqslant E(\overline{\pi}_{rHL}) \tag{18.53}$$

$$E(\overline{\pi}_{rLL}) \geqslant E(\overline{\pi}_{rLH}) \tag{18.54}$$

式（18.47）～式（18.50）是参与约束，第三方回收商和零售商在接受契约后的期望利润不低于保留利润，第三方回收商和零售商选择接受契约。式（18.51）～式（18.54）是激励相容约束，第三方回收商和零售商只有选择与自己回收努力程度类型相同的契约时才能获得最大利润，从而避免第三方回收商和零售商谎报信息。

因为模型中约束条件较多，算式复杂，难以计算解析解。这里将借助 MATLAB 软件进行数值仿真，通过为相关参数赋值，得出数值解，然后进行分析。

2. 模型数值仿真

为相关参数赋值如下：$c_n = 60$，$c_r = 45$，$a = 4$，$\phi = 120$，$e_H = 10$，$e_L = 7$，$\overline{\pi}_r^{o} = 300$，$\overline{\pi}_t^{o} = 60$，$\varDelta = c_n - c_r$，$v = 0.5$，$\varepsilon$ 分别取 0.1、0.2、0.3、0.4、0.5，k 分别取 10、20、30、40，$\overline{Q}_o = 32$。

（1）回购价 $\overline{b}_H^{**}$ 和 $\overline{b}_L^{**}$，回收价 $\overline{r}_{tHH}^{**} = \overline{r}_{rHH}^{**}$ 和 $\overline{r}_{tLL}^{**} = \overline{r}_{rLL}^{**}$，回收量 $\overline{Q}_{tHrH}^{**} = \overline{Q}_{rHtH}^{**}$、$\overline{Q}_{tHrL}^{**} = \overline{Q}_{rHtL}^{**}$、$\overline{Q}_{tLrH}^{**} = \overline{Q}_{rLtH}^{**}$ 及 $\overline{Q}_{tLrL}^{**} = \overline{Q}_{rLtL}^{**}$ 都随奖惩力度 k 的增大而增大，所以在回收竞争的情况下，只要实施奖惩机制，第三方回收商和零售商的回收总量就会随奖惩力度的增大而增大，回购价、回收价及回收总量与奖惩力度和竞争替代系数的关系如图 18.11～图 18.13 所示。当第三方回收商和零售商均选择 H 型回收努力程度时各自的回收量 $\overline{Q}_{tHrH}^{**}$ 与 $\overline{Q}_{rHtH}^{**}$ 是最大的，当二者都选择 L 型回收努力程度时各自的回收量 $\overline{Q}_{tLrL}^{**}$ 与 $\overline{Q}_{rLtL}^{**}$ 是最小的。当二者的回收努力程度出现一高一低的情况时 $\overline{Q}_{tHrL}^{**} > \overline{Q}_{rLtH}^{**}$、$\overline{Q}_{rHtL}^{**} > \overline{Q}_{tLrH}^{**}$，此时选择 H 型回收努力程度一方将回收更多的

废旧电器电子产品。实施奖惩机制下的回购价比无奖惩机制的高 $\bar{b}_{H}^{**} > \bar{b}_{H}^{*}$、$\bar{b}_{L}^{**} > \bar{b}_{L}^{*}$，实施奖惩机制下的回收价比无奖惩机制的高 $\bar{r}_{tHH}^{**} > \bar{r}_{tHH}^{*}$、$\bar{r}_{tLL}^{**} > \bar{r}_{tLL}^{*}$、$\bar{r}_{rHH}^{**} > \bar{r}_{rHH}^{*}$ 及 $\bar{r}_{rLL}^{**} > \bar{r}_{rLL}^{*}$，实施奖惩机制下的回收量比无奖惩机制的高 $\bar{Q}_{tHrH}^{**} > \bar{Q}_{tHrH}^{*}$、$\bar{Q}_{tHrL}^{**} > \bar{Q}_{tHrL}^{*}$、$\bar{Q}_{tLrH}^{**} > \bar{Q}_{tLrH}^{*}$、$\bar{Q}_{tLrL}^{**} > \bar{Q}_{tLrL}^{*}$、$\bar{Q}_{rHtH}^{**} > \bar{Q}_{rHtH}^{*}$、$\bar{Q}_{rHtL}^{**} > \bar{Q}_{rHtL}^{*}$、$\bar{Q}_{rLtH}^{**} > \bar{Q}_{rLtH}^{*}$ 及 $\bar{Q}_{rLtL}^{**} > \bar{Q}_{rLtL}^{*}$。政府对制造商实施奖惩机制后，制造商提高了回购价，作为代理回收方的第三方回收商和零售商均提高了回收价，进而总的废旧电器电子产品的回收量得到提高。

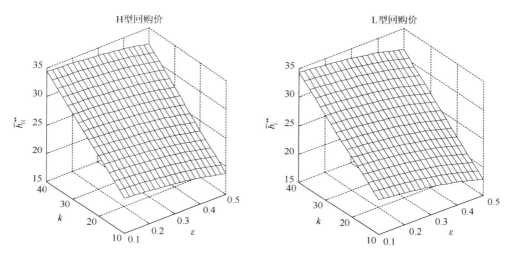

图 18.11　参数 k 和参数 ε 对回购价 $\bar{b}_{H}^{**}$ 与 $\bar{b}_{L}^{**}$ 的影响

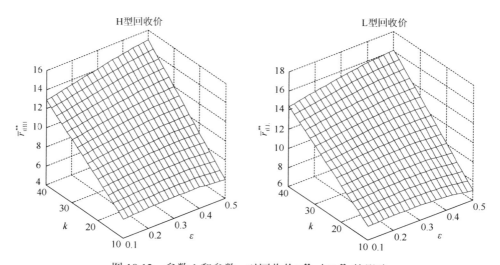

图 18.12　参数 k 和参数 ε 对回收价 $\bar{r}_{tHH}^{**}$ 与 $\bar{r}_{tLL}^{**}$ 的影响

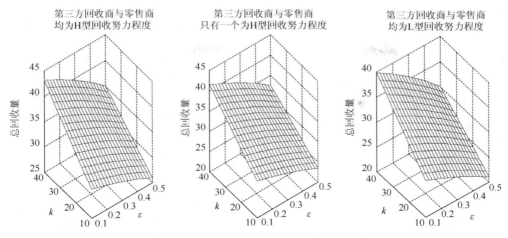

图 18.13　参数 k 和参数 ε 对总回收量的影响

（2）批发价 $\overline{w}_{\mathrm{H}}^{**}$ 与 $\overline{w}_{\mathrm{L}}^{**}$，零售价 $\overline{p}_{\mathrm{HH}}^{**}$ 与 $\overline{p}_{\mathrm{LL}}^{**}$ 都随奖惩力度 k 的增大而减小，如图 18.14 和图 18.15 所示。实施奖惩机制下的批发价比无奖惩机制的低 $\overline{w}_{\mathrm{H}}^{**} < \overline{w}_{\mathrm{H}}^{*}$、$\overline{w}_{\mathrm{L}}^{**} < \overline{w}_{\mathrm{L}}^{*}$，实施奖惩机制下的零售价比无奖惩机制的低 $\overline{p}_{\mathrm{HH}}^{**} < \overline{p}_{\mathrm{HH}}^{*}$、$\overline{p}_{\mathrm{LL}}^{**} < \overline{p}_{\mathrm{LL}}^{*}$。

（3）制造商向第三方回收商收取的特许经营费 $\overline{T}_{\mathrm{tH}}^{**}$、$\overline{T}_{\mathrm{tL}}^{**}$，向零售商收取的特许经营费 $\overline{T}_{\mathrm{rH}}^{**}$、$\overline{T}_{\mathrm{rL}}^{**}$ 都随奖惩力度 k 的增大而增大，如图 18.16 和图 18.17 所示。政府对制造商实施奖惩机制下制造商收取的特许经营费比无奖惩机制的高 $\overline{T}_{\mathrm{tH}}^{**} > \overline{T}_{\mathrm{tH}}^{*}$、$\overline{T}_{\mathrm{tL}}^{**} > \overline{T}_{\mathrm{tL}}^{*}$、$\overline{T}_{\mathrm{rH}}^{**} > \overline{T}_{\mathrm{rH}}^{*}$ 和 $\overline{T}_{\mathrm{rL}}^{**} > \overline{T}_{\mathrm{rL}}^{*}$。制造商通过提高特许经营费实现自身利润的最大化。

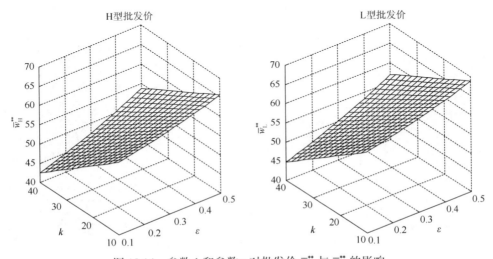

图 18.14　参数 k 和参数 ε 对批发价 $\overline{w}_{\mathrm{H}}^{**}$ 与 $\overline{w}_{\mathrm{L}}^{**}$ 的影响

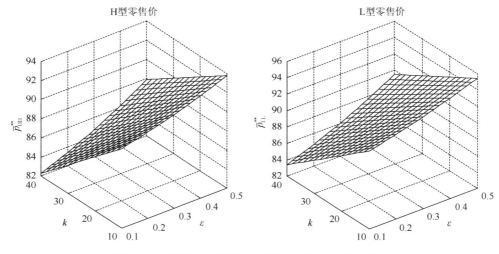

图 18.15 参数 k 和参数 ε 对零售价 $\overline{p}_{\mathrm{HH}}^{**}$ 与 $\overline{p}_{\mathrm{LL}}^{**}$ 的影响

（4）制造商的期望利润 $E(\overline{\pi}_{\mathrm{mHH}}^{**})$、$E(\overline{\pi}_{\mathrm{mHL}}^{**})$、$E(\overline{\pi}_{\mathrm{mLH}}^{**})$ 及 $E(\overline{\pi}_{\mathrm{mLL}}^{**})$ 在随奖惩力度增大的过中呈现先减后增的变化趋势，如图 18.18 所示。当 $\varepsilon \leqslant 0.3$，$k \leqslant 20$ 时制造商的期望利润随奖惩力度 k 的增大而减小，$k > 20$ 时制造商的期望利润随奖惩力度 k 的增大而增大；当 $\varepsilon = 0.4$，$k \leqslant 30$ 时制造商的期望利润随奖惩力度 k 的增大而减小，$k > 30$ 时制造商的期望利润随奖惩力度 k 的增大而增大；当 $\varepsilon = 0.5$ 时制造商的期望利润随奖惩力度 k 的增大而减小。可以看出，在竞争加剧的过程中制造商的期望利润在由降转升的拐点处所对应的奖惩力度

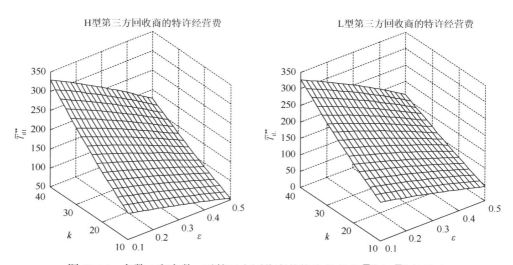

图 18.16 参数 k 和参数 ε 对第三方回收商的特许经营费 $\overline{T}_{\mathrm{tH}}^{**}$ 与 $\overline{T}_{\mathrm{tL}}^{**}$ 的影响

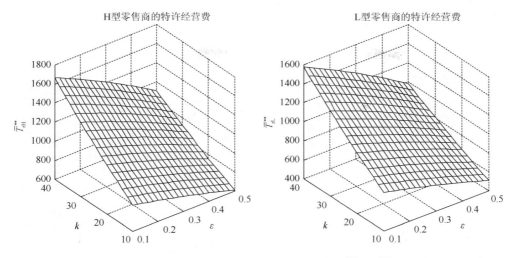

图 18.17　参数 k 和参数 ε 对零售商的特许经营费 $\overline{T}_{\mathrm{rH}}^{**}$ 与 $\overline{T}_{\mathrm{rL}}^{**}$ 的影响

也在变大。在无奖惩机制下制造商的期望利润随着竞争的加剧是降低的，而政府通过实施奖惩机制利用奖惩力度可以使制造商的期望利润由减少变为增加，进而激发了制造商主导闭环供应链中废旧电器电子产品回收的动力。将实施奖惩机制与无奖惩机制下制造商的期望利润比较，当 $\varepsilon \leqslant 0.2$，$k \leqslant 30$ 时 $E(\overline{\pi}_{\mathrm{mHH}}^{**}) < E(\overline{\pi}_{\mathrm{mHH}}^{*})$、$E(\overline{\pi}_{\mathrm{mHL}}^{**}) < E(\overline{\pi}_{\mathrm{mHL}}^{*})$、$E(\overline{\pi}_{\mathrm{mLL}}^{**}) < E(\overline{\pi}_{\mathrm{mLL}}^{*})$，$k > 30$ 时 $E(\overline{\pi}_{\mathrm{mHH}}^{**}) > E(\overline{\pi}_{\mathrm{mHH}}^{*})$、$E(\overline{\pi}_{\mathrm{mHL}}^{**}) > E(\overline{\pi}_{\mathrm{mHL}}^{*})$、$E(\overline{\pi}_{\mathrm{mLL}}^{**}) > E(\overline{\pi}_{\mathrm{mLL}}^{*})$；当 $\varepsilon > 0.2$ 时 $E(\overline{\pi}_{\mathrm{mHH}}^{**}) < E(\overline{\pi}_{\mathrm{mHH}}^{*})$、$E(\overline{\pi}_{\mathrm{mHL}}^{**}) < E(\overline{\pi}_{\mathrm{mHL}}^{*})$、$E(\overline{\pi}_{\mathrm{mLL}}^{**}) < E(\overline{\pi}_{\mathrm{mLL}}^{*})$。当 $\varepsilon = 0.1$，$k \leqslant 30$ 时 $E(\overline{\pi}_{\mathrm{mLL}}^{**}) < E(\overline{\pi}_{\mathrm{mLL}}^{*})$，$k > 30$ 时 $E(\overline{\pi}_{\mathrm{mLL}}^{**}) > E(\overline{\pi}_{\mathrm{mLL}}^{*})$；当 $\varepsilon > 0.1$ 时 $E(\overline{\pi}_{\mathrm{mLL}}^{**}) < E(\overline{\pi}_{\mathrm{mLL}}^{*})$。实施奖惩机制时，发现竞争越激烈需要的奖惩力度越大，才能使制造商的期望利润由减少变为增加，原因是在奖惩力度增大的过程中制造商委托第三方回收商和零售商回收的废旧电器电子产品总量先低于目标回收量使得制造商受到惩罚，然后高于目标回收量则受到奖励。因此，在受惩罚阶段制造商的期望利润比无奖惩机制时低，在受奖励阶段其期望利润会比无奖惩机制的高。

（5）高回收努力程度的第三方回收商和零售商的期望利润 $E(\overline{\pi}_{\mathrm{tHH}}^{**})$ 和 $E(\overline{\pi}_{\mathrm{rHH}}^{**})$ 随奖惩力度 k 的增大而增大，低回收努力程度的第三方回收商和零售商的期望利润 $E(\overline{\pi}_{\mathrm{tLL}}^{**})$ 和 $E(\overline{\pi}_{\mathrm{rLL}}^{**})$ 始终是保留利润。实施奖惩机制后高回收努力程度的第三方回收商和零售商的期望利润比无奖惩机制时高，$E(\overline{\pi}_{\mathrm{tHH}}^{**}) > E(\overline{\pi}_{\mathrm{tHH}}^{*})$、$E(\overline{\pi}_{\mathrm{rHH}}^{**}) > E(\overline{\pi}_{\mathrm{rHH}}^{*})$；低回收努力程度的第三方回收商和零售商的期望利润与无奖惩机制下的相同均为保留利润 $E(\overline{\pi}_{\mathrm{tLL}}^{**}) = E(\overline{\pi}_{\mathrm{tLL}}^{*})$、$E(\overline{\pi}_{\mathrm{rLL}}^{**}) = E(\overline{\pi}_{\mathrm{rLL}}^{*})$。

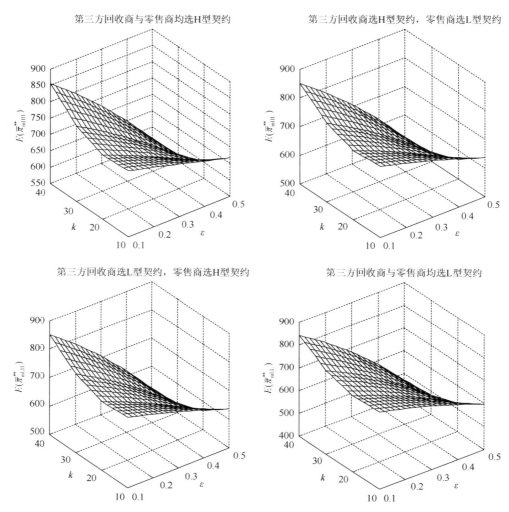

图 18.18　参数 k 和参数 ε 对制造商的期望利润 $E(\overline{\pi}_{mHH}^{**})$、$E(\overline{\pi}_{mHL}^{**})$、$E(\overline{\pi}_{mLH}^{**})$ 及 $E(\overline{\pi}_{mLL}^{**})$ 的影响

18.3　竞争回收与无竞争回收模型比较分析

本章委托零售商和第三方回收商同时进行回收，考虑了竞争的因素，拓宽了研究范围。将不存在竞争时单一的零售商回收、单一的第三方回收商回收分别与二者竞争回收进行比较分析：

（1）竞争回收时的批发价和零售价均比零售商单独回收时的低。无奖惩机制下的批发价比较，$w_H^* > \overline{w}_H^*$、$w_L^* > \overline{w}_L^*$，实施奖惩机制下的批发价比较，$w_H^{**} > \overline{w}_H^{**}$、$w_L^{**} > \overline{w}_L^{**}$，无奖惩机制下的零售价比较，$p_{HH}^* > \overline{p}_{HH}^*$、$p_{LL}^* > \overline{p}_{LL}^*$，实施奖惩机制下

的零售价比较，$p_{HH}^{**} > \overline{p}_{HH}^{**}$、$p_{LL}^{**} > \overline{p}_{LL}^{**}$。由回收竞争引起的零售价降低对消费者而言是有利的，可以增加产成品的销售量。

（2）零售商和第三方回收商竞争回收时的回购价、回收价及各自的回收量均比无竞争情况下单独回收时的低。无奖惩机制下回购价比较，$\overline{b}_H^* < b_H^* < \tilde{b}_H^*$、$\overline{b}_L^* < b_L^* < \tilde{b}_L^*$，实施奖惩机制下回购价比较，当 $k \leqslant 20$ 时 $\overline{b}_H^{**} < b_H^{**} < \tilde{b}_H^{**}$、$\overline{b}_L^{**} < b_L^{**} < \tilde{b}_L^{**}$，当 $k > 20$ 时 $\overline{b}_H^{**} < \tilde{b}_H^{**} < b_H^{**}$、$\overline{b}_L^{**} < \tilde{b}_L^{**} < b_L^{**}$。无奖惩机制下回收价比较，$\overline{r}_{tHH}^* = \overline{r}_{rHH}^* < r_{HH}^* < \tilde{r}_{HH}^*$、$\overline{r}_{tLL}^* = \overline{r}_{rLL}^* < r_{LL}^* < \tilde{r}_{LL}^*$，实施奖惩机制下回收价比较，当 $k \leqslant 20$ 时 $\overline{r}_{tHH}^{**} = \overline{r}_{rHH}^{**} < r_{HH}^{**} < \tilde{r}_{HH}^{**}$、$\overline{r}_{tLL}^{**} = \overline{r}_{rLL}^{**} < r_{LL}^{**} < \tilde{r}_{LL}^{**}$，当 $k > 20$ 时 $\overline{r}_{tHH}^{**} = \overline{r}_{rHH}^{**} < \tilde{r}_{HH}^{**} < r_{HH}^{**}$、$\overline{r}_{tLL}^{**} = \overline{r}_{rLL}^{**} < \tilde{r}_{LL}^{**} < r_{LL}^{**}$。无奖惩机制下回收量比较，$\overline{Q}_{tHrH}^* = \overline{Q}_{rHtH}^* < Q_{HH}^* < \tilde{Q}_{HH}^*$、$\overline{Q}_{tLrL}^* = \overline{Q}_{rLtL}^* < Q_{LL}^* < \tilde{Q}_{LL}^*$，实施奖惩机制下回收量比较，当 $k \leqslant 20$ 时 $\overline{Q}_{tHrH}^{**} = \overline{Q}_{rHtH}^{**} < Q_{HH}^{**} < \tilde{Q}_{HH}^{**}$、$\overline{Q}_{tLrL}^{**} = \overline{Q}_{rLtL}^{**} < Q_{LL}^{**} < \tilde{Q}_{LL}^{**}$，当 $k > 20$ 时 $\overline{Q}_{tHrH}^{**} = \overline{Q}_{rHtH}^{**} < \tilde{Q}_{HH}^{**} < Q_{HH}^{**}$、$\overline{Q}_{tLrL}^{**} = \overline{Q}_{rLtL}^{**} < \tilde{Q}_{LL}^{**} < Q_{LL}^{**}$。

（3）竞争回收时向零售商收取的特许经营费与零售商单独回收时收取的特许经营费究竟孰高孰低与竞争替代系数有关，当竞争替代系数较小时零售商单独回收时收取的特许经营费较低，当竞争替代系数较大时在竞争回收情况下向零售商收取的特许经营费较低；而第三方回收商单独回收时收取的特许经营费比在竞争情况下收取的高。无奖惩机制下零售商的特许经营费比较，当 $\varepsilon \leqslant 0.4$ 时 $T_{rH}^* < \overline{T}_{rH}^*$、$T_{rL}^* < \overline{T}_{rL}^*$，当 $\varepsilon > 0.4$ 时 $T_{rH}^* > \overline{T}_{rH}^*$、$T_{rL}^* > \overline{T}_{rL}^*$；实施奖惩机制下零售商的特许经营费比较，当 $\varepsilon \leqslant 0.3$ 时 $T_{rH}^{**} < \overline{T}_{rH}^{**}$、$T_{rL}^{**} < \overline{T}_{rL}^{**}$，当 $\varepsilon = 0.3$ 且 $k = 10$ 时 $T_{rH}^{**} < \overline{T}_{rH}^{**}$、$T_{rL}^{**} < \overline{T}_{rL}^{**}$，$k = 20$ 时 $T_{rH}^{**} < \overline{T}_{rH}^{**}$、$T_{rL}^{**} > \overline{T}_{rL}^{**}$，$k > 20$ 时 $T_{rH}^{**} > \overline{T}_{rH}^{**}$、$T_{rL}^{**} > \overline{T}_{rL}^{**}$，当 $\varepsilon > 0.3$ 时 $T_{rH}^{**} > \overline{T}_{rH}^{**}$、$T_{rL}^{**} > \overline{T}_{rL}^{**}$。制造商收取特许经营费主要是为了实现自身利润最大化，而回收竞争使得零售商的期望利润减少，因此收取的特许经营费也会减少，从而出现了竞争程度较小时收取的特许经营费多并且比零售商单独回收时的高，竞争程度加剧后收取的特许经营费少并且低于单独回收时的特许经营费。无奖惩机制下第三方回收商的特许经营费比较，$\tilde{T}_{tH}^* > \overline{T}_{tH}^*$、$\tilde{T}_{tL}^* > \overline{T}_{tL}^*$；实施奖惩机制下第三方回收商的特许经营费比较，$\tilde{T}_{tH}^{**} > \overline{T}_{tH}^{**}$、$\tilde{T}_{tL}^{**} > \overline{T}_{tL}^{**}$。第三方回收商单独回收时收取的特许经营费比竞争回收时的高。

（4）竞争回收时制造商的期望利润比分别委托零售商或第三方回收商负责回收时的高，而零售商与第三方回收商在单独回收时的期望利润比竞争回收时的高。无奖惩机制下制造商的期望利润比较，$E(\pi_{mH}^*) < E(\tilde{\pi}_{mH}^*) < E(\overline{\pi}_{mHH}^*)$、$E(\pi_{mL}^*) < E(\tilde{\pi}_{mL}^*) < E(\overline{\pi}_{mLL}^*)$，实施奖惩机制下制造商的期望利润比较，$E(\pi_{mH}^{**}) < E(\tilde{\pi}_{mH}^{**}) < E(\overline{\pi}_{mHH}^{**})$、$E(\pi_{mL}^{**}) < E(\tilde{\pi}_{mL}^{**}) < E(\overline{\pi}_{mLL}^{**})$，此时制造商的期望利润是在零售商与第三方回收商共同参与回收下的利润，所以比单独回收时的高。无奖惩机制下零售商

的期望利润比较，$E(\pi_{rHH}^{*}) > E(\bar{\pi}_{rHH}^{*})$、$E(\pi_{rLL}^{*}) > E(\bar{\pi}_{rLL}^{*})$，实施奖惩机制下零售商的期望利润比较，$E(\pi_{rHH}^{**}) > E(\bar{\pi}_{rHH}^{**})$、$E(\pi_{rLL}^{**}) > E(\bar{\pi}_{rLL}^{**})$。无奖惩机制下第三方回收商的期望利润比较，$E(\tilde{\pi}_{tHH}^{*}) > E(\bar{\pi}_{tHH}^{*})$、$E(\tilde{\pi}_{tLL}^{*}) > E(\bar{\pi}_{tLL}^{*})$，实施奖惩机制下第三方回收商的期望利润比较，$E(\tilde{\pi}_{tHH}^{**}) > E(\bar{\pi}_{tHH}^{**})$、$E(\tilde{\pi}_{tLL}^{**}) > E(\bar{\pi}_{tLL}^{**})$。

18.4　结　　语

本章选取了双回收渠道，由制造商委托零售商和第三方回收商共同参与到闭环供应链中，零售商与第三方回收商在回收废旧电器电子产品的过程中存在竞争。在回收竞争的情况下分别建立了无奖惩机制模型和对制造商实施奖惩机制的模型，并借助 MATLAB 软件进行数值仿真。分析了概率 v、竞争替代系数 ε 及奖惩力度 k 对回购价、回收量、批发价、零售价、特许经营费、期望利润等的影响，发现竞争加剧使得回购价、回收量、特许经营费及期望利润降低，而批发价和零售价提高。但是，实施奖惩机制后奖惩力度的加大使得回购价、回收量、特许经营费及期望利润提高，而批发价和零售价降低。最后，将零售商单独回收模型、第三方回收商单独回收模型及二者竞争回收模型进行了比较分析得出如下结论：

（1）竞争回收时的批发价和零售价均比零售商单独回收时的低。

（2）零售商和第三方回收商竞争回收时的回购价、回收价及各自的回收量均比无竞争情况下单独回收时的低。

（3）竞争回收时向零售商收取的特许经营费与零售商单独回收时收取的特许经营费究竟孰高孰低与竞争替代系数有关，当竞争替代系数较小时零售商单独回收时收取的特许经营费较低，当竞争替代系数较大时在竞争回收情况下向零售商收取的特许经营费较低；而第三方回收商单独回收时收取的特许经营费比在竞争情况下收取的高。

（4）竞争回收时制造商的期望利润比分别委托零售商或第三方回收商负责回收时的高，而零售商与第三方回收商在单独回收时的期望利润比竞争回收时的高。

在竞争回收的过程中，虽然制造商降低了回购价，但是零售商和第三方回收商还是采取先提高回收价的方式来获取更多的回收品，随着竞争的加剧回收价不可能无限制地上涨，在实现自身利润最大化的情况下两个代理回收方降低了回收价，回收量减少，期望利润也跟着降低。在实施奖惩机制后回购价上涨，引起了回收价的上涨，实现了回收量的提升，期望利润也随之增长，并且降低了批发价和零售价。虽然竞争回收模型中零售商和第三方回收商的回收量及期望利润比单独回收模型的低，但是奖惩机制的引入可以弥补竞争的不足，有效地引导回收。

第19章　促进废旧电器电子产品回收再利用的对策建议和总结展望

19.1　对　策　建　议

通常认为政府可以用三种手段，即通过法律手段（立法强制回收，设定最低循环利用标准和有毒有害物质禁用标准等）、经济手段（政府绿色采购、购买的环境押金和环境税等）和技术手段（专利保护、环境信息标志和环境许可标志等）来监督和规制责任主体承担责任。作者发现法律手段是刚性约束，经济手段实施起来有约束力但也有不足，就是刚性约束不足，企业可能还是专注于核心业务而对经济惩罚置之不理，技术手段有一定的意义，但无法保证获得环境许可的企业能一直生产环境达标的产品，势必需要隔一段时间就要重新进行环境许可认定，因此政府的监督成本较大。

因此，政府有效地引导废旧产品回收需要结合各种手段的优缺点，并根据市场结构、信息结构、渠道权力结构、利益相关者博弈方结构等多种不同的类型进行具体情况具体研究，从而为政府对每种情形的引导对策提供决策依据。作者创新性地提出了奖惩机制，该机制刚柔并济，兼有法律手段和经济手段，还有一定的技术手段（目标回收率的选取需要根据具体情况给出），该机制并不强求制造商一定要回收多少废旧产品，而是让其根据自己的实际情况选择对其有利的回收率。通过本书的探讨，作者验证了奖惩机制的有效性。

接下来我们根据各章节的研究分别给出相应的对策建议。

1. 定性探讨

第 2 章为闭环供应链视角下废旧电器电子产品回收再利用的激励机制与对策。

奖惩机制。奖励机制和惩罚机制均用单一的激励方法，难免有弊端。奖励机制的资金从何而来，一味地从政府那里获得，是否有失公平？政府的资金来自全体民众，企业该负主要责任，不该让全社会民众买单。单纯采取惩罚的机制缺少正向激励，容易造成企业积极性下降，利润下滑等不良后果。奖励和惩罚相结合，形成合适的奖惩机制，既包含正向激励又包含负向激励，可以把企业的绩效具体化为收益，通过经济激励的方式引导企业提高废旧产品回收再利用的运作绩效。对于 WEEE 回收再利用来讲，合适的奖惩机制能够确保回收再利用绩效好的企业获得奖励，而一部分资金来自绩效差的企业，这就能够较好地引导企业积极回收再利用废旧产品，同时也减少了政府的财政支出。奖惩机制设计的思想是对企业设定一个合适的回收和再利用目标，对达不到该目标的企业给予一定的经济惩罚。目标的选取是否科学，奖惩力度是否合适是机制优劣的关键。

（1）WEEE 回收再利用要发挥二手销售商和维修商的作用，特别是维修商，其决策对回收再利用渠道影响重大，政府要引导维修商，以实现 WEEE 回收渠道畅通。政府鼓励各省市组建大型回收企业，由大型回收商收编 WEEE 小商贩，使其正规化。零售商回收渠道也很重要，零售商在 CLSC 中与消费者接触较多，政府对将回收的 WEEE 转售给拆解商的零售商给予一定奖励。

（2）我国与欧美等发达国家国情不同，WEEE 的回收再利用差别较大，需立足于我国国情建立具有中国特色的 WEEE 回收再利用体系、机制与对策。实行生产商负主要责任的 CLSC 责任制是当前 WEEE 回收再利用的合理、可行策略。

（3）奖励机制、惩罚机制和奖惩机制的合理设计有利于 WEEE 的回收再利用效率提高，特别是奖惩机制，它用奖惩两种手段，机制更合理，实施更有效。

（4）从生产商、拆解商、维修商和消费者四个角度提出基于奖励机制、惩罚机制和奖惩机制的再利用管理对策。生产商既要提高 WEEE 再利用率，又要开展清洁生产，末端和源头综合治理，提高 WEEE 回收再利用的效率。拆解商需要获得资格认定，并因拆解的可变成本、有毒有害物质处理及技术创新成本而享受补贴，需提高再利用层次。维修商可与生产商建立企业联盟，根据质量将 WEEE 进行分类，凡是维修后可以继续使用的，贴上再使用标识，不能继续使用的，转售给拆解商进行处理。消费者要提高环保意识，政府要加强宣传，引导消费者积极参与。

（5）拆解商不同于回收处理商，不可把回收和拆解处理企业混为一谈，缺少大型回收商是拆解商回收不到足够量 WEEE 的根本原因。提高回收再利用率，关键在于建立有效的回收渠道。与再利用相比，回收应更为重要，因为只有回收渠道畅通，才能保证再利用环节不至于"无米下锅"。政府可对获得回收许可的大型回收商进行补贴，对处理商进行少量补贴，主要是补贴处理商对于危险废物的处理和再利用技术创新招致的成本。

2. 决策结构视角

1）第 3 章为废旧电器电子产品逆向供应链的奖惩机制基本模型及奖惩额度分配研究。

政府实施奖惩机制的政策措施可以通过环境税、税收减免或者直接补贴等方式具体实施。奖惩额度可以在部分成员间分担，回收商获得的奖惩机制分配比例总是高于制造商获得的奖惩机制分配比例。另外，政府设置的目标回收率不宜过高，目标回收率过高会抑制废旧产品回收率的提高。

2）第 4 章和第 5 章为回收责任分担下闭环供应链的奖惩机制模型研究。

销售者在电子电器产品市场是受益者，同时在商品经济社会也是让电子电器商品进入市场流通的一个关键环节。那么，根据产品受益者与义务承担者一致原则，销售者应该分担电子废弃物回收利用的费用。生产者和销售者之间的责任是紧密相连的。生产者一般要通过销售者回收产品，特别是大型的、耐用的电子产品。销售者承担部分回收责任似乎合理。然而研究发现：

与制造商、零售商回收责任分担的情形相比，政府只针对制造商进行奖惩以及制造商、回收商通过奖惩额度分担回收责任情况下的批发价较低，回收率较高；制造商和回收商进行回收责任分担较好，有利于企业利润的增加，也有利于增加消费者的利益，提高企业参与闭环供应链的积极性。

3）第 6 章为回收责任分担下考虑渠道权力结构的逆向供应链奖惩机制研究。

政府的奖惩力度的增加能够提高废旧电器电子产品的回收率，降低新产品的零售价，回购价变得更有利于回收较多废旧电器电子产品。当今社会市场结构发生了较大变化，有些在供应链渠道上较为强势，具有较高话语权的企业不是制造企业，而是回收处理商，例如，格林美股份有限公司和爱回收网等专业回收商，对于不同的渠道权力结构的供应链要区别对待，通过本书研究发现了一个有趣规律：政府奖惩机制的设计需要满足两个条件，一是奖惩力度较大时主导方才愿意承担较大回收责任，二是制造商主导情况下，制造商承担责任要大于 2/3，而回收商主导情况下，回收商承担责任要大于 1/3。这个规律彰显了一个真理，即权力越大责任越大。

4）第 7 章为逆向供应链的政府奖惩机制与税收-补贴机制比较研究。

我国 2012 年印发的《废弃电器电子产品处理基金征收使用管理办法》规定：电器电子产品生产者、进口电器电子产品的收货人或者其代理人应当按照本办法的规定履行基金缴纳义务，基金使用范围主要包括废弃电器电子产品回收处理费用补贴。将这种管理办法抽象为税收-补贴机制。通过第 8 章建立的税收-补贴机制和奖惩机制下逆向供应链的博弈模型，对求解结果的比较研究发现：

政府奖惩机制和税收-补贴机制对于提高逆向供应链废旧产品回收率均有效，回收率都随着再制造成本优势的增加而提高，其中奖惩机制下废旧产品的回收率较高；制造商和回收商的利润都随着再制造成本优势的增加而提高，特别是奖惩机制下利润提高的幅度较大；制造商的回购价格随着奖惩力度和再制造成本优势的增加而提高，随着单位补贴和再制造成本优势的增加而下降。奖惩机制对引导逆向供应链成员积极回收再制造废旧产品比税收-补贴机制更有效。因此，我国可以试行以奖惩机制为思想的政策以期引导废旧产品回收率提高。

5）第 8 章为考虑政府决策目标的闭环供应链奖惩机制与补贴机制研究。

在第 7 章中提供了两种机制，旨在比较奖惩机制和补贴机制的有效性。具体来说，对制造商的奖惩机制和对回收商的补贴机制均能提高废旧产品的回收率；

奖惩制造商能够降低新产品价格，提高闭环供应链的成员企业利润，提高社会福利；随着消费者环保意识的提高，奖惩制造商比补贴回收商更有利于提高回购价和回收率；在回收商的补贴机制下零售商和回收商利润提高，但制造商利润降低，甚至亏损，因此补贴回收商不利于提高制造商的积极性；通过本章研究发现对制造商的奖惩机制比对回收商的补贴机制更能有效引导闭环供应链回收再制造废旧产品，从而进一步验证了奖惩机制的优越性。

6）第 9 章为不同政府决策目标下逆向供应链的奖惩机制研究。

通过本章研究进一步验证了政府奖惩机制不仅能够提高废旧电器电子产品的回收率，还能降低新产品零售价，提高回购价。还发现政府应根据制造商产品的市场容量大小制定奖惩力度而不是对所有制造商制定统一的奖惩力度，市场容量越大的产品，政府应提供越大的奖惩力度；政府应综合考虑全社会福利和废旧产品回收带来的环境效益，才能较好地提高逆向供应链的废旧产品回收率。这与当前政府官员的考核要纳入环境指标是吻合的。

3. 竞争视角

总的来说，制造商竞争和回收商竞争对废旧产品回收率的提高均有利，竞争越激烈回收率越高。具体在以下章节中分别对各种市场结构下考虑竞争的废旧产品回收决策模型研究得到了一些管理启示和对策建议。

1）第 10 章为制造商竞争环境下废旧产品回收的奖惩机制研究。

制造商竞争有利于奖惩机制引导制造商提高废旧产品的回收率；无论另一个制造商回收再制造废旧产品与否，实施回收再制造型制造商的利润随奖惩力度的增加而提高，随政府规定的目标回收率的增加而降低，且奖惩力度越大，降低幅度越明显。政府规定的目标回收率不宜过高，过高会降低实施回收再制造策略的制造商的积极性。

2）第 11 章为制造商竞争环境下逆向供应链的政府奖惩机制研究。

竞争对回收率提高有益，竞争越激烈回收率越高；积极回收再制造型制造商的新产品零售价较低，从而使其产品具有价格竞争优势；奖惩制造商和奖惩回收商均能起到提高回收率的作用，且奖惩力度越大，废旧产品的回收率越高，新产品零售价越低；奖惩制造商比奖惩回收商更能调动制造商和回收商的积极性，这是因为奖惩制造商时的回购价高于奖惩回收商时的回购价；实施奖惩机制后，回收再制造型制造商的利润高于不回收再制造型制造商的利润；不回收再制造型制造商的利润随奖惩力度的增加而降低。因此，竞争环境下，奖惩机制有效地引导了回收再制造型制造商，并且抑制了不回收再制造型制造商。

3）第 12 章为碳排放约束下制造商竞争的逆向供应链政府奖惩机制研究。

制造商竞争对废旧产品的回收率提高有益，竞争越激烈回收率越高；积极回收再制造型制造商的新产品零售价较低，具有价格竞争优势；回收废旧产品的制造商的单位碳排放量越小，与之竞争的不回收废旧产品的制造商的单位碳排放量越大，越有利于其废旧产品回收率的提高，说明单位碳排放量较小的产品回收率较易提高，如果竞争对手的碳排量较高，也有利于该制造商提高废旧产品回收率。一个有趣的结论是碳排放约束不利于逆向供应链集中决策系统的废旧产品回收率提高，且提高了制造商竞争环境下逆向供应链分散系统的新产品价格。这说明碳排放约束给制造商带来了减排成本，从而使其致力于回收和减排两种业务，导致了回收率的降低；由于碳减排成本在产品价格里体现，制造企业的新产品价格提高。进一步说明碳排放约束对废旧产品回收率的提高与否要具体情况具体分析，竞争环境下不仅仅取决于己方单位产品的碳排放量，更取决于和竞争对手相比碳排放量的相对大小，碳排放量相对小的制造商，其废旧产品回收率较易提高。

4）第 13 章为考虑制造商竞争的闭环供应链奖惩机制模型研究。

在逆向供应链基础上，本章研究拓展到闭环供应链，即考虑了另一个重要的成员——零售商，发现了类似的规律，进一步验证了政府奖惩机制对制造商竞争环境下闭环供应链回收率提高的有效引导作用。政府奖惩机制能有效引导制造商降低新产品价格、提高回收率、增加企业的利润，同时有利于增加消费者的利益；奖惩机制下主动回收废旧产品的制造商利润增加，不回收废旧产品的制造商利润降低，机制有效引导了制造商的回收积极性，同时回收商和零售商利润的增加也提高了他们参与闭环供应链的积极性。

5）第 14 章为回收商竞争环境下逆向供应链协调的激励机制设计研究。

前面几章探讨的是制造商竞争，本章从回收商竞争的视角进一步做些探讨。由于回收努力程度难以用契约量化，本章利用委托代理理论研究了回收商竞争努力程度情况下逆向供应链的激励机制设计问题。分别讨论了信息对称与信息不对称情形的逆向供应链激励机制设计方法，并比较了两种情形下激励机制的不同。结果表明，信息不对称情形下回收商不但获得固定收入，而且在获得收益提成的同时承担一定风险；两种情形下回收商的期望效用均为其保留收入水平，而信息不对称情形下制造商的效用降低；制造商设计激励机制时要考虑代理成本的影响因素并做代理成本与监督成本的权衡；回收商竞争程度的提高导致回收商努力程度提高，而制造商期望效用增加，代理成本减少；制造商希望回收商回收难度较大；适当的竞争对回收商来说也有利。这些结论表明回收商的竞争对废旧产品回收也有利。

4. 信息视角

前面一部分以竞争为主要视角研究奖惩机制对废旧产品回收的影响，第 14 章中提到了信息不对称的情景。信息亦是一个重要影响因素和主要视角，本部分探讨信息对闭环供应链激励机制的影响。

1）第 15 章为双重信息不对称下闭环供应链的激励机制研究。

在研究政府奖惩机制引导之前，本章先探讨双重信息不对称下闭环供应链中再制造商通过激励机制引导回收商提高回收量的问题。针对废旧电子产品市场中再制造商、回收商和消费者构成的闭环供应链，研究了再制造商处理回收商回收能力隐匿的逆向选择问题和努力水平隐匿的道德风险问题。根据委托代理理论，运用信息甄别原理，考虑回收商回收的所有产品中只有部分产品满足于再制造的条件，构建了委托代理框架下闭环供应链的激励机制模型。研究结果表明：低能力回收商获得的再制造产品数量的提成系数减少，只有如实汇报能力类型才能获得保留利润；高回收能力的回收商既获得保留利润，又获得额外的信息租金；再制造商签约高能力者获得的利润高于签约低能力者，随着市场中高能力者比例的增加，签约高能力者使再制造商获得更多利润。

对策建议是，再制造商可以通过信息甄别，尽可能签约高能力回收商，对提高回收量有利。

2）第 16 章为不对称信息下第三方回收的逆向供应链奖惩机制研究。

本章探讨了第三方回收商负责废旧电器电子产品回收的逆向供应链中回收商的固定成本信息不对称问题，研究结果表明：政府对回收商实施奖惩机制后回收率和回收商的利润都随奖惩力度的增大而增加，比无奖惩机制时高；在政府奖惩机制的作用下，固定成本高的回收商比固定成本低的回收商的回收率增加幅度大；若奖惩力度较小，制造商的回购价会提高，若奖惩力度较大，制造商的回购价会降低；回收率的提高表明了不对称信息下政府奖惩机制引导废旧产品回收的有效性。

对策建议是，信息不对称情况下政府也可以有效地实施奖惩机制，提高废旧产品的回收率，特别是对那种固定回收成本较大的产品效果更明显。

3）第 17 章为不对称信息下零售商负责回收的闭环供应链奖惩机制研究。

本章考虑制造商委托零售商回收废旧产品的闭环供应链中存在零售商回收努力程度的信息不对称问题，制造商设计一个信息甄别契约获得零售商的努力水平。结果表明，制造商将提供更低的批发价格和更高的回购价格给高努力程度（H 型）零售商而对 H 型零售商收取更多的特许经营费用。考虑到政府干预，奖惩机制引入到信息不对称闭环供应链中。通过比较分析奖惩机制闭环供应链的影响。比较结果表明，奖惩机制可以降低批发价格和零售价格同时提高回购价格和回收量。

（1）根据市场中 H 型零售商的概率多少可以发现以下规律：

①零售商高努力程度回收废旧电子产品对消费者更有利。

②H 型回收努力程度的零售商能够以较低的回收价回收较多的废旧电子产品。

③随着 H 型零售商的增加，制造商向 H 型零售商收取的特许经营费和制造商的期望利润都增加，而低努力程度（L 型）零售商收取的特许经营费及 L 型制造商的期望利润减少。H 型比 L 型零售商的特许经营费高，说明高回收努力程度的零售商需要交较多的特许经营费。随着 H 型零售商的减少，制造商期望利润减少，并低于 L 型零售商下制造商期望利润，只有 H 型零售商增加到一定数量，制造商期望利润增大并超过 L 型零售商下制造商的期望利润。

④H 型零售商期望利润随 H 型零售商的增加而减小，L 型零售商期望利润与 H 型零售商的无关。这说明 L 型零售商只能获得保留利润，而由于努力程度高，H 型零售商可以获得较多的期望利润。

（2）闭环供应链的最优决策结果随着奖惩力度的变化规律如下：

①当政府对制造商实施奖惩机制时，H 型零售商与 L 型零售商的批发价、零售价均随奖惩力度的增大而降低。H 型零售商的批发价低于 L 型零售商的批发价，H 型零售商的零售价低于 L 型零售商的零售价，零售商用高努力程度回收对消费者更有利。

②政府对制造商实施奖惩机制时，H 型零售商可以用较低的回收价回收较多的废旧电子产品，而制造商也只需提供较低的回购价。

③ 政府对制造商实施奖惩机制后 H 型零售商与 L 型零售商的特许经营费均随奖惩力度的增大而提高，H 型零售商的特许经营费比 L 型零售商的高。

④政府对制造商实施奖惩机制时，H 型零售商期望利润随奖惩力度的增大而增大，L 型零售商期望利润是保留利润。制造商的期望利润随奖惩力度的增大先减小后增大。原因可能是奖惩力度小，回收量低于目标回收量受到惩罚，期望利润降低；随奖惩力度的增大，回收量超过目标回收量受到奖励，期望利润增加。

政府实施奖惩机制与无奖惩机制相比，实施奖惩机制后批发价、零售价降低，回购价、回收价、回收量、特许经营费和 H 型零售商的期望利润提高。制造商的期望利润先比无奖惩机制的低，在奖惩力度增大的过程中会逐步超过它。然而，不管是否实施奖惩机制 L 型零售商只能获得保留利润。说明信息不对称下奖惩力度太低起不到提高制造商积极性的效果，需要较大的奖惩力度才能提高制造商的利润，从而使其积极性提高。

4）第 18 章为零售商与第三方回收商竞争回收的闭环供应链奖惩机制研究。

（1）竞争回收时的批发价和零售价均比零售商单独回收时的低。说明竞争对消费者有利。

（2）零售商和第三方回收商竞争回收时的回购价、回收价及各自的回收量均比无竞争情况下单独回收时的低。

（3）竞争回收时制造商向零售商收取的特许经营费与零售商单独回收时收

取的特许经营费与竞争程度有关，当竞争替代系数较小时零售商单独回收时收取的特许经营费较低，当竞争替代系数较大时在竞争回收情况下收取的特许经营费较低；而第三方回收商单独回收时收取的特许经营费比在竞争情况下收取的高。

（4）竞争回收时制造商的期望利润比分别委托零售商或第三方回收商负责回收时的高，而零售商与第三方回收商在单独回收时的期望利润比竞争回收时的高。

在竞争回收的过程中，虽然制造商降低了回购价，但是零售商和第三方回收商还是采取先提高回收价的方式来获取更多的回收品，随着竞争的加剧回收价不可能无限制地上涨，在实现自身利润最大化的情况下两个代理回收方降低了回收价，回收量减少，期望利润也跟着降低。在实施奖惩机制后回购价上涨，引起了回收价的上涨，实现了回收量的增加，期望利润也随之增长，并且降低了批发价和零售价。虽然竞争回收情形中零售商和第三方回收商的回收量及期望利润比单独回收模型的低，但是奖惩机制的引入可以弥补竞争的不足，有效地引导回收。

此外，促进废旧电器电子产品回收再利用的对策还要进一步结合当前国情讨论相应的对策建议。

（1）政府应该有一个主管部门进行统筹管理。目前我国缺乏直接有效的管理部门，从近年来出台的法律法规来看，我国多个政府部门，包括环境保护部、国家发展和改革委员会、商务部、工业和信息化部、财政部、海关总署、国家工商行政管理总局、国家质量监督检验检疫总局都针对自己管辖的产品制定相应法规，造成政出多门让企业实际上无章可循的混乱状态。各政府部门之间应加强沟通和协调，避免政出多门，为政策执行者创造良好环境，促进废旧家电回收处理产业化进程。应将管理权统归到环境保护部门——环境保护部。

（2）政府应该对消费者加强环保宣传。加强环保宣传，提升消费者的生态环保意识。当前广大民众的环保意识整体较低，提高环保意识是废旧家电有效回收的前提。这需要政府部门，特别是环保部门加大宣传、引导和教育的力度。通过电视、网络、杂志、报纸等宣传渠道，让广大民众明白周围环境受到污染会严重影响到每个人的生活，如毒大米等事件，保护环境是每个公民的责任。政府还应该自己或委托制造企业加大有关电器使用年限信息的宣传力度，继续使用超过使用年限的家用电器，对个人和社会存在一定的安全隐患，鼓励消费者积极参与到废旧产品回收再利用的大潮中来。

19.2　研　究　总　结

人类创造骄傲的工商业文明的同时，赖以生存的自然环境却每况愈下。近年来雾霾已经不再是京沪等特大城市的"专利"，呈现区域性面积更广的规律。许多环节污染具有不可逆转性，对几代人产生难以估量的影响。电子产品作为工业产品的典型，其有毒有害物质的治理和有用价值的再利用迫在眉睫。与西方发达国家相比，闭环供应链管理在中国显得更为重要。西方普遍盛行生产者延伸责任制，而废旧电子产品对环境危害之大，足以证明对其回收再利用的社会公益性，政府的责任不可能为零。尽管政府也做了一些废旧产品回收再利用立法工作，但其实施效果差强人意。需要进一步研究政府引导闭环供应链的激励机制。

作者跳出闭环供应链的传统研究，探讨政府的激励机制（本书指奖惩机制）如何影响闭环供应链的决策，从而提高回收率和全社会福利。并以闭环供应链的决策变化来达到如何设计奖惩机制可以更好地满足提高回收率和全社会福利的目的。奖惩机制并非本书第一次提出，早在 2011 年作者的图书《闭环供应链的利润分配、协调机制和网络均衡研究》的第 5 章即提出奖惩机制并做了基础性的定量研究。本书在此基础上系统性地探讨有关再制造闭环供应链的政府奖惩机制问题。

本着步步深入的原则，本书的四部分依次为闭环供应链的政府激励机制的定性研究、不考虑竞争的闭环供应链政府奖惩机制研究、竞争环境下闭环供应链的政府奖惩机制研究以及信息不对称环境下闭环供应链的政府奖惩机制研究。第二部分又从奖惩机制额度的分配、回收责任分担、渠道权力结构、机制的线性与非线性、考虑政府决策目标与否以及与其他机制的比较几个视角进行深入探讨。第三部分分别从制造商竞争、回收商竞争和零售商竞争展开探讨。也进一步讨论了碳排放约束和非线性奖惩机制的视角。第四部分层次深入地分别探讨了消费者偏好度信息不对称、固定成本信息不对称、回收努力程度信息不对称、竞争回收环境下回收努力程度信息不对称的逆向供应链和闭环供应链的政府奖惩机制问题。

通过上述研究，定量探讨了闭环供应链政府奖惩机制在各种情形下的适应条件以及机制对相应的闭环供应链定价和策略的影响。为政府在相关方面的决策提供理论依据。最后一部分作者结合各部分研究的结论讨论了促进我国废旧电器电子产品回收再利用的对策建议。

19.3　研究展望

本书研究了再制造闭环供应链的政府奖惩机制问题。以下三个方面有待进一步研究：

（1）信息不对称条件下闭环供应链的利润分配问题。信息不对称的范围很广，可以进一步挖掘新的研究课题。

（2）闭环供应链的预测。逆向物流与闭环供应链的发展离不开预测技术的支持。结合预测技术的应用，研究闭环供应链的废旧产品回收、产品销售、产品使用时间记录等信息，运用信息技术的预测方法减少不确定性对闭环供应链绩效的影响等。

（3）信息不对称环境下的闭环供应链非线性政府奖惩机制问题。这个研究将进一步拓展本书第四部分的研究，限于篇幅，本书不再给出，该研究在作者将来的专著中出版。

参 考 文 献

[1]   Guide V D R，van Wassenhove L N. The evolution of closed-loop supply chain research[J].
       Operations Research，2009，57（1）：10-18.

[2]   Klassen R D. Comment on "The evolution of closed-loop supply chain research" by V. Daniel
       R. Guide，Jr. and Luk N. Van Wassenhove[J]. Operations Research，2009，57（1）：1-3.

[3]   达庆利. 供应链管理研究的新动向（专辑的序言）[J]. 系统工程学报，2008，23（6）：
       641-643.

[4]   Ilgin M A，Gupta S M. Environmentally conscious manufacturing and product recovery
       （ECMPRO）：A review of the state of the art[J]. Journal of Environmental Management，
       2010，91（3）：563-591.

[5]   Mukhopadhyay S K，Ma H. Joint procurement and production decisions in remanufacturing
       under quality and demand uncertainty[J]. International Journal of Production Economics，
       2009，120（1）：5-17.

[6]   Franke C，Basdere B，Ciupek M，et al. Remanufacturing of mobile phones — Capacity，
       program and facility adaptation planning[J]. Omega，2006，34（6）：562-570.

[7]   Ferrer G，Swaminathan J M. Managing new and remanufactured products[J]. Management
       Science，2006，52（1）：15-26.

[8]   Ferrer G，Swaminathan J M. Managing new and differentiated remanufactured products[J].
       European Journal of Operational Research，2010，203（2）：370-379.

[9]   吴鹏，陈剑. 考虑回收数量不确定性的生产决策优化[J]. 系统工程学报，2008，23（6）：
       644-649.

[10]   易余胤，陈月霄. 需求不确定条件下的闭环供应链模型[J]. 计算机集成制造系统，2010，
       16（7）：1531-1538.

[11]   Atasu A，van Wassenhove L N，Sarvary M. Efficient take-back legislation[J]. Production and
       Operations Management，2009，18（3）：243-258.

[12]   周垂日，梁樑，苟清龙，等. 考虑产品可替换的再制造产品选择决策[J]. 中国管理科学，
       2008，16（2）：57-61.

[13]   曹俊，熊中楷，刘莉莎. 闭环供应链中新件制造商和再制造商的价格及质量水平竞争[J].
       中国管理科学，2010，18（5）：82-90.

[14]   李响，李勇建，蔡小强. 随机产率和随机需求下的再制造系统的回收定价决策[J]. 系统工
       程理论与实践，2009，29（8）：19-27.

[15]   Robotis A，Bhattacharya S，van Wassenhove L N. The effect of remanufacturing on
       procurement decisions for resellers in secondary markets[J]. European Journal of Operational
       Research，2005，163（3）：688-705.

[16] Heese H S，Cattani S K，Ferrer G，et al. Competitive advantage through take-back of used products[J]. European Journal of Operational Research，2005，164（1）：143-157.

[17] Hong I H，Ammons J C，Realff M J. Decentralized decision-making and protocol design for recycled material flows[J]. International Journal of Production Economics，2008，116（2）：325-337.

[18] Kumar S，Malegeant P. Strategic alliance in a closed-loop supply chain，a case of manufacturer and eco-non-profit organization[J]. Technovation，2006，26（10）：1127-1135.

[19] Zuidwijk R，Krikke H. Strategic response to EEE returns：Product eco-design or new recovery processes[J]. European Journal of Operational Research，2008，191（3）：1206-1222.

[20] 易余胤. 不同主导力量下的闭环供应链模型[J]. 系统管理学报，2010，19（4）：389-395.

[21] Dekker R，Fleischmann M. Reverse Logistics：Quantitative Models for Closed-Loop Chains[M]. Berlin：Springer，2004.

[22] 李响，李勇建，蔡小强. 随机回收下的逆向供应链协调[J]. 系统工程学报，2008，23（6）：713-719.

[23] 孙浩，达庆利. 随机回收和有限能力下逆向供应链定价及协调[J]. 系统工程学报，2008，23（6）：720-726.

[24] 黄颖颖，周根贵，曹柬. 电子产品三级逆向供应链定价与激励机制研究[J]. 工业工程与管理，2009，14（3）：28-32.

[25] 包晓英，唐志英，唐小我. 基于回收再制造的闭环供应链差异定价策略与协调[J]. 系统管理学报，2010，19（5）：546-552.

[26] Kaya O. Incentive and production decisions for remanufacturing operations[J]. European Journal of Operational Research，2010，201（2）：442-453.

[27] 邱海永，周晶. 不对称信息下逆向供应链定价分析与对策[J]. 运筹与管理，2009，18（6）：14-18.

[28] 肖迪，黄培清. 基于不对称信息的闭环供应链激励机制[J]. 工业工程与管理，2007，12（4）：11-14.

[29] 谢地. 政府规制经济学[M]. 北京：高等教育出版社，2003.

[30] 拉丰. 规制与发展[M]. 聂辉华，译. 北京：中国人民大学出版社，2009.

[31] 田旖卿，陈星，陈殷，等. 电子废弃物回收市场的制度创新[J]. 天津经济，2008，（5）：56-60.

[32] Subramoniam R，Huisingh D，Chinnam R B. Remanufacturing for the automotive aftermarket-strategic factors：Literature review and future research needs[J]. Journal of Cleaner Production，2009，17（13）：1163-1174.

[33] Mo H，Wen Z，Chen J. China's recyclable resources recycling system and policy：A case study in Suzhou[J]. Resources，Conservation and Recycling，2009，53（7）：409-419.

[34] Yu J L，Williams E，Ju M T，et al. Managing e-waste in China：Policies，pilot projects and alternative approaches[J]. Resources，Conservation and Recycling，2010，（54）：991-999.

[35] Chen Y J，Sheu J B. Environmental-regulation pricing strategies for green supply chain management[J]. Transportation Research Part E：Logistics and Transportation Review，2009，45（5）：667-677.

[36] Aksen D，Aras N，Karaarslan A G. Design and analysis of government subsidized collection

systems for incentive-dependent returns[J]. International Journal of Production Economics，2009，119（2）：308-327.

[37] Mitra S，Webster S. Competition in remanufacturing and the effects of government subsidies[J]. International Journal of Production Economics，2008，111（2）：287-298.

[38] 任鸣鸣. 基于电子企业生产者责任制实施的激励机制设计[J]. 系统工程，2009，27（4）：116-120.

[39] 张保银，汪波，吴煜. 基于循环经济模式的政府激励与监督问题[J]. 中国管理科学，2006，14（1）：136-141.

[40] Shinkuma T，Managi S. On the effectiveness of a license scheme for E-waste recycling：The challenge of China and India[J]. Environmental Impact Assessment Review，2010，（30）：262-267.

[41] 陈秋双，顾巧论，孙国华. 有最低回收量约束的逆向供应链定价策略分析[J]. 数学的实践与认识，2009，39（3）：35-44.

[42] Subramanian R，Gupta S，Talbot B. Product design and supply chain coordination under extended producer responsibility[J]. Production and Operations Management，2009，18（3）：259-277.

[43] 计国君，黄位旺. 回收条例约束下的再制造供应链决策[J]. 系统工程理论与实践，2010，30（8）：1355-1362.

[44] Plambeck E L，Wang Q. Effects of e-waste regulation on new product introduction[J]. Management Science，2009，55（3）：333-347.

[45] Hammond D，Beullens P. Closed-loop supply chain network equilibrium under legislation[J]. European Journal of Operational Research，2007，183（2）：895-908.

[46] 晏妮娜，黄小原. 基于第3方逆向物流的闭环供应链模型及应用[J]. 管理科学学报，2008，11（4）：83-93.

[47] 晏妮娜，强伟，黄小原. 基于废钢回收的闭环供应链模型及协调研究[J]. 管理工程学报，2009，23（1）：158-162.

[48] 汪翼，孙林岩，杨洪焦，等. 不同回收法律下的再制造供应链决策与合作研究[J]. 管理科学，2009，22（1）：2-8.

[49] Ketzenberg M. The value of information in a capacitated closed loop supply chain[J]. European Journal of Operational Research，2009，198（2）：491-503.

[50] Ferguson M E，Toktay L B. The effect of competition on recovery strategies[J]. Production and Operations Management，2006，15（3）：351-368.

[51] Webster S，Mitra S. Competitive strategy in remanufacturing and the impact of take-back laws[J]. Journal of Operations Management，2007，25（6）：1123-1140.

[52] 王文宾，达庆利. 基于广义随机 Petri 网的再制造供应链建模与性能分析[J]. 系统工程理论与实践，2007，27（12）：56-61.

[53] 王文宾，达庆利. 考虑市场细分的闭环供应链生产和定价策略[J]. 控制与决策，2009，24（5）：675-679.

[54] 王文宾，达庆利，胡天兵，等. 基于惩罚与补贴的再制造闭环供应链网络均衡模型[J]. 运筹与管理，2010，19（1）：65-72.

[55] 王文宾. 闭环供应链的利润分配、协调机制和网络均衡研究[M]. 徐州：中国矿业大学出版社，2011.

[56] 王文宾，达庆利. 考虑消费者利益的逆向供应链利润分配[J]. 东南大学学报（自然科学版），2007，37（4）：726-730.

[57] 王文宾，达庆利. 奖惩机制下电子类产品制造商回收再制造决策模型[J]. 中国管理科学，2008，16（5）：57-63.

[58] 王文宾，达庆利，孙浩. 再制造逆向供应链协调的奖励与奖惩机制设计[J]. 中国管理科学，2009，17（5）：46-52.

[59] 王文宾，达庆利. 考虑政府引导的电子类产品逆向供应链奖惩机制设计[J]. 中国管理科学，2010，18（2）：62-67.

[60] 王文宾，达庆利. 零售商与第三方回收下闭环供应链回收与定价研究[J]. 管理工程学报，2010，24（2）：130-134.

[61] 中华人民共和国国务院令第551号. 废弃电器电子产品回收处理管理条例[N]. 人民日报，2009-3-9.

[62] 何文胜，马祖军. 废旧家电回收主体的利益和责任分析[J]. 中国人口·资源与环境，2009，19（2）：104-108.

[63] 牟焕森，杨舰. 我国手机回收结构特征及其科技政策内涵分析——基于技术产品生命周期的视角[J]. 科技进步与对策，2009，26（7）：101-104.

[64] 朱培武. 我国废旧家电及电子产品回收处理现状及对策[J]. 再生资源与循环经济，2010，3（1）：32-35.

[65] 赵晓敏，冯之浚，黄培清. 闭环供应链管理——我国电子制造业应对欧盟指令的管理变革[J]. 中国工业经济，2004，197（8）：48-55.

[66] Atasu A, Sarvary M, van Wassenhove L N. Remanufacturing as a marketing strategy[J]. Management Science，2008，54（10）：1731-1746.

[67] Savaskan R C，Bhattacharya S，van Wassenhove L N. Closed-Loop supply chain models with product remanufacturing[J]. Management Science，2004，50（2）：239-252.

[68] 吕君. 基于环境价值链的闭环供应链模式及其应用[J]. 中国工业经济，2007，（6）：20-24.

[69] 王文宾，达庆利. 再制造逆向供应链协调的奖励、惩罚及奖惩机制比较[J]. 管理工程学报，2010，24（4）：48-52.

[70] 王文宾，达庆利. 奖惩机制下闭环供应链的决策与协调[J]. 中国管理科学，2011，19（1）：36-41.

[71] 达庆利，黄祖庆，张钦. 逆向物流系统结构研究的现状及展望[J]. 中国管理科学，2004，12（1）：131-138.

[72] Bakal I S，Akcali E. Effects of random yield in remanufacturing with price sensitive supply and demand[J]. Production and Operations Management，2006，15（3）：407-420.

[73] 黄祖庆，达庆利. 直线型再制造供应链决策结构的效率分析[J]. 管理科学学报，2006，9（4）：51-57.

[74] Gu Q L，Ji J H，Gao T G. Pricing management for a closed-loop supply chain[J]. Journal of Revenue and Pricing Management，2008，7（1）：45-60.

[75] 张贵磊，刘志学. 主导型供应链的 Stackelberg 利润分配博弈[J]. 系统工程，2006，24（10）：19-23.

[76] 葛静燕，黄培清，李娟. 社会环保意识和闭环供应链定价策略研究——基于纵向差异模型的研究[J]. 工业工程与管理，2007，12（4）：6-10.

[77] Tsay A A. Management retailer channel overstock: Markdown money and return policies[J]. Journal of Retailing，2001，77（4）：451-492.

[78] 聂佳佳，王文宾，吴庆. 奖惩机制对零售商负责回收闭环供应链的影响[J]. 工业工程与管理，2011，16（2）：52-59.

[79] 四川长虹格润再生资源有限责任公司. 长虹格润 2015 年一、二季度回收拆解处理情况的拆解处理情况的公示[EB/OL]. http: //green. changhong. com/[2015-7-22].

[80] 孙浩，达庆利. 考虑渠道权力结构和风险规避的闭环供应链差异定价机制研究[J]. 工业技术经济，2013，（3）：26-33.

[81] 王文宾，张凯，张晓强. 回收责任分担下闭环供应链的奖惩机制模型[J]. 经济经纬，2015，（5）：96-101.

[82] 倪明，梁丹，郭军华，等. 不确定需求及 WTP 差异下废弃电子产品再制造闭环供应链奖惩机制研究[J]. 工业工程与管理，2015，20（5）：54-63.

[83] 孙浩，张桂涛，钟永光，等. 政府补贴下制造商回收的多期闭环供应链网络均衡[J]. 中国管理科学，2015，23（1）：56-64.

[84] He Y. Acquisition pricing and remanufacturing decisions in a closed-loop supply chain[J]. International Journal of Production Economics，2015，163：48-60.

[85] Wang W，Zhang Y，Zhang K，et al. Reward-penalty mechanism for closed-loop supply chains under responsibility-sharing and different power structures[J]. International Journal of Production Economics，2015，170：178-190.

[86] 徐滨士. 再制造工程的现状与前沿[J]. 材料热处理学报，2010，31（1）：10-14.

[87] 熊中楷，申成然，彭志强. 专利保护下再制造闭环供应链协调机制研究[J]. 管理科学学报，2011，14（6）：76-85.

[88] Atasu A. Stakeholder perspectives on E-waste take-back legislation[J]. Production and Operations Management，2013，22（2）：382-396.

[89] Lau K H，Wang Y M. Reverse logistics in the electronic industry of China: A case study[J]. An International Journal of Supply Chain Management，2009，14（6）：447-465.

[90] 徐兵，杨金梅. 闭环供应链竞争下政府补贴效率研究[J]. 管理工程学报，2013，27（4）：178-185.

[91] 付小勇，朱庆华，窦一杰. 政府管制下处理商选择拆解方式的演化博弈研究[J]. 中国人口·资源与环境，2012，22（1）：70-76.

[92] Savaskan R C，van Wassenhove L N. Reverse channel design: The case of competing retailers[J]. Management Science，2006，52（1）：1-14.

[93] Subramoniam R，Huisingh D，Chinnam R B. Aftermarket remanufacturing strategic planning decision-making framework: Theory and practice[J]. Journal of Cleaner Production，2010，18（16）：1575-1586.

[94] 郭军华，李帮义，倪明. WTP 差异下再制造闭环供应链的定价策略与协调机制[J]. 系统管理学报，2012，21（5）：617-624.

[95] 叶枫，戴均锁. 考虑政府规制与库存容量限制下的逆向供应链决策[J]. 工业工程，2013，16（5）：46-49.

[96] 朱庆华，窦一杰. 基于政府补贴分析的绿色供应链管理博弈模型[J]. 管理科学学报，2011，14（6）：86-95.

[97] Hong I H，Ke J S. Determining advanced recycling fees and subsidies in "E-scrap" reverse supply chains[J]. Journal of Environment Management，2011，（92）：1495-1502.

[98] Li X，Li Y，Govindan K. An incentive model for closed-loop supply chain under the EPR law[J]. Journal of the Operational Research Society，2013，20（2）：1-9.

[99] 王玉燕. 需求与成本双扰动时闭环供应链的生产策略和协调策略[J]. 系统工程理论与实践，2013，33（5）：1149-1157.

[100] 程晋石，李帮义，龚本刚. 再制造供应链的回收责任转移模型[J]. 控制与决策，2013，（6）：909-914.

[101] Giovanni P D，Zaccour G. A two-period game of a closed-loop supply chain[J]. European Journal of Operational Research，2014，（232）：22-40.

[102] 王凯，熊中楷，熊榆. 制造商经销再制造商产品的合作模式研究[J]. 中国管理科学，2012，20（1）：145-151.

[103] Shi J，Zhang G，Sha J. Optimal production and pricing policy for a closed loop system[J]. Resources Conservation and Recycling，2011，55：639-647.

[104] Winkler H. Closed-loop production systems—A sustainable supply chain approach[J]. CIRP Journal of Manufacturing Science and Technology，2011，4：243-246.

[105] Chen J M，Chang C I. The co-opetitive strategy of a closed-loop supply chain with remanufacturing[J]. Transportation Research Part E，2012，48：387-400.

[106] Tan Y. Optimal pricing decision and assessing factors in closed-loop supply chain[J]. Applied Mathematical Sciences，2011，80：4015-4031.

[107] Özdemir Ö，Denizel M，Guide Jr V D R. Recovery decisions of a producer in a legislative disposal fee environment[J]. European Journal of Operational Research，2012，216：293-300.

[108] Huang M，Song M，Lee L H，et al. Analysis for strategy of closed-loop supply chain with dual recycling channel[J]. International Journal of Production Economics，2013，144：510-520.

[109] 唐秋生，牛婷婷，马先婷. 基于 Stackelberg 理论的 MeRCRM 型闭环供应链批量折扣协调机制与定价策略[J]. 管理工程学报，2012，26（4）：183-191.

[110] 郭军华，李邦义，倪明. 不确定需求下的延伸责任分担机制[J]. 系统工程，2012，30（1）：21-26.

[111] Choi S C. Price competition in a channel structure with a common retailer[J]. Marketing Science，1991，10（4）：271-296.

[112] Inderfurth K. Optimal policies in hybrid manufacturing/remanufacturing systems with product substitution[J]. International Journal Production Economics，2004，90（3）：325-343.

[113] Bayindir Z P，Erkip N，Gullu R. Assessing the benefits of remanufacturing option under one-way substitution[J]. Journal of Operational Research Society，2005，56：286-296.

[114] 熊中楷，黄德斌，熊榆. 政府奖励条件下基于再制造的闭环供应链模式[J]. 工业工程，2011，14（2）：1-5.

[115] Mukhopadhyay S K，Su X，Ghose S. Motivating retail marketing effort：Optimal contract design[J]. Production and Operations Management，2009，18（2）：197-211.

[116] 刘兵，张世英. 企业激励机制设计与代理成本分析[J]. 系统工程理论与实践，2000，20（6）：50-53.

[117] Iyer A V，Schwarz L B，Zenios S A. A principal-agent model for product specification and production[J]. Management Science，2005，51（1）：106-119.

[118] 周雄伟，刘鹏超，陈晓红. 信息不对称条件下双寡头市场中质量差异化产品虚假信息问题研究[J]. 中国管理科学，2016，24（3）：133-140.

[119] Biswas I，Avittathur B，Chatterjee A K. Impact of structure，market share and information asymmetry on supply contracts for a single supplier multiple buyer network[J]. European Journal of Operational Research，2016，253（3）：593-601.

[120] 肖群，马士华. 信息不对称对闭环供应链MTO和MTS模式的影响研究[J]. 中国管理科学，2016，24（5）：139-148.

[121] Lai E L，Riezman R，Wang P. Outsourcing of innovation[J]. Economic Theory，2009，38（3）：485-515.

[122] 程平，陈艳. 考虑合作创新产品市场的IT研发外包合同[J]. 系统工程理论与实践，2012，32（6）：1262-1269.

[123] Mukhopadhyay S K，Setoputro R. Optimal return policy and modular design for build-to-order products[J]. Journal of Operations Management，2005，23（5）：496-506.

[124] Liu Z B，Zhao R Q，Liu X Y，et al. Contract designing for a supply chain with uncertain information based on confidence level[J]. Applied Soft Computing，2016，56（C）：617-637.

[125] 谢文明，江志斌，储熠冰，等. 需求信息不对称下存在直销模式的产能管理研究[J]. 管理工程学报，2016，30（1）：197-204.

[126] 王文宾，达庆利，聂锐. 闭环供应链视角下废旧电器电子产品回收再利用的激励机制与对策[J]. 软科学，2012，26（8）：44-48.

[127] 楼高翔，张洁琼，范体军，等. 非对称信息下供应链减排投资策略及激励机制[J]. 管理科学学报，2016，19（2）：42-52.

[128] Shen Y，Willems S P. Coordinating a channel with asymmetric cost information and the manufacturer's optimality[J]. International Journal of Production Economics，2012，135（1）：125-135.

[129] 李善良，朱道立. 逆向信息和道德风险下的供应链线性激励契约研究(英文)[J]. 运筹学学报，2005，9（2）：21-29.

[130] Chen F. Salesforce incentives，market information，and production/inventory planning[J]. Management Science，2005，51（1）：60-75.

[131] Costantino F，Gravio G D. Multistage bilateral bargaining model with incomplete information a fuzzy approach[J]. International Journal of Production Economics，2009，117（2）：235-243.

[132] Etro F. Endogenous market structures and contract theory：Delegation，principal-agent contracts，screening，franchising and tying[J]. European Economic Review，2011，55（4）：463-479.

[133] 曹柬，吴晓波，周根贵. 不对称信息下绿色采购激励机制设计[J]. 系统工程理论与实践，2013，33（1）：106-116.

[134] 田厚平，刘长贤. 双重信息不对称下销售渠道双目标混合激励模型[J]. 管理科学学报，

2011，14（3）：34-47.

[135] Zhang Q H，Luo J W. Coordination of supply chain with trade credit under bilateral information asymmetry[J]. Systems Engineering—Theory and Practice，2009，29（9）：32-40.

[136] Peter B，Ballebye O H. Quality incentives and supply chains：Managing salmonella in pork production[J] . American Journal of Agricultural Economics，2004，86（3）：829-834.

[137] 徐红，施国洪，贡文伟. 基于委托代理框架双重信息不对称下回收商激励机制[J]. 工业工程，2012，15（4）：53-57.

[138] Yu Y，Jin T. The return policy model with fuzzy demands and asymmetric information[J]. Applied Soft Computing，2011，11（2）：1669-1678.

[139] 刘克宁，宋华明. 不对称信息下创新产品研发外包的甄别契约设计[J]. 中国管理科学，2014，22（10）：52-58.

[140] 王文宾，赵学娟，周敏，等. 闭环供应链管理研究综述[J]. 中国矿业大学学报（社会科学版），2015，17（5）：75-79.

[141] Gobbi C. Designing the reverse supply chain：The impact of the product residual value[J]. International Journal of Physical Distribution and Logistics Management，2011，41（8）：768-796.

[142] 包晓英，蒲云. 不对称信息下逆向供应链激励合同研究[J]. 计算机集成制造系统，2008，14（9）：1717-1720.

[143] 顾巧论，陈秋双. 不完全信息下逆向供应链中制造商的最优合同[J]. 计算机集成制造系统，2007，13（3）：596-601.

[144] 韩小花，薛声家. 不对称信息下闭环供应链的合作机制分析[J]. 计算机集成制造系统，2008，14（4）：731-736.

[145] Hong I H，Yeh J S. Modeling closed-loop supply chains in the electronics industry：A retailer collection application[J]. Transportation Research Part E，2012，48（4）：817-829.

[146] 张国鹏，丁恩杰，涂相华. 基于博弈论的协作中继策略[J]. 中国矿业大学学报，2012，41（3）：504-509.

[147] 王帮俊，吉峰. 煤炭产业链链内协作与链际演化的内生性研究[J]. 中国矿业大学学报，2012，41（6）：978-983.

[148] 杨丰梅，成雅娜，李健. 基于奖惩契约的闭环供应链协调性研究[J]. 系统科学与数学，2011，31（10）：1250-1258.